何萍　著

從麵包到
蛋糕的追求

歐洲經濟社會史

From
Bread
to
Cake

An Economic and
Social History of Europe

三民書局

推薦序
歐洲社會經濟史的 Google Map

　　我年輕時在歐洲讀書，日後也做過歐洲經濟史與思想史的研究，我一直覺得歐洲史非常豐富，各國的地理與文化差異度大，有許多值得學習的題材。加上歐洲的史學傳統深厚、門派眾多、題材豐富，但為何仍不易吸引華人投入？主因是語言：上大學後要重新學第二外語，還要到能做研究的程度，其實遠比想像的困難。就算克服了這層障礙，要用德、法語寫出歐洲史的學位論文，也不總是天從人願的事。就算取得學位也要有教職，用外語發表研究成果，更是可遇不可求。

　　二戰之後至今，臺灣歷史學界對歐洲史的投入，一直是不成比例地低落，從業人數與研究成果皆如此。歐洲史的課程需求較低，能提供的職缺相應地少。若從業者不超過某個門檻，競爭度自然不足，研究的數量與品質，就相應地遠低於中國史、美國史、日本史。需求不足是根本原因，這是個結構性問題，歷經長期惡性循環後，造成現今的低迷局面。

　　但總不能因此就斷念自棄吧！一代人做一代事，這還是要從大學時期培養，至少要能激起少數人的關注。依我所見，以中文介紹歐洲社會經濟史的基本讀物甚少，大都直接用英文教科書來間接理解。這個景象從戰後至今一直未變，讓人感覺落寞失神。何萍老師這本入門讀物，是她積累多年教研的成果。本質上是綜觀性的，是宏觀式的潑墨，而非工筆細描，最適合初次接觸這個領域的讀者。

　　換個方式說，本書就像是 Google Map，焦點是歐洲地區，介紹它的格局、結構、演變、特色。以現代網路資訊發達的程度，讀者可輕易點擊有興趣的地區或題材，就會出現許多主要文獻、圖片、地點。就像使用 Google Map 一樣，可以從區域別進入國別、時代別、題材別、人物別，那是個引人入勝的大觀園，有追尋不完的桃花源。

　　何老師長期投入這個領域，經手文獻不知凡幾，還願意費心耗神，寫這本接引眾生的著作，值得給她大力按讚。

清華大學經濟系退休教授
賴建誠

作者序
與經濟史的不解之緣

　　《從麵包到蛋糕的追求》乃是簡介人類如何由獲取維生必需的麵包，到製造可以提升生活品質的蛋糕過程，也就是由草莽荊棘的生存奮鬥到生活有餘，進而講究精緻的消費經濟。事實上，即便是在為麵包奮鬥的時候，人類仍渴望能改善生活品質，進而享受文明。遠古的尼安德塔人與現代智人在辛勤的維持生計之餘，仍不忘藝術創作，就是一個明顯的例子。進一步言，麵包所代表的生產經濟與蛋糕所代表的消費經濟，從來就沒有明確的分離過。當人類一邊生產時，也一邊在消費，遠古人類裝飾身體、創造洞窟壁畫的原料都是來自消費的貿易行為。

　　為了消費，為了精神修為，人類不斷的想盡辦法增加生產，製造剩餘以滿足消費需要。於是，我們看到生產的方式與工具不斷改進，消費的貨品不斷的增加，物質的享受也不斷加碼更新。無怪乎，有學者將經濟的目的訂為「追求快樂」。為了快樂，我們有了各式的經濟結構、政策、思想、表現、行為與生活。

　　社會的定義與面向非常廣闊，不過在這本書中，是指與經濟相關的社會結構、組織與關係。人們為了打拼經濟動員了社會資源、人員與物資，從而產生了不同的社會結構與關係。也就是有了這些社會運作，讓經濟可以順暢的進行。經濟的發展又轉而影響社會的運作與結構。總而言之，社會與經濟，經濟與社會都是不可分割的，相互依賴與影響的有機體。

　　透過經濟運作，全球各地的人都被牽連在一起，沒有離群索居的人群。這本書也希望展現人類眼界與生活圈藉著經濟擴大層面的過程，由各地區內部的整合擴展到區與區間的整合，最後到國與國、洲與洲的連結，終至全球化的產生。

　　這本書的動機源自於認命、無奈，以及教學考量，但最後的結果卻大大背離了初衷。在多年的教學生涯中，遇到不少的大學生，一聽到經濟社會立刻就皺起眉頭，或是心生畏懼。當年我也是其中的一分子。原以為經過二、三十年的教育與臺灣經濟社會的普及化發展，同學對經濟社會史這門學問的恐懼之心會減少許多。沒錯，減少了一些，但是仍有不少的同學不能欣賞這門學問。為了消減他們的畏懼之心，進而拉近經濟社會史與他們的距離，我計畫了這本書，這本書的完成距離當年的初衷已經是十五年了！

　　其實，早在撰寫博士論文《近代中俄華人政策下俄遠東區華人社會變遷，1860～1914 年》時，就已經涉獵了一些有關經濟社會的文獻，但是只是輔佐用的，主要的對象仍是外交，對經濟仍是唯恐避之而不及。真正開始認真吸收與探索經濟社會領域，還是在任教之後。

　　這還得謝謝東吳大學以及上過我的課的諸位同學。那一年，我第一次到城區部教授大一歷史，對象是商學院的經濟系、企管系同學。為了讓歷史與他們的主科相連，我打破了對經濟社會史的畏懼，認命的上網採購相關書籍，並認命的吞讀了許多理論艱深的書，包括人類經濟學、政治經濟以及歷代經濟社會史的書籍。就這樣一頭栽進了這個領域，而且培養出深刻的興趣。突然，我發現：經濟社會史也可以是非常有用、生動、生活化的一門學問。我希望透過這本書能將我的新發現傳達給那些仍對經濟社會史害怕的同學！本人更以這本書獻給所有聽過我的課的同學，謝謝你們！

　　這本書的寫成，更要感激我的家人。幾百本的相關書籍，其中不乏上萬元的書費，還要加上運費，若沒有先生的財力支持與容忍，是沒有辦法辦到的。沒有孩子的乖巧與犧牲親子時間，這本書也出不來！當然，各位

師長、同僚、親朋好友的支持與鼓勵,也是很重要的動力來源!

最後,我要感謝三民書局的編輯們,提出建設性的建議和修正。當然三民書局願意出版這本書,也令我萬分感激。

何　萍

從麵包到蛋糕的追求
歐洲經濟社會史

目　次

中古篇

近現代篇

序　篇
經濟是「從麵包到蛋糕的追求」？

一、麵包是「生命」，蛋糕是「品味」

　　自有人類以來，人就得不斷的為衣食住行奮鬥，除了希望能有足以維生的糧食、衣服、住宿、移動條件外，還希望能過更好、更有品質的生活。這也意味人類不止追求麵包以維持生命，還要追求蛋糕，好讓自己過得更有品味、尊嚴與舒適。為了達到這些目標，人類不僅個人奮鬥，還透過組織，以集體的奮鬥朝目標前進，其中組織涉及到社會的問題，而生存奮鬥、追求幸福則涉及到經濟的問題。在奮鬥的過程中，人類首先會觀察環境，設法將所有不同的自然現象串連在一起，予以瞭解，然後再設想如何利用，這就涉及到經濟思想的問題。剖析社會、經濟與經濟思想，從中勾勒出人如何瞭解、認知環境與自然，如何以組織的方式不斷追求更好的物質生活，將是本書一探究竟的課題。

　　有關人類生存奮鬥與追求快樂幸福的行動內容非常龐雜，包括經濟動機、經濟發展、經濟思想與制度、社會與經濟的互動、社會階層與階級、休閒、消費、生產、分配、城市、人口、物質生活、兩性分工與互動、家庭制度與關係等等。

　　無論「經濟」或「社會」都是很難定義的名詞與觀念，但可以確定的是，本書所說的「經濟」或「社會」都不是指學術圈所研究的「經濟學」或「社會學」。事實上，這兩門學問都是非常近代的學問，一直要到二十世紀，這兩門學問才成為學院派的獨門生意，成為專門的學科。在這之前，探討與研究人類經濟行為與經濟思想的人士，都不限於學院中的專家學者。

　　歷代以來，不少哲學家、法學家、神學家、商人、政府官員都曾留下他們觀察、探索與鑽研的記錄，甚至連文學作品中都留有不少與經濟生活相關的描繪。到了現在，即便成立專門的經濟學科系，但研究經濟問題的仍不限於經濟學的專業學者，還包括考古學家、歷史學家、社會學家、地理學家、環境學者、數學家和管理科學教授等等，經濟學已成為一門名符

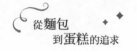
其實的科際整合學問。

㈠「經濟」是什麼?

經濟 (economics) 的字源來自希臘的「家庭管理」(*oikonomia*),意指家庭經濟的意思。希臘的哲學家亞里斯多德(Aristotle,西元前 384～前 322 年)與詹諾芬(Xenophon,約西元前 430～前 354 年)都曾寫過有關家庭經濟(*Oeconomicus*)的著作。他們認為治國如治家,一位無法有效理家的人沒有統治國家的資格與能力,因此家庭經濟的原則可以適用於國家經濟的層級。

實際上,當時的家庭經濟比起現代的家庭經濟要複雜許多。因為當時的家庭有如微型的國家,除血緣的親屬成員外,還包括沒有血緣關係的商人、工匠、農民與奴隸等等,除了管理土地生產外,還有製造業與商業等經濟活動,或許是因為這樣希臘學者才有此發想。

希臘時代,經濟學是哲學與倫理學的一部分,這樣的情形直到近代經濟學之父亞當斯密 (Adam Smith,1723～1790 年) 之時方告結束,他的《國富論》發表後,經濟學開始成為一門獨立學問,在經濟學中被定義為「古典經濟學時期」。

在古典經濟學的定義中:「經濟是研究人類在資源困乏的條件下,如何追求最大的福祉。」在那個時候,幸福與滿足被稱為 "utility"(功利或利益),即後來功利主義的來源:經濟就是追求最大的滿足。

當古典經濟學出現時,可供人類追求福祉的資源實在不多。但現在情況改變了,因此人類的經濟目的也改變了:以前以生存為主,現在則是講求品質。因此現在的經濟學,不再只著重滿足生存所需的過程,不再只是討論麵包的問題,還進階到蛋糕的問題,亦即享受、休閒、消費等經濟生活。於是,現代經濟學主要是探討經濟的行為表現 (performance) 與影響經濟行為表現的結構 (structure) 問題。經濟學不僅在探討人類生產、分配、

消費等行為和現象,也在探討人類如何組織生產以滿足人類的需要和慾望。早期人類的經濟目的著重在如何戰勝資源匱乏,慢慢地因為資源充沛而變成如何有效打理日常經濟生活,而這些就涉及到人類社會結構、社會制度、社會習俗和價值觀等面向。

　　隨著新意涵的不斷出現,「經濟議題」也跟著擴大了。一般而言,現在所謂的「經濟」,除了研究上述的經濟行為與表現外,更包括人類為了解決經濟問題,而採取的經濟與社會組織、制度、結構與政策等問題。

　　儘管學者們將經濟研究的議題簡化成行為表現、結構等大方向,但其實內部值得注意的細目還是非常繁多。例如在行為表現和成就方面,尚須注意資本、生產製造、市場、分配、經營管理等。在資本方面,又包括如何籌集資本、組織資本,資本的配置與調度。生產製造方面包括:原料、生產工具、生產技術、產出、勞力(如勞力的配置等問題)、生產方式、生產流程、管理等。市場方面,也需注意銷售、原料之取得、成品的配銷、市場結構與利潤等問題。分配則包含財富分配、剩餘分配與資本分配等。經營管理方面亦需注意資本、技術、機器、勞力等要素之配合與協調。

㈡「社會」是什麼?

　　至於社會的定義就更難了,幾乎沒人能說清楚,或給個精確的定義。有人笑說,三人以上的團體即構成社會學研究的對象,包括他們的社交、互動與關係等現象。當然,更複雜的社會中還包括組織、層級、地位、價值觀等問題。一般而言,社會與經濟關係頗為密切,舉凡社會中的分化、群聚、互動、分層等都與經濟脫離不了關係。這也就是說,經濟與社會之間的關係是呈現相互依賴的關係,亦即彼此間相互影響:社會因素會影響經濟行為與發展,而經濟事務也會影響社會組織與社會生活。

　　事實上,古代的學者如詹諾芬和亞里斯多德等,其研究經濟的目的在重整社會秩序,而非在瞭解經濟機制本身,可以說「不是為了經濟而研究

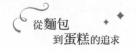

經濟」，而是為了社會或政治目的而研究經濟。即便到了中古時期，許多經濟議題仍多圍繞在如何治理家業，或是如何減少財產分配不公平的現象，仍偏向維持社會秩序和政治秩序的目的，這也是為何近代以前的經濟學多屬於倫理學、哲學等範疇的原委了。

二、「經濟史」、「經濟社會史」大不同

經濟學門的經濟史與歷史學科的經濟社會史，雖都是在研究人類的經濟行為、表現與發展，但是無論在研究性質、內容與對象方面都不盡相同，在研究方法、態度與目的方面也大相徑庭。

㈠歷史學門下的經濟史

簡單來說，歷史學門的經濟史是將經濟史置於歷史學的脈絡中研究，包括使用史家慣用的解釋與敘述手法，因此歷史學的經濟史研究以敘述、解釋、理解為主。基於史學強調周延性、客觀性的精神，除了要研究經濟行為與經濟發展外，還要探討經濟行為背後的動機、影響經濟行為的因素，以及經濟行為對人類社會、文化、軍事、政治與日常生活等各層面的影響，意即探討日常生活、社會表現、個人行為與經濟事務間的相互關係。歷史學家除了探討影響經濟行為與結構的問題，還希望能夠關照到日常或特殊的經濟生活，亦即不同文化、不同地域、不同社會與不同時代的獨特性。

㈡經濟學門下的經濟史

經濟學門下的經濟史則強調深耕、精耕的專業精神，是以驗證、分析，建構抽象的理論架構、經濟模式或典範為主，研究的議題通常都傾向經濟專題與經濟事務，主要研究對象為經濟行為、經濟現象和經濟發展，以及影響經濟表現之結構性因素。經濟學的經濟史以追求通則、定律與模式(models)為主。

㈢比　較

更進一步說，由於經濟學與歷史學兩者的學門與性質相異，遂造成兩種旨趣相異的經濟史；經濟學屬於社會科學 (social sciences)，而歷史學則屬於人文學科 (humanities)。

社會科學是採用科學的方法與態度來研究人類社會的事務，包括經濟事務；人文學科則是以人文學者的精神來理解人事。當人文學者以經驗的法則去觀察和瞭解世界，希望能尋找出人類生活的複雜性和意義時，社會科學家卻努力的想從一大堆繁瑣的現實事件中找出影響事務運作的結構與原則。這也就是說：經濟學的目的在追求通則、普世性的定律與模式，歷史學則是普遍與特殊兩相兼顧。

對於希望能找到深層結構與原則以解釋萬事萬物的社會科學家而言，人文學者只是在事務與問題的表層摸索，而未深入底層。相對的，人文學者則認為社會科學家為了尋找一條萬有定律，而犧牲了事件的豐富與多樣性的內容，更忽略了其他可能的重要問題。

就研究方法而論，歷史學的經濟史和經濟學的經濟史也大不相同。相對於史家從史料中重建人類的經濟史，並強調特殊性與個別性，經濟學家則是從命題開始，逐步引申出邏輯的推論。一般而言，歷史學家在研究經濟社會史相關議題前，事先並沒有一套理論架構或預設立場，也不是從抽象的理論架構開始，而是希望透過經驗法則，以及對史料的觀察、理解與解釋，來瞭解具體的案例、事件、人物與發展，從而建構一套有系統的理論架構或結論。歷史學家這種研究方向可說是由不知而到知，在研究的過程中，歷史學家希望能達到全方位觀照。譬如，歷史學家不會將經濟事務單獨抽離出來研究，而是與其他人類活動、歷史層面一起討論，因而強調經濟發展與其他人類活動、歷史發展之關係，如經濟與政治，或經濟與社會、文化的關係，包括因果關係、相互關係與互動關係。

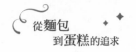

　　經濟學家的研究路徑則與歷史學家相反 。 相對於歷史學家的理解與解釋，經濟學家則強調分析、驗證、抽象的理論架構。當他們研究經濟史中的一項專題時，通常他們心中已經有一個理論架構，也建構好一套理論，然後再利用史料作進一步的驗證。他們的推論，往往在理論上或是抽象的思維中證明是可以運作的，但卻經常與文件的記錄相背離。對於經濟學者而言，文件或史料只是用來驗證理論的，而不是自我表述的，也就是說經濟學者往往阻礙了史料自我表述的機會。不只是經濟學家，其他社會科學家也都有類似的傾向。他們認為：史料、文件的主要價值就是在建構理論架構；史料的本身是沒有價值、沒有意義的，也是死的。但對歷史學者而言，史料是活的，它們會自己說話、自我展現，需要我們仔細的傾聽與瞭解！

　　雖說經濟學的經濟史與歷史學的經濟史在研究旨趣與方法上有很大的差異性，但也不是大到雙方毫無交集，以致絕然不可溝通和交流。尤其是在馬克斯主義的影響下，經濟學與歷史學內部都發生了很大的轉變，出現了各式流派，提供雙方不少可共同關切的議題。譬如，經濟學不再侷限於強調自然律、理性等非自然人 (impersonal) 市場機制的古典經濟論，亦即亞當斯密和馬爾薩斯（Thomas Malthus，1766～1834 年）的論說。現代經濟學家討論的議題也超越了古典經濟論，不再圍繞在生產因素方面，如土地、勞力、資本、市場、企業等問題。現在的經濟學家開始注意到影響經濟運作的非理性與「人為」因素，如政治制度、科技、人口、品味、習俗、社會地位和意識型態等因素。當經濟結構與表現不再只限於理性和非自然人的市場因素後，經濟學家就與向來重視人文的歷史學家有了對話的平臺。

　　事實上，經濟學的理論架構的確提供史家不少靈感與刺激，許多史家也援引經濟學的新理論，以解釋人類過去的經濟行為與經濟運作。更重要的是，受到經濟學的刺激與影響，歷史學的經濟史不再只著重描述和敘述的方法，而開始強調解釋的方法與架構！儘管歷史學家與新近的經濟學家都開始注意到非經濟因素對於經濟的影響，並開始解釋其間的關係，但是

兩者仍有區別：經濟學家的解釋僅限於經濟議題，而歷史學家卻是以「全面性解釋」為最高指導原則。

三、新人文歷史與經濟社會史

在馬克斯主義和社會科學的衝擊下，近年來的歷史學愈來愈偏離傳統的自由人文主義 (liberal humanism)。馬克斯主義強調文化的因素，認為文化是意識型態的溫床，而意識型態則是一種錯誤的意識，此一錯誤的意識將促使某些人去壓榨另一群人的剩餘勞力。馬克斯主義強調物質決定論，並將非物質的文化組成視為上層結構。在馬克斯主義影響下，西方知識界出現了各式主義，包括存在主義、結構主義、後結構主義等。

這些由文化構成的各式結構，後來又受到另一類知識分子的反彈，如傅柯（Michel Foucault，1926～1984 年）等，從而提出解構主義。解構主義的真正目的是在打倒現存的舊結構，以建立一個更具包容力和更貼切現實發展的一個新結構，因此還是脫離不了結構與文化的概念。

無論如何，人文學者受到馬克斯的刺激，將經濟因素與結構的概念引進人文研究，史學亦復如此。相對於傳統史家將關懷集中於政治、軍事等歷史的研究，新人文主義 (neo-humanism) 下的史學開始正視經濟的重要性，並強調經濟與文化的關係。

影響所及，新人文主義影響下的歷史學者將文件、文本和檔案等史料的解讀工作變得更複雜、更細密與精緻化。許多傳統史家所忽略的細節現在都被重新解讀，從而呈現出另一種活力與面貌；一些不受傳統史家重視的史料，如地契、家譜、家信、生活用品等經過新史家的琢磨後，展現令人驚豔的歷史風華；更有不少被傳統史家視為無意義的史料或記錄，如民間的版畫、教會的註冊登錄、通俗小說等，也變身為有意義的史料。

這些細微、繁瑣的史料，成為經濟社會史研究的寶貴素材。這類材料雖豐富，但卻缺系統性整理，不如官方與菁英的文本檔案來的整齊劃一，

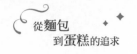

因此需要花費功夫整理、解讀，有時還需要一點想像力。

相對於經濟學家抽象、純思維的研究，屬於新人文主義派的經濟社會史家為人類經濟生活的研究注入一些美感和溫情，讓經濟史的研究不再顯得那麼冷酷無情。在專業的經濟史家研究下，人類的經濟事務與經濟生活似乎只剩下了飢餓、貧窮、分配、土地、競爭等等殘酷的現實面，但在歷史學家的描繪與敘述下，人類的經濟生活中其實充滿了不少歡樂、和諧和創意，而不是只有破壞、痛苦與悲傷。即便在敘述與寫作方面，專業的經濟史著作強調嚴謹且具邏輯性的專業術語，讓一般民眾因敬畏而卻步，但歷史學家的作品則多添幾許柔情，讓文章架構和文字鋪陳方面多了一些親和力。

早在 1970、1980 年代，有不少史家希望將歷史擠進社會科學的殿堂內，甚至將歷史重新定位為社會科學的一支，因而引進不少社會科學的研究方法，計量史學即為一例。但是這種嘗試似乎未達到預期的效果，其他的社會科學家仍將歷史歸類於人文學領域，而史學似乎也因此喪失了自我的獨立性和方向。

到了 1990 年代，一些史家再度尋找史學的真諦與學術地位。不少新生代的史家不再滿足於人文主義的定位，無論是傳統的自由人文主義，或是結構與文化的新人文主義。新生代史家期望能搭起社會科學與人文學的橋梁，讓歷史學兼具兩種學科的長處，且修正部分專業與通則的缺陷，亦即將史學歸屬於「人文學－社會科學」(humanist-social sciences) 的領域。

總之，新生代（亦即 1990、2000 年代）的史家融合了人文與科學、理論與敘述、解釋與敘述。他們也引入了不少社會科學的研究方法與精神，以擴大史學的領域和專業性。譬如，新史家對於名詞的定義、假設和方法上更為嚴謹和精確，一如社會科學家之為學態度。其次，新史家又開始注重理論架構的建構、應用和驗證。然而，理論架構追求的是通則、定律和普世性的「大同」，往往犧牲了特殊性。因此，新史家在採用理論架構、追

求普世通則時，更不忘特殊性，在強調集體性時也不忘兼顧個體性，更不忘照顧不同時代、文化、社會與地域的差異性和獨特性。新史家在用史料驗證理論或是用理論套史料時，強調要讓史料自行說話、自我展現。

在此脈絡下，歷史學門的經濟史研究因而再度發生轉變。譬如，1960、1970 年代研究經濟史的歷史學者非常關切結構的問題，例如結構是如何形成的，其形式和構造如何，是如何運作的，以及各經濟中的表現和成就又為何？他們花了很多篇幅與精力在處理結構的問題，卻少了許多解釋的功夫。

1990 年代以後的史家則加強了解釋經濟結構和經濟表現的功夫。新生代的經濟史家不僅強調影響經濟的政治與社會制度、科技、人口等具體的因素，更探討影響經濟的精神與心理等抽象因素，如宗教、思想、價值觀等意識型態，還有社會與個人的心態與意願等因素。除了這些因素對經濟結構、經濟行為的影響外，新生代史家更注意到它們與經濟間的相互關連性和互動關係。

值得注意的是，即使在經濟學領域中，經濟學者也注意到這些「人為」的制度與意識型態對經濟發展和經濟結構的影響。於是，經濟學也走出了古典的自由經濟論，從強調理性 (rational) 的經濟運作到強調人文的新古典經濟論。在討論有形的物質資源外，還包括了無形的社會地位、名譽等資源與利益。

四、來自歷史學角度的經濟社會史

本書探討自上古至中古、近現代之歐洲經濟活動與社會組織的發展概況、演變趨勢，以及促成改變之因素與後續之影響。此種活動與組織不僅攸關人類之存續，更為促進人類文明進展之必要條件。為達到生存與文明之目的，不同時代的人們乃發展出各項經濟制度、組織、策略、行為模式，以及思想理念等。發展過程中尚涉及不同族群與利益團體間的競爭、妥協與合作等錯綜複雜之互動關係。不同時代與不同社會處理這些問題的態度、

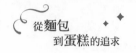

策略與著重點更是不同：有的強調增加生產；有的強調正義或公平分配；有的強調理性規劃；有的強調道德規範等等。即便在生產方面，也有的強調以改善生產工具、運用科技以達到量產、量銷的目的，有的則強調管理和企業經營途徑。

以近代之工業經濟為例，有利經濟發展之工具、科技或生產方式（如工廠制度、工業機器等）在西歐地區接受度較大，從而導致該區經濟發展得以突破，包括生產量激增、財富大幅累積等，進而帶動社會組織與文明性質之激烈轉型。但這些工具、科技與生產方式在某些地區卻因傳統的某些觀念、文化模式、社會制度、政治型態等因素之阻礙，而無法發揮經濟效力，從而導致這些地區由興轉衰，變成窮國（中國即為一例）。阻礙或有利經濟發展之各項因素亦為本書之重點議題，包括政治制度、兩性關係、通俗文化、思想與意識型態、宗教因素、財經政策，乃至影響集體經濟發展之個人與家庭因素。

我們將透過歷史性的解釋與敘述，將經濟學的理論分析融會其中，從而協助讀者初步瞭解經濟世界之運作原則，進而產生對經濟之興趣；畢竟經濟乃是現代人生活不可或缺之一環。

古代篇

Chapter 1
經濟與文明的興起

　　在許多生物中，甚至在人科的許多分支中，我們現代智人 (*homo sapiens*) 實在不能算是強者，甚至可說是最弱的弱者，但最後卻是我們現代智人脫穎而出，主導了其他的生物與地球發展。為什麼？原因顯然不在外型或體質，而在經濟行為以及經濟運作中發展出的組織與管理，也就是文明的出現。

　　「文明」可以說是人類的經濟創造出來的產物；「文化」僅是指一群動物或人的共同行為模式與生活方式。至於「文明」就不同了，「文明」是指一種具有高度組織與管理的文化，而且是已經達到城市與國家（即中央化的政治單位）層級的社會組織和文化。人類由文化進步到文明，其間的關鍵即在農業經濟的發展。

一、經濟策略比一比

　　尼安德塔人 (Neanderthals) 之所以沒能勝過現代智人，主要是在經濟上的失敗，無論在經濟組織或策略運用上，尼安德塔人都遠不如現代智人。

　　尼安德塔人會使用、製造多種石器，而且除了石器外，還有用獸骨製成的工具，約 60 餘種不同的器具。其次，尼安德塔人還會打獵，並以獸皮製造衣服來穿。與早期的直立人等人屬不同的是，尼安德塔人也懂得建立自己的居所，會選擇靠近水源的山洞，也知道用木棍、獸骨搭建棚帳。尼

安德塔人可以在居所處理、製造工具、儲存食物，也能在此計畫出獵。不過，尼安德塔人的居所多為臨時性的棲息地，現代智人的居所則有明顯長期居住的現象。

經考古學家分析尼安德塔人與現代智人的遺址發現：尼安德塔人為「環形遷移」模式，依季節的變化、附近資源的供應，在特定的區域環繞遷徙，強烈受制於環境，如食物的供給、資源的運用等。

至於現代智人的遷移模式為「輻射遷移」，亦即在領域中央的某處設置半永久性的營地，外圍區域有特定資源之處設立小型的衛星營地。整個族群不會全部前往某一衛星營地，而是指派特定的單位前往，並作短期的停留，蒐集該區的環境資訊後再返回居所，這種遷移模式需要周詳的計畫與分工，群體的規模較大，組織也較複雜，但比較不受制於環境生態，反能主動出擊利用環境，這也是因為現代智人具有較強的語言與認知能力使然。

尼安德塔人的狩獵行為也與現代智人有別，尼安德塔人喜歡獵取大型猛獸如狼、獅、豹等，導致受傷、早夭機率高，現代智人則喜歡獵取較易捕捉的小動物如魚、鳥、鹿等，打獵行為的差異造成尼安德塔人從演化舞臺上敗下陣來。仔細推敲，兩者不同的狩獵行為模式主要是因狩獵工具不同所致。尼安德塔人缺乏足夠的認知智力，對周遭環境與生態反應較遲鈍，又無法像現代智人一樣設計出精妙的武器來捕捉野獸，像是可投擲的標槍或倒鉤式的捕魚器，因此只能與野獸進行近距離搏鬥，危險性因而大增。學者從兩者適應與利用環境的經濟策略特性，將尼安德塔人定位為「搜索者」，靠著運氣到處搜尋，碰到什麼資源就用什麼資源。現代智人則是「有意識的蒐集者」，他們對資源作有計畫的運用，事先知道資源的來源，加以監視，然後再出擊。這種「事先計畫」的能力可說是今日人類行為的一大特點。基於以上差異導致尼安德塔人在生存的競爭上失敗了，並導致滅絕的命運。

二、新石器時代：從蒐集者到生產者

大約在一萬年前，人類的文化發展進入新石器時代。這個時期最大的特徵是人類由食物的蒐集者（即狩獵－採集的經濟型態）進入食物的生產者（豢養動物、種植糧食作物），人類的生活型態與生態環境也因此發生重大的改變。

許多考古學家與人類學家將新石器時代生產食物的農業經濟興起稱之為「農業革命」。與其說是「農業革命」，還不如說是「發展」，因為農業的出現或發明乃是無數無名英雄或天才努力的結果，是人類與環境奮鬥或摸索的成果之一，不是瞬間達成的。學界有關農業出現的論點，大致可歸納為下列幾點：

㈠工具突破論

有的學者認為農業經濟的出現，是人類製造工具的技術有所突破，以致可以耕田種地。

㈡經驗累積論

有的學者則主張是因為人類自舊石器時代的採集與狩獵行為中累積了不少知識、觀察與經驗，才可以自己生產食物，例如在長期與動物、植物相處的過程中，人類發現到某些動物性格溫馴適於豢養，有的植物則適於栽種。

有關經驗累積論中，另有一說則是根據考古學的發現，人類早在西元前 9000 年前就已經知道挖掘地洞儲存食物，也許人類的祖先就是看到儲存的根莖食物發芽，進而觀察到該植物的生長流程，從而得到種植的概念。

㈢人口壓力論

　　有的學者則認為是人口爆炸，驅使人類不得不生產食物以養活日益增長的人口。更有的學者認為農業的發明乃是不得不然的結果，亦即由於人口過多，或是氣候發生突變，以致本來賴以維生的植物與動物群發生改變，使得舊有的採集與狩獵經濟不能維持當地族群的生計，人類只得窮則變、變則通，即生產食物。然而，農業與人口的因果關係，究竟是人口壓力導致農業興起，還是農業導致人口爆炸，至今仍是人類學家爭辯不休的一項議題。

　　無論如何，仔細觀察一些可能是最初發生農業的地區，如中國、墨西哥、中東等地 [1]，仍可歸納出一些通則，這些地區具有特別豐饒的環境，使人口密度持續升高，接著就是農業的出現。農業是人類因應環境與生態需要而產生的有效反應與行為，改變了人類的生活方式與社會組織，有助文明的發展。

　　很多人類學家都同意，新石器時代的農業「革命」，其重要性絕不亞於牛頓與哥倫布的發現。對於人類的存續來說，農業比「狩獵－採集」餵養的人口更多，保障人類不會面臨絕嗣的命運。農業對於人類的智力發展也頗有貢獻，因為農業需要長期的規劃、不斷的嘗試和改進新技術與新工具，刺激人類心智能力不斷翻新，使人類社會朝精密的專業化方向發展。

　　譬如人類為了更有效的儲存食物或攜帶食物，而有製陶業出現；為了交換食物等用品，而促進貿易的發展。不用耕田的人，還可以騰出雙手從事紡織、書寫、狩獵、貿易等活動。又如：為了爭取或圈佔更多的土地以

1　據考古學家發現：早在 9000 年前，中國陝西一帶已有種植小米等穀物的農業村
　落；早在 8000 年前已有人類在墨西哥和安地斯山脈北部種植南瓜、玉米和豆類；
　至於近東，則至少在 10000 年前於今日以色列、伊朗一帶已有種植小麥、大麥，
　和畜養動物的情形。

種植作物時，人群與人群間開始談判，談判不成則以戰爭解決，戰爭又再
刺激各種活動的發展。

三、新石器時代的農業革命

　　農業革命以後，人類的活動愈來愈多樣化，人際關係愈密切與複雜，
人口愈來愈多且集中時，人類社會的特點也開始有不同的變化。

㈠定居與新的財產觀念

　　昔日狩獵與採集經濟，由於首重機動性，他們只需要攜帶簡便的工具
與武器就好，因此對於財產與定居的觀念並不嚴格。但是農業經濟則需要
待在一地種植、等待收成，耕種所需的道具不僅多，且多數龐大難以攜帶。
為了墾殖，人類必須建立家園、清除土地、設置儲備糧食的設施等，而這
些工作都需要長期，乃至數代的經營。於是人類開始定居，開始有了財產，
特別是不動產的觀念。即使靠畜牧維生的人，也必須留在一地，等待豢養
動物的成長，不能隨便移動，最多只是逐水草而居，總之，機動性與移動
量都大不如昔了。

㈡人口持續膨脹與專業分工

　　基於實際的理由（如機動性、糧食的供應量等），昔日狩獵與採集的生
活圈，大都不會超過 30～50 人。但相較於狩獵人類較能控制農業生產，因
此生產量能供應更多人。同時，農業的生產過程也需要較多勞力，因此農
業社會人口普遍的增加，而且是隨著農業土地擴張而增加。於是，人類就
由採集的小族群，擴編為鄉村，然後是城鎮、城市、城邦。例如在西元前
6000 年左右，千人以上的鄉村在近東，已是相當普遍的情形。至於人類社
會如何由鬆散農業聚落轉入複雜的城市型態，不得而知。只能推測原始的
城市應是附近農業聚落的商業集散地。儘管當時的經濟已經相當複雜，但

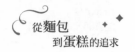

似乎缺乏具有中央權威的組織。

　　人口的增加，使得人際關係變得複雜，需要不同的管理模式，於是造成專業分工、公權力的興起等情形。

　　我們先來看分工方面，分工包括男女的兩性分工與勞力的專業分工。分工意味追求財富或財產的方式不同，例如有的純粹依靠勞力謀取生活（勞力階級），有的則依賴腦力求取財富（勞心階級）。於是分工與財產的觀念造成人類社會的不平等，因為每個人在追求財富或財產時，並不都是成功的，有的人花了很多的力，卻得到的少；財富又牽連到社會地位等其他表徵的不平等與層級化，如統治階級與被統治階級的出現。

　　農業社會統治階級的出現，除了因為資源分配不均外，還有就是農業經濟發展的特質。當農業愈發達時，所需要的知識與規劃也愈密集，這時就需要一位「老闆」的領導。這位「老闆」或這群「老闆」除了要規劃生產、研發相關的知識（如天文與測量）、提供生產工具、分配工作，還要負責水利灌溉等工程設施的建設與維修。除此而外，當農夫生產的餘糧愈多時，還需要「老闆」來統籌集中餘糧以重新分配、交易其他所需物品。這批「老闆」就形成統治菁英，因為他們擁有農業所需的知識，以及調度人手的權勢。

　　分工、專業與新技術的出現導致交易和貿易的興起，以互換有無。貿易亦導致運輸與交通的興起，尤其是遠程貿易更需要運輸的發展，於是有組織的貿易行為開始出現。在石器時代，肩負交易與互換工作的很可能為部落人民，尤其是游牧部落。但是等到城邦出現後，出現了有組織的遠征軍或商隊以進行組織性的交易或掠奪。

㈢兩性關係的改變

　　新的農業生活方式，改變了男女兩性間的關係。在從前游獵採集時代，女性主要負責採集的工作。由於男性的狩獵成果並不可靠，於是早期人類

每日約有 70% 的食物是由婦女供應，因此女性享有較大的自主權與社會地位，這由許多文明都經歷過女性社會（母系社會）可以得知。

到了農業社會，婦女地位開始逐漸下降。當然這種改變也不是一日達成的，而是逐步造成的。在人類剛進入農業社會時還是隨意播種（即園藝時代），還非常需要婦女的勞動力與知識，也需要借用婦女的象徵意涵（即婦女的生殖力與土地的繁殖力相連），因此女性地位仍然較高。這時，婦女的公共角色，諸如女神、女祭師、女戰士、女王等都還經常可見。

但是，隨著農業愈來愈仰賴計畫性的耕耘與開墾，農具也愈來愈笨重時，男性勞力就取代了婦女勞力，男性的地位與權力因而大增。

造成農業社會婦女地位的低落，還有一項原因就是農業耕種對人口的需求。於是比起游獵社會的婦女，農業社會的婦女幾乎是更經常的在懷孕生子、照顧幼兒。婦女因此大大減少了對社區福祉與生產經濟的貢獻，她們的地位也就隨之低落了。

㈣有系統的規劃、公權力的興起

在過去游獵社會中，人數不多，而且大家都認識，也都互有關係，如血緣或部屬關係，因此維持秩序的權力多集中在少數受到信賴的英雄或長老手中，社會的階層化也能降至最低程度。但是農業社會就不同了。

由於農業聚落的人數過多，其生活範圍與人際關係都已超出私人範疇，如家族關係等，公共生活於焉興起。另一方面，維持社會秩序的力量，也不能單靠私人權力與運作（如家族力量），必須以公權力來維護。握有公權力的人必須能維持複雜的秩序、防禦外來的強盜與內部不守秩序的壞人。能達成這些目的的人，通常擁有強制性的權力，又分為司法、行政和戰爭的權力。總之，在古代的農業社會中，公與私的生活，已開始逐漸分化，也就是分為「家與社會」兩種生活範疇。

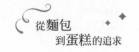
㈤人際關係的複雜與多樣化

農業革命雖然增加糧食生產、創造經濟機會與文明，但也為人類帶來新的壓力與緊張關係。例如，為了爭奪土地、劃分疆界、分配財富與地位，分擔責任等，人與人之間開始起衝突。在部落時代，人際關係簡單，大概只有男女、親子等家庭關係，後來則出現了有與沒有、窮與富、主人與傭僕、所有人與非所有人、自由人與奴隸、游牧與定居等關係，彼此之間的關係經常是衝突與緊張的，人事的糾紛也隨之增加不少。

在蘇美人的時代，我們就經常看到游牧族群與農業族群間的激烈衝突。當然，游牧與農業社會間也不全然是戰爭的關係，兩者不時有和平的交換、溝通、互賴的關係。不過，當農業社會人口不斷膨脹，剩餘糧食不足時，農業社會就會侵佔游牧民族的土地與財物，雙方的對抗因而產生，游牧民族往往都是最後的失敗者。

㈥農業時代的科技進展

早期的農村出現專業的分工，如專門飼養可充當生產工具的牛隻，以及製造衣服等行業。專業化導致科技更加進步，也使得生產更加有效。

1.飼牛：西元前 6000 年左右，安那托利亞高原開始飼牛，以及種植扁豆、豌豆，並開始釀製麥酒和蜂蜜酒，陶器亦開始生產。

2.製衣：西元前 5000～前 4000 年，先是亞麻，接著是毛製品（約西元前 2500 年左右）。

3.冶金：西元前 5000 年已有金屬製品出現，但規律性的冶金製造，如銅器的製造則是在往後才展開，像是產於安那托利亞高原、高加索南部的銅是在西元前 3500 年左右，相關的製銅技術才在近東流行。銅不僅被製為工具、武器，還被製為純銅裝飾品。在製程中，也發展出銅錫融合製成的青銅器，同時還會結合其他材料，如石頭、黏土等，製成複合媒材的裝飾

品與首飾。冶鐵術則於西元前 1400～前 1200 年左右於安那托利亞高原或高加索一帶的游牧部落無意中發明，此時的鐵多用作武器，而非工具。

㈦農業並不是經濟活動的全部

基本上，農業並未取代人類其他的經濟活動，特別是狩獵與採集，早期的農業甚至是輔佐「狩獵－採集」經濟。這是因為「狩獵－採集」經濟，受天候、季節、環境等變數影響，於是先民才想在「閒暇」的時候耕種，籌備糧食來源。最明顯的例子就是農業發源地之一的近東，近東地區在冬天降臨時，因為天寒嚴重缺乏可狩獵與採集的資源，於是先民利用水源與地中海型氣候種植一些糧食過冬。

另外一個例證則是來自古老的傳說與神話。許多的傳說與神話都顯示先民懷念與嚮往游牧的自由生活。《聖經》的〈創世紀〉就是一個明顯的例子。在〈創世紀〉中，亞當與夏娃本來在伊甸園過的是快樂、悠哉的狩獵與採集生活，而農業的產生乃是上帝懲罰亞當和夏娃偷吃智慧果的結果。例如耶和華上帝對偷吃禁果的亞當、夏娃說：「你必終身勞苦才能從地裡得吃的，地必給你長出荊棘和蒺藜來，你也要吃田間的菜蔬。你必汗流滿面才得餬口。」

〈創世紀〉還提供另一個線索，也是有關先民對於游牧與農耕生活的矛盾情結。話說亞當與夏娃的兒子該隱與亞伯；該隱從事種地，亞伯則牧羊。兩人各拿自己生產的產品奉獻給上帝，而耶和華上帝卻偏好游牧的供品，這就引起農夫該隱的不滿，因而殺了亞伯。耶和華非常憤怒的詛咒該隱：「你種地，地不再給你效力；你必遠離漂蕩在地上。」這個故事似乎顯示「連上帝都偏好游牧」。

從很多文獻中可以發現先民對於游牧生活的嚮往與無奈。對先民而言，游牧是快樂、輕鬆、自由的，因為他們不需要一年 365 天都工作，他們獵一隻獅子就可以過好幾天。相較於游牧，當時的農耕是非常辛苦的，是一

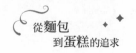

種成本高、報酬率低的生產方式，同時又將人綁在土地上，但是農產品可作為獵物不足時的食物來源，故而投身農耕。總之，先民選擇定居與種地是不得已下的無奈抉擇，為了保障生活，不得不痛苦的選擇定居種地。

四、早期的聚落與鄉村經濟

　　考古學家已經在安那托利亞高原的西部、以色列地區和伊朗高原的山腳下發掘出西元前 7000 年左右的村落遺址，被視為人類最早的聚落之一。這個地區物產富饒，擁有可畜養的羊、山羊、牛等，以及適合耕種的作物和水源，地中海型的氣候使得人們可以在無法狩獵的冬天種地。不少人類學家主張這些地方亦為人類農業的發源地——農業由此發源而後方才擴散到兩河流域的大河地區。例如西元前 5000 年左右，近東的農業逐漸傳播到歐洲的巴爾幹半島，然後再到其他的歐洲地區。

　　這時近東已經出現一些居民人數平均為 1,000 人的村落，並有明顯的男耕女織的分工情形，專業化的情形也相當明顯，如村民中有種田的農夫、從事製造業的工匠和負責交通有無的商人，也有放牧的牧人，或定期出外打獵的獵人，亦即村民的職業已有多元化的傾向。

　　在經濟活動方面，出土的毛織品顯示：此時期的人類已經知道充分利用家畜，亦即豢養動物不僅是為了製造食物，也為了利用動物的毛皮以製衣、動物的皮骨以製造工具、動物的腳力以犁田、運貨、交通等。在手工業方面，則以製陶和製造工具為主。此時期的陶器除了用來儲存和攜帶食物，也用來裝運家用的飲用水，同時也是交易的主要貨品之一。

　　在工具製作方面，技術的突破使得工匠可以製造出更銳利、實用的工具（如黑曜石）。在出土的工具中偶而也出現金屬製品，特別是銅器。但是此時的銅器（約西元前 6500～前 4500 年首度出現銅製品）還非常有限，多是小型產品，一直要到西元前 3000 年左右方有大量青銅製的容器、武器和工具出現。值得注意的是，黑曜石與錫等原料都不是當地的產品，必須

從遠地取得，足見當時已發展出較長程的貿易。

此外，村莊裡的人主要工作是務農，因此大部分的衣服、工具都是從外地取來，很可能是村人用生產剩餘的食物換取日用品和工具。我們已發現早在西元前 6500 年左右，西亞村落已有長程貿易的行為，因為我們在伊朗的一個村落中發現了來自 400、500 里遠黑海地區的黑曜石，以及來自安那托利亞高原的銅。到了西元前 3500 年左右，我們更可以發現水運與陸運貿易的痕跡，如泥製和木製的船隻等。

當然，我們也不能排除村人利用戰爭的方式取得他們所需要的物資。至少，我們在較晚期的村落中發現了簡單的防禦設施，還有種類繁多的武器如矛、斧、劍、刀等，足見當時已有較多的戰爭行為。也許就是武器競賽和戰爭，導致人類進入城邦文明與青銅時代（人類大約於西元前 3500～前 3000 年左右進入青銅時代）。

鄉村經濟之特徵可歸納如下：

1.鄉村居民的經濟活動單純，幾乎都以農業為主，其他的經濟活動僅是農業經濟的輔佐而已，顯示鄉村的經濟專業化的情況並不明顯。

2.鄉村聚落所生產或製造的物品仍以應付當地之所需為主，並不是用來與其他地區交換，而且村落與村落間的互賴關係有限，通常一個村落的對外關係多僅限於緊臨的另一個村落，這與要求全面、複雜、互賴功能的城市文明不同，因此只能稱之為「聚落文化」。

3.鄉村經濟在分配上，並無明顯財富不均的現象，缺乏嚴明的層級化現象，因此我們不能視之為「文明體」。

4.早期的村落在利用天然資源與生態方面，也稍嫌缺乏主動力與創新，因為早期的村落多位於山腳下有水源的地方，而且栽種簡單，只需要稍加利用自然生態，作物即可生存，因此他們只是消極的利用環境，並未大幅改變生態，如建立水壩或抽乾沼澤等。

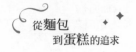
五、文明的興起

當分工與專業化達到更複雜的階段時，文明就隨之興起了，約莫在西元前 3500 年左右。複雜的分工與專業導致經濟活動多元化，進而帶動社會與文明的精緻發展。例如，全職且專業的工匠專門負責生產紡織、陶器、金屬等其他工藝產品，另有專業的建築、工程與醫療等行業的興起。度量衡制度、數學和簡單的科學也逐漸發展起來。各地區（特別是蘇美人居住的兩河流域）因為天然資源有所欠缺與不齊，必須仰賴與其他地區的交換或交易方能達到自給，如交易石材、銅錫等金屬和工具等。此外，由於銅器證明比石器更有效與容易運輸，因此被廣泛予以使用；石器則因不敵銅器的競爭而退下來。兩河流域的銅可以從葉門經由波斯灣海運進口，或是從安那托利亞高原、高加索區順河進口。冶金因此成為人類文明發展的一個里程碑。

蘇美文明最大的文明貢獻為書寫，而書寫的發明也是因應經濟的需要，又轉而促進經濟的發展。早期的蘇美城市多圍繞神殿或寺廟而興起，神殿或寺廟的祭司階級成為負責管理、規劃與監督的領導中心。為了管理和監督諸如農業所需的灌溉以及收集貢賦、稅賦等工作，而發展出文字系統。隨著文字使用日益廣泛、經濟行為日益複雜，原本以神殿或寺廟為中心的經濟組織開始由祭司下放至企業家，以致個人企業有了較大的自由度。另一方面，隨著原料的需求與尋找，蘇美的商人足跡分布日益廣闊，甚至遠到埃及、地中海、印度等地，蘇美文明亦隨之散播各地。

六、城市與國家的興起

早期的城市中，有不少是從村莊演變來的，但是比起村莊，城市要複雜了許多。不僅是結構、建築方面非常複雜，人員也非常複雜，有各式不同的人居住在一起，顯得非常的混亂（早期的城市並沒有系統的規劃），而

且變動不已。異質化、雜亂、複雜、流變，就成為城市的特徵。然而，城市提供人民方便、安全與舒適的生活，因此大部分的人喜歡居住在城市裡。譬如，古代兩河流域的人就認為城市是神聖的，是神明所建造的，神明也都居住在城市裡，並保佑城市。城市也可以讓早期的人類以集體的力量，更有效的利用環境與天然資源。

城市出現後接著是國家；城市與國家，乃是文明的象徵，形成皆與經濟發展攸關。城市與國家經常是合一的，特別是在近東地區，往往一個城市，再加上城市周圍的一點腹地和田野就構成了一個國家。因此，當城市興起後，很快的就出現了小規模的城邦，也有許多村莊雖然一再擴大但卻無法轉型為城邦，其間的關鍵就在經濟發展所需的組織化、層級化。當然也不是所有的國家都必須經過城邦的階段，例如埃及，就幾乎不曾經過城邦階段，甚至當埃及國家組織成熟後，其村莊仍多於城鎮，亦沒有城邦的存在。不過，城邦在近東、希臘、羅馬和中國的上古史中就顯得相對重要。

近東成為人類城市文明的起源地，若以地形生態來看一點也不奇怪。近東的環境生態非常多變與多樣化，有可以游牧的草原，可以狩獵與採集的山區森林，可供種地與畜牧的河谷，可以灌溉耕種的沖積平原，更有可以捕魚、捉鳥的河流和沼澤地區。這些地區彼此相依相鄰，例如獵人可以將牛羊的肉與皮和農夫交換五穀雜糧。此外，儘管美索不達米亞地區物產豐富，但仍不能構成一個自給自足的經濟單位，因為它缺乏木材、建材用的石頭、以及金屬礦產如銅、錫、銀、鐵等。因此，美索不達米亞必須靠對外交換以取得所需的物質，方能發展高品質的生活水準，進而建構文明。於是，早在文字發明之前的古老時代，美索不達米亞地區就與鄰近的地區如高加索、安那托利亞高原、伊朗高原、印度、遠東等地進行頻繁的貿易活動。

總之，不同生態與經濟型態的成員都必須生產額外的餘糧以交換其他之所需。各個不同生態的人與物彼此之間不停的接觸與交流；交流的場地

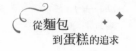

與網脈愈來愈大和複雜化後，就出現了城市。城市成為交換剩餘糧食的地方，各類政治、宗教、意識型態、軍事、文化（如文字）等也在城市中相互交流。

仔細推敲餘糧的增加在專業化與城市發展中非常重要。第一，餘糧過多可釋放生產人手轉而從事勞心業或製造業，從而加速專業化發展。其次，餘糧增加需要中介的專職人員與機構統籌分配事宜，於是中央組織興起。此外，各成員、階層、族群取得生產工具的管道亦有難易之別，例如有錢人可以得到較優勢的牛、犁等生產工具，社會階層化於焉興起。

當城市的社會層級形成後，位於上層的人開始接管行政管理的工作，形成統治菁英。最早的一批統治菁英來自於宗教界，因為在不穩定、無法預測的環境中，先民需要教士或祭司來向天上的神明溝通求情。在許多出土的聚落中，我們都可以發現生產中心圍繞著神殿，至於宮殿的出現則晚了許多。在早期的生產過程中，廟宇（神廟）與祭司的最重要功能其實是「再分配」的功能，而非生產管理的功能。祭司以宗教的理由（即在神明的名義下）向城市附近的村民以徵稅或繳貢的方式收集糧食與服務（即力役），然後再按不同的工作性質或社會地位，將糧食分配給城市居民，至於更多餘的糧食或產品則用來向外地交換物品。在這種生產過程中，祭司並不參與生產。由生產工具的統一性來看，祭司似乎會提供生產所需的工具與種籽。

此外，由於城市人口的增加以及廟宇所需的膨脹，遂使村民的稅役的負擔更加沉重，村民為了躲避債務或稅役而避居城市，城市的經濟與生活因而更加惡化。最後，為了改善城市的經濟與生活，廟宇乃加入生產行列，隨後又以其強大的管理知識、管理系統、人力與財力而成為城市的生產中心。總之，在早期城市發展的過程中，廟宇和祭司扮演了非常重要的角色，因為先民在生產過程中面對洪水等天災，需要宗教力量的安慰。

早期的聚落或城市，除了靠自己生產所需外，就是靠戰爭與餽贈禮物

取得所需；戰爭對於城邦的興起也頗有刺激的作用。就戰爭的效益而言，城市或城邦遠比村莊更適合做一個戰爭的單位。

在戰爭的名義下，政府官員可以動用權力以控制相關的寶貴金屬和物質的買賣、分配。這些官員還可以動員、徵調各式軍人與武器（城市的集中有助於動員，村莊的分散則不利動員），並提供他們經濟資助（因為官員控制了廣大的財力）。

這種集中管理的方式到了戰車戰興起後，變得更是必要。因為戰車的製作需要龐大的人力、物力，而且為了求取勝利，每個城邦都必須擁有精良的戰車，這時候唯有高度集中的城邦方能做到。高度集中管理也意味權力的集中，領導階層或國家元首角色更為重要，故王權逐漸興起。

這種城市與國家形成的過程，在每個地區發展的速度不盡相同。在近東地區，大約在西元前 3900 年左右開始進入普遍都市化的時代，等到大約西元前 3500 年文字出現時則進入國家（即城邦）時代，人類也終於進入歷史年代。

七、環地中海地理環境對經濟活動的影響

儘管人類進入了城市文明與國家時代，但是因為早期人類的能力有限，資源也少，因此改變環境與利用環境的能力更有限，以致他們必須仰賴天然環境。於是，生活於不同地形的人，他們對於經濟目的、經濟生活與行為也大不相同，例如兩河流域南部地方的人士，他們的慾望僅止於擁有一頭驢子、一個花園和一棟房子。以下僅就近東、埃及、希臘與羅馬所構成的環地中海區為例說明之。古代環地中海區的地形非常複雜，既有平原、三角洲，也有山區、沙漠與海洋地區，每個地區因應地理環境而發展出不同的經濟特色。

(一)山　區

　　山區的人比較容易受到自然環境的影響，他們的資源比較少，改變環境的能力更是有限，因此對自然環境的依賴度最大。在資源嚴重匱乏的情況下，山區人士的經濟目的以生存奮鬥、維持生存為主。山區的糧食多靠自然界提供，如栗子；山區少有種植業的出現。但是山區卻豢養不少的牲畜如羊和馬。山區的經濟發展也有限，經濟活動以狩獵、畜牧、游牧為主。

　　資源匱乏，以致山區支撐大型人口社區的能力有限，因此大多是人口少的小社區，政治組織也多以部落為主。當山區的人多了以後，就必須靠向外移民來解決人口的問題，通常是往山下的平原區移動，不少平原地區的勞力主要就是來自山區的移民，從古代歷經羅馬，到近代都是如此。

(二)平　原

　　平原地區的地理環境比較和善，也比較容易改變。近東的平原地區還有河谷平原、沖積平原和平地平原的區別。不同的平原，灌溉的方式也不同：河谷地區主要靠雨水，平地則靠人工的灌溉系統。不同平原地區的生活與文化型態都不同。

　　平原地區的生存與生活仍無法靠個人的力量達成，必須靠集體的力量方能營造舒適的生活空間，這就形成了各式人類的組織，如社會、宗教與國家等組織。平原地區的資源不見得多，但多樣化，有沼澤、湖泊、河流、森林等，這些資源都比較容易利用，因此大幅提升人類利用與改變環境的能力。

　　平原適於種植，因此是發展農業的好地方。農業因為產量比較穩定，且可以預測，因此可以供養比較多的人，以致平原地區的人士不必為生存擔太多的心。因此，平原地區的經濟目的在提升生活品質、追求進步。

　　農業的收入雖然比較穩定，但需要動員與組織人力，方能取得，例如

發展灌溉、運河、溝渠等。此外，平原地區多水患，也需要靠集體的組織力量方能解決。這些發展與需要，都使得平原地區人口眾多，因而產生組織的問題，遂發展出大型且複雜的國家與社會組織，如階層社會、城邦。

此外，農業需要的工具與科技都遠勝過山區，因而刺激製造業的發展，如製造耕種的工具、烹煮的鍋碗瓢盆、儲藏和運送糧食穀物的大型容器等等，地中海的考古就發現了許多古代的大型雙耳罐，就是用來運送糧食穀物或橄欖油、葡萄酒。製造業又會帶來原料的問題，為了取得金屬（如銅、錫等礦產）與木材原料，於是而有了長程貿易。人口多、生產量大且多樣，又製造出規劃、分配與貿易媒介等問題。於是，在農業、製造業與貿易相互牽引下，平原地區的經濟活動愈來愈複雜與精緻。

㈢沙　漠

沙漠一如山區，資源少，人也少，人類必須仰賴自然所產的食物與資源。因此，沙漠地區的經濟目的也以生存奮鬥為主。不過，沙漠通常位於各方交通必經之地，因而發展出另一套經濟活動。沙漠人民的主要經濟活動是游牧，另外就是兼營商業，他們用來營業的交通工具是馬與駱駝（早期是驢子和騾子），這也是沙漠人民豢養的主要牲畜。沙漠地區還盛產礦產，如黃金。位於近東的美索不達米亞（即兩河流域）的商業線多掌握在游牧民族的手中，兩河流域大部分的陸路貿易也都是由游牧民族經營的，例如近東著名的商業民族亞述。

但是，由於游牧民族可交換的物品比較少，需要的東西卻比較多，因此在無以交換的情況下，他們也會利用掠奪的方式，以暴力取得所需的東西，或是強迫交換。另外，游牧民族為了追求經濟機會與經濟產品，也會入侵農耕民族。游牧民族與農耕民族間的衝突，就成為上古近東史中一項重要的議題。農耕民族往往會建築長城以阻擋游牧民族的入侵。例如，烏爾第三王朝（西元前 2112～前 2004 年）就曾在巴比倫北方幼發拉底與底

格里斯河地區修築了一道長達 270 公里的長城，以防止阿摩利人 (The Amorites) 的東向遷徙。

位在平原地區的農耕民族除了面臨來自沙漠民族的威脅，也得面臨來自山區部落的騷擾。與山區部落的侵襲比起來，游牧民族僅能算是騷擾而已，因為山區的人遠比沙漠的人還剽悍。值得注意的是，一般人只注意到游牧民族對農耕民族的侵擾，卻忽略了平原民眾與農業民族侵奪游牧民族土地的問題，例如埃及就不斷的往沙漠擴張。其次，許多人認為游牧民族無法建立城市，因而無法發展出文明。但是，考古資料顯示：游牧民族也是可以建立城市與文明的，近東的馬利（Mari，位於今日敘利亞境內，為阿摩利人建立的城邦）就是一個明顯的例子。

㈣河流、海洋地區

比起陸運，河運發展得較晚，主要是因應貿易而興起。河運主要是對內，另有海運，是對外的。海運之能發達起來，乃是基於近東有靠海的海洋地區。海洋地區主要是位於地中海沿岸。地中海的地理條件非常適宜貿易；地中海周圍地區的人民也多從事貿易。地中海呈現一個盆地地形，四周環山且面海。由於地中海沿岸多山，沿岸平原也都是靠山面海。這種地形有利當地人往海洋發展，而不利於往內陸發展，因為往內陸發展需要越過險峻的山脈，對上古人而言為一大難事。此外，地中海靠近岸邊的近海地區，多海灣、港口、島嶼。港灣、海島的分布密集，呈現跳板式排列，以致航行地中海不需要特別先進的航海技術與工具，非常適合上古的人民沿岸航行。

早在西元前 9000～前 6000 年這塊地區就已經有航行紅海與地中海的記錄：早在地中海航線出現之前，敘利亞就已經發展出紅海的貿易線，主要以販賣香柏木為主。西元前 1000 年左右，造船業興起。航行地中海的船隻分為馬頭形的船、長形船與圓形船（平底船），各種船形的龍骨、桅杆、

搖槳各有不同。例如長形的船,船底呈長方形,船身分兩層,下層搖槳,上層裝貨。長形船屬於重型船,適於跨海航行,至於平底的圓形船則適合走岸邊。地中海的海運繁忙,並使海河連成一片,以致近東人終於征服了地中海,一個整合型的地中海文明於焉出現。

一如沙漠的游牧民族,不少海岸人民也沒有過多的產品好與內陸人民進行交換,因此他們多進行掠奪經濟。地中海的海盜行列不分種族,各色人種都有。海上民族的活躍,對內陸民族造成極大的傷害,最後甚至導致青銅器文明的結束,以及近東帝國時代(埃及帝國、亞述帝國、西臺帝國、米堤帝國)的結束。

海洋人民,又稱為海上民族,包括希臘人、黎凡特人(The Levant)、敘利亞、迦南、腓尼基人等。埃及人是最晚加入海洋隊伍的,因為埃及的經濟比較能夠自給自足,故無須仰賴外來的貨品。況且,埃及的商業由法老壟斷。在需求量不大的情況下,埃及的貿易多由外國人經營,尤其是敘利亞人。

海洋經濟具有一些特色:

1.需要較多的成本、技術與知識:這些條件致使海洋民族的文化水準高、識字率高。因此,最早簡化文字的民族就是由近海,且商業活躍的腓尼基、亞述、迦南人發明。這些民族為了增加商業的效率,而發明了拼音文字。在此脈絡下,埃及商業的不發達,亦可以由其複雜、精緻的象形文字可見一斑。

2.機動性強,海洋民族的殖民力、行動力與活動空間都非常驚人。

3.建立據點:海洋民族不僅殖民地分布廣,文化散播的範圍也廣。他們在各國、各個港口、島嶼都建有據點、補給站、中繼站。這些據點通常都是由他們自行管理。

4.海洋民族易產生開放、寬容的社會,社會的流動性也強,威權度較低,易產生民主之社會與政治。海洋民族也容易扮演文化中介的角色,進

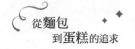
而形成融合文化。

5.海洋地區因為經商人多,因此製造業較為發達,但是仍以農業為主。商人在這些地區仍算是少數,且有壟斷的情形。

㈤各經濟區間的互動

遠古時代的人類無法完全突破山區、平原、沙漠、海洋等天然障礙,遂造成區域性的發展,且區域性大於整體性。雖說以區域性發展為主,但是各文明區之間仍互有往來,主要是透過政治、戰爭、移民、貿易、王朝通婚等管道。上古地中海沿岸,並無孤立之文明。即便埃及比較獨立、閉鎖,但仍有對外之往來。早先促使埃及走入近東地區的軍隊,開始於中王國時代 (約西元前 2025~前 1630 年),等到新王國時代 (約西元前 1550~前 1075 年),埃及更是融入地中海文明體系。地中海文明的出現,也是人類最早全球化的發展證據。

另一項值得注意的是,無論農業、游牧業、工商業等經濟活動都是並存的,甚至在一個家或一個人的身上也都可以互換。譬如說位於黑海北岸歐亞草原的徐錫安人 (The Scythian),雖號稱游牧民族,但是在他們的民族隊伍中仍有不少農夫存在。

在上古時代,由於市場不發達,人類無法完全靠市場取得所需、滿足慾望,因此除了正規的貿易外,還產生不少非正規的經濟活動,如禮物經濟、掠奪經濟、戰爭與賞賜等。上古人民靠戰爭取得戰利品,特別是勞力,以供本國勞力之不足,如希臘、羅馬,那就是奴隸。近東亦然,該地區的奴隸、戰俘多工作於礦區以及其他比較危險的工作。賞賜,在上古時代也很流行。不少機構靠賞賜取得勞力與服務,一如中古歐洲的封建制度。例如,卡賽 (The Kassite) 的封建,就是君主以土地換取臣民的軍事、行政等服務。

各經濟區的互動與交流,讓各文明向外延伸,終使古代文明結成一個網脈。

Chapter 2
美索不達米亞的經濟與社會

一、美索不達米亞平原

　　「美索不達米亞」原意為「兩河間的土地」，所謂「兩河」係指底格里斯河 (Tigris) 和幼發拉底河 (Euphrates) 之間的地區，這兩條河從上游的安那托利亞附近一直流到波斯灣入海。這塊地區又被稱為「肥沃月彎」(Fertile Crescent)。無論「兩河流域」或「肥沃月彎」，在歷史上所涵蓋的地區都非常廣闊，它包含今日的伊拉克、敘利亞，以及部分的土耳其和伊朗等地。至於美索不達米亞的文化圈（即其影響力所及之地）更是廣闊，涵蓋了今日的伊朗、黎巴嫩、約旦、以色列、埃及、沙烏地阿拉伯、葉門、土耳其、賽普勒斯和希臘，甚至在今日的巴基斯坦、印度等地，我們都可以發現「美索不達米亞文明」的影響。事實上，古代整個近東地區都屬於兩河流域的文明區。

　　「美索不達米亞」又可分為兩個區域，即北邊的亞述和南邊的巴比倫（以今日巴格達為界），南部的巴比倫區雖僅僅三萬平方公里左右，卻一直是美索不達米亞文明的核心區。此外，巴比倫區又依南北分為蘇美 (Sumer) 和阿卡德 (Akkad) 兩區。

　　由於美索不達米亞是個平原地帶，相當適於種植，但是此區多水患，也需要集體的組織力量方能解決，遂發展出大型且複雜的國家與社會組織，

如階層社會、城邦。儘管在商業興隆的時候，該地區的經濟仍以農業為主，製造業與商業僅能算是農業的輔佐。

二、社會組織

透過泥版文字和法律文件，我們大概可以將蘇美的社會圖解如下：

(一)自由公民

自由公民（*awilum*，意為「人」）即貴族與一般的平民百姓，必須繳稅給國王，也須服軍事和公共工程的勞役。就土地的所有權來說，貴族的私人土地可以買賣、繼承，而私人土地的數量愈到後期愈多，可見土地有私有化的現象。

自由公民中有一大部分的人是靠為神殿或宮殿服務來換取土地使用權（而非所有權），像是擔任書記、釀酒等比較不費勞力的工作。這些土地上的產出僅能算是服務的酬勞或薪資。由於是以服務換來的土地使用權，所以土地不能買賣、繼承。然而，在從前職業世襲的情況下，有時也會逐漸變成家族繼承的土地。這是因為當時是一個強調家庭教育的時代，知識容易在家族內傳承，於是兒子容易以較優的知識條件繼承父親的工作職位，從而繼承了父親的土地使用權，經過幾代下來，職位與土地就成為家族世襲專有。當然，也會有人利用職位之利強行霸佔原屬宮殿或神殿的土地的情形。

自由公民的身分不是一成不變的。不少自由人因為經濟狀況惡化或債務關係而淪為半自由人，甚至將自己的妻子兒女抵押為奴，不過法律規定這種抵押期約三至七年。不少的債務人因為無法改善而最後淪為奴隸。另有不少自由公民因為犯罪而淪為奴隸。

㈡半自由人

在自由公民之下，另有一種半自由人（*muškenum*，字意不詳）雖受到法律的保障，但他們的法律身分卻遠不及一般的自由公民，這種人類似中古歐洲的「農奴」。在法律上，傷害半自由人的罪比較輕，而半自由人所得到的賠償也遠不如自由公民，通常僅有自由公民的一半而已。在實際的社會裡，半自由人通常是指公共勞工或是城市中低階層的人。

在《漢摩拉比法典》以及更早之前的法典中，這類被稱為"*muškenum*"的人通常是指為神殿或宮殿工作的勞工，包括紡織工人（多為女性與小孩）、種田的農夫以及各式的工匠。神殿的勞工人數非常龐大，譬如兩河流域的宗教聖地拉加什 (Lagash) 神殿中，光是紡織工人就有六千名之多。他們通常收到的酬勞都是實物性的如羊毛、食物或其他貨品。這種酬勞是屬於配給性抑或是薪資，仍是歷來史家爭論的重點，因為若是配給，則那些勞工就屬於半自由的「農奴」類，但若算是薪資則他們就屬於自由人的身分。無論是哪一種身分，古代近東的勞工多歸政府與神殿管轄、控制與調度。不過，一般的自由公民所服的力役僅佔部分時間，也就是一年中僅有部分的時間為國王或祭司服務，其他的時間則為自己工作。這種力役顯然與"*muškenum*"的經常性勞動不同。並且，一般貴族還可以用錢雇請別人代他服役（但不可逃避力役）；代替貴族服役的人則多屬法律上的半自由人。

半自由人的來源通常是因經濟變動或經濟失敗而喪失部分權益的自由人、外來的移民、囚犯、從外地逃難來的人、社會邊緣人，以及孤兒寡婦等弱勢團體。這些半自由人的經濟狀況不會比奴隸要好，可能還更差，但是法律地位卻在奴隸之上，也不能在奴隸市場上買賣。一般而言，半自由人不能隨便遷徙，事實上他們也沒有能力遷徙，只能在固定的土地上或工作崗位上工作。這點與奴隸相同，奴隸同樣不能隨意遷徙，奴隸必須固定

在主人的土地上，因此我們稱他們為「半自由人」。值得注意的，在某些地區，"awilum" 是指貴族，而 "muškenum" 則是指一般的城市居民。

(三)奴　隸

奴隸 (wardum) 在法律上是沒有身分、沒有保障的。上古的社會幾乎都有奴隸的存在，但是奴隸的形式有很多種，待遇也各有千秋，因此很難說出一個整齊劃一、條理分明的「奴隸制度」。以古代兩河流域來說，奴隸就有好幾種。

第一種奴隸是可以買賣的，他們是屬於主人的財產，因此奴隸的所有權，一如其他的財產一般，都受到法律的保障，譬如禁止奴隸逃亡，也禁止收留逃亡的奴隸，否則都會受到嚴厲的懲罰。為了防止奴隸逃亡，奴隸都被印有特殊的標記，以便與自由人區別。譬如，《漢摩拉比法典》中即有規定「如有理髮師為奴隸改變髮型，將斬掉他的手」。另一方面，即使是這種奴隸也不是都能買賣的，有些情況下是不能買賣的，譬如成為妾的女奴。這些奴隸通常是戰俘或戰俘的眷屬，都是外邦人，而非自己城邦的「國人」。

第二種奴隸則是因為負債而成為債奴。他們也是主人的財產，但是不能買賣，一旦他們還清債務即可恢復自由之身。通常，當債奴過多時，或者每隔幾年，國王就要頒布解放令，讓這些債奴在有條件或無條件下重回自由之身。當時的法庭文件就已經記載：無力償還債務的奴隸必須要有年限，過了年限後就自動恢復自由。當時的習俗約是六年或七年。《漢摩拉比法典》則降到三年。這種做法雖然會造成富貴人家的損失，但其實不大。因為平常的時候，這些債奴都得為債主服務以償債。經過幾年後，債主的本錢早已賺回來了。再加上，通常債主與欠債的人（債奴）都屬於自由公民，基於古代講求的階層感情，債主在國王的要求下，也只能接受。這就是著名的〈正義令〉，譬如漢摩拉比就因頒布〈正義令〉和《法典》而得到

「正義之王」的名號。

至於第三種奴隸，則是不能單獨買賣，而是必須隨土地買賣，就個人身分而言，他們是自由人，但不能隨便離開居住與耕種的土地，當土地易主時，他們亦隨土地而易主。

通常擁有奴隸的人都屬於統治菁英的祭司（以神殿身分）、國王和貴族等有錢人，早期的時候他們所擁有的奴隸多半從事家庭服務業，而不是用來生產的。等到經濟愈來愈發達以後，需要的勞力就愈來愈多，於是開始大量進口外籍奴隸，其中不少是戰俘。早期時，不少奴隸都來自亞述地區。許多國王將俘虜來的戰俘賜給神殿或貴族，從事生產，再收取稅金。宮殿和神殿利用這些奴隸從事製造業，尤其是紡織業。紡織業在古代近東是最大的產業，利潤也非常豐厚，許多私人企業也利用奴隸從事紡織業。

在新巴比倫時代，有的奴隸的手背上還刻有主人的名字。不少主人還會要奴隸去學習一些工藝技術，如貿易、製鞋、烘焙、紡織、建築，用以增加他們的身價，從而增加主人的財富。這些奴隸身分的工匠與一般工匠無異，他們接受相同的酬勞，也可以為自己添置衣服和鞋子。在節慶的時候，奴隸身分的工匠也會得到一份額外的嘉獎如魚、水果、椰棗、肉等。

在泥版文書中，經常將主奴的關係與神人的關係相比擬。雖說如此，奴隸的穿著與一般自由人不同，且不得更改。奴隸的行為也有許多規範，在礦場等地方作苦工的奴隸還配戴腳鐐。一般而言，近東奴隸的待遇不差，但也得視主人而定。擁有親密、友善關係的主奴非常普遍，許多奴隸採用主人的姓或名，以表示雙方的密切關係。有的奴隸雖屬奴隸的身分，卻可以擁有自己的財產與事業，有的奴隸甚至比主人還富有。但是，這些奴隸的財產在法律上仍屬於主人所有，包括奴隸的人身在內，然而社會待遇卻未必如此。許多富有能幹的奴隸在社會和經濟上都很活躍，甚至還擁有自己的奴隸。由於近東奴隸的待遇不差，因此奴隸逃亡的事件並不像後來的羅馬那麼頻繁。

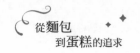

同時，奴隸與自由人之間的轉換，在古代近東非常頻繁，解放後的奴隸只需要改變服飾和髮型即可。解放奴隸在古代近東是經常發生的事，只要碰上好心、慷慨與慈善的主人，就會有賜給奴隸自由的情事發生。古代近東對於奴隸與自由人間的通婚不會去嚴格禁止，因此不少奴隸與自由人通婚，他們的配偶仍保持自由人的身分，他們的子女也保有自由人的身分。在分遺產的時候，奴隸的主人可與擁有自由身分的配偶和子女共同分產。

不過這些發展隨著時代的演變，開始發生轉變，隨著奴隸的數目愈來愈多，自由人與奴隸間的分野即隨之加大。

三、家庭與婦女地位

㈠家庭的重要性

從蘇美時代，甚至更早的時候開始，「家庭」[1] 即扮演了吃重的角色，是一個重要的社會、經濟與政治單位，這是由於美索不達米亞的土地競爭很激烈，也很重視財產，導致家庭成為捍衛土地、財物的重要單位，因此大部分家庭制度，包括婚姻、繼承等都與財產和經濟生活有關。

以蘇美的婚姻為例，婚姻是由父母安排的，而且締結婚姻猶如經營企業，經常是透過談判、協議、訂定契約後產生的。一般而言，結婚時，新郎必須付給女方父親一份禮物，新娘父親也必須準備一份嫁妝，這份嫁妝多由妻子自行管理，也有交給丈夫管理的，但離婚時，嫁妝須退回給妻子或由其子女均分，丈夫無權侵奪。這種契約婚，成為近東地區的一種傳統：沒有契約的婚姻，不算是正式婚姻，不受法律保障。

結婚，對許多小村落，尤其是游牧民族而言，並非簡單的事情。許多

---

1 古代與近代早期的「家庭」其實是「一戶人家」，通常包括父親、母親、直系子女、未嫁娶的兄弟姊妹，以及奴隸（一般人家是沒有奴隸的），類似中國「戶」的觀念。這種家庭既是一個居住與血緣的單位，也是一個經濟的單位。

小村落、部落內部的血緣關係太過密切，不適通婚，因此必須到外地去尋找配偶。通常都是靠母親，母親本來就是外地來的，因此當孩子長大要尋找配偶時，這些母親就會回到原生的村莊或部落去探聽，或是透過女性的網絡幫忙尋找配偶。因此，母親在婚姻過程中扮演的角色非常重要。

㈡婦女的角色

村莊中，婦女逐漸形成一個非正式的網脈。這些婦女因為都來自外地，彼此惺惺相惜，建立濃厚的感情。從留下來的長形料理臺和水槽遺跡，可以推知當時婦女們在一起做麵包、一起洗衣，她們很可能在此過程中，相互交換信息話家常，並藉機取得未來媳婦人選的資訊。這也顯示，古代的文件中雖然沒有婦女的聲音，並不表示她們是沉默與孤單的一群。透過婚姻，這些小部落與村莊彼此相連，形成一個大區塊，甚至逐漸融合到主流社會、城市社會裡。

在正常狀態下，蘇美人採行一夫一妻制，當妻子不孕或生病（慢性病）時，丈夫可以娶第二個太太，但對元配仍有照顧之責。在蘇美乃至後來的近東地區，丈夫擁有絕對的權威，甚至包括將其子女販賣為奴。然而在蘇美人的社會中，婦女享有的權利仍超乎我們後人的想像，尤其是菁英或權貴家庭的婦女。愈早的時候，婦女的地位愈高，她們可以當證人，也可以任職書記，甚至有女性的官員出現。在公共領域中，到處都可以看到這些菁英婦女的影子，如廟堂的女祭司、文學家、商界名流等。

蘇美的婦女可以擁有並自行掌管自己的財富。許多酒館的店主就是婦女，他們也從事貸款與釀酒等事業（釀酒須有執照）。泥版文書中尚有不少夫妻一起經營企業的記載。譬如有一對夫妻一起經營土地、金屬與穀物的企業，有時他們親自料理，有時則委託他人代為經理遠方的事業。當丈夫去世後，妻子就負起繼續家業的責任，而且非常成功，足見兩河流域的婦女仍有發展的機會與空間。

兩河流域婦女的經濟負擔其實不輕。兩河流域的城邦或帝國多採取貢賦制度，經常要求地方繳交具有經濟價值的物品。紡織品就是其中的大項，而紡織工人多為女性，以致婦女的負擔非常重。尤其愈到後面，政府要求的貢賦愈重，婦女的經濟負擔隨之加重。

(三)財產分配與繼承

在家庭財產權方面，兩河流域的土地所有權通常是共有制，也就是屬於家族的人所共有。個人是不能隨便出售土地的；出售土地一定要得到所有族人或家人的同意與簽名方可。因此，我們可以在一些土地出售的契約中看到一連串的簽名，有的甚至長達 50 名以上，但都同姓，由此可以確定同為「一家人」。共有制可以避免家族因為分產而將土地愈分愈小，至少可以維持家族土地的完整性。

在財產繼承權方面，父親的遺產通常是由兒子們分割繼承，女兒也可以參加分產，寡母更有權繼承部分的財產。不過也因為區域不同有些微差異，如在兩河流域的南部，長男的地位與權利比較高，分到的遺產也比較多，但他們也得在父親去世後負責張羅姊妹和弟弟的結婚嫁妝與支出。一些無法獨立的兄弟在繼承到土地後，會將自己的土地與其他兄弟的土地交換，或是賣給其他的兄弟，家族的土地因而避免分割，或將分割的損害減少到最低限度。但是，仍有不少例子顯示：有些家族經過數代以後，子孫仍因土地不斷分割而轉趨貧窮。

(四)嫁給神明的女兒

在婦女群中，兩河流域還出現了一個特殊的族群「納迪徒」（*naditu*，複數為 "*naditum*"，意為「休耕」或「禁忌」）。納迪徒出現的背景有經濟的因素，也有宗教的動機。一些有錢人家為了防止土地轉嫁到其他人家，或遭人覬覦和侵吞（如女婿），也為了防止財產愈分愈小，透過納迪徒保留

財產。另外則是基於宗教動機，如代替父親或家人向神明祈福、服侍神明（意即作為父親在神殿中的分身），就會將自己的女兒送去類似修女院的組織 "*gagum*"，亦即將女兒嫁給神明，她們終身不得與凡人結婚。

在巴比倫的洪水神話中也透露出設立這種修女院組織的目的──據說神明因為嫌人類的數量過多，過於吵雜危害神界的安寧，因而發動一場大洪水將人類覆滅。但是當人類全數滅亡後，神又發現沒有人可以服侍他們，以致他們的生活很不方便。於是神又再度創造人，但是這一回他們決定設計一些機制以減少人類的數目，或是限制人口成長的速度，於是有一條神明的飭令：「有一些婦女應該成為禁忌，然後才能控制小孩的生育。」而「納迪徒」就是飭令中的「有一些婦女」，她們必須堅守貞節。就像《漢摩拉比法典》記載：「一位經常流連酒館的納迪徒，將要受到懲罰。」當時的酒館通常是具有情色性質的聲色場所，所以在法典中才會明文規定。

由於不生小孩，納迪徒就避開了生育的風險，也沒有相夫教子的麻煩，因此納迪徒大多非常長壽，有位納迪徒在修道院中生活了四十年之久，她們都是青春期開始進入修道院。

無論基於財產或宗教服務的理由，納迪徒都是為家庭服務的，因此在她們進入修道院時，父親會為女兒準備一份嫁妝土地，這筆財產不得變賣，她的兄弟也不能隨便覬覦這筆財產。根據《漢摩拉比法典》記載這些「陪嫁」的土地必須由父親或兄弟代為經營，當納迪徒去世後，這份家產應該要歸還父家。不過，有些納迪徒自行經營自己的產業，甚至指定自己的財產繼承人，並要求繼承人來照應她的晚年，大部分的繼承人多是來自同一家族的年輕女孩，但也有外人。

納迪徒最主要是為家人祈福，因此會經過挑選，甚至卜卦、預兆，當然還是有納迪徒是被迫進入修道院的。根據一份文件，一位納迪徒向她的繼母抱怨：「我是國王的女兒，你是國王的妻子。你卻不顧那份文件，就是你和你的丈夫要我進入修道院的那份文件。你們對待士兵都很好，但是我

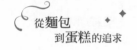
呢？」另一位馬利公主也一再提醒家人不要忘了她的那份東西。她寫信給父親：「你家的女兒都有收到穀物、衣服和啤酒，而替你祈福的人，卻沒有收到任何東西！難道我不是經常為你的壽命祈福的分身嗎？難道我不是你的象徵嗎？難道我沒有幫你給神明好的報告嗎？」這位公主更強調她的重要性，因為她是代他父親向最高的太陽神祈福。

一般納迪徒進入修道院時，她的家庭會與修道院簽訂契約，說明如何供養、資助納迪徒。納迪徒居住的地方是一個用圍牆與外界隔離的區域，有自己單獨的出入門戶，裡面住有好幾百人，甚至上千人。她們也有自己的糧倉、行政系統、耕地和工作坊。根據一家修道院出土的文件記錄，納迪徒雇用約 1,800 個人，包括許多各式的工人，如從事磨麥、漂白、紡織等工作的工人。工人的性質，從奴隸到雇工都有，有不少是專業性的工作人員。在修道院裡，納迪徒每天得兩次向神明供奉肉、麵包和啤酒。她們也要參加一些宗教儀式或慶典，如遊行等節目。

納迪徒雖然號稱嫁給神明、為神明服務，但是她們不屬於神殿的神職人員，也不是女祭司，而是一個特殊的婦女團體。雖說不屬神職人員，但有時候會接受神職人員的管轄，並由神殿組織法庭來審理她們的糾紛，及其與外界俗人的糾紛。有些納迪徒自稱自己是「永久的祈禱者」，可見這個組織主要的功能是宗教性的。

納迪徒興起的時候，正值兩河流域的父權組織愈來愈嚴明，婦女的地位與權益日益衰弱，因此納迪徒正好提供獨立性強、能力強的婦女一個發展的機會，選擇進入修道院的婦女也愈來愈多，到了漢摩拉比時代，修道院更是人滿為患。

納迪徒多來自有錢人家，有些甚至是國王或地方首長的女兒，因此她們的財產不少，能力也強。不少納迪徒成為文學家或書記，並具備管理經商的長才，成為當地的重要的經濟人員，對經濟有所貢獻。許多納迪徒透過企業經營而讓自己的財富增加很多倍，像是有位納迪徒透過中介商經營

錫的貿易，賺了非常多的錢。有些納迪徒則是將大麥、銀子，或其他物件
借給他人，從中收取利息與利潤，還有的納迪徒因投資酒館而致富。不只
如此，納迪徒彼此之間還合作、合夥做生意。例如漢摩拉比的妹妹就與其
他人合作，買了一大片的土地，還投資畜牧業。根據記載，有一回她雇了
6 位牧人幫她照顧 1,085 頭牛。她因此成為當時最有錢的人之一。

不少納迪徒非常的精明，她們甚至與自家的兄弟爭奪財產和賺錢的機
會。總之，納迪徒是最早的修女，也多為女企業家。

四、兩河流域的城市生活

兩河流域的人非常重視城市，城市的認同勝於國家、政權的認同。對
兩河流域的人而言，儘管政權、國王來來去去，但是城市不變。政權的結
束不是城市的終結，除非是城市被摧毀了，人們才會發出喟嘆，嘆息自己
成為沒有家的遊民。就是因為城市的認同遠高於國家的認同，導致古代近
東沒有辦法建立長久的大一統帝國。雖然有漢摩拉比、亞述、新巴比倫等
帝國的努力，但是最後都失敗了。

城市之所以被看重，是因為古代近東的人相信城市是神明建造的，以
作為祂們的居所。神明通常會選擇有甜美水源的地方作為祂們的住處，因
此水對城市而言非常重要。兩河流域的城市，尤其是南部的巴比倫地區的
大城市，多位於河流經過之地，特別是河流交會的地區，這些地區不僅有
利農業發展，也有利商業發展。譬如阿卡德的薩爾恭（Sargon of Akkad，
約西元前 2334～前 2284 年在位） 建立的阿卡德帝國就是位於河流的交會
點，是各方貿易路線的匯集地區，其財源主要來自商業和製造業，成為人
類史上最早不靠農業生財致富的城市。因此史家曾評論薩爾恭帝國是一個
商業帝國，而不是農業帝國。

城市因為有各方來的物品，還有厚實的城牆，具有安全、舒適的優點，
更是文明的表徵。許多兩河流域的神話或故事中，多敘述有關年輕的城市

少女色誘或嫁給野蠻人（住在帳棚中的人），當野蠻人喝了城市的啤酒、吃了麵包以後，就欣然接受同化，再也回不去從前的游牧或野蠻生活了，顯示當時人們對城市生活的嚮往。

城市中各種人、各種行業都有，有人耕地、種菜、種果樹、養雞鴨牛羊、捕鳥、捕魚、打獵，有從事游牧業的牧人，有從事酒館、小買賣的生意人，也有從事製造業和商業的人。

對於兩河流域的人而言，美好的城市生活應該開放給所有的人分享，因此他們不會排斥外國人、異族人。對他們而言，沒有外國人的地方，不能稱之為城市，因此城市的異質性很強。許多城市中的外國人有專門的居住區，多分布在城市邊緣的港口地區 (karu)。這些外國人有使節，也有商人和政治難民。他們通常受到王室的保護，或是納入國王的家族中。一些城市也會劃出一塊區域，讓路過的貿易商隊、商人或觀光客到城市內臨時居住，稱之為「外國人的大街」（如 Street-of-the-People-from-Eshnunna，伊遜奴那人的大街）。外國區中還有不少遊走各地的工匠，他們都接受當地政府特殊的照顧與監督。亞述商人在安那托利亞地區甚至設有類似今日租界區的地方，如卡尼什 (Kanish)，由亞述商人聚居而成，並由他們自行管理。

城市中最大的建築是神殿，其次是宮殿。不過愈到後期，宮殿的規模愈大，逐漸與神殿抗衡，甚至超越。神殿、宮殿內部中庭的周圍都圍繞著許多房間，有的作為工作坊，有的則是糧食穀物的儲藏室，還有廚房等各種具有經濟功能的房間。由建築物的結構和出土的文件、物料、工具等看來，這些神殿或宮殿都具有經濟的功能。

兩河流域的城市中還出現各式類似中古行會或現代職業工會的社團組織，如釀酒、金屬工匠工會。譬如在西帕 (Sippar) 的城市裡，由於當地的紡織業發達，而紡織業中最重要的就是漂白工人，這些漂白工人人數眾多，就組成了好幾個社團組織。另外，為王宮、營區、神殿磨麥的工人；王家、神殿所有的織工，也都有自己的社團組織，這些社團組織中甚至有女性勞

工參與。

以亞述為例，商人有自己的商會組織，根據該組織的文件，商會組織的動機在「營利」。這些商人彼此合作，組織團隊，不過通常都是由家庭成員組成。在市政的層級中，還出現了一個「商人委員會」，他們在市政府的建築中聚會，因此自稱為「市政房子」(bit alim)。這個委員會決定商業政策、訂定出口稅額。當商隊出關時，這個商人委員會還負責在貨物袋蓋上印章。商人委員會更具有外交的功能，幫助處理與安那托利亞地區的外交與商業事宜。

除了工人、商人外，樂師、算命的都有工會組織，即便在《舊約聖經》中非常著名的先知，也有工會，而且由家族傳承。其他的兩河流域的職業工會也是如此，尤其是私人企業方面，經常都由一個家庭傳承，他們也掌控職業工會，以致職業工會的各式職員都由一個家族包辦。有的職業工會則附屬於宗教組織之內，有的則附屬於宮殿，並由宮殿監督。

五、農業經濟

㈠主要作物

美索不達米亞平原最重要的經濟來源是農業。這地區屬於地中海型氣候，冬天適合種植，夏天收成的作物都是由冬天種出來的。因為夏天太熱、太乾，不適合植物生長。

當時生產以糧食作物為大宗，如大麥、小麥、稷等。通常是秋末播種、初春收成。大麥是最重要與最普遍的糧食作物，大麥做成的麵包是主要的糧食來源，一些地方甚至拿大麥來餵食牲畜，同時大麥還能釀啤酒。不少地區，如波斯灣三角洲和兩河流域中下游，以大麥為主要的輸出品，以換取其他貨品，亦可作為交易媒介、計算貨品價格的單位，是兩河流域的國際市場的主要交易項目。

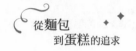
除了糧食作物外，還有各式各樣多元的作物，包括洋蔥、大蒜、各種蔬菜、椰棗、芝麻、無花果、扁豆、葡萄、蘋果、梨等。椰棗是當地最受歡迎的作物之一，除了當成水果食用，也可以釀成酒，屬勞力密集、高利潤的經濟作物。所以不少地方成為椰棗的專業種植區，有些神殿、宮殿甚至將所有的土地用來搶種椰棗。椰棗的高經濟價值讓各地廣泛栽植，因而侵蝕不少大麥等糧食作物的耕地，並間接引發財富分配不均的情形。

同樣的狀況也發生在橄欖上，自亞述引進的橄欖，也是當紅的經濟作物。因為用榨油機榨出的橄欖油，不僅用來食用、宗教用，也供點燈、個人衛生用、藥用、香精，用途非常廣泛，而成為重要的經濟作物。

另外也有觀賞用的植物，如花、珍奇異樹，則多種植於公園、宮廷花園中，宮廷花園且多開放給民眾參觀。例如亞述國王以建立花園、果園、公園為傲，城市的城門兩邊也多設有花園、果園，以炫耀城市的文明。

還有一項普遍的作物就是香料，幾乎各私人花園、公家花園都有種植各種香料，作為料理之用。香料種類繁多、產量亦豐富，且兼具料理、藥用多用途。例如一道菜可用到 50 種香料。除料理外，香料還有藥用的功能，同時也是重要的出口品，加工後的香水或香精是市場上的寵兒，獲利也非常豐厚。藥草也是重要作物之一，當地藥草種類也非常繁多，可以推見醫療之發達。

(二)主要生產組織

一般以家庭為生產的單位，並出現性別與年齡的分工，也就是婦女與小孩都有參與生產，而且各有不同的工作。除了從事耕種的成員外，家庭中還有人從事釀酒、製造、捕魚、園藝、放牧等其他工作，足見家庭是一個自給自足的單位。家長負責供給生產工具與原料，然後收集成品，再進行分配，按照年齡、性別、工作量和工作性質分配。這種將共同勞力的結果集合起來，交由中央統籌分配的模式，稱之為「再分配」(redistributive)，

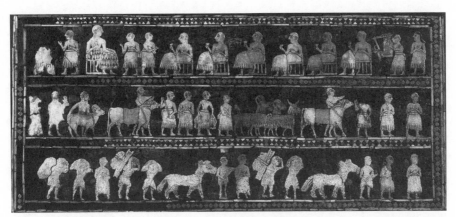

圖 1　蘇美烏爾城出土的工藝品　從中可以得知當時經濟生活，包括紡織、畜牧、農耕等。

類似神廟和國家級的「再分配」型態。在家庭生產模式下，無論男女都可以買賣財產和土地，但賣土地時須得到全體家人的同意。

　　比家大的生產單位是村社，所有的灌溉與生產都需要大家一起合作，生產所得則共同分享。灌溉系統的發展導致中央化的出現，進而將鄉村整合入主流機構中，如神殿、宮殿。此時的社會，也開始階層化。許多農民因為歉收、牲畜的死亡而變得貧窮了，或因債務關係而喪失了土地，土地則集中到神殿等機關的控制下。

　　神殿或宮殿職員負責提供生產工具，然後由居民負責生產，神殿並不參與生產。每當收成時，所有的收成都歸神殿所有，然後神殿再以實物（如大麥、飲食，或是一些日用品）分配給農民與其他工作人員（包括行政人員與工匠）。分配的標準必須是能維持生計為主。這也是一種「再分配」的經濟模式 [2]。那些收取來的成果主要用作公共用途，或是拿來儲藏以備不

2　兩河流域的宮廷人員，尤其是軍事人員，通常都與國王一起飲食。他們或同聚一室共同飲食，或是將食物帶回家。這也算是一種再分配的經濟行為。例如，根據亞述納希巴（Assurnasirpal II，西元前 883～前 859 年在位）描述他在他的新都卡戶 (Kalhu) 落成時，如何在十天內供養來自全國各地的男女共 69,574 人。光是聚餐

時之需，或是拿去交易以換取聚落或社群的需要，真正屬於菁英私人所用的並不多。隨著經濟日益複雜、人口增加，於是由再分配改為貢賦經濟。

譬如有些宮殿或神殿的土地散布在很廣泛的區域內，無法有效管理，於是神殿或宮殿等單位將土地分租給農民或是承包商，然後再坐收貢賦。神殿與宮殿不止將土地分租出去，還包括其他的經濟活動，如椰棗的種植、牲畜的飼養，還有自然資源的應用如捕魚、捕鳥、製磚、採集蘆葦等。有時候，神殿或宮殿還雇人幫忙收租和貢賦，承包的人再付實物或銀錢給神殿或宮殿。

至於承包這些工作的人是「企業家」(entrepreneur) 或是承包商，介於生產者與消費者之間。他們都是行政管理的菁英，扮演了重要的經濟角色。例如，他們向神殿、宮殿承租土地，或自行找農民耕種，或是再分租出去。有的企業家接的案子過大，還會再聘雇下游的企業家或承包商，而成為一個有組織的團隊或公司。

在耕種的過程中，企業家會依據不同的地形、地理環境作不同的處理或策略。等到收成時，他們再來收取農作物如大麥等交給神殿或宮殿，剩下的則送到市場去賣，在這中間他們還得負責儲存與運輸。不少的承包商因此而獲得不少利潤，進而成為有錢的大商人。但是他們也得承擔經營的風險，因此並不是所有的人都會成功的。

這些企業家還要負責提供農民耕種的種子與工具。當農民青黃不接需要接濟或小額借款時，企業家也會提供他們貸款。有時候他們會收利息，有時候則不收利息。雖然不收利息，但是由於他們借錢給農民時，正值作物因為供應不足而價錢很高的時候，等到農民收成還款時，作物的市場價

使用的食材就包括：牛、小牛、羊、羔羊、鹿、跳鼠、鴿子、鵝、鴨、大蒜、芝麻、果仁、洋蔥、葡萄、無花果、石榴、蜂蜜、奶油、芥末、乳酪、椰棗、橄欖、魚、蛋、麵包、啤酒、酒等等。神殿也經常讓工作人員帶食物回家，或提供他們餐點。

格又因供應充分而大幅滑落，於是農民被要求得用高於市價的原價錢或作物還錢，就好像變相的利息，所以仍然不利農民。根據當時的習俗，正常的利息行為都要在法庭或神殿註冊。若是以大麥當作利息償還，利率則為33%，若是銀子的話，則為20%。這主要是因為大麥的價錢在收成的時候會下跌，而這通常也是農民支付利息的時間。假如債務人沒辦法還錢時，他必須以奴隸的身分為債主工作。不論收不收利息，農民都受到損失，因為農作物收成時價格低落，但農民得照之前價格高時的金額償還給企業家。而且年年累積，終至農民無法償還，只好將土地或自身賣給企業家。當這種情況累積到不能忍受時，也就是受害的農民愈來愈多，多到危害經濟與社會秩序，以及政府的稅收時（因為農民無力納稅），政府就會出手。通常政府採取的對策就是取消債務。我們在兩河流域的歷史中，經常可以看到政府「頒布正義」，就是取消小民的債務。

這些企業家的資金，有的是借貸的，有的是合夥，有的則是透過親朋好友無息借來的，也有自己出資的。合夥的情況也有很多種，有的資方僅出資，其他的合夥人則負責實務工作，有的則是分工合作。至於分紅或分攤風險，有的合夥人全都負擔風險與損失，有的則沒有，有的只有分享利潤，卻不負損失之責。到了西元前第一千年紀的末期，兩河流域出現了銀行，更有利借貸投資了。

除了承包耕種外，還有些企業家與國王或神殿簽約承包菜園（以種植椰棗為主）、畜牧（以養羊為主）。有的企業家承包的業務非常多元化。當契約到期時，企業家則將承包的實物收成的一部分，如椰棗或羊毛交給國王或神殿，自己則留一部分。無論如何，企業家在兩河流域的經濟活動中非常活躍。

㈢生產工具

生產工具的原料，早期以石器（尤其是黑曜石）、木器為主，後來改為

更有效的陶器、銅器、青銅器。形式上有犁、鐮刀等，但是以鋤頭最為有用。大部分的工作，如耕田、造船、建築、製磚等行業都需要用到鋤頭。在泥版文書中，有不少歌頌鋤頭的詩作，如《鋤頭之歌》。

不過，美索不達米亞平原的農業成績主要是靠人力的有效動員與組織達成的，而不是靠精良的工具。其次則是使用獸力。兩河流域的人早期使用驢子耕田，後來進步到使用牛隻耕田，甚至將四隻牛組成隊伍來拉犁耕種，是兩河流域的人最大的發明。除了一些大城邦、核心區以外，其他地區的生產工具進步得很慢，大部分都是沿用傳統的工具，如泥土或燧石製成的鐮刀。

農耕所需之基礎設備多由政府負責，如灌溉與運河，包括灌溉系統的維修和保護。政府經常將工程承包出去，由承包商負責。此外，水源的保護與爭奪戰是兩河流域的一大要事。兩河流域也有私人興修的灌溉系統、運河，但規模較小。

㈣經營技術

兩河流域的人已知品種改良、地力（土地肥沃力）恢復的方法，並採取適當的措施。恢復地力最普遍的方法是採取輪耕與休耕，農民亦會使用獸肥作為肥料，大量使用獸肥的結果，使兩河流域土地鹽化的情況嚴重，尤其是波斯灣頭的三角洲，這地區還有嚴重的淤積問題，故兩河流域的農耕逐漸由東往西發展，文明的散播亦多沿此一路線。

鹽化的情形，與人口增加、糧食不足的情形，使得近東人得不斷的拓墾土地。通常只有宮殿或神殿才有這種拓墾新地的財力，因此拓墾的新地多屬於國王或神廟所有，另由他們招募人民耕種，包括牧民、窮人加入開墾的行列。從泥版記載中，我們也發現有採取特權式的開墾方式，就是由國王授予特權，其中載明權利與義務的條件。或者由國王與人民分擔資金，共同開墾新地，然後再分攤利益。還有由私人向銀行貸款投資開墾事業。

總之，可以看出古代近東人為了解決人口增加、土地不足、糧食不足的生存問題，真是費盡心思與力量，從而使得經濟活動更加複雜。

㈤土地使用

土地是農業財富的基礎。有關土地的經營，南北略有不同。北部的地主除了將土地出租外，自己也經營土地的種植事業。不少土地是屬於村社共有，由村社的人集體經營。另有不少土地屬於家族共有，這種家族土地共有的情形，在南方也有。在一份賣土地的泥版文件中，買主是一位國王，而在契約的賣方方面簽字的就有數十位親屬。足見這塊土地原本是屬於家族所共有，因此，出售土地需要家長與家族成員的同意。這些家族成員將土地賣給國王後，就成為國王的雇農，為國王服務。

此外，南部的地主多半是不在地的地主，他們將土地租出去。這些地主並不住在自己的土地上，而是住在城市裡。當時有不少的城市居民到鄉村購買土地。這些城市市民購買的土地都離城市較近，而且多以種植椰棗、果樹等經濟作物為主。還有不少的城市市民實為政府官員、或是國王的人馬，他們以服務換取土地，再轉雇他人代為經營。許多軍事人員也因軍事服務而得到一塊土地。早期的時候，近東的耕地多屬於神殿、宮殿所有。他們雇有專門的人員，並以理性的官僚方式幫忙經理土地。宮殿土地的興起遠晚於神殿的土地。後來國王逐漸侵佔神殿的土地，國王也自己大肆購買土地，終於使得宮殿的土地勝過神殿的土地。除了神殿、宮殿土地，還有私人擁有的土地。時間愈往後，私人土地所佔的比例也愈來愈高。

此外，兩河流域的土地集中或土地交易，有不少是因為債務關係而轉手的。農民跟有錢人借錢，因還不起而將土地交給債權人。根據西元前2600～前2350年烏爾早期王朝出土的泥版文件，當時的一個中央級機構（神殿或宮殿）控制了全城2,000多位勞工。這個機構將勞工組織起來，在國家的土地上耕種，種的主要是大麥。至於勞工的薪資則是採取再分配

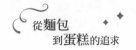

的方式,以酬勞名義分紅勞工。由此可見,兩河流域一直都有組織人力以事生產的悠久歷史。大家一起工作,還可以藉勞動產生共同的城市認同。

　　在這場生存奮鬥的經濟遊戲中,神殿與宮殿都扮演了重要的角色,尤其是國王,愈往後發揮的功能日大。這種情形不止發生在兩河流域,整個近東都是如此。因此,從前有些學者認為古代近東的經濟屬於類似現代的國家計畫經濟,或是國家社會主義。其實不然,因為我們看到在古代近東的經濟中,雖然國家在經濟活動中相當活躍,尤其是商業,國家也享受了許多特殊的資源,但是私人仍扮演了重要的角色。私人的經濟領域並沒有被國家或宗教組織吞食掉。在許多獲利豐厚的經濟活動中,不僅有國家參與,私人也有參與,如開墾土地、經營遠程貿易等。

六、畜牧經濟

　　兩河流域的人家多畜養有豬、狗、羊、山羊和牛。1隻牛的價格相當30隻羊。多數人家將畜牧當成副業,但也有專門以養羊為業的畜牧人家,尤其是游牧人家。羊對於兩河流域的人而言非常重要,牠們是紡織材料的主要來源,許多毛紡織品甚至成為貴重的禮物與商品。兩河流域的人已經知道將羊毛分成許多種類,不同種類的羊毛製成不同質料的衣服。羊肉、羊奶、乳酪等經濟效用大,除經濟用外,宗教儀式也多以羊為祭祀牲品,羊的內臟還可以用來占卜。由於羊的市場大,因此牧羊業非常發達。

　　畜牧經濟的第二項重要內容是馬。馬多產於西臺 (Hittite)、伊朗高原地帶,位居現今亞美尼亞 (Armenia) 一帶的東北部高原以出口馬賺取豐厚的利潤。西元前十四世紀左右,馬成為亞述對外貿易中的一項主要商品。馬的顧客多為國王、貴族等權貴人士。馬除了作為身分的表徵外,也多用於戰爭。此時的馬很少當作交通工具,一般商人與人民的交通工具、載運工具以驢子、騾子為主,尤其騾子,因為牠的性情比較溫和,不像驢子的脾氣比較頑固且大,有時不好駕馭。

　　畜牧經濟的第三項重要內容是駱駝。駱駝主要分布在阿拉伯半島，約於西元前 1100 年左右受人馴化，通常是用來做遠程貿易使用的。阿拉伯人視牧養駱駝為商業機密，不讓其他人知道飼養的技術與地點，因而能維持駱駝市場的壟斷權達數千年之久。

　　古代近東飼養的牛隻，多用來拉車、耕田，或是成為奶油、乳酪、肉類、獸皮製品的主要來源。公牛則多用來祭祀，或是圖騰象徵。從安那托利亞高原到希臘一帶，用公牛作為圖騰的民族不少，公牛崇拜、鬥公牛都很流行。

　　兩河流域最常吃的肉，除了羊、牛外，就是豬肉。有趣的是，考古學家在兩河流域的遺址中發現很多食用後的豬骨頭，但是他們的文件、繪畫、浮雕中卻非常少有豬的題材。

　　兩河流域的家禽業，以鵝為主，是主要的食品，雞反而是後起的食用家禽。鳥類也不少，但多是野生，分布在沼澤地帶，有專門以捕鳥為業的人。鳥的羽毛非常昂貴，因此富貴人家不僅以羽毛作為衣服、裝飾用，更作為身分的表徵。羽毛曾一度作為貨幣使用。另外捕魚也是非常常見的經濟活動之一。泥版文書還出現一些神殿和宮殿與人訂立的契約，出租捕魚權或捕鳥權的案例。

　　在兩河流域的泥版文獻中，我們還看到婦女或夫妻檔經營畜牧業，而且經營得有聲有色，相當具有規模。根據記載，有一位婦女除了為自己經營畜牧，也幫國家經營牲畜，每年都貢獻給國家成群的牲畜與皮革。

七、製造業

　　兩河流域的生產工具並不特別發達，這是因為此區沒有出產耐久的金屬或其他礦藏，只有泥土，因此兩河流域耕種用的犁與收割的鐮刀都是用泥土製成的。為了彌補工具的缺點，兩河流域的人想出了一些改良的生產方式，一些更省力與有效的生產方式，主要是集體合作、專業化、組織化

與集中化的生產方式。兩河流域的人將生產的流程予以分割組合，盡量讓生產動作不要太複雜，並採取重複的動作，然後就可以讓更多的人加入生產行列，從而增加生產。這種將勞力專業化的生產方式，有助於勞力的層級化。此外，就是讓一些特殊的產業退出家庭，另外覓地成立工作室或作坊，採取集體與專業的生產，如紡織業。負責集中化的核心就是宮殿與神殿，這些機構除了負責管理生產、分配所得以外，還有就是硬體設施的建設工程。專業化、集中化，更加速了財富的分配不均以及社會的層級化的現象。

　　兩河流域雖然缺乏製造業所需的堅固材料，但是工匠仍從不同地區進口材料以製成實用、耐用與精緻的成品，如建築華麗莊嚴的宮殿、神殿等。在建築工程中，還有複雜的灌溉系統、供應飲用水和一般水等水管溝渠（不僅有明管，還有暗管）、綿密的運河網脈、堅固厚實的城牆和橋梁等。

　　儘管原料來源困難，兩河流域的工匠仍然非常重視材料的品質。根據一份泥版文書，一位工匠委託代理人向相距幾個國家遙遠的廠商購買銅塊，中途還需經過戰區，卻得到品質不佳的銅塊。這位工匠於是向廠商抱怨，希望能調換成廠商原本承諾的優質銅塊。這是最早的顧客抱怨，從中也可以看出工匠取得原料的艱辛，以及對原料品質的重視。

　　除了重視原料的品質外，兩河流域也非常重視製成品的品管。例如，《漢摩拉比法典》中就規定：房屋的建造者必須對房屋負責，如因建築結構而導致的房屋毀損，則建造者須負修補之責，如果因為建築問題，導致屋毀人亡，則建造者須以性命相抵。

　　在組織勞力方面，不僅發生在農業部門，製造業也有類似的情形，特別是公共建築方面。兩河流域的統治階層不僅將自由民、戰俘、奴隸組織起來，甚至還有戰敗國的難民。最有名的例子就是亞述。當亞述打敗以色列後，就將他們的人民編成隊伍遷到東方，從事建城、開墾荒地、建築公共設施等工作。從前的史家受到《聖經》影響，一再強調亞述帝國對戰敗

國的虐待與壓榨。但是晚近出土的文件卻顯示：亞述並不是透過壓榨來管理邊疆人民以及失敗國的難民，而是透過高度的組織力來利用這些難民。由於他們沒有虐待這些難民，反而給予他們很多經濟機會，以致這些難民在亞述亡國以後，仍然不想回到原鄉去。後來的新巴比倫王國也學會了亞述的模式，有效率的組織難民、利用難民從事公共建設。

在討論兩河流域的製造業方面，許多學者喜歡討論消費城市的問題，亦即城市的性質。不少早期的學者，包括韋伯（Max Weber，1864～1920年）主張古代的城市與中古歐洲的城市性質不一樣。他認為古代的城市屬於消費城市，亦即以行政功能為主，多為官員居住，因此以消費為主；而中古的歐洲城市則是以製造為主，帶動近代工業的興起。但是，這種說法不適用於兩河流域。第一，由於兩河流域的原料分散，因此需要靠貿易取得原料，而城市最適合發展貿易，因為集散容易，因此製造業多集中於城市。第二，城市比較容易從附近農村取得多餘的糧食，因此製造業必須在有糧食供應的城市中方能發展。第三，製造業的雇主以神殿和宮殿的大人物為主，而這些人都居住在城市，因此製造業必須在城市發展。總而言之，兩河流域的城市與製造業發展的關係密切。

兩河流域製造業的主要雇主是神殿和宮殿，這兩個機構提供工匠工具與原料，當工匠製成後，再回收工具。我們現在可以看到不少神殿或宮殿的建築物中有專門生產的房間，有些房間（工廠）還有烹煮食物的痕跡。一般而言，在宮殿或神殿的製造業中，最大宗的是紡織業，多由婦女負責。這些紡織工婦女還帶著孩子工作，因此有的工作間還設有育嬰的地方。神殿或宮殿雇用的工匠，不都是全職的，有些是兼職的。這些工匠部分的時間為宮殿或神殿工作，剩餘的時間則為自己工作；為自己製造的成品則可以拿到市場去賣。

西元前 1000 年以後，自行營業的工匠愈來愈多，與行業相關的姓氏，如蘆葦先生、製磚先生、鐵匠先生等也在此時出現。工匠、作坊在城市中

的分布呈現群聚的現象。例如，在亞述就有一個城門命名為「金屬工匠之門」，因為附近聚集了不少金屬工匠。另外，由出土陶窯的集中，也可以看出製陶業也有專門集中生產的地區。這些工匠更可能有專業行會的組織，以方便取得材料和開拓市場。

兩河流域很早就發展出量產的製造模式，甚至在史前時代，就已經發展出量化、標準化的生產方式。許多家庭用的器皿都是量產的結果。這些量產的器物都不太講究設計，非常的單調，式樣也很簡單。在出土的器物中，發現有為數可觀的碗盤，但是卻只有幾個尺寸，顯然他們為了大量生產而發展出標準化的規格。例如，有些地區的容器有三個或數個尺寸大小的區別，一些專家認為這顯示兩河流域有量測與標準化的現象。到了西元前第三千年紀的時候，不少神殿或宮殿都發展出自己的度量衡標準，生產的東西都有一定的格式和尺寸。

在技術的傳承方面，大部分都是透過父傳子，由父親訓練孩子。除了父傳子外，兩河流域設有技術的專門學校，負責訓練。其次則是學徒制，學徒與師傅之間訂有契約，並受政府的保護。根據當時留下的一份契約，師傅要提供學徒的吃與穿，學徒有薪水可拿，但薪資低廉。不同職業的訓練期也不一定。餐飲業只需要 16 個月，紡織業需要 5 年，建築業則需要 8 年。有時候為了求得技術，父親會將兒子過繼給工匠。根據《漢摩拉比法典》，如果一位工匠收養了一位兒童，並教導他技術的話，原來的家庭就不能將兒童收回。如果工匠沒有教導技術的話，就必須將兒童還給原來的家庭。

兩河流域缺乏耐久的礦藏如金屬，卻有非常豐富的黏土與蘆葦，因此大部分的成品都是用黏土與蘆葦製成的。黏土可以製成各式的烹飪器具、容器和工具，不僅種類繁多，樣式與大小規模也非常多樣化。譬如紡織用的紡紗車輪、收成用的鐮刀、捕魚的漁網、築屋用的磚頭和門窗、管理用的印章、文書用的泥版都是黏土製成的。瀝青也是一項非常重要的原料，

用來黏著和防水。透過遠程貿易，兩河流域也出現了不少金屬、石頭產品，還有高檔的寶石、樂器、家具、雕像等奢侈品。值得一提的，就是亞述征服主要的金屬產地安那托利亞地區，並將該地區的金屬大量進口到兩河流域，對於這地區的金屬工業發展頗有助益。此外，亞述在安那托利亞地區設立的卡尼什殖民地，以販賣兩河流域的紡織品和東邊的錫為主。

紡織業是兩河流域最重要的製造業，也是最早開始專業生產、集中生產與大量生產的產業。它的生產流程包括剃毛、洗滌、梳毛、紡紗、織布到完成的布料與衣服。根據兩河流域南部的一個城邦拉加什 (Lagash) 的一份記載，有一個家庭約有 4,000 名成年人與 1,800 位小孩參與紡織生產；不少小孩擔任織工。紡織業的分工除了按年紀外，也按照兩性與社會地位來分工。生產時將紡織工人分成數組，每一組都有一位負責人，或是男性，或為婦女。紡織業也是最早有剩餘製成品的行業，而且用來對外交易，如亞述的尼尼微將紡織品賣到安那托利亞高原。紡織的原料主要為羊毛，其次則為亞麻。大部分的紡織工為婦女與小孩，甚至連王后都親自參與紡織生產。愈往後期，紡織的經濟重要性日益增加，產地也日益增加，導致畜牧業的興隆。

除了紡織外，尚有裁縫、染色等職業，刺繡發展得較晚。亞述留下一份資料，顯示當時的布料種類繁多，各有不同的名稱，材質也有所不同。此時已出現用明礬固定深紅色的染料技術，除了染色，還有漂白等多種技術，產品有布料、衣服、毯子等。亞述是當時最大的布料出口國。腓尼基的紫色染料尤其有名，為該民族與迦南地區賺進不少財富。

在皮革方面，大部分製成鞋子和靴子。蘆葦則是建築、器皿、編織、家具的原料。總而言之，兩河流域的工匠項目繁多，足見製造業之發達。

兩河流域的工藝也非常發達，可以將象牙、天青石、銅、錫、銀、黃金、寶石等不同材質的原料予以不同的組合，製成奢侈品如項鍊、首飾、印章等。黃金首飾的技術令人刮目相看，因為黃金取得不易，兩河流域的

圖 2　圓柱形印章

工匠遂將黃金製成薄如葉片的首飾。此外，工藝品中圓柱形的印章尤顯特別，印章除了有利行政與經濟的管理外，更凸顯所有者的地位與品味。製作圓柱形的印章並非易事，因為工匠必需在面積非常狹小的圓柱形石材上雕刻精細的圖畫和書寫文字，而且還是相反的鏡像。除了未乾的泥土外，石材也都是不好雕刻的堅硬灰岩、天青石、雲母石、閃長岩等。

八、貿　易

㈠貿易的需求

　　貿易的項目包括：金屬、礦石、各種製成品、作物和奢侈品。貿易的交通工具多以河運為主，另有驢子、騾子。早在阿卡德薩爾恭的統治時代，兩河流域地區就已經發展出南北兩條重要的貿易路線，都與重要的天青石、銅、錫等原料相關；透過這兩條貿易線，東邊的錫、天青石和西邊的銅結合在一起，這些都是生產青銅的重要原料。薩爾恭曾發動軍隊攻佔這條線上的據點，為的是要控制兩條南北貿易線，進而取得原料和貿易的經濟霸權。不少游牧民族因為位在這條線上，而成為銅錫的仲介商，從而致富。
　　位於這兩條貿易線交會點上的馬利與埃布拉 (Ebla) 就成為繁盛的城

邦。當時，安那托利亞和黑海的銅、伊蘭 (Elam) 和阿富汗的天青石、錫都在這裡交易，馬利因而成為近東主要的錫供應者。我們從發掘的文獻中可以看到：當時許多君主以其特產向馬利王交換錫，其中有一封信記載著：「馬利王收到別國君主的兩匹馬，卻沒有回送等值的錫，以致遭到該國君主的抱怨，並要求馬利王補足差額的錫。」

薩爾恭發兵的另一個地方——伊蘭，也頗具有商業價值。伊蘭位於蘇美的東南方，連接阿富汗、北印度和波斯灣地區的貿易線，古代的「青銅線」（類似中國的絲路）即經過這個地區，甚至遠從非洲內陸、莫三比克、阿拉伯半島、葉門等地來的貴重石頭、樹脂（如乳香）等貨品都必須透過伊蘭運到蘇美地區，足見薩爾恭立意征服伊蘭地區的經濟動機，而後來他的子孫也與伊蘭維持良好的貿易關係。

又如地處荒僻的亞述，放眼望去不是山，就是土，可耕地實在少的可憐，而亞述卻需要一筆龐大的財富來維持他們的生存、日用所需、大型的公共建築、發展農業所需的灌溉水利設施，還有就是滿足國王與神明所需要的奢侈品與供品。既然農業不足以滿足這些需要，於是貿易與掠奪就成了亞述人的主要經濟活動和財富來源。

亞述國王每年都會舉行大規模的「狩獵」行動，說是狩獵，其實多是對鄰近地區的掠奪行為。這個狩獵行動也有點像後世的圈地運動，就是由亞述王劃出一個區域，然後亞述人（多為陪伴國王狩獵的權貴）可以在這個範圍內任意掠奪。每次的狩獵行動都成果豐碩，攜帶回國的戰利品不勝其數，也是國家財富來源之一。

掠奪，只是亞述經濟來源的一部分，其他大部分是靠私人與皇家的貿易。只有當近東經濟不景氣，或局勢不利貿易進行時，亞述人才會以掠奪來補足差額。由於掠奪多是對外國人進行，而且戰利品豐厚，因此亞述非屬必要，通常是不太會併吞鄰國的土地或人民，以免不能再繼續掠奪財物。不過，當亞述掠奪的路線愈拉愈遠，所耗費的人員與補給愈來愈龐大，致

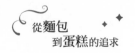

使每年一次的「狩獵」變得非常不划算時，亞述就會開始考慮併吞該區，設立官員和行政區以定期收稅。設立了行政區與行政官員，帝國的行政組織與帝國體制就開始出現了。

亞述的帝國擴張對於近東地區產生不小的影響，其中受惠最大的族群則屬往來貿易的商人。帝國的需要、王室和權貴的奢華生活、交通的便利以及版圖的廣表，在在為商人提供了很好的市場條件，亞拉姆 (Arameans) 和腓尼基商人可以在地中海與波斯灣間、沙漠與草原間暢通無阻，然後再將陸地貨物經海運轉運到希臘與印度等地。商業的繁榮和亞述人對工藝品的喜愛也刺激並繁榮了工匠階級。

㈡貿易的媒介

有關貿易的媒介，即貨幣的問題。早期充當貿易媒介的貨幣種類繁多，計有牛、麥、羽毛、布匹等。早期兩河流域使用的金屬貨幣是銅，後來則是銀子，但是銀子並沒有鑄造成固定形狀的貨幣，而是用銀塊。兩河流域能用銀子當貨幣，實在不簡單，因為兩河流域並不產銀，沒有銀礦，所有的銀子都得外來，足見兩河流域進口銀子的量非常龐大。固定形狀的貨幣是當成商品在使用，而兩河流域的銀子則是當作計算的單位在使用，並非交易的商品。當時的銀子是用來秤重的，每當交易需要銀子時，就從銀塊上敲下所需要的重量，每一次交易都需要重新秤量銀子，因此各地都設有幫助銀子秤重與敲打銀子的店鋪或機構。全近東並沒有一個統一的計量標準，但大一點的神殿或宮殿，都設有標準局、衡量局來負責監督。兩河流域的君主非常重視度量衡的問題，如蘇美烏爾第三王朝的君主舒爾基（Shulgi，西元前 2094～前 2047 年在位）就曾建立統一的度量衡標準。

銀子更普遍的用法不是拿來做實際交易用的，而是用來做價格換算的單位使用，也就是在交易的現場看不到銀子，而是將交易的貨品換算成多少單位、多少重量的銀子。當時的交易、記帳、法律上都已經在使用貨幣

單位，如米納 (mina)、謝克 (shekel) 等，但都不是實際交易用的貨幣。無論如何，這些貨幣或價格單位都是以銀子為主，因此銀子成為錢或貨幣的代名詞。

由於銀子的價格過大，小規模的日常與市集交易，用不到這麼昂貴的價格。於是，一般市面上仍然使用銅幣。雖說有銅幣，不過一般小民仍是以實物交易為主。有些學者認為：上古近東使用銀子作為貨幣，就已經具有貨幣經濟的功能，也就是在西元前 1000 年左右，人類經濟已經進入貨幣經濟的階段。但也有學者持相反的意見，他們認為固定形狀的交易媒介才算貨幣。

固定形狀的金屬貨幣出現得較晚，而且先是由西方小亞細亞地區首先發明，然後再傳到近東；據說最早使用貨幣的是呂底亞 (Lydia)，約當西元前 600 年，用的是黃金。

㈢貿易資金的取得

遠程貿易需要的資金龐大，並非一個人或一個家族所能負擔，需要透過借貸、籌募資金來取得。

透過當時借貸案件的記錄，我們可以得知債權人或貸方有時候是一個人，或是數個人，或是個人與機構，或是純粹的機構；借方亦有可能為一個人或是數個人。借貸、清還的款項，有可能是銀子，也有可能是實物，包括農產品在內。借貸的日期也從幾天到幾年不等。利息方面，有無利息或是有利息的。通常以放貸為業的都是有門路的人，因為他們手上必須有很多的銀子，而銀子都是進口來的。這些以放貸為業的人，他們專門幫人籌措資金，但本身並不參與製造生產。經常向人借貸的人，多為農業的企業家或是遠程貿易的商人，因為他們都需要龐大的資金。

籌募資金也可以透過合夥的方式來進行。例如，根據亞述的一份合夥文件，有 14 個人將他們的資金交給一個人，由他負責將亞述的紡織品與錫

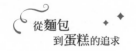
販售到安那托利亞，以換取當地的金與銀，合夥的期限為 12 年。銀在安那托利亞比較便宜，在亞述就貴了許多，因此商人從安那托利亞進口到亞述，以賺取差價。在這段期間，每次可獲得的利潤平均約為 50%。負責操作的人可以獲得三分之一的利潤。在波斯灣頭也有類似的合夥貿易，不過做的是海運，而且期限都只限於一趟來回；亦即每一趟都得重新立約，這是因為波斯灣的政局不太穩，而海運的風險比較大。

兩河流域也有類似希臘以船舶為擔保的契約 [3]。船舶押款的生意通常利潤非常高，而且都是當任務成功以後方得享受利潤。假如船貨遇到海難或海盜搶劫，投資者是拿不到任何一毛錢，也就是貿易商不負損失的責任。因此，投資者的風險非常的高，因為他可能損失所有的資金。但是如果貨運成功，他們享受的利潤也非常驚人。在兩河流域一份留下來的契約中，就規定：只有當遠程貿易成功以後，投資者方能拿回資金和利潤。雖然貿易商不負失敗的責任，但是卻得支付投資者部分的保險金。從這裡可以看出兩河流域的商人與投資者已知如何分攤風險。在兩河流域，沒有一個人將所有的資金投入一件貿易中，也沒有一件貿易行動中只有一位投資者。

本票交易也出現在兩河流域。大約在第二千年紀時，我們就可以看到一個人將借貸轉給另外一個人，也就是債權的轉讓。債權轉讓的兩個地方，有時非常相近，有時卻很遠。例如，亞述的商人就帶著債權的轉讓文件到安那托利亞地區，並在那裡換成現金。我們也可以看到某一地的債務在另一個地方償還，足見兩河流域的財經組織非常複雜。

除了借貸、合夥外，古代近東很早就出現幫助集體籌資的銀行。銀行的資金多來自神殿、宮殿與村社。至於銀行的詳細運作，我們則不太清楚。在調度資金部分，除了銀行的問題，就是借貸的問題。泥版文書也透露出兩河流域有合夥經營事業，與代理人的現象。就是老闆與經理或是企業夥

---

3 請見頁 130 說明。

伴，分別在兩地或不同的經濟領域活動。不少經理或代理人都是奴隸出身，或是兒子、僕人，身分都不高。因此商業經紀人的社會地位並不受保障。不過也有一些代理人非常有錢。

從泥版文書中，我們可以看到近東或兩河流域很早就已經有利息、高利貸的問題。糧食、穀物都可以被當成利息。從一篇泥版記載，我們可以看出當時近東的人士認為：自家人（如兄弟、鄰居）不應收取利息，對外人才要收取利息，而利息不宜過高。這些也都符合《聖經》的記載。

但是《聖經》的記載，主要是反映近東西部的經濟觀念（經濟倫理）、經濟行為，與東部、南部的巴比倫地區略有不同。大體而言，巴比倫地區的資本主義比較發達，借貸與高利貸的情況也比較嚴重，以致《聖經》經常譴責巴比倫的「邪惡」與「不道德」。巴比倫地區的經濟流動性，也與其他地區不同。巴比倫地區的經濟流動性高，一位窮人經由特殊的境遇或努力，可以在很短的時間，爬上經濟與社會的上層階梯。但是在北部、西部，財富通常只在菁英與貴族圈中輪轉。這些菁英與貴族之間彼此平等，但是與中低階層的人民則維持很大的位差。

(四)貿易商人

古代近東的商人有組織的行為，即類似行會的組織，其中最有名的就是亞述的商人。他們沿著貿易線上的城市中建立自己的居住地，不只用來暫時棲息，也用來發展與拓展進一步的商業。這些類似租界的居住地，尤以位於安那托利亞中部的卡尼什最著名，主要是因為該地發掘出龐大的亞述商人遺留下來的泥版文書，包括往來的商業信件、文件與簿記，約有16,000 件左右。根據文件顯示：亞述商人在亞述城組織驢隊 [4]，將來自南

---

[4] 驢隊的規模從幾隻驢到 300 多隻驢都有。驢隊雇有熟習路程、善於交涉（因為沿途會經過許多城邦）的領隊，有時是家族成員，有時是外人。有的領隊也會將自己的那份酬勞投資到驢隊貿易中，稱之為工作資本。從片段的泥版記載中，可以

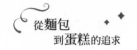

方的錫與紡織品（泥版文件稱之為「阿卡德紡織品」）運到1,000公里遠的卡尼什（需時六週），到那邊換取銀、銅和羊毛回亞述，除此而外還有香精、寶石、油等物件。到後來甚至出現牛隊的貿易。

從泥版文獻中可以發現亞述商人經商技巧非常務實。譬如，亞述本身出產一種輕薄，而且非常昂貴的毛料，可以製成衣服，其他國家的君主甚至拿這種布料作為高級的餽贈品。一位卡尼什的亞述商人寫信給他在亞述城負責生產和出貨的一位婦女說：「如果你不能生產那麼多，那你就到市場去採購給我，因為聽說那兒（亞述）的市場有很多這種貨品。」在這封信中，卡尼什的商人還規定了貨品的詳細規格。從這封信可以看出亞述商人精於計算。

值得注意的是，由簿記資料看來，亞述商人早已知道複式簿記，遠比近代西方要早上近兩千年左右。不只亞述商人採用複式簿記，其他的近東商人也多採用複式簿記。

古代近東遠程貿易的興盛，也顯示該地區交通的安全與便利，更顯示出該區政治狀況的安定，各國君主都致力保護商旅的通暢。我們甚至看到有些地區動員軍隊來保護商人的通行。各國間也相互訂立條約以保障商人。足見商人在古代近東的地位不容小看。許多商人都充當國王的使者，來往各國轉交禮物，或幫忙採購貴重物品，如銅、大麥、瀝青、金屬等。不少宮殿或神殿都將買賣的事情交給商人辦理。從泥版的記載中，我們也可以看出商人的自視與自尊都頗高，他們對於自己的行業、地位、倫理都看得

知道商人對於驢隊的組織、運作都有詳細的規定和規劃。由於驢隊所花的時間比較長，因此在驢隊出發時，亞述城的商人會先以快信通知卡尼什的代理人，並指示他們如何處理這些貨品。從亞述城到卡尼什的貿易線僅是當時整個近東貿易網的一部分，這個貿易網範圍廣大，涵蓋南方的巴比倫，亦即從波斯灣頭到地中海、黑海、愛琴海。例如，根據近來的研究成果，亞述的錫來自阿富汗、烏茲別克和塔吉干，部分的銅則可能來自印度、葉門、巴林等地。

很重。這些在在顯示：兩河流域的文化並不輕視商人。

　　商人的活動並不是完全沒有限制與風險的。在各國彼此間訂立條約保護商人的同時，也在限制商人，例如對路過的商人抽稅。出土的泥版文件中也記載了不少商人遭到攻擊與殺害的事件。商業競爭也導致不少國家間的關係緊張。前面敘述的薩爾恭的擴張行動即為一例。西臺與周圍鄰國的關係不穩定，也是因為商業競爭而起。亞述薩爾恭二世（Sargon II，西元前 722～前 705 年在位）甚至動用武力以打開埃及的商業大門。亞述也曾經佔領巴比倫，強迫他們將貿易開放給大家，使得近東的貿易線可以由西邊的地中海連到東邊的波斯灣，甚至延伸到印度。最後，終於將巴比倫整合入當時的世界貿易體系中。在這波整合過程中，巴比倫的經濟其實並未衰退，反而成長了許多。亞述的國王向來重視經濟，例如亞述國王色耐克尼巴（Sennacherib，西元前 705～前 681 年在位，薩爾恭二世之子）從印度引進棉花，並種植在他的花園裡面，然後又傳播到其他地區。

　　亞述在地中海濱，一直與腓尼基的城邦如色當 (Sidon)、泰爾 (Tyre) 競爭商業霸權。後來新巴比倫滅了亞述後，也取代了亞述的地位，繼續為商業霸權與腓尼基城邦纏鬥。

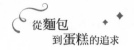

兩河流域的經濟思想

　　相較於後來的希臘，此時的兩河流域屬於文明草創的時代，人類必需天天與天然奮鬥、為生活與文明打拼，沒有多餘的、悠閒的時間思考抽象的理論問題，因此沒有系統的經濟思想論著流傳下來。如果要知道他們對於經濟的想法，就必須要從斷簡殘篇以及經濟行為中去耙梳。

　　在近東，秩序與穩定被視為第一優先，永恆的。他們不信任改變，認為改變是脫序的前兆，因為近東人將人類社會視為宇宙的縮影，而宇宙是秩序的，因此人類社會也應該是有秩序的。所謂的宇宙秩序，應該是平衡的，因此人間也應該維持平衡的秩序，如果有失衡、失序的情況時，要立即予以修復和補償，使之回復「平衡」，以維持「平衡」狀態。這個「平衡」在近東稱之為「正義」或「公平」(justice)，在埃及稱之為「瑪特」(maat)。

　　因此在近東秩序中，正義為首要之選，維持正義就成為國王的必要責任。在近東，正義有「補償」與「修正錯誤」的意涵，以維持「平衡」之意，也包括修正經濟上的不公平，如保護弱者的經濟權利。因此，古代近東的國王被認為是臣民的牧羊人，不僅要捍衛正義 (justice)，更要保護社會中的孤兒寡婦等弱者。不過值得注意的是，並不是所有的孤兒寡婦都由國王保護，而是指中上階層的孤兒寡婦，也就是自由人孤兒寡婦。國王保護他們的主要目的在維持中上階層的完整，以免過多的中上階層家庭淪落

到底層，致使社會秩序因中層人士的消失而變得不完整，終導致社會秩序
的崩解。

在漢摩拉比之前的近東法典中即已注意到弱者的問題。在西元前 2050
年的烏爾－納姆（Ur-Nammu，西元前 2047～前 2030 年在位）法典中就明
白宣示：「強者不能錯待弱者、寡婦和孤兒。」比《漢摩拉比法典》早一個
世紀的利匹特－伊斯塔（Lipit-Ishtar，西元前 1870～前 1860 年在位）也曾
宣誓在他的國內建立正義，並強力打擊惡行與惡意。西元前 1750 年的《漢
摩拉比法典》對於作錯事的人有嚴厲的懲罰，對於受害者也有相當的補償，
為的是維持「平衡」的秩序。「以牙還牙、以眼還眼」就是「正義」、「平
衡」原則的表現。

上古近東的經濟體系屬於再分配型態，以中央集權的神殿、宮殿經濟
為特色。在這種經濟型態下，所有的資源都集中於神殿、宮殿中，並且在
兩個機構中集中生產。舉凡原料、土地、種籽、牲畜、工具，以及基礎建
設，如灌溉系統，均由神殿、宮殿掌控，貿易特權也由它們壟斷。神殿、
宮殿將生產的多餘產品用來對外交換。生產與交換所得，除部分留下來供
給自用外，部分剩餘的物品再透過薪資、賞賜等形式分配出去，最後一部
分的剩餘則透過貿易以交換團體所需。透過再分配的經濟運作，也順帶的
控制了財富的流動和分配。

昔日的學者認為，「再分配」經濟型態幾乎沒有私人土地、私人財產，
但實際上上古近東的私人經濟活動相當活躍，例如近來的研究發現有私人
興築的灌溉系統、私人工廠、私人耕作、私人買賣等私領域的經濟活動存
在，甚至出現商人家族，他們以企業的精神自行經營家族企業。總而言之，
上古近東也有私人企業的存在，只是在某些地區、某些社會所佔的比例較
高，有些地區則較低。

這種經濟體系由中央掌控，但是在邊緣地區還是於西元前第二千年紀
初出現了私人財產和市場。這時候尚沒有貨幣，只是以當時值錢的東西作

為通貨的標準、價值的衡量標準，譬如布匹、羽毛、小麥、銀子等。市場的出現也帶動了銀行事業，以及利息和信用。於是，經濟愈來愈複雜。這由當時的法庭記載即可見一斑。在西元前 1790 年的 《伊遜奴那法典》(*Laws of Eshnunna*) 中規範了金融事務和控制價格，包括一些必需品、工匠的薪資、在公共土地上工作的勞工薪資等。該法典還規範了船隻與戰車的載重量，以及一些支付的手續。

當上古政府力拼正義時，面臨最大的威脅就是來自利息的問題。因為利息會導致許多中層人士淪為底層的奴隸，進而減少政治運作所需要的中層人士，例如使政府喪失了繳稅與服兵役的人數。於是，無論基於社會、政治的理由，還是道德的角度，近東人士都強烈譴責高利貸。但是古代近東人並沒有要廢除利息的意圖，只是反對不合理的利息而已。

利息的出現乃是因為借出的東西或服務被視為利益 (utilities)，因此債主必須要有所補償。況且，如果債務人借的是大麥，大麥還可以生產出新的大麥，這也算是債主的損失。因此，近東的人不會反對收取利息的行為。到了後來，借出的是錢時，問題就出現了，因為錢不會生產出新的東西，於是就有了反對利息的聲音，如亞里斯多德就認為錢是不會生孩子的東西，因此不能要求增加利息。近東人非常看重利息的合理性，因此利息的行為都要在神殿註冊。

Chapter 3
古埃及的經濟與社會

～∽∽∾∽∾∽∽∽～

　　儘管古埃及的墓葬留下許多壁畫，描繪他們的日常生活，但是這些都是他們理想中的生活狀況，也是他們希望的來世生活概況。這些壁畫中的人物是歡愉的、物產是豐饒的。即便是他們留下的斷簡殘篇的描述，也差不到哪裡，因為那些都是生活較為優渥的菁英們留下來的資訊。因此上百年以來，我們都認為古埃及人是快樂的，不愁吃穿的。然而我們卻可從部分考古遺址的資料分析中得知農民、勞工等一般百姓生活艱辛的一面，像是他們深受營養不良、寄生蟲所帶來的身體病痛所苦，又或是環境砂石導致的牙疼，還有婦女生育的風險和嬰兒的早夭。他們汲汲營營的為每日生存而奮鬥，希望能有多點剩餘物資可以改善生活品質。

一、埃及特有的經濟環境

㈠尼羅河的贈禮與沙漠屏障

　　古希臘人認為埃及是尼羅河的贈禮，這句話一點都不為過。雖然埃及的可耕地分布於尼羅河兩岸寬不到 13～26 公里、長不到 999.4 公里內的地區，但是這條河比起美索不達米亞的幼發拉底河與底格里斯河，更為友善、可靠。一般而言，每年 5 月尼羅河源頭的水開始上升，7～10 月河水覆蓋埃及的河谷耕地，到了 11 月耕地再現，往後的四個月，剛好可以讓埃及人

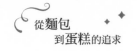
重新劃地、犁田和播種，好讓作物在 3～6 月成長 [1]。

尼羅河的氾濫週期與農作物耕種、收割時間相當配合，而每年夏季作物收割完畢，尼羅河就開始氾濫，正好可以灌溉焦乾的土地，再添上來年播種所需的沃土。當尼羅河河水退盡時，又正是該播種冬季作物的時節，所以一點也沒耽誤到農作物的生長循環。此外，尼羅河又為埃及人提供一個天然的灌溉系統，只需稍微加點工，不需要太高深的技術，建造簡單的運河或灌溉設施，就可以耕種、發展農業。另一方面，由於水患的時間與範圍是可以預測的，水利設施較易維持，不用經常更新，只需花點工夫維修就可以了。

尼羅河的氾濫似乎是規律、可預測的，不過還有一點需要特別注意的，所謂「可預測」是相對於兩河流域的河流而言，實際上，尼羅河也有不可預測的時候，例如《聖經》曾記載埃及的連續災難（七年大旱、七年大水），這也是埃及的最大隱憂。埃及在歷史上分為舊王國、中王國、新王國時期，每一個斷代間都有一個中衰期，這些中衰期都與尼羅河連續的水旱災有密切的關係。「預測尼羅河的動態」成為埃及法老政權維繫人民信心的基礎，一旦政府無法準確的預測尼羅河，導致人民生命、財產的損失，統治者的公信力就會受到嚴重打擊，輕則動搖政權基礎，重則有垮臺的危險。

埃及的東邊、西邊都是沙漠，在沙漠屏障下安全性較高，而尼羅河提供了上下埃及經濟連結的快捷道路，因此有利整個國家的大單位經濟發展，尤其是內需市場。加上尼羅河下游的三角洲地帶，適於人居的地方，不超過兩岸的 24 公里，因此不需要過多的防衛力量，就可以守住這塊地區，進而保障埃及內地的安全。另一方面，東北邊的加薩 (Gaza) 走廊與西邊的利比亞 (Libya)，又足夠讓埃及軍隊出境遠征敵人。就整個埃及而言，只有南

---

1 在埃及的年曆中，7～10 月稱之為 "akhet"，意為「河水氾濫」；11～2 月為 "peret"，意為「土地再現」；3～6 月稱之為 "shemu"，意為「豐收」。

邊的戰略位置較差。南邊與努比亞（Nubia，即今日蘇丹）相鄰，較容易受到努比亞地區的部落騷擾，但是蘇丹南部的大沼澤，卻阻止了大批可能來自非洲內陸的部落侵擾。因此，埃及的南境也還算安全。大致說來埃及算是一個進可攻、退可守的地理位置，擁有非比尋常的農業成就和精緻工藝，得以支援統治階層建造大型建築。直到西元前第一千年紀左右，因環地中海區各帝國的發展，埃及才無法維持特有的安全環境，此地豐富的農作與資源吸引了亞述、波斯、希臘和羅馬人的覬覦，埃及被迫開放，並融入地中海經濟體系中。

㈡埃及的經濟區

埃及並不是一開始就以完整的經濟體、文明區現身於歷史舞臺，而是由不同的區域經濟逐漸融合而成。基本上，埃及的地形可區分為南部的尼羅河河谷地區，北部的三角洲地區，以及西邊、東邊和南邊的沙漠區，沙漠區中還有大小不等的綠洲。各地區的經濟活動不一，天然資源與物產也各有所缺，必須透過交換、交流方能滿足各自的需求。例如，尼羅河谷地和三角洲，以及沙漠中的大綠洲適合發展農業，小綠洲適合發展畜牧業與游牧業。這些地方適合生產糧食與各式食物、工藝品，並以其產品向沙漠居民換取金、銅、銀、石頭等原料；物質的交換帶動人文的交流，終於導致文明的興起。

埃及聚落經濟與近東一樣，都不始於多水的大河流域。現今出土的埃及最早聚落遺址（即新石器時代）是在西邊的沙漠地區，既非尼羅河上游的谷地，亦非下游的三角洲地區，即使東邊沙漠的人類聚落也比尼羅河流域要早了許久。

與兩河流域不同的是，埃及的新石器經濟是以飼牛為主而非農耕，可見埃及的牧牛文化顯然不受近東的影響，而是獨立發展出來的。然而在西元前 5000 年左右，撒哈拉沙漠的氣候開始變得愈來愈乾燥，該地區的牧牛

圖3　埃及壁畫中的農耕情景
埃及人以鐮刀收割穀物，以牛
犁田。

聚落隨之沒落，改飼養山羊與綿羊為主，可能是由西亞傳過來，顯示這時
期的沙漠文化在氣候變化的嚴厲考驗下，接受外來文化刺激而有不同的面
貌與轉型。等到西元前 4400 年之後，沙漠地區就幾乎看不到人類遺址了。

　　與兩河流域相似，新石器時代的埃及文化與經濟發展也是由西往東，
因此尼羅河地區最早的經濟遺址是在該流域的西部，大約是在西元前 4100
年左右。至於是南邊的上埃及先，還是北部的下埃及先，則仍為未定數，
不過一般學者還是傾向於以上埃及為先，特別是從亞斯文第一急流區
(Aswan Cataract) 附近的象牙城 （Elephantine，或譯為「艾勒方坦」）往南
的河谷地區。至少上埃及比下埃及要早發展出層級化的社會組織。無論如
何，尼羅河谷地的生產文化都比較晚，出現豢養的山羊時代比起無論是西
邊或東邊的沙漠地區都要晚了 500 年左右。甚至，有不少學者認為新石器
晚期的埃及農耕與畜牧文化乃是近東文化的延伸產品。一直要到歷史時代

圖 4　埃及壁畫中栽種葡萄與釀酒的情景

以後，埃及方才擺脫近東文化的附庸地位，獨立發展出自己的文化與文明。

㈢豐饒的物產

　　從史前時代開始，埃及地區不僅動植物種類多，礦產也多。在農產方面，史前時代的初民已經開始生產各式糧食、蔬菜、水果和實用作物等，如韭菜、萵苣、黃瓜、豆類、蜜棗、葡萄、麥子、亞麻等作物。在野生植物方面，有三角洲一帶生產的紙草，各式可以調味、入藥、聞香的藥草以及裝飾用的花花草草等。埃及唯一比較缺乏的是高級木材如香柏木、黑檀木等，這些必須仰賴近東進口；埃及從近東進口的物品中還有天青石、玉石等各式寶石以及科技和工藝用品等。

　　此外，埃及人還飼養各式可用、可食的動物如豬、狗、羊、驢等，牛則多產於努比亞以及西邊的沙漠區。同時沼澤與河濱地區還有各式豐富的

野生魚類、鳥類（如鴨子、天鵝、鶴等）。這些動物使得埃及人比生活於其他古文明的人要更容易取得蛋白質來源。鳥類、魚類以及沙漠裡的各式野生動物如羚羊、大角山羊、野兔、鴕鳥、獅子等，不僅是獵物，還成為埃及人藝術、文學創作的題材。

　　埃及的礦產大部分來自東邊的沙漠地區或西奈半島，如金、銅、銀。這些地區的居民一如尼羅河地區的複雜，有亞洲人 [2]、非洲人，但都屬於非耕種的游牧部落。他們以當地生產的礦產和獸類換取尼羅河居民的農耕產品。例如，西邊沙漠的綠洲居民以獸類、鹽等換取尼羅河產的酒、水果和糧食；努比亞的部落人民則以黃金、象牙、鴕鳥羽毛、鴕鳥蛋、紫水晶、石材、珍貴寶石等換取埃及的武器、紡織品和工藝品。

　　值得注意的是埃及的游牧部落與尼羅河農耕社會的關係與兩河流域不同。在兩河地區，游牧部落擁有強大的組織與勢力，足以向農耕經濟挑戰，而且兩河流域的游牧人民有能力可以自己向外拓展市場與銷售貨品，許多重要的貿易線更是掌握在他們的手中。但是在埃及地區，周邊沙漠地區的游牧居民勢力非常分散，除了源於沒有出現強大的政治組織，也因為尼羅河谷地阻礙各方游牧勢力的整合與發展，以致他們無法向尼羅河農耕經濟與社會挑戰，因此埃及地區的農耕與游牧關係多了些和平，少了些衝突。更重要的是，北非地區的游牧部落無法自行開發市場，他們的產品必須透過埃及方能轉賣到亞洲與地中海地區，而游牧部落還得透過埃及取得外國貨品，這使得埃及成為金、銀、銅、象牙等非洲產品的最大輸出國。

　　總之，埃及周圍雖然也有不少游牧部落，但不會構成埃及的國防威脅，反而為埃及帶來大筆的財富，因為開採重要礦產的龐大成本由部落人民負擔，而埃及人卻坐享龐大的轉手利潤。

---

　2 本章提及的亞洲人，源自埃及人當時的稱呼，他們稱來自敘利亞─巴勒斯坦的人
　　為「亞洲人」。

二、集權國家的建立

㈠自然條件的利與弊

由於埃及位於人科家族「出走非洲」的必經路上，自古以來埃及便接收了各式非洲人種，又因為埃及物產富饒以致吸引了來自亞洲、歐洲的各式人口，因此埃及自古以來就人種複雜。

大概到了西元前 3000 年左右，生活在這塊土地（含東西邊沙漠、尼羅河谷地與三角洲在內）的人群，包括牧牛與農耕的聚落居民、四處遊走的游牧部落逐漸聯合起來，成為古埃及人的主體。這時期約相當埃及傳說中的上下埃及統一時期。這對於人種複雜的大埃及地區而言，實在是一件非常艱辛與值得大書特書的偉大工程。

事實上，統一以後的每位埃及法老不僅得為維持上下埃及的統一而傷腦筋，也得為團結境內各族群而奮鬥。因為即使當埃及王國建立以後，仍有不少的新移民從亞洲、非洲各地加入古埃及人家族，都被埃及人同化，並接受他們的農耕生活方式，甚至王國時期的外來雇傭兵，在退役後也留下來過著農耕的生活。因此基本上，整個王國時期的埃及無論在人種或生活方式方面都少有大幅的變動，這種人種與生活方式的一統性即使到了今天，仍可在南部的上埃及地區看到蹤跡；自古以來，北部的下埃及無論在人文、地理或人種方面都較南部的上埃及要複雜的多。

儘管，中央王權面臨許多人文上的困境，不過埃及歷代法老善於利用有利的自然條件，方才能夠達到大一統的局面，營造出安定與和平的環境，轉而有利經濟的發展。

㈡王權的興起

在近東，水利設施和多難興邦對於王權的興起有重要的關係，埃及卻

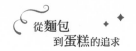
有不同的發展歷程。埃及地大物博，人口又遠不及近東的多，更沒有外來或內在的軍事威脅，為何也會產生一個高度集權、專制的國家組織，甚且比近東的城邦組織更為層級化、中央化、威權化？許多考古學家、人類學家與史家紛紛提出一些與經濟攸關的理論。

1.傳統的水利灌溉論

當古埃及人進入農耕社會後，水利就變成一項重要的議題。雖說尼羅河會定期氾濫，無需太多人為的干涉與努力，但尼羅河的氾濫時間與水位變化也有反常的時候，因此需要有人能預測氾濫與播種的時間，也需要有人能施點魔法好讓尼羅河正常運作，通常能預測或施魔法的人就是部落的酋長，這種情形在今天蘇丹（古代的努比亞）的許多部落中仍可發現遺風。蘇丹地區也亟需要水，因此部落酋長往往扮演求雨的法師或巫師，如果該酋長求雨失敗則會被部落人民殺死以祭牲，然後另換一位酋長。據一些埃及學者猜測，古埃及法老極可能就是由這類巫師發展而來的，為的是因應農夫對於水的需求。一旦當巫師能正確預測尼羅河的氾濫，或保證它的正常運作，人們就願意聽從該人的指揮，王權於焉興起。

為了確保尼羅河的水能在適當的時候氾濫與消退，也為了保證尼羅河氾濫的水位不會太低，也不會太高，每年當尼羅河水開始氾濫時，法老就要舉行一些儀式、唸些咒語（祈禱文），並記錄尼羅河氾濫的水位，我們現在在亞斯文急流區附近的岩石上還可以看到存留下來的刻痕。

法老的政權基礎就在他們能預測與適當運作尼羅河水的能力。一些學者甚至主張：法老金字塔中的金字塔文與一些繪刻在石碑或墓壁上的神祕雕畫、咒語、圖像文字等，就是在傳遞各式祖傳祕方的喚水法術與咒語。因為有些密室只有法老能進入，一些密文也只有法老才能閱讀、觀看。於此之故，早期的金字塔屬於法老的獨佔性建築物，一直要到法老的神性衰微後（約相當舊王國晚期、第一中衰期時代），法老的祕密方才流落民間，而法老祕密的外洩更加速法老神性的崩跌，隨之付出的代價則是法老的神

權政權瓦解。

2.人口膨脹與管理論

　　這派學者強調埃及文明與國家的出現是經過長期演變而成的，而且這個發展過程非常的緩慢與悠久，甚至等到法老時期結束時仍在繼續發展中。早期埃及人固然需要「領袖」的魔力，隨著人口的增長與物質需求的膨脹，埃及人更是需要一位具有中央權威的法老存在。當尼羅河谷地的可耕地無法滿足日益膨脹的人口時，埃及人就需要另外開闢谷地之外的沙漠綠洲與沼澤地區，例如位於尼羅河與西部沙漠邊緣的阜姆 (Fayum) 綠洲，就被古埃及人開發成為農墾區。當埃及對於糧食的需求日益成長時，埃及人更需要動點腦袋提升土地的單位生產量，這就導致水利規劃、工程設施與管理的重要了。當人口多時，維持「秩序與正義」遂成為重要的課題之一，必須有一群人起來確保每個人的收入都能集中在一起，然後做最公平與最大效益的分配，而每次氾濫後的重新丈量土地更是愈來愈要求準確化。這些需要就導致了埃及王權的興起，而如何刺激與確保農業生產的繁榮，就成為法老的主要考量了。

3.貿易競爭論

　　埃及土地上本來存在有許多獨立且平等的聚落或政治單位（類似城邦或城市的組織），彼此相安無事，各做各的貿易。但是當貿易愈來愈繁盛，且貿易範圍或市場愈來愈向外擴充後，就形成幾個單位短兵相接的局面，於是在相互競爭、市場重組或兼併，以及資金膨脹的引導下，先是幾個鄰近的小單位兼併成一個大單位，接著大單位又連綴成一個更大的單位，於是在埃及傳說中南北統一（即西元前 3100 年左右的第一王朝時代）的前幾百年，埃及就已形成南北兩大對峙的政治單位與經濟單位。

(三)經濟因素

　　上下埃及的統一絕非驟然出現，而是經過長時間的演進而來，在過程

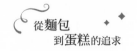

中也不是倚靠單一方式達成，而是以經濟、社會、宗教交流為前導，然後才繼之以武力與政治談判，其中貿易至為重要。埃及人很早就瞭解到大一統有諸多好處。首先，大一統且強有力的中央組織有助於地方秩序的維護，更有利於水利灌溉設施的發展與維修，強大的政府力量亦有助於開發周遭的沙漠綠洲地區，使沙漠變良田從而增加糧食；沙漠的開發絕非個人企業所能達到的，它需要強大的動員、組織與財力方能達成。當然，大一統的帝國對於市場的擴張與貿易的整合貢獻也頗多。

更重要的，大一統國家可以提供更多的工作機會與社會上升的管道。當大型的統一政府建立起來後，就會提供眾多的工作機會。工作機會的增加源於統一的中央政府成為全國最有錢、最大的資本家與雇主，唯有他們能夠滿足工匠所需要的精品市場，也唯有政府能供養得起龐大的官員與知識分子。當眾多人口轉入工匠與官員（包括知識分子）隊伍時，會轉而刺激整個國家與社會對糧食的需求，這又帶動了農業與商業的活絡。當埃及人經歷過大一統的諸多好處後，無怪乎在分裂的時候會強烈懷念大一統的太平盛世，進而要求新的統一帝國建立。

幾乎從史前時代開始，南方上埃及的經濟力就較北方下埃及為強，社會的同質性與凝聚力也較北方為強，因此上埃及往往能取得統一的主導權，南方經濟基礎較北方強的原因如下：

1.南方有陸路經東邊的沙漠地區通往紅海，因此當北方陷入混亂或為亞洲人所控制時，南方仍可透過這條貿易線取得各式所需的資源與貨品。然而就北方而言，當時海上貿易尚未發達，他們只能透過西奈半島進行對外貿易。一旦北方因分裂而無法掌控這條貿易線，或是因為亞洲人阻擋，則北方就會因無法對外貿易而陷入經濟衰頹。這時，北方在經濟上只能仰靠南方的供應；經濟的依賴易造成政治上的依靠，因而易為南方所統一。

2.南方的地理位置介於北非與中南非之間，除了向北做生意外，還可以往南與非洲內陸貿易。更幸運的是，非洲內陸一直無法出現一個足以與

上埃及抗衡的政治組織，以致這條貿易線可以完全操控在上埃及人的手中，例如努比亞的黃金就這樣源源不絕的輸入埃及。北方的下埃及就沒這麼幸運了，因為他們並不直接與努比亞接壤，而必須透過南方的上埃及與非洲內陸貿易，這就必須要看上埃及的臉色決定了，這也是為什麼當上埃及發動統一的總攻勢時，下埃及往往無法抵擋，而且只有聽從的份。

值得注意的是，當上下埃及統一後，地區的差異性仍然存在，而且經常是統一與分裂並存。於是，儘管早期法老號稱「上下埃及之法老」，卻並不一定是實際情形的反映，往往這些「上下埃及之法老」仍在為統一上下埃及而努力，或是為消弭地方的分離企圖而奮力以戰。當統一大於分裂時，法老就能掌握全國的資源，發展大型的建築，如金字塔和神廟。當分裂大於統一時，資源就分散於民間私人手中。這並不意味埃及變窮了，或是民不聊生，而是資源散處民間的地方菁英手中。這時就出現了地方性的建築，如私人的小型金字塔或地方神殿。

㈣法老政權的實質基礎

歷代史家都同意，神話與神學體系在埃及強大王權的發展中，扮演重要的角色，但是到底佔多少比例，一直是學者間爭論不休的問題。無論其中的爭辯如何，不可否認的：發展強大的法老王權除了要具備足以說服人的理論外，還必須要有實質措施的配合，以作為政權的基礎。我們現在就來看支持法老強大王權的基礎為何？

1.擴展王室成員

從舊王國初期第一任統一上下埃及的法老開始，就逐漸以王室成員取代原來的地方首長，好將王室的力量伸展到地方。對於不能取代的地方，或是當王室成員人數不足時，法老就盡量以輪替、輪調的方式逐漸斬除地方官、部落酋長的地方勢力。這個制度本來施行的很順利，王權也的確隨著王室成員而擴展到全國各地。但是隨著王朝的更迭，前一朝的地方官（即

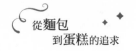
前朝的王室成員）反而變成了尾大不掉的地方勢力，這種情形到了舊王國晚期更是嚴重，幾個前朝的王室成員或地方官變成了據地為王的封建勢力，因而造成第一中衰期。

2.以賦稅控制地方經濟

雖然許多被徵收來的地方穀糧仍然存在地方穀倉中，但卻得受中央的統籌分配與調度。荒年時候的賑災就是在中央的名義下進行，用以安撫人民，穩定人民對中央的向心力。平日，這些徵收來的穀糧貨品則用作酬勞，獎勵順從、能幹與效忠的地方官員，藉以取得地方人士對於中央法老的效忠與擁護。

3.進行大型公共工程

如興修水利、建廟等建設，提供工作機會，進而拉攏工匠與書記等中層階級的人士。金字塔的修築更是具有刺激經濟、提供工作機會的功效，其受惠的人群不僅包括上層的官員、祭司，還擴及到中下層的商人、工匠、農民等，無怪乎修築金字塔的工人甚少奴隸，而多是自願徵調而來的工農等人民。

4.賞賜宗教界人士

藉賞賜寺廟土地、金錢與貴重物品以拉攏宗教人士，同時以建廟和優待地方廟宇顯示法老對地方神祇的尊敬與支持，鞏固中央與地方間的關係。值得注意的是，埃及的祭司與近東的祭司不同，在埃及祭司並不是一個專業的階層，僅是代表法老舉行宗教儀式並伺候眾位神明，在服侍神明與舉行宗教儀式之餘，埃及的祭司尚從事書記等其他職業。因此，埃及的祭司並非神明的代理人，而是法老的代理人或代表，代表法老敬神與祭神而已。在宗教認同強烈的古老年代，地方人士非常在意法老是否尊重、接納他們所信奉的神祇[3]，而法老的敬重地方神祇則表現在建廟和賞賜上。

---

[3] 埃及的信仰一如近東地區，非常複雜且有層級化的現象。除了全國人民共同信奉

5.建立廉能的官僚政府

名義上，埃及的法老一個人治理國事與人民，官僚僅是法老的代理人，代表法老治理百姓，實際上官僚乃是維繫法老與人民間的媒介，又因具備代表法老的身分，因此一個值得信賴的官僚體制有助於法老贏得百姓的愛戴與效忠。於是，為了要取得人民的信賴，埃及的法老都相當重視官員的選取。早在舊王國初期，埃及就出現了一批非常具有專業技術的科技官僚與書記。科技官僚可以精確的丈量土地、登錄尼羅河的水位、計算個人財產如人口、牲畜等，以幫助法老更能有效率與精確的收稅。書記則記載祭祀所需的祭文，以及行政管理所需的信件、飭令、檔案等清冊，對於進出貨品的數量和狀態，書記也記錄成精確與詳細的清單。

為此，埃及很早就發展出來一套訓練官僚與書記的教育系統。除了文字書寫外，埃及的官員都必須具備數學與算術的能力，包括如何計算圓形、橢圓形、正方形、多邊形、畸零地等各式形狀、物體的面積與容量。同時，埃及的官員還得學會在進行重大工程前，先行算出所需的人力、建材、補給品，更得算出每個地區、族群所應貢獻的人力與物力資源。又如農業播種之時，官員們也得算出所需種籽的分量、如何進行分配，待豐收之時尚得統計收穫量以便徵收，更別說尼羅河水位退去後重新丈量土地的問題了。在這一連串的算學訓練與實際操作下，難怪後來的希臘學者要佩服埃及的數字精確度，進而努力學習與效法。

埃及雖然擁有一批訓練有素、博學多才的官僚，而且他們是專職官員，但是埃及官僚的職務尚未達到分工專業的地步，官員的職務可以隨時調動。例如一位官員在丈量完土地或財務後，可能會被調去統率軍隊或辦理外交、

的神明如法老、赫魯斯 (Horus) 等，並舉行全國性的節慶儀式外，尚有地方所信奉的神祇，類似城邦神或地方神，如阿蒙 (Amun) 原為底比斯所信奉的地方神，這些都是屬於公共神。另外，埃及人也有個人信奉崇拜的小神，各行各業也有團體信奉的神祇。

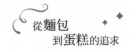
貿易等工作，全視政府當時的需要與該官員的平日表現而定。

6. 法老獨佔對外貿易

　　法老將徵收來的剩餘物品與穀糧進行國外貿易，以賺取更多的利潤。在埃及，法老擁有對外貿易的獨佔權，商人僅是代理法老進行貿易而已，所有的貴重物品、奢侈品均流入法老的宮殿，其他人若想得到這些物品如原料、奢侈品、必需品，甚至黑檀木製作的床鋪與椅子等家具，都必須透過法老以酬勞或禮物的方式得到這些珍貴物品。上層的官員與菁英透過法老得到賞賜與禮物，下層的官員或地方官員則透過上層官員得到法老的賞賜或禮物，也就是上層官員也以賞賜或禮物的形式將他們所得到的法老禮物轉賜給下層官員。每一位高官的屬下都希望能從上司手中得到這些「禮物」。

　　這種層層分配與賞賜的「禮物」加強了法老之經濟力，也扣緊了法老與貴族、菁英間的關係。譬如，埃及人重視來生、強調厚葬，尤其是貴族與富人等，但他們必須透過對法老的效忠與服務方能取得來生所需的奢侈品。同樣的，工匠所需要的貴重原料如珍貴木材、天青石、銅、錫、象牙等，也必須透過法老方能取得。

　　在這再分配的過程中，埃及一如兩河流域的人們，非常強調正義、公平的原則。根據中王國時期智慧文學的一篇故事，就明白的透露這種理想：「一位非常善於辯論的農夫，有一天他帶著載滿貨物的驢子到下埃及的三角洲地區。中途遇見一位貪心的地主，誘騙他讓驢子走到地主的麥田裡，驢子看到麥子就咬了一口，地主立刻以此為由強奪了農夫的驢子。農夫不甘，於是告到地方首長那裡去，並努力的發揮他的辯論能力，終於以正義之名取回了他的驢子。」這故事反映國家應該維持正義的原則，支持小民。

　　總而言之，法老為了鞏固與加強他的權威而採取上述諸多措施，有助於埃及中央化、集權化與大一統的發展。不過這些雖加強了法老的權威，卻也拉大法老與民眾的距離，並增加其他人對法老的依賴。

當法老的地位愈來愈穩固和高高在上，貴族、菁英、工匠等人士對法老的依賴日深時，法老就開始扮演埃及文化與時尚趨勢的火車頭角色。官員們相繼模仿法老與王室的穿著、喜好、時尚與品味，菁英文化因而形成。中央的菁英文化隨著地方官的指派與輪調而散播到地方，並帶領地方文化的發展，終至全國上下、朝野在文化上盤根錯節式的緊緊搏成一體。之後，即使中央政權改變，地方卻仍持續固有的文化傳統，甚至外來的政權，如西克索政權（The Hyksos，西元前 1640～前 1550 年統治埃及）或托勒密王朝（Ptolemaic Dynasty，西元前 305～前 30 年統治埃及）等，都無法擺脫或漠視埃及的傳統文化，只有被同化的份了。

三、對外貿易的特色

一如上文提及對外貿易是埃及法老的獨門生意，法老經常組織龐大的遠征軍到很遠的地方進行交易。交易的內容多以奢侈品為主，如漂亮的紫水晶、綠松石等珍貴石頭和黃金等貴重物品。紫水晶產地為南方與東方的沙漠地帶，綠松石則在西奈半島。

除了寶石外，還有埃及不產的建材木頭。雖然埃及有無花果木、檉柳、洋槐木，但這些木材都不夠堅固，不足以建造巨型的宮殿或神殿，因此埃及人必需向外尋找適合的木材，如香柏木、白扁木、松木等，這些木材多產於敘利亞。

在西元前第三千年紀晚期，埃及在西亞的貿易夥伴又添加了幾位，意即他們在此的貿易圈又擴大了不少。這次新加進來的是城邦艾巴拉 (Ebla)，埃及商人可從此地獲得美索不達米亞南部的貨品，於是美索不達米亞的印章開始出現在埃及出土的文物中。

除了向敘利亞尋找木材外[4]，埃及也向南方尋找木材，如黑檀木、乳

---

4 根據記載，西元前 2600 年左右，埃及法老組織了 40 艘船隊從敘利亞運回香柏木，

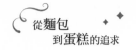

香樹，尤其是廟壇焚香需要的乳香樹。乳香樹出產於阿拉伯半島、索馬利亞 (Somalia)、努比亞的北方以及衣索比亞 (Ethiopia)。西元前第三千年紀的中期，埃及為了乳香，還與這些地方發展出定期的貿易線。

除了陸路貿易，舊王國時期也發展出海上貿易，那就是由埃及經過東邊的沙漠到紅海邊，再經由海上到邦特 (Punt)。在後來的新王國時期，埃及記載經常懷念邦特，認為那是消失的樂園與貿易夥伴國。邦特在埃及早期，兩者之間的貿易往來密切。根據後人的研究，邦特在埃及南方，約在今日索馬利亞、衣索比亞、厄利垂亞 (Eritrea) 一帶。在古埃及第五王朝巴勒莫石碑（Palermo Stone，約西元前 2392～前 2282 年間）的王家編年史中記載，埃及人從邦特帶回 8 萬個德奔（*deben*，埃及的度量單位，1 德奔相當於 91 公克）的乳香。在同一個第五王朝時代，另一位法老派遣遠征的商人隊伍到邦特，不僅帶回乳香，還有一位會跳舞的小矮人。根據第六王朝的記載，埃及曾經組織過 11 次之多的遠征貿易隊伍到邦特去。

由於對外貿易多操控在法老之手，一旦法老力量衰微時，遠征的貿易行為就終止了。以邦特為例，埃及大約有兩百多年沒有再拜訪過邦特。一直要到西元前 2002 年左右，才又開始展開貿易。這回由埃及的大臣組織與規劃龐大的遠征隊伍。根據記載，這位大臣在上埃及招募 3,000 人，從尼羅河前進到紅海，中間還穿越沙漠。每位成員攜帶 20 條麵包以及 2 瓶水，沿途還鑿井取水。那位大臣甚至利用驢子攜帶遠征隊伍所需替換的鞋子。據記載這趟旅行非常辛苦，因為沿路有不少盜匪與充滿敵意的部落人民，可見當時埃及中央政府的權力尚未穩固的深入此地，因此還需要前導士兵在遠征隊伍前面肅清盜匪，維持路途安全。到了紅海邊，這些遠征隊伍開始製造船隻，以攜帶貨品南下紅海到邦特去，然後買回埃及需要的物品。

用來建造船隻。除了船隻，香柏木亦用於製造棺木，後來敘利亞地區因為動亂而使香柏木交易中斷，導致埃及人喟嘆沒有好的木材可以建造棺木。

現今的考古學家還在紅海邊挖掘到當時埃及在此造船遺留下來的遺跡，進而證明埃及的海運在當時非常發達，的確具有海上貿易的能力。

　　西元前 1500 年，埃及的女法老哈特謝普蘇特 （Hatshepsut，西元前 1507～前 1458 年）組織一支龐大的遠征隊伍到邦特去，動用 5 艘船。這支遠征隊伍的商業性質非常明顯，但哈特謝普蘇特在她的碑文中卻賦予此支隊伍宗教上的意義：「阿蒙神非常喜歡邦特，希望祂的神殿中種植一些邦特來的乳香樹。」在哈特謝普蘇特的浮雕中描繪這支遠征隊伍到了邦特，並贏得當地酋長的歡迎。埃及獻給酋長的禮物包括項鍊、斧頭、匕首和手鐲，酋長則回之以乳香、乳香樹、紫水晶、象牙、肉桂木、猴子、鴕鳥羽毛、豹皮和奴隸等。

　　除了邦特外，埃及還往上到尼羅河的第一瀑布。這塊地區盛產建築需

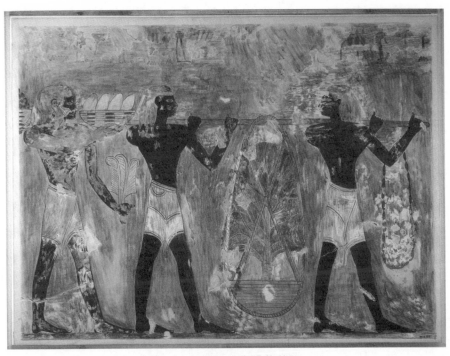

圖 5　自邦特帶來禮物的人

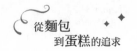
要的紅色、黑色和灰色花崗岩，也是南方與埃及貿易必經之地，尤其是象牙貿易，「象牙城」即以象牙貿易得名。雖然這地區有巨大的岩石和急流，但埃及仍然建立了可以通行的水道，好讓遠征軍能夠通過瀑布到南方去，如努比亞。

　　急流瀑布區更有黃金。黃金滋養了埃及的帝國與殖民行動，他們派遣遠征軍來征服這地區的努比亞人，並設立碉堡與城鎮，以守衛南方來的貨物與貿易隊伍。同時，埃及人還招募人員到這地區的瓦瓦特 (Wawat) 開採金礦。在往後的日子裡，埃及法老尚且經常派遣軍隊到這裡維持通道的暢通。有時甚至可以通到尼羅河第二瀑布，乃至第五瀑布。到了西元前第二千年紀的新王國時期，法老圖特姆斯三世（Thutmose III，西元前 1479～前 1425 年在位）為了一勞永逸，更命令當地的漁夫負責清掃，以維持水道的暢通。

　　埃及也與南方的非洲部落人民進行貿易，以他們所產的油、蜂蜜、衣服和彩陶，換取象牙、紫水晶和豹皮。南方的部落受到埃及的控制，不只與埃及遠征軍進行以物易物的交易，還納貢給埃及。一個西元前第二千年紀中葉的埃及壁畫中就出現努比亞人進貢的畫面，努比亞人帶著野豬的獠牙、豹皮、金戒子，還有一隻猴子騎在長頸鹿的背上。

　　埃及不僅向東、向南派遣遠征隊伍做生意，還利用洋流與地中海的克里特島做生意[5]。埃及不只利用海線與克里特島做生意，也利用海線與敘利亞做生意，這是因為到敘利亞的陸運不及海運來的方便，陸上經過巴勒斯坦會遇到很多盜匪，還要經過艱辛的沙漠地區。敘利亞也有許多船隻到埃及做生意，可以從埃及墓穴壁畫中窺知一二，像是穿著異國服飾的敘利亞人在埃及港口下貨的忙碌情形，官員們將買來的酒、油和貴金屬存放至

---

5 由尼羅河三角洲順著洋流往北到克里特島，夏天時的西南季風又將埃及人帶回尼羅河三角洲。

倉庫。從壁畫中也可發現在船上與河流岸邊有小規模的交易行為,如鞋子、食物和衣服等,似乎出現了私人貿易,但是仍受到官方的嚴格控管。

透過海運,埃及人以陶器、玻璃、寶石、香水,換取敘利亞的香柏木、精油、橄欖油、酒。埃及的私人貿易隨著時間的演變,愈來愈多。例如在西元前第二千年紀的晚期,埃及出現許多私人買進奴隸的生意,這些奴隸主要來自橫行於尼羅河三角洲的海盜[6]。

埃及人與其他人進行交易時,雖然未使用貨幣,卻有價值的概念,他們會用同價值的物品去交換(購買)所需的物品。例如一件西元前 1300 年的埃及交易訴訟中記載,一位敘利亞人帶著一位女奴,在埃及挨家挨戶的兜售,結果一位有錢人家看上了這位女奴,於是用不同價值的衣服、青銅器等換取女奴,其中一樣銅器是來自他的鄰居。這可能是平常他借給鄰居的東西,現在要回來以支付給敘利亞商人。可見埃及人也有借貸的行為,並有記帳的習慣,才能在突然需要的時候,能立即要回平日借出去的東西(或是等值的東西)。

根據另一份工匠的收入清單可發現,為了換取一副 25.5 德奔的棺材,他交給賣者的物件中包括:一塊重 8.5 德奔和另一塊重 5 德奔的銅塊、一隻重 5 德奔的豬、一頭重 3 德奔的羊和另一隻重 2 德奔的羊,以及兩塊重 2 德奔的無花果木材;一共 25.5 德奔。有的還以勞力作為支付。

埃及一直要等到西元前六世紀波斯人統治時代(西元前 525～前 404 年),才開始使用貨幣,到了西元前三世紀的托勒密王朝才開始盛行。

四、與亞洲的密切往來

埃及與近東亞洲民族的接觸,可以追溯到舊王國時期以前,大約在西

---

6 當時在尼羅河三角洲有許多海盜的基地,海盜常掠奪來往之人為奴。埃及法老常得派遣軍隊掃蕩,甚至設立海上警察,是埃及政府的一大煩惱。

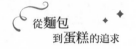
元前 3500～前 3000 年。後來又因為埃及的繁榮與穩定，愈來愈多的亞洲人前往埃及，其中包括奴隸、亡命者、雇傭兵等低層社會人士，他們視埃及為自由與繁榮的天堂。等到中王國時期，埃及境內的外國人數量已相當龐大。這批外國人，大部分都是來自敘利亞與巴勒斯坦的閃族人，他們多是借道西奈半島而來，定居（或寄居）於尼羅河三角洲的東北部，並自成一個社區。

這些到埃及的「亞洲人」，絕大多數都是以自願、和平的方式進入埃及，而非被強迫的。這是因為埃及的經濟機會較多，加上中王國時期對奴隸的需求量大，不只宮殿、廟宇、達官貴人擁有大批奴隸，一般平民百姓也都擁有一兩位奴隸。埃及的奴隸待遇相當不錯，許多奴隸甚至擁有自由的貿易權，因此不少外地人前來埃及為奴，當然也有不少奴隸是來自戰俘，甚至有時「亞洲人」在埃及還成為「奴隸」的替代語。

當然不是所有到埃及尋求新經濟機會的「亞洲人」都為奴，也有不少從事其他的行業，如傭雇兵、釀酒、紡織、種田、鑿石，以及參與公共工程等，如《舊約聖經》中記載以色列人為埃及人製造泥磚。由於埃及的經濟機會多，因此每當近東遭逢天災人禍的時候，亞洲人更是成批結隊的湧進埃及，埃及政府還為此設立一個「亞洲人管理部」來管理他們。

埃及在中王國時期不僅與亞洲貿易密切，並開始與地中海西岸的希臘人（邁諾安、克里特島、邁錫尼人）做生意，因此埃及匯集了各地來的商人，其中仍以亞洲敘利亞商人最為活躍，於是「說敘利亞語」在埃及成為「討價還價」的同意詞。除了商人外，埃及政府也收容了不少近東的政治犯或流亡人士。尤其是新王國時期，當埃及開始往近東發展時，每當征服一個亞洲城邦，或簽訂合約、盟約時，都會要求對方貢獻人質，其中亞洲人佔了不少比例，有人說後來的摩西就是屬於此類的後裔。

當埃及中央勢力強盛的時候，這批外地人還能服從埃及的統治與管轄，但是一旦埃及勢衰的時候，他們就會起來反抗，在埃及境內建立自己的政

權。早在西元前 2160 年左右，當埃及第八王朝因繼承問題而陷入混亂時，就曾有一群亞洲人入侵三角洲地帶，並建立屬於自己的政權，且將法老的勢力逼退到上埃及的孟斐斯 (Memphis) 地區。之後，這群亞洲人又捲入埃及的地方勢力爭奪戰，甚至還參與王室的王位繼承戰。中王國建立以後，雖然消滅了亞洲人位於三角洲的政權組織，但卻無法阻止亞洲人持續移民埃及，這股移民潮甚至因埃及對勞工的需求而大為增加。到了中王國末期，亞洲人又回到三角洲舊地建立自己的政權，即西克索 (Hyksos) 政權。西克索人不僅佔據北方的三角洲，還與南方的努比亞聯盟夾擊埃及，迫使埃及法老的勢力往南撤退。

「西克索」原意為「高地沙漠王子」，意指近東敘利亞、巴勒斯坦一帶高地沙漠的游牧民族酋長（如以色列人），後來在埃及就成為「外地統治者」之意，不僅是指外地人的領袖，也指他們整個族群的人。西克索人的成員非常複雜，有來自幼發拉底河上游的游牧民族，也有來自安那托利亞高原的印歐民族，更多的則是閃族人，包括以色列人在內。

根據埃及的年表，第二中衰期中約有 6 位西克索籍法老[7]，統治期約為 108 年左右。西克索人不僅採用埃及法老的稱號與制度，也採用埃及的禮俗、宗教信仰，以致於有不少埃及的王子（中王國以後，埃及就陷入分裂的狀態）向西克索人進貢，或與他們通婚。當然也有不少埃及人不服西克索人的統治，經常與之相戰不已。根據一則傳說，西克索人曾攻打底比斯 (Thebes) 王子，宣稱底比斯王子所養的河馬戲水，拍打水花的聲音太大，以致吵醒了在 700 多公里外睡覺的西克索王子，其實真正的理由是：底比斯王子乃是埃及反抗軍的領袖。無論如何，埃及王子失敗慘死，他的

---

7 西克索法老為了顯示與南方底比斯法老相抗衡，而自稱為 「阿瓦利斯的賽特」 (Seth of Avaris)。另一方面，為了彰顯自己的法老地位，西克索法老也自稱為「太陽神雷之子」。此外，除了接受埃及的宗教信仰與生活習慣外，西克索人也盡力保持自身的文化，例如他們仍供奉來自敘利亞一帶的神祇。

木乃伊後來被發現，而且死狀至為恐怖。

　　除了戰爭外，西克索人也為埃及文化注入不少新生命，他們迫使埃及人重新檢討過去保守、停滯的文化，轉而採取新路線。同時，西克索人也將近東的青銅技術、戰車（在西克索人統治之前，埃及只有用驢拉的戰車，西克索人統治之後，才出現用馬來拉的戰車）、強有力的弓箭、佩劍、短刀等傳入埃及，這對於日後新王國時期的軍事革新均有很大的貢獻。新的作戰方式與新的作戰工具，使埃及社會產生了一批新的族群，就是軍人團體。這些軍人中雖然大多數是下層的常備兵，但是不乏有錢的軍官，這可以從他們的戰車、複合式弓箭都必需自備來推斷。他們因為擁有新的技術、工具和知識而有強烈的企圖心，成為新的社會菁英。昔日的菁英只要會寫、懂得如何代表法老與神明打交道和知道為官之道即可，現在新的菁英還必需具有國際觀、軍事專業的背景。於是，新的菁英成為傳統文化和社會的挑戰者。儘管如此，一如昔日的菁英，這批新的軍事菁英，仍然得仰賴法老的慷慨贈與和賞賜，法老的賞賜也得以換取軍事菁英的效忠與依賴。

　　此外，位於尼羅河三角洲的西克索人，也致力發展環地中海的貿易，這使得埃及與地中海東岸的近東文明、地中海西岸的邁諾安、克里特島文明連成一氣，埃及也逐漸加入地中海的經濟體系中。透過經濟運作，不同的古文明相互接觸與交流，有助於融合亞歐非三大文明的古典文明的出現。

　　但是，西克索人的統治卻也激起埃及人的民族意識和仇外的心理。到了西元前1550年左右，埃及終於在底比斯政權的率領下趕走西克索人，結束西克索的統治時代，並開啟新王國時代。西克索人對埃及雖然帶來不少的貢獻，但也有負面的影響，那就是仇外的心理；從此埃及不再信任外國人，並對亞洲移民採取緊縮、疑懼、壓迫的態度，這就造成了後來西元前十三世紀〈出埃及記〉(*Exodus*)的背景。此外新王國時期的埃及已不再處於悠閒時代，而是一個充滿野心、戰鬥心的擴張時代，此時的埃及是一個開放性，且充滿不安的時代，為了尋求國家安全，埃及不斷將國防線往亞

洲方面北推，埃及因而逐步捲入亞洲糾紛中。

儘管新王國時期，西克索人被趕出埃及，但是亞洲人仍持續大量湧入。每次新王國的法老出征亞洲後都會帶回一批人，除了作為人質的王子外，還有工匠、傭僕、釀酒的師傅、雇傭兵等亞洲人，再加上來自西邊的希臘人、克里特人，南邊的努比亞人，以致埃及境內居留了大批的外國人。四面八方來的外國人以及外來文化，使得埃及文化出現不同的國際色彩，亦有利經濟的發展。這種現象使得新王國早期出現繁榮的景象，讓法老有更多的財富奉獻給神廟、建造巨型的建築物和雕像。譬如法老阿蒙荷特普三世（Amenhotep III，西元前 1412～前 1375 年）不僅為自己修建了許多建築物、雕像，甚至還在沙漠中為自己的愛妻建造一個花園綠洲。

五、新王國時期的禮物交換

在西元前第二千年紀的中期，埃及王室與近東各帝國間的禮物交換在國際貿易中扮演了重要的角色。各帝國的君主以平等的位階——他們之間亦以兄弟相稱——彼此交換物品（名之為「禮物」），以換取自己所匱乏的物件。雖說交換禮物，但各物品仍各有其價值，好讓參與交換的君主可以度量送出去的禮物價值，然後期待對方送進同等價值的物品。不只國王彼此間進行禮物交換，各王室成員間也出現禮物交換的情形。在此脈絡下，禮物交換就成為一種經濟行為。在易肯阿頓（Akhenaten，西元前 1363～前 1347 年）時代所留下來的〈阿瑪納文件〉（*Amarna Letters*）中，就出現了許多這類禮物交換的外交文件。

例如在西元前十四世紀時，一位巴比倫的國王寫信給埃及的法老易肯阿頓，建議用禮物交換作為國際貿易的一項機制。這位巴比倫的國王說：「希望我們就像我們的父親般維持友好的關係。你如果要什麼東西，就寫信給我，以便我將那些東西帶去給你。假如我要什麼東西，我也會寫信給你，讓人將那些東西帶給我。」

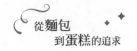
在一份埃及法老寫給巴比倫國王的信中詳列了一些適用於新家的禮物物品，包括「鑲嵌象牙與黃金的黑檀木床、3 個鑲嵌黃金的黑檀木床、1 個鑲嵌黃金的頭靠、1 張鑲嵌黃金的扶手椅、5 張鑲嵌黃金的椅子」。這些家具總共鑲嵌了 7 個米納又 9 謝克重的黃金，以及 1 米納又 9 謝克的銀子。這位埃及法老的用意顯然不是在真正的送禮，而是希望巴比倫國王能回送同等價值的貨品，可說已經涉及到貿易層面了。

又有一位巴比倫國王寫信給埃及法老：「由於人家告訴我路途非常危險，缺水又天熱，我因此不會送給你一些好的禮物。我送給你，我的兄弟，4 米納的天青石作為臨時性的禮物。我再送給你 5 對馬匹。當天氣好轉，我會讓後來的大使再送些好的禮物給你。你要的任何東西，都可以寫信給我。」在這封信中，巴比倫國王表示了他需要的東西：「我正在從事新的建設工程，因此我寫信給你，我的兄弟，希望你能送給我一些好的黃金，以便我能在工程中使用。」巴比倫國王還抱怨了一些長程貿易會遇到的困難：「你送給我的黃金，不應該委託給不信任的屬下。你應該親自看著貨品的打包，並簽名封印，再寄送給我。你前一次送給我的黃金，你沒有親自檢視，而是讓你的屬下封印寄送，結果原本應該是 40 米納的貨品，當我放在窯爐後發現不足原本的重量。」在這批埃及法老贈送的禮物中物品種類很多，包括上千件的衣服、碗、甕、盆子、寶石、象牙、黑檀木、數百面青銅鏡、金屬工具、護身符、戒子、腳鐲、衣櫃、雕像、馬車、鑲金和鑲銀的椅子等等。

禮物中還包括嫁妝。例如，一位米坦尼 (Mittani) 國王將女兒嫁給埃及法老為妻，他所送的嫁妝中不僅包括珠寶、新娘的私人用品，還包括給法老的禮物，計有戰車、黃金、項鍊、天青石、雪花石膏等貴重物品，每項物品還特別描述了形狀、狀態和成分。

除了交換禮物外，各國君主努力維持貿易的秩序。譬如，巴比倫國王還要求埃及法老出面處理商業糾紛，原因是一位巴比倫的商人在迦南遭到

搶劫與暗殺，而迦南屬於埃及的勢力範圍。巴比倫國王說：「迦南是你的土地，它的國王是你的附庸，我的人民在你的土地上遭到搶劫。請你詢問一下，並還我他們搶去的銀子。還有，那些殺我人民的人，也應該被殺，用他們的血來報我的仇。因為，假如你不殺死這些人，他們將會再回來，而且會殺死我的商隊或是你的信使，以致於我們之間的交通將會斷絕。」

除了近東國王與埃及法老交換禮物外，希臘世界的賽普勒斯國王也在法老登基的時候寫信給他，希望用五又二分之一噸的銅換取開啟外交關係以及交換大使。在另外一封信中，賽普勒斯國王表示已經送了他所承諾的銅的一半給埃及，他希望以此交換鑲了黃金的黑檀木床、馬車、馬匹、各式衣服、黑檀木與油。賽普勒斯國王又在另一封信中表示他已經送了 14 噸的銅給埃及，他不能再送了，因為他的國家爆發了流行病，死了很多人，以致沒有人可以挖銅了。這位國王的兒子也死在這波流行病中。賽普勒斯國王還派遣商人到埃及做生意，他請求法老說：「這些是我的商人，讓他們平安與快速的回來，任何人以我的名義提出的要求，請不要反對。」

六、埃及的神殿經濟

舊王國時期的法老喜歡為自己建造巨型與豪華的陵墓，新王國時期的法老卻喜歡將大筆財物奉獻給神殿，以致神殿累積了龐大的財富與資源，從而在埃及的經濟上扮演重要的角色，甚至取代了法老的經濟地位。例如圖特姆斯三世時代，在一次遠征亞洲後，他大量賞賜阿蒙神的神殿。另外在四年間，這位法老賞賜給卡納克 (Karnak) 神廟的物品中，包括有下努比亞來的 8,616 德奔的黃金以及上努比亞來的 708 德奔的黃金，還不包括下努比亞來的成群牛隻。從當時的墳墓壁畫中，也可以看出神廟的倉庫中存放了無數的農產品和工藝品，以及不同形狀裝滿酒、油的巨型瓶罐。

在一個神殿的碑文上寫著該神廟享有的經濟特權包括：捕鳥；捕魚；養魚、牛、狗、驢、羊、蜜蜂；種植花園、菜園、葡萄等。除了這些工作

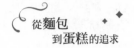
者外，該神廟尚雇用了淘金的礦工。這間神廟擁有自己的艦隊從事外貿，進行黃金、象牙和豹皮的生意。除了碑文記載的特權外，這間神廟還擁有作坊生產雕像、陶器、金器和彩陶、啤酒、麵包、屠宰、醃魚和皮革等製造業。值得注意的是，這間神廟僅是南部邊遠地區的地方神廟而已。

根據西元前第十四世紀的一份記載，一座底比斯附近的卡納克阿蒙神廟擁有十萬以上的奴隸（佔埃及全國人口的 2%）、土地約佔埃及全國可耕地的 15%、50 萬頭的牛與眾多的羊，另外還有 50 餘家的工作坊和船塢，以及遍及國內外的附庸城（包括分布於敘利亞境內的城鎮）。到了新王國晚期，卡納克神殿擁有的土地約佔埃及全國可耕地的四分之一，以及 8 萬勞工。在底比斯的阿蒙神殿一年的進帳就將近 200 萬袋的穀物。

由於神殿的事業龐大，需要的人手與人才也多，因此提供了許多經濟機會，以致許多年輕的菁英都喜歡進入神殿服務。在人才濟濟的情形下，神殿的管理與運作往往比政府還有效、還受人敬重。

神殿雇用商人幫他們從事貿易，還有雇用工匠為神殿製作產品，例如一批婦女為神殿紡織亞麻，她們在自家或神殿中紡織產品，還為神殿烘焙麵包。這些為神殿工作的工匠或勞工，一如王宮的工匠和勞工，他們也可以利用剩餘的時間為自己工作，並出售產品。

在這種情形下，新王國時期埃及的經濟重心轉移到了神殿身上，而不再是宮殿了。神殿儲存了全國最大的財富與物資，從前由法老負責分配的賑災事業，現在改由神廟來做。大部分的人民以前為法老工作，現在則為神廟工作。一如昔日的法老，神廟的財產分散各地，因此每次需要分配賑災或是給予酬勞時，他們就要從各地調貨來給付。

若任由神殿持續發展下去，甚至可以取代政府與法老的地位，而不僅限於「國中之國」的境界了。因此，易肯阿頓決定對以阿蒙神廟為首的寺廟勢力作一次徹底的整頓與壓抑，經濟的因素成為易肯阿頓宗教改革的動機之一，的確在他的宗教改革期間，許多土地又回到了法老手中。

七、埃及的私人財產權

大部分的埃及土地屬於法老所有，其中有些是透過公家單位而間接屬於法老所有。法老會將一些土地賞賜給有功的將軍或官僚。譬如第十九王朝的一個墓穴牆壁上記載，第十八王朝初的一位法老將一塊土地賞賜給一位船長，作為軍事酬勞。這塊土地由船長的後人繼承和耕種，並維持一塊完整土地的形式。經過兩百年後，地方首長希望能收回土地重新劃分，於是船長的後人就提出告訴。這項案件纏訟了數十年，主要是由於船長的後人並非具有影響力的人士，而且土地的持分牽涉年代久遠，加上後代子孫的繁衍，以致所有權非常複雜。這個家族提出證明說他們一直在耕種，而且還繳稅，因此最後的判決有利船長的後人。這項案件之所以有名，是因為在訴訟期間發生許多貪汙、偽造、爭執等事件。

此外土地共同所有權在埃及非常普遍，例如在努比亞有一棵椰棗樹，由最原始所有者的許多後人共同擁有，然後每個人按照比例分配生產的結果。多元的所有權相當普遍：一個人可以擁有不同果樹的部分所有權，例如甲棵果樹的部分所有權，再加上乙棵果樹的部分所有權。一個人擁有一塊土地的四分之一或八分之一的所有權，也是很平常的事。不過，這些共同的持分人都是親戚，可見仍有分產的情形。

由此可見，埃及的土地與私人財產是可以繼承的。當父親去世時，兒子、女兒和寡母都可以分得部分遺產。一般而言，埃及人會在生前立下具有法律性質的遺囑，類似契約。在遺囑中，父親會言明如何分配財產，如果父親在生前沒有立下遺囑，他死後就由大兒子決定如何分配，通常他們會留給自己多一點或將大部分的財產留給自己，這就會產生糾紛，因此埃及人的諺語中有「只有笨蛋才不會預先立定遺囑」的話語。

在一些留下來的文獻中，會發現有些埃及人，包括婦女在內，會利用所得的遺產和其他的資產，發展自己的企業，而且可以將規模做到非常大，

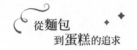
包括買進土地，或是另外租佃土地，並雇用勞力，以種植更多的糧食穀物或具有經濟效益的亞麻。

八、社會與日常生活

㈠商人與商業

　　埃及舊王國與中王國時期的社會結構非常簡單。基本上，它是沿著階層路線組織的，最頂端的是神－法老。圍繞法老的是上層階級：貴族和教士，這些上層階級也是統治階級，參與政府運作。

　　在上層社會之下是商人與工匠。商人沿著尼羅河上上下下，積極的經營貿易，他們在城市，也在鄉村市場貿易。有一些大商人經營國際貿易；他們被國王送去克里特與敘利亞做生意。我們在一些墳墓的壁畫中發現：在河流的碼頭邊，坐著許多小攤販，他們販賣一般的商品，例如芝麻油、酒、橄欖、葫蘆、魚、水鳥、紙莎草等。這些都是一些小本生意，而且多類似以物易物的交易行為，以德奔作為交易的單位。不少這類的小商人，本是為宮殿或是神殿工作的，他們將剩餘的物資拿出來賣給一般的人。到了新王國晚期，盜墓的行為非常猖獗，他們甚至盜取法老墳墓內的陪葬品，這些小商人就成為那些贓貨的仲介。

㈡工　匠

　　埃及工匠的工藝技巧非常高超，可從工匠村德爾邁迪納 (Deir el-Medina) 出土的製成品看出端倪。這個村莊大概設置於西元前 1500 年，約存在了四百年，居住的成員都是為法老修建陵墓的工匠，包括鑿石匠、裝飾與繪畫的藝術家，以及製造家具的師傅等等。這是一個與外隔絕的村莊，避免走漏法老陵墓祕密。政府會負責日用品的配給，包括水都是外面挑進來的。無論如何，這個村莊的模式不具代表性，是一個特殊的案例。

埃及的工匠會製造各式物品，如石盤、木頭家具；金、銀、銅各式工具和器皿；紙莎草做成的紙和繩子，以及亞麻的衣服。埃及工匠會將不同的金屬鑲嵌在一起，或是與木頭嵌在一起，有時候用皮革將它們連綴在一起。陶器也是埃及工匠的長項，尤其是彩陶，在地中海區擁有不錯的銷路。不過，埃及也會向其他人購買不同的彩陶。陶瓷片還可以拿來書寫，在德爾邁迪納村就出現了許多書寫有信件、文學創作、生活瑣事、物件清單的陶瓷碎片。

埃及雖然也生產一些羊毛產品，但是亞麻仍是最大宗的紡織品。亞麻通常由男性農夫種植、抽麻、曬乾，然後由婦女在室內製造，包括紡紗、織布等工作。紡織完後還要洗滌、染色。洗滌的工人出現組織的階層化結構。埃及的亞麻在地中海區非常有名與暢銷，埃及人有時候會將亞麻布賣給腓尼基人，等他們將布染成紫色後，再買回來製成衣服，然後銷售出去。亞麻除了製成衣服外，還可以製成漁網或繩索，用途相當多。在整個紡麻的過程中，不只是男性可以當經理，監督工作，女性也可以當主管。

(三)醫　生

在埃及的各行各業裡，除了書記，最著名的則是醫療表現。荷馬在《奧德賽》(Odyssey) 中稱讚埃及的醫療是世界上最進步的。西元前五世紀的希臘史家希羅多德（Herodotus，西元前 484～前 425 年）也同意這種看法。埃及的醫生受到非常專業與謹慎的訓練。在一份紙莎草文書中列出各種不同被蛇咬傷的症狀，內容非常詳細，另一份文獻則列出了 700 種人體不同器官的內科症狀，還有一些紙莎草列出不同的外科治療的建議。不少醫療文件經過數百年的傳承，都不曾被埃及人質疑過，有的甚至可以追溯到西元前十七、前十六世紀。在埃及的醫療傳統中，愈老的醫療法愈被尊重。根據一位希臘史家的記載：「在埃及，如果因為遵循古老的醫療法治療病人，卻導致病人的死亡，醫生沒有罪；但是如果病人因為醫生使用新的方

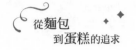

法而死亡的話，醫生就有罪，還可能罪及死刑。」

㈣農　民

　　由於農民幾乎沒有留下文字資料，所以我們對於他們的工作與生活狀態不熟，只能猜測應該與其他地區的農民一般，生活艱辛、工作辛苦。從一份遺留下來的諷刺散文中，我們大概可以一窺農民的無奈。這份文獻的原文是：「要記住農夫面對豐收稅的情形，就像一條蛇咬了一半的作物，而河馬吞去了另一半。老鼠入侵農田，蝗蟲與牛隻也吃光了農作。麻雀帶給農民貧窮，剩下來的又被小偷偷走……稅吏登陸河邊來登記稅收，他隨身攜帶著棍子和努比亞的棒子。他說：『給我穀子』……雖然沒有一粒穀子。他們毆打農夫……將他的頭浸入井裡……就這樣的，穀子消失了！」

　　但是，埃及的農夫仍然養活了這麼多不事生產的法老、官員、商人、軍人和工匠等人。

㈤家庭與婦女

　　古埃及對於日常生活的態度非常積極。他們遵循智慧文學的建議：年輕時結婚以建立一個家庭。一夫一妻是常態，但是當妻子沒法生子時，丈夫被允許可以擁有額外的妻子。法老也有權擁有後宮，但是王后是最大的妻子，擁有比其他妻子要高的地位。在家裡，丈夫是主人，但是妻子非常受到尊重，並管理家務與教育小孩。在一本書中更提及：「假如你是一位頂天立地的男人，你就要建立一個家庭和適當愛你的妻子。填滿她的肚子和溫暖她的背脊。為她的身體塗抹油膏。要在你的有生之年讓她快樂。她是讓主人有利潤可圖的田地。你不應該在法律上與她爭執，要讓她遠離掌控……要讓她的心隨著你的增長而變得柔軟，也就是說要讓她盡量待在你的家中。」

　　婦女可以擁有財產和繼承物，甚至在結婚以後也可以擁有財產與繼承

權。儘管婦女不能參與大部分的公職與職場，但她們的確在經營事業。農家的婦女在田裡工作的時間很長，另外還有無數的家庭工作要做，包括紡織。上層階級的婦女可以擔任女祭司，一些皇后也可以她自身的能力擔任法老。最有名的就是新王國時期的哈特謝普蘇特，她本來是擔任繼子圖特姆斯三世的攝政母后，但後來她自己擔任法老，一直到她死為止。

哈特謝普蘇特展開許多建設工程，著名的哈特謝普蘇特神廟就是一例。她派遣軍事遠征軍、鼓勵開礦，振興農業，並派遣貿易遠征部隊到非洲南部。由於幾乎所有的法老都是男性，因此哈特謝普蘇特在她的官方雕像上，戴起鬍子，穿著男性服飾。她也被尊稱為「王上」（His Majesty）。哈特謝普蘇特意識到她的特殊地位，可在其神殿的一塊銘文上得知：「現在我的心在飄來飄去，思考人們會說些什麼？幾年以後，人們看到我的紀念碑，他們應該會提及我做過的事。」

在埃及的壁畫上，男性的膚色通常都比較暗，或紅，而婦女的膚色則比較白。這可能顯示埃及人認為婦女的主要工作場所在室內，而男性則在室外，受到太陽的照射，使得膚色變得比較深了。

在埃及婚姻是由父母安排。婚姻中最主要的考量是家庭與財產。很明顯的，婚姻的主要目的是生孩子，尤其是兒子，因為兒子是父母晚年的保障。一段來自新王國時期的智慧文學提及：「當你年輕的時候要為自己找一位妻子，她會為你生育一個兒子。」只有兒子可以冠上家庭的名字。然而，女兒也沒有被忽略。無數的墳墓繪畫中都表現父母與子女間的親密感情。雖然婚姻是安排的，但也有一些浪漫詩出現，顯示一些婚姻中仍有浪漫的一面。另外離婚是被允許的，但要賠償妻子。通姦是嚴格禁止的，特別是對婦女的懲罰相當嚴厲，她們可能被割掉鼻子或是被燒死在火柱上。

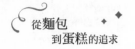

埃及的經濟思想

支配埃及經濟思想的是「瑪特」(maat) 的觀念。瑪特也是他們主要的宇宙概念，是一種平衡的觀念，從而延伸出社會公平與正義的觀念。瑪特在埃及代表正義、真理，也是和諧的宇宙和世界秩序，是一個社會的理想。在瑪特的觀念下，一位正直的人，無論是強者或是弱者，都可以得到永恆的來生。追求有道德的現世生活，不僅可以保證今生的快樂，也可以得到來生的祝福。對埃及人而言，唯有正義才能保證社會秩序與和諧。

在智慧文學的一篇〈善辯農夫的悲嘆〉中，描述一位貧窮的農夫受到地方官員的非法待遇，奪取他許多財產，於是他就向法老告狀，希望法老能保護他這位誠實的農夫以對抗貪婪的行政官員。法老在調查屬實後，不僅嚴懲不法的官員、給予農夫補償，還賞賜了農夫不少禮品，以答謝他糾正官員的錯誤。這顯示法老的正義對象是全國百姓，而不是哪一個階級的正義，埃及這種不分階級的正義原則，與兩河流域強調階級差異的正義原則不同。

「瑪特」 也表現在官僚的作業上。例如埃及重要的首相泰荷特普（Ptahhotep，西元前二十五世紀末～前二十四世紀初）要求在收稅、儲存和再分配糧食與物品的時候都要誠實、公正，這就是「瑪特」的展現。為了這些流程的順暢運作，埃及還發展出來一套簿記系統，來記錄產出與生產分配。從生產分配到收集分配都有一套精密的計畫，顯示埃及也有一套

經濟管理計畫。

埃及亦屬於再分配的經濟體系,在此體系下,農民、工匠生產的剩餘部分,大部分交給政府,僅有少部分留給自己以作為交換用,這些交換或交易都是地方層級的。但是埃及仍然發展出活絡的貿易市場,如底比斯,尤其在新王國的拉姆西斯諸王時代,但仍比不上近東的繁盛。

埃及人對於價格的觀念也不太清楚,僅有相對的概念,例如某一件物品相對於另外一件物品的價值為多少,考古經濟學家稱之為「參考貨幣」(reference money);參考貨幣的經濟是介於純粹的「以物易物」與貨幣經濟之間的經濟活動。總之,在強大的中央再分配體系下,埃及的市場活動不若近東,因此沒有出現活絡的銀行體系。

至於埃及經濟的性質,有些埃及學者將埃及的經濟稱之為「名望經濟」(prestige economy),因為埃及的大部分資源是用在建設紀念建築、神殿、宮殿、墳墓和家園上。這可能是因為在埃及人的世界觀中,今生的層級化結構會延伸到死後的世界,而葬禮與墓葬就成為個人在今生與來生的地位象徵。

Chapter 4
希臘的經濟與社會

一、特殊的地形

　　希臘位於巴爾幹半島的南部，是一個比較晚形成的地理區，因此它的地形不穩定，火山多，山也多，山地佔了整個希臘地區的80%，適合耕種的土地不及15%，土地的肥瘠差異性很大。希臘地區的平原多位於北部的本土地區。至於希臘地區的山脈不僅高且多峭壁，古希臘人難以跨越，幸好大部分的希臘城市都位在沿岸地區，即使內陸的城市，也有港口或便道通往海邊，故希臘人將愛琴海沿岸的一串串小島當成出海的跳板，將海當成他們的交通便道。愛琴海還將希臘與近東、埃及連結在一起，以致三者間的商業、文化、政治與軍事關係密切。

　　希臘的氣候，除連接歐陸的本土地區屬於大陸氣候外，其他地區都屬於地中海型氣候。夏天很長，氣候較熱且乾燥。冬天短且冷，但是潮濕。希臘農耕需要的雨水大都來自冬天[1]。雨水與雨季的土石流為山坡以及平地的小平原帶來沃土，有利耕種。不過，由於希臘的河流多短促，缺乏像兩河流域、尼羅河的大河，因此無法發展出大規模的農業。

---

1 如果冬天的雨水少了，希臘人就得面臨農作物歉收的命運，如果冬天沒下雨，那整個希臘村莊的人都得挨餓度日了。

　　比起氣候，地理障礙才是限制希臘經濟發展的重要因素。因為，山區限制了農耕、畜牧所需要的平地與高原，更限制了旅遊與商業所需的交通。由於地形分割得很厲害，因此生產力非常有限，於是希臘人發展出各式的經濟生活與求生策略，例如砍伐山地的橡木、松樹、山毛櫸、栗樹等[2]，以發展農業與放牧業。

　　希臘擁有非常優質的陶土，因此足以發展陶器。在天然資源方面，希臘擁有一些鐵和銅；銅與外來的錫相結合，就可以發展出青銅器。此外希臘還擁有可以製造貨幣和貴重飾物的金與銀。

　　雖說希臘的土壤與氣候各有優缺點，但是卻醞釀出所謂的「地中海三寶」──穀物、葡萄和橄欖，希臘的糧食作物以大麥、小麥和燕麥為主；葡萄與橄欖的原產地就在希臘，於是麵包、酒和橄欖油就成為希臘人的主食。此外，希臘人也種植一些豆類、蔬菜、水果和堅果類的作物。

　　希臘人日常所需的蛋白質，主要來自飼養的羊、山羊提供的乳酪、肉以及水中的魚。不過地中海的魚不多，而且沒有大魚，因此希臘人餐桌上的魚不多，例如在荷馬的作品中很少提及吃魚的情境。

　　希臘人的農耕與畜牧可以並行發展，而且不會互相干擾。成群的羊與山羊在不適宜農耕的多山地區放牧，或是在休耕的土地上放牧，因此不會妨礙農事。希臘人飼養的動物除了羊以外尚包括：牛、豬、騾、馬等。牛與騾用來耕田與載運重物，豬用來食用，馬多為戰爭用。

　　通常一個沒有牛或騾可使用的農家會被列為「窮人家」，而牛和馬的飼養需要廣大的空間，而且需要很多的錢，因此有牛、馬的人家可說是相當有身分的，其中牛可以養來吃或用，馬則是高社會地位的表徵，馬的身價之高，多用來騎乘或拉戰車。

---

2 早在古風時期（Archaic Age，約西元前 800～前 480 年），希臘人就開始砍伐山林，到了古典時代（約西元前 480～前 323 年），山區剩下的木材雖然還夠取暖用，但是已不足以供應造船、築屋。

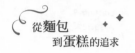
　　大體而言，希臘基本上屬於小農的經濟。根據估計，從西元前五～前三世紀，約有 90% 的希臘人從事農業。

二、邁諾安與邁錫尼

　　希臘地區早期的經濟與社會發展，可以追溯到邁諾安文明 （Minoan civilization， 西元前 2700～前 1450 年） 與邁錫尼文明 （Mycenaean civilization，西元前 1600～前 1100 年） 時代。其中邁諾安文明對於後來希臘人所建立的邁錫尼文明有很深遠的影響。

㈠邁諾安的宮殿經濟

　　邁諾安文明位於克里特島上，建有許多大宮殿，稱之為「宮殿文明」。其中以諾塞斯 (Knossos) 最大，約建於西元前 2000 年左右。現在就以諾塞斯為例，以說明邁諾安文明的宮殿經濟之運作。

　　諾塞斯宮殿是一個非常複雜的建築群：中間是一個廣大的中庭，中庭周圍則是蜂巢狀的住屋、儲藏室與工作室。諾塞斯的大宮殿建地就有 185 英畝 （約 0.75 平方公里），約有 250 間房間，可居住 12,000 人左右。宮殿位於城市最顯著的地方，成為城市的地標，有許多條大馬路通往宮殿。諾塞斯的宮殿建築相當先進，有人類第一座抽水馬桶，還有地下汙水道，並有自來水的供應 （其實是抽水機），這些設施到今天都保存的相當完整。在許多房間或走道的牆壁上還有色彩鮮豔的壁畫，內容多以大自然與日常生活為主。

　　從宮殿遺跡的結構看來，諾塞斯宮殿與兩河流域的宮殿經濟功能頗為類似，同樣都是生產與再分配的中心。除了宮殿本身生產的糧食、物品外，宮殿周圍的農村生產的私人產品，也都經由稅賦的方式流進了宮殿，然後一起儲藏與再分配。這些宮殿生產與接收來的糧食和原料等物質，除了供應國王及其家人、官員等人的奢侈生活使用外，還要供養在宮殿中負責生

圖6　圖案鮮明的邁諾安壁畫

產的低層勞力階級。

　　最後的剩餘物質就用巨型的陶罐等容器存放在宮殿的儲藏室中，等待災荒的時候再分配出去賑災。其實，大部分的宮殿物品都是用來貿易的，宮殿的儲藏物中也有不少是經由貿易而來的，足見貿易大權掌握在宮殿的主人──國王的手中。例如國王的儲藏物中，我們可以看到來自本土的羊毛、亞麻、皮革，以及外來的青銅、黃金、象牙、琥珀等，部分原料經過加工成為產品，這些產品內銷、外銷皆有。由於克里特島內有狀況良好的道路，可以想像內銷貿易的暢行；道路也有助國內貨物運往宮殿集中。外銷則是靠海運，也是諾塞斯宮殿經濟繁盛的主因。

　　邁諾安是個商業發達的民族，我們現在還可以發現保存在大型陶罐中的橄欖油、酒、糧食穀物，還有儲放在櫃子中的衣服與布料。邁諾安的工藝技術也非常發達，尤其擅長陶器與珠寶工藝，他們將不同的外來寶石、象牙、金銀等貴重物品鑲在一起，成為精美貴重的首飾；陶器的技術與裝

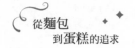

飾都明顯受到外來的影響。

　　靠著發達的海上貿易，邁諾安建立了人類的第一個海上帝國，掌握整個愛琴海的霸權。不過，邁諾安沒有足夠的人力完全控制，因此其所控制的據點，比較類似海上貿易路線上的商業據點，而非殖民地，主要作為克里特島貨品的轉運站或商船的補給站。

　　西元前 1900～前 1700 年左右，宮殿經濟日益多樣、複雜，為了記載物品或交易的清單，邁諾安人發明了文字，就是線形文字 A，也是希臘文字的祖先。後來當希臘本島的邁錫尼人征服克里特島後（約西元前 1450 年），他們所使用的線形文字 B 就取代了線形文字 A。

　　至於邁諾安的社會型態，顯然也是一個勞心、勞力階級分明的菁英社會。邁諾安的社會階級顯示在出土物所呈現的生活狀況、生活風格上。菁英分子住在宮殿外的高級住宅區。他們的住宅優美舒服，通常為二至三層樓高，大門面對著寬闊的街道。每家都有陶製的水管將乾淨的水送到家裡以供飲水、沐浴使用，另有管道將家中的排泄物帶出城外。這些菁英大概都是政府的官員或是商人。我們從浮雕的畫像可以推測，這些菁英分子非常講究儀容與服飾，無論男女都將頭髮梳的非常整齊且有造型（卷髮），顯得非常雍容華貴。男子的服裝比較像埃及的服飾——「短裙加腰帶」。婦女擁有長而挺的鼻樑、輪廓分明的臉，服飾強調細腰，穿著緊身衣裙，胸部則暴露於外，一如他們的女神像，她們還會配上高聳的雲髻。

　　至於一般平民的住處，我們尚未發現，但推想他們可能住在擁擠的村莊裡，家具簡單、房舍狹小，與其他社會的農民並無軒輊。有關一般平民的生活，我們僅知道他們負責建築宮殿、維持生產，日常生活就無法可考了，因為壁畫或裝飾畫中反映的多是菁英階層的生活狀態，並非一般的平民生活。不過，由克里特島的建築及陶器等工藝品的精緻程度來看，邁諾安人民應該具有相當的創造力與活力。

　　在兩性關係方面，邁諾安的婦女在宗教與社會生活中相當自由與活躍。

早期的邁諾安神祇都以女神為主，因此一般學者推論邁諾安的婦女享受相當高與自主的社會地位。我們從壁畫中可以看到，婦女可以自由的與男子談天說笑，可以參加鬥牛比賽，也可以在公共場所自由行動。然而後來受到希臘本土邁錫尼文明的影響，邁諾安開始出現男神，而且男神的地位也愈來愈高，或可從此推測社會上出現「女權日落，男權日高」的情形。

在邁諾安的社會組織方面，最為學者爭議的就是奴隸問題。首先是奴隸的待遇問題，我們很難知道奴隸與貧窮的自由農間的生活差別，也許兩者同樣都生活在貧困之中，或許奴隸因有人照應反而好些。不過可以確定的是自由農，不論是自耕農或是自由雇農都是被視為一個人，而奴隸則被視為財產，也就是說當奴隸的身體受到威脅或傷害時，他們無法期待得到仲裁或保護。

第二個問題則是奴隸的來源，這個我們也只能揣測，或許來自戰俘，亦可能是自人口販賣或掠奪而來。至於邁諾安的奴隸人口與一般平民的比例為何，以及是否負擔大部分的經濟責任，我們都不能確知，但能肯定的就是：邁諾安的奴隸多屬於宮殿所有，而且也是為宮殿服務的。

(二)邁錫尼的經濟

邁錫尼文明的核心地盤在希臘半島的中部和南部一帶，特別是伯羅奔尼撒半島 (Peloponnese)，邁錫尼即位於該半島的北部。

在荷馬的史詩中，邁錫尼是一個好戰的民族，戰爭、比武是王族們的最愛，他們不僅自己打自己，也向外攻擊別人[3]。例如出土的邁錫尼王族或貴族墳墓中，除了價值連城的金飾等貴重陪葬品外，就是各式的武器。另外，城市周圍有堅固的軍事設施，如城牆或城堡等。這些都是尚文、生

---

3 西元前 1450 年左右，邁錫尼越過愛琴海，侵襲克里特島上的邁諾安文明，邁錫尼取代邁諾安的海上霸權，掌握愛琴海霸權達二百年左右。

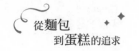

活悠逸的克里特島所沒有的景象。

西元前十四世紀時正值邁錫尼文明的鼎盛期，當時邁錫尼的貿易網遍及地中海地區，從西邊的薩丁尼亞、西西里到東邊的特洛伊，又或是南邊的埃及，再到北邊的馬其頓，邁錫尼人亦沿著地中海四周的海岸線和散處各地的群島建立許多殖民地。

邁錫尼的富裕不僅來自貿易所得，也來自他們海盜式的經濟行為，這兩種經濟行為使得人數不多、幅員不廣的邁錫尼成為一個強權；在當時的國際排行榜上，邁錫尼似乎僅次於埃及 [4] 與西臺帝國。

在西臺文獻裡，經常出現艾亥瓦人 (Akhaiwoi)，即阿契利人 (The Achaeans)。阿契利人即為西元前八世紀的史詩中對希臘人的稱謂。在西臺文獻中有不少西臺王寫給他那「阿契利兄弟」的信，顯示兩國經常交換禮物、信差，以及阿契利王派人前往西臺學習駕馭戰車的技術，而西臺王則要求向阿契利人借用一下他們的醫神治病。兩國似乎維持了一段「親密」關係，然後在西元前十二世紀時，阿契利人開始侵襲西臺西部的領土，雙方關係因而日趨緊張。

邁錫尼除了在海上征服邁諾安外，還致力於陸上霸權爭奪戰中。西元前 1250 年左右，邁錫尼成功征服西亞的特洛伊 [5]。特洛伊在當時是非常繁榮、富庶的城市，該城的地理位置非常險峻，又有堅實的城牆防禦系統，以致於邁錫尼攻了十年方才得手。邁錫尼成功的因素除了「木馬屠城」計，就是善於騎馬戰。很多史家都同意，邁錫尼人之所以攻打特洛伊，完全是看上該城邦的財富，想要掠奪一番而已，其行為實與海盜行為不相上下。

邁錫尼在地中海的活躍情形也反映在出土文物上，這些文物融合克里特、西臺、埃及以及敘利亞西部文明的特色，顯示他們與四周民族的關係

---

4 此時正值埃及新王國時期，文獻中常指明海上民族的威脅極大，許多王朝皆亡於海上民族的海盜行為，邁錫尼亦在其列。

5 荷馬史詩《伊里亞德》(Iliad) 的主要內容。

密切，當然包括貿易或禮物交換的關係。

從現今出土的遺跡（如豪華的墓葬和堅固的城牆）與文字資料，在在顯示邁錫尼的政治及社會組織與近東頗為相似，而不是像荷馬史詩中所描述的那麼自由與舒適。邁錫尼的政治與社會組織都是屬於層次分明的層級式結構，經濟的生產與分配也是呈現上下垂直式的結構，也就是說：所有的權力、財富都匯集到國王 (wanax) 所在的宮殿，然後再由宮殿統籌分配到各階層。

一如近東的城邦國家，邁錫尼也是以宮殿為政治、社會、經濟與宗教的中心。邁錫尼的宮殿由國王和眾多的官員組成，官員主要協助國王治理國事、統治人民。官員從國王那領取土地以為服務的酬勞，而高官與其下屬間似乎也存在這種「土地—服務」的關係。至於地方則劃分成大小不等的行政區域便於管理。

宮殿對於其周圍居民的義務盯得非常緊，包括稅收、勞役和兵役等，從一大堆出土泥版上的精確帳目，我們可以想像當時宮殿人員的精明幹練。宮殿的書記對於送出去的原料、收進來的產品，以及應該付的酬勞都有詳細的記載，甚至對於物品的狀態都有記載，如「這部戰車的輪子不適用或可用」、「這隻銅鍋有點損壞」等等。

在邁錫尼，大部分的農民除了耕種自己的地外，也會租宮殿或貴族的土地來耕種。在村莊裡，居民可以自由的種植穀物、葡萄等果樹，也可以飼養動物，婦女則多從事紡織、烹調等工作，當農民盡完了義務就可以享受自由的生活。除了耕種外，邁錫尼的畜牧業也很發達。邁錫尼的牧民飼養了成群的羊隻，主要是利用牠們的毛來紡織。邁錫尼的紡織工大多為女性，她們負責紡織、製衣與刺繡。紡織工的工作都是在國王的嚴密監工下完成的。

大部分的工匠則替宮殿做事以換取酬勞，包括木匠、青銅匠、金匠、製弓匠、製造武器的工匠、皮革工匠、香水工匠、紡織工匠以及醫療師。

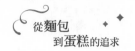
這些工匠的原料與工具多由國王供給。紡織、金屬成品、皮革、橄欖油、酒為邁錫尼的最大宗輸出品，以換取希臘所缺乏的銅、金、象牙、琥珀、染料、調味料和各式奢侈品等物。在奢侈品方面，邁錫尼自己也製造了不少奢侈品以輸出，例如精緻的陶製品、精美的腳凳、寶石製品等。

特洛伊戰爭正值邁錫尼的黃金年代（西元前 1400 年～前 1200 年）。之後邁錫尼的海上與陸上都開始遭到不明外族的侵襲，陷入了泥菩薩過江的窘態，到了西元前 1100 年以後，我們就很少看到邁錫尼的陶器作品，也很少聽到邁錫尼人的消息了。

在特洛伊戰爭中，當大部分的邁錫尼主力滯留在西亞時，另一波來自希臘北部的一支希臘人──多利安人 (The Dorians) 乘虛而入，直搗邁錫尼的家園。當精疲力盡的邁錫尼英雄班師回國的時候，卻發現家園殘破，就這樣，邁錫尼也隨著邁諾安的腳步進入了歷史的陰影中。

至於多利安人如何以一個「野蠻人」的身分取得最後勝利？除了乘虛而入外，就是他們從近東帶來的鐵器。在這個時候，鐵器的威力其實不及邁錫尼用的青銅武器。但是，鐵器便宜，又因鐵容易取得而可以大量的製造，於是多利安人可以裝備更大規模與聲勢的軍隊來對付邁錫尼人。相對於鐵製武器，邁錫尼使用的青銅武器雖然頗具殺傷力，但是成本貴且需要高級的技術，產量又少，因此只有少數的菁英人士方能擁有，以致於無法裝備眾多的兵士，因而邁錫尼的軍隊人數、規模均遠不及多利安人。總而言之，我們大致可以說：多利安人是以量取勝，而不是以質取勝。

圖 7　邁錫尼的黃金面具　邁錫尼的工藝技術非常精湛，甚至遠播黑海地區。

三、黑暗時代

㈠黑暗時代早期經濟

多利安人的入侵讓希臘走入「黑暗時代」（約西元前 1100～前 800
年），在這個時期，整個愛琴海地區陷入一片衰頹的景象，陶器的製作技術
退化又粗糙，墓葬中沒有貴重的陪葬品，大型的建築幾乎停擺，文字寫作
也日漸減少終至消失，官員或官僚系統也瓦解不見了。人民的飲食內容又
退回畜牧時代以肉類為主的狀況，穀類的食物幾乎不存在了。根據估計，
在邁錫尼文明的核心地區伯羅奔尼撒半島人口幾乎少了 90%，許多邁錫尼
的大城都消失得無影無蹤。只有雅典逃過多利安人的直接衝擊，但雅典城
內的宮殿也跟著消失，僅剩下一些村莊取代原來的城市與宮殿組織。

雖然沒有發達的城市生活，但在人口分散的鄉村，仍進行一些經濟活
動，如耕種、製陶、紡織等。至少，希臘語仍然是普遍溝通的語言。就是
在這片殘垣斷壁的基礎上，新的文化開始發芽生根。我們對於黑暗時代的
瞭解多來自荷馬的史詩以及約與荷馬同時期的赫西俄德 (Hesiod)，但也多
限於晚期。

雖說荷馬的史詩主要是敘述邁錫尼時代的英雄故事，但實際上反映的
是黑暗時代晚期的故事，因為荷馬史詩主要成書於西元前八世紀（約相當
黑暗時代的後期），在此之前，這部史詩還經過多人的集體創作與改編，因
此早已脫離原來的史實面貌。在荷馬史詩中，邁錫尼的政治是寡頭的貴族
式政治，但是也有自由人參與其中，人民生活也比較自由。但是我們根據
線形文字 A 或 B 中的記載，邁錫尼的政治與社會毫無疑問的是屬於權力集
中式的，類似近東的城邦政治與再分配的經濟型態。

黑暗時代早期的社會組織比較鬆散，階層間的位階沒有像邁錫尼社會
那麼大與嚴格。這是個充滿小規模且獨立自治的小單位世界。每個小單位

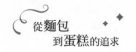
的首領稱之為 "*basileus*"（即荷馬史詩中的「國王」），相當於部落的酋長，以抵禦外侮為職責。在外敵不斷的時代中，這並不是一件簡單的任務。在酋長的身邊，圍繞著一群的戰士，有的來自酋長的家族，有的來自親朋好友，有的甚至是來自他方的流浪戰士。他們彼此之間的關係並不穩定，酋長必須靠慷慨的饗宴、禮物，以及善戰的能力來維持他的地位。策略性的婚姻聯盟、體能競賽的成功，也有助於提升酋長的地位與聲望。

在黑暗時代早期，各地方所產的剩餘物資都透過徵稅、貢賦等形式與管道流入中央的酋長口袋。然後再由酋長做統籌分配，或是透過酬勞、（工匠）原料、濟助等方式分配給各部落的成員，至於分配後的剩餘物資，則送到外地買賣。以黑暗時代人口簡單、社會與經濟組織也單純的模式而言，這種再分配的型態非常適合。

從荷馬史詩中我們也可以知道，黑暗時代也有商業，但是規模並不繁盛，例如當時的城市沒有市集，該地的衛城 (agora) 也不是用來交易的，而是聚會或裁判的地方。在荷馬史詩中，甚至沒有專門的名詞稱呼「商人」[6]。

荷馬史詩對商業的看法與後來的亞里斯多德相似，他們都認為商業是不好的、卑鄙的行業，尤其是以賺錢為目的的商業行為。他們唯一能認同的商業行為，就是有助家庭經濟的自給自足。此外他們也都認為商業應該是外國人的行業。

㈡黑暗時代晚期經濟

1.家庭經濟

黑暗時代早期單純的再分配型態，到了西元前九、前八世紀（亦即黑

---

6 在荷馬史詩中，代理人 (prekteres) 或是旅客 (emporos) 都具有商人的性質。真正的商人都是外國人，尤其是腓尼基人。

暗時代的晚期）逐漸轉變。此時祭祀獻品開始增加，穀物也漸漸成為主食，更出現犁車以及鐵製的犁頭，顯示人口與生產都開始有了變化，私有財產的觀念也跟著興起。

　　在這一波經濟變動中，一般小民的生活不再安定，因為他們不能再指望上層菁英照顧他們的生活所需。他們必須為自己的日常所需打拼，並時時生活在社會與經濟的壓力下，以前他們只需要將剩餘產品交給中央再分配即可，現在他們得為自己的剩餘產品找尋出路，例如赫西俄德就記載他將剩餘的產品運到港口輸出海外。在此波新的經濟轉型中，小民往往不敵大人物的巧取豪奪，陷入債務的困境中，債務又導致土地與財產的喪失。這種情況在荷馬與赫西俄德的詩作中都可見到，赫西俄德的《工作與時日》(Works and Days) 就是教導面臨這種變局的小民，如何勤奮工作來維持家計和生活，這種以家庭為經濟單位的「家庭經濟」，追求的是自給自足，例如自製工具來改善收成狀況，像是《工作與時日》中就有教導如何製作犁車、杵臼、車子的內容。

　　過去在再分配的經濟體下，中央與一般人民的關係比較密切，當人民遇到收成不佳時，均可指望中央伸出援手。但是在家庭經濟的年代，人民不能指望中央援助，於是改為尋求朋友與鄰居的協助。鄰居的感情與關係變得密切起來，因此在《工作與時日》中，一再強調要加強與鄰居的感情，包括公正、公平、分享與慷慨。此外，當一切要靠自己時，勤奮的工作倫理就產生了，像是赫西俄德也一再強調「工作、再工作」。

　　我們可以從赫西俄德的農場為例，一窺當時經濟生活的運作模式。赫西俄德操作犁車，後面跟著他的女奴（可能是幫忙鬆土），還有一位壯年的男士幫他犁田。當農忙的時候，赫西俄德還得雇請一位短工或季節工，這位工人來自農村中沒有財產的失業人口。如果一時忙不過來，赫西俄德會向鄰居、好朋友尋求幫忙，所以他覺得鄰居比親戚更為重要。大體而言，赫西俄德的家庭單位約有 8～12 人（包括妻子、兒女、奴隸、雇傭工），農

場的面積約 15～20 英畝（約 6～8 平方公里）。為了預防災荒，赫西俄德農場裡還有倉儲設備。

　　仔細觀察，整體家庭經濟的財富基礎是建築在土地上，土地可用來種植糧食作物、葡萄、橄欖、果樹、蔬菜等，希臘的農夫也知道採取三輪耕或是二輪耕，讓土地得以休養。同時土地也能用來飼養牛、豬、羊等動物，並妥善利用各類土地，例如樹林邊不適農耕的公共土地用來放牧豬隻[7]。

　　赫西俄德的《工作與時日》描繪的是一般平民的家庭經濟，約略同時的荷馬史詩中反映的經濟狀況則多屬貴族或是酋長的家庭經濟情形。但不論何者，都可以歸納出「家庭」是個重要的經濟單位，所有家庭成員仰賴著一家之長，由家長分配工作、監督工作、分配成果，由家長決定成員間的所得，讓家庭既是一個生產單位，也是一個消費單位。家庭愈大，仰賴的成員愈多，家庭有如企業，家長像是總經理。

2.金屬與奴隸

　　金屬與奴隸是家庭中唯一自己不能生產，卻是貴族家庭的必備，所以希臘武士貴族除了經營農業以獲取財富外，還靠掠奪和戰爭取得財富。荷馬史詩《伊里亞德》就是敘述如何透過戰爭取得財富與經濟所需。獲得經濟所需的另一種方式，就是透過組織性的掠奪，一如《奧德賽》(*Odyssey*)史詩所透露的。無論是經由戰爭或掠奪得來的戰利品都要拿來與大家分享，而且需遵守論功行賞的公正原則，不能讓他應得的那一份被剝奪了，或短少了。

　　在荷馬史詩中，那些戰士努力透過戰爭彰顯自己的德行，以贏得地位和榮譽。許多希臘的美德都是圍繞戰士的倫理而來。勇敢與善於打仗的特質被稱為「好」(good, *agathos*)。相對的，懦弱、不會打仗的則稱之為

---

7 在這個時期中，牛豬的地位高於羊，牧豬的人，地位高於牧羊者，顯示這時期希臘的紡織業尚未興盛，以致羊的重要性低。

「壞」(bad, *kakos*)。一位領袖尤其應該是英勇善戰的。因此，一位「好人」應該尊敬神命、遵守約定和誓言，以及對朋友和其他戰士忠誠。他必須是自律的，也是慷慨的，更要尊重婦女與老人，對乞丐和需要幫助的陌生人要伸出援手。這些也都是戰士社會所講求的倫理道德。荷馬的戰士不只在戰爭中表現得非常勇猛，在對待敵人方面也非常暴力。他們打劫敗者的財物、焚燒他們的村莊，也屠殺存活下來的人，連嬰兒都不放過。他們更強暴婦女，還將她們賣為奴隸。

無論在戰爭或和平時，這些戰士都強調競爭與贏得榮譽，他們期待贏得公眾對其技術與成就的認同。對他們而言，因戰爭得到的財富遠不如因戰爭而得到的榮譽與聲望。這些聲望的表徵就是可以多得一份饗宴的肉、多分到一些戰利品，或者多分得一份有價值的禮物，包括土地在內。假如在分配戰利品時，他們沒有得到足以彰顯英勇與聲望的配額時，那將被視為羞辱。例如在特洛伊戰爭中，阿加曼儂 (Agamemnon) 羞辱阿基里斯 (Achilles) 的方式就是將原本分配給他的女奴收回來。這件事引起兩人激烈爭吵，終於導致悲劇的產生。通常被羞辱的人（不論是個人或家庭的被羞辱）都會尋求報復，而這種報復的械鬥往往導致希臘政治不穩定。

「交換」也是獲取經濟所需的方式，交換與貿易不同，市場交易的功能是以物品為主，而「交換」則是以社會關係為主。有時交換或交易不成，當事人很可能就會以掠奪的方式取得想要的物品，例如《伊里亞德》、《奧德賽》的戰士大多身兼商人，從事交易或掠奪的行為。

交換禮物或物品的原則與技術非常微妙，多少之間的拿捏也非常重要。在禮物交換中，當事成員期望能贏得公眾認可他們的技術與成就，這也是非常緊要，否則會破壞雙方的關係，甚至引來災難。給一件禮物，或是收一件禮物，有時不是立即的行為，可能會被期待很久，才會回收或償還期待中的禮物或服務。總之，一件禮物一定附帶著回報的義務。透過禮物與服務的交換，使得家庭經濟更能達到自給自足的目的，也分享了地位和友

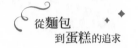
誼。在荷馬史詩中，有的英雄要花很長的路程與時間去與別人交換，為的就是得到家中沒有的東西，也為了建立與拓展人際網脈。

在荷馬史詩中，一個人的社會地位端視他在家中的地位而定，尤其是他與其他家庭成員的關係，因此身分最低的未必是奴隸，而是家中的依賴人口。這種人被稱為 "thete"，他沒有自己的財產，只好出賣他的服務給別人，而成為依賴人口。這種人非常危險，因為他不像奴隸，沒有人會負責照顧他，經常成為社會亂源之一。

在荷馬史詩中的黑暗時代，奴隸的待遇並不壞。他們與自由人一起工作，沒有差別待遇。通常奴隸與農夫主人一起耕種。家庭中的奴隸地位也都不一樣。除了執行主人交代的例行工作的一般奴隸外，還有享有特權的奴隸，他們能贏得主人的信任，而參與家庭經濟的管理過程。有的奴隸甚至可以從主人那得到一小片土地以自行耕種，他們甚至還可以購買自己的奴隸。

3.婦女地位

家庭經濟的發展，使得家庭的角色與功能開始提升，這有利婦女地位的發展，因此在黑暗時代的婦女，尤其是上層社會的婦女，仍有其地位與功能。由於婚姻聯盟關係著貴族社會與政治地位的加強，因此婦女就顯得非常重要了。此外，一如《奧德賽》中奧德賽經常遠遊或是打仗，或是旅遊，妻子的治家能力就變得很重要了，例如奧德賽的夫人潘妮洛普(Penelope) 在丈夫遠遊的漫長歲月中，不僅得維持家務，還得應付那些想要取代奧德賽位子的男性追求者。在荷馬的史詩中，婦女也常被當成戰爭的戰利品，或是戰勝者的獎勵品，幾乎所有的英雄都有情人或妾，不過他們卻嚴格要求自己妻子的貞節。但是比起後來的城邦政治，這個時候的政治仍多在家族中運作與決定，因此婦女還有參與的機會。等到了城邦時代，政治移到了戶外，婦女又不得參與公共政治，婦女的功能與地位就開始大幅下降了 [8]。

4.殖民與貿易

昔日的學者多認為，人口增加導致土地不敷使用，於是希臘人開始往外尋求農業殖民地。但是新一代的學者則主張，人口增加並未促使希臘人往外尋求農業殖民地，反而是人口增加刺激了專業分工，從而增加生產，生產增加使希臘人有向外貿易的能力與動力，因此他們向外尋找適宜貿易的據點。根據這種說法，希臘殖民運動是貿易與經濟繁盛的產物，而非人口問題造成的。在貿易逐漸興盛下，刺激希臘社會與經濟轉變，終於使希臘人擺脫黑暗時代。

儘管新一代的學者認為，貿易是早期希臘人建立殖民地的主因，但是仍不能擺脫農業殖民的考量。例如赫西俄德的父親就是為了擺脫貧窮而渡海遠走他鄉。他在新的地區不僅選塊地耕種，也從事海外貿易，將多餘的產品透過船隻送往外地販賣。即便赫西俄德，他雖然終身從事農業耕種，也從未出過海，但是他也將多餘的產品送到港口，經由他人的船隻運到外地去賣。他並沒有直接將剩餘的產品送到附近的城市去販售，這可能反映陸運不安全、成本高、利潤低，亦可能是擔心直接對城市人民販賣鄉村產品，會遭到壓榨。

在這一波的希臘殖民運動中，人口增加的城邦如雅典等，並沒有進行殖民運動，反倒是生產較多、經濟較發達的城邦積極建立殖民地。其次，在這一波殖民運動中所建立的殖民地，多是可耕地不大，卻適宜發展貿易據點或海洋貿易線的殖民地。這些希臘城邦希望用自己所產的原料，如鐵、金、銀等，以換取海外所產的奢侈品。貿易活絡帶動經濟的繁盛，進而改變了社會與經濟體質。新的經濟發展使得原來的再分配模式無法維持，因為有錢的酋長或大人物變得貪婪，他們希望控制所有的物資，好為自己牟

---

8 在城邦時代，主要的決策中心從貴族之家移到議會或公共廣場的衛城，貴族的影響力因而縮減許多，他們家中婦女的影響力也隨之減少。她們只能間接透過先生、兒子或家人影響國家大事。

取更多的利潤。新經濟帶來財富分配不均,打破了原有近乎平等的社會位階,轉變成階層式的社會組織。在新的社會組織下,既有的菁英極力拉開他們與下層的距離,以合法化他們維持更多經濟優勢的地位。

在這一波的對外貿易中,希臘人最早的貿易對象是近東敘利亞北部的阿爾米納 (Al Mina)。這原本是腓尼基的港口城市,後來希臘人也活躍於當地。早期時,希臘人與腓尼基人一起做生意,他們對腓尼基的仰賴甚深。剛開始時,希臘人看上近東的鐵和其他金屬,希臘人從阿爾米納進口鐵、紡織品、奴隸等。後來希臘人更開始做起轉口貿易,他們將從阿爾米納購買來的鐵以及其他物品運往其他地區,如義大利的伊特拉斯坎 (Etruscans);希臘的鐵甚至導致伊特拉斯坎的製鐵技術大為精進。在《奧德賽》中還記載希臘人將鐵運到賽普勒斯以換取銅。考古資料甚至顯示,希臘人用酒換取中歐的金屬。隨著希臘、近東、歐洲間的貿易發展,遂出現連結這些地區的貿易網。參與這個貿易網的商人不限於希臘人,腓尼基人也相當活躍,他們販賣珠寶、牛羊牲畜、酒、穀物和奴隸。這些腓尼基人有時也會幹起海盜的勾當,將商旅擄為奴隸販賣,雖然希臘人喜歡腓尼基人提供的商品,卻不信任這批腓尼基人。儘管希臘的部落酋長或國王剛開始時輕視商業,但是他們對於埃及的象牙、伊特拉斯坎的青銅器、腓尼基的紡織品,以及西西里和黑海奴隸有所需求,使希臘海外貿易興盛。

四、古風時期

㈠殖民運動興盛

西元前 800 年左右,希臘地區開始進入古風時期。古風時期希臘地區經濟復興的動力,可追溯到黑暗時代的晚期,分為內部與外部因素。外部因素源自希臘與近東的接觸,近東地區的富庶,讓希臘人接觸到許多誘人的製成品,為了購買這些商品,促使希臘人加強生產,努力發展貿易。內

部的因素，則來自希臘貴族為增加他們的政治與社會地位，對於奢侈品的需求日益增加。

天然條件也提供希臘發展貿易的好機會，除了有愛琴海這個易於航行與往來的交通孔道，還有黑海得以溝通外界。透過這兩個管道，希臘可與中東歐貿易，取得穀物、木材、金屬、奴隸等資源，成為希臘經濟復興的原因之一。

在這段經濟復興的期間，希臘的人口開始增加了。為了尋找更好的經濟機會，也為了解決人口過多的問題，更為尋找能夠滿足人口增加需要的土地等，希臘人遂採取殖民政策。西元前八世紀中葉第一波殖民運動開始，主要集中於地中海西邊的義大利。一個世紀後的第二波殖民運動則集中於愛琴海北部與黑海沿岸。當這兩波殖民運動於西元前 500 年結束的時候，希臘人已經遍布地中海，從西邊的西班牙到東邊的近東沿岸，殖民地與母國之間、殖民地與殖民地之間都出現了貿易線，並連結成貿易網。

希臘人心目中的理想殖民地，應該是像《奧德賽》中描繪的：「擁有好水、柔軟的草原，土地肥沃又深厚，葡萄樹可以一直生長的土地，還有港口讓船隻安全停泊。」這段話反映適合耕種與發展貿易的地方就是理想的殖民地。而希臘人透過殖民地與貿易港口，與其他地區如小亞細亞建立直接的貿易關係。

西元前 600 年左右，希臘人在今日法國的南部建立一個殖民地：馬賽利亞 (Massalia)，即今日的馬賽港。馬賽利亞很快的就發展起來，因為它可以與周遭的凱爾特人 (The Celts) 做生意。隨著馬賽利亞，希臘人又於今日的西班牙沿岸建立一連串的殖民地。但是希臘人在這裡的殖民遭遇迦太基人 (The Carthage) 的競爭。位於突尼西亞 (Tunisia) 的迦太基，原本是腓尼基人於西元前九世紀末設立的殖民地。迦太基視西西里 (Sicily)、科西嘉 (Corsica)、薩丁尼亞 (Sardinia) 與西班牙南部為其勢力範圍。迦太基甚至與義大利的伊特拉斯坎人合作將希臘人趕出義大利沿岸，當然也阻擋希臘人

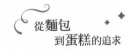

在此區建立殖民地，因而結束了希臘人的西向殖民運動。

希臘人往黑海沿岸發展，主要是受到當地豐厚的魚產與沃土吸引。許多愛奧尼亞 (Ionia) 的希臘人成功在此建立殖民地，其中最著名的是城邦米利都 (Miletus)，據說擁有 70 多個殖民地。在今日保加利亞與烏克蘭的土地上，都有他們的足跡，包括後來的拜占庭 (Byzantium)。在這裡沒有任何可以和希臘人匹敵的對手，因此希臘人的殖民地幾乎將整個黑海包圍，而南歐與黑海地區的人也從希臘人手中得到地中海的貨品，並輸入地中海文明。

在這波殖民運動中，唯有斯巴達沒有積極的參與。斯巴達因位於伯羅奔尼撒半島上，土地比較充裕，因此他們靠征服半島上的鄰居達到擴張與解決人口問題。例如被斯巴達征服的麥森尼亞人 (Messenians)，淪為半奴隸，但斯巴達保證不拆散他們的家庭、不將他們賣到外地為奴，好讓麥森尼亞人留下來為斯巴達人耕種。這種半奴隸稱之為 "helots"，他們是屬於政府所有，而非個人。據說，斯巴達人將征服的土地分為 9,000 份大小相同的土地，每一位斯巴達男子出生時都可以分到一份土地（雖每人分到的土地分量一樣，但是實際上仍有肥沃貧瘠之差），政府並將麥森尼亞的家庭配給斯巴達男子，由他們負責耕種。收成的一部分交給斯巴達主人，剩下來的則由麥森尼亞人自行處理，他們可以將剩餘收成拿到市場去賣。斯巴達這種由半奴隸耕種的經濟制度，在希臘世界中是很特別的。

為了維持斯巴達式的苦行生活，斯巴達禁止使用金銀貨幣，堅持以鐵為貨幣。當希臘其他地區都引進金銀貨幣時，斯巴達仍使用鐵幣。但是斯巴達的盟友則是可以使用金銀貨幣對外貿易，斯巴達本身的公民則不可以對外貿易。

㈡財富分配不均

希臘經濟的復興也導致財富分配不均。事實上，殖民運動即反映希臘本土城邦的財富分配不均，以致有人必須往外移民。財富分配不均，也表

現在價值觀的改變。在荷馬時代，「好的」價值是指個人的英勇善戰，並不意味財產或血統的世襲，而是個人行為的表現；但是到了古風時期，「好的」變成出身於有錢的家庭，或是古代英雄的後代而且擁有土地財富。好的人 (aristocrats) [9] 的傲慢源自於他們家世世代代控制土地，而且是品質優良的沃土。透過改良過的耕種技術，以及經濟作物的種植（如橄欖和葡萄），貴族變得愈來愈有錢。

壓榨貧窮的小農亦是貴族利潤的主要來源。有些小農向貴族租佃土地，然後將收成的一部分繳交給貴族。有的小農則將自己的土地抵押給貴族，然後將部分的收成交給貴族以清還債務。無論哪種小農，都很容易變得更窮，或是身無分文；只要遇上天災或是歉收，不只今年沒得吃，來年的種子也沒有了。於是，他們就成了債務人，甚至成為債奴，特別是那些以自己的勞力換取食物、衣服的「窮人」或所謂的「壞的人」。因此「壞的」或「壞的人」就由懦弱轉變為「不是出身於有錢人家」的窮人。於是，價值觀由荷馬時代的個人表現轉換成古風時代的「出身」與「血統」。土地階級的人對於這些「窮人」或「壞的人」既鄙視，也不信任。

一般而言，擁有土地，而且土地財富足夠讓他們過悠閒日子的貴族，約佔希臘全部人口的 12～20%。至於底層階級，也就是沒有足夠土地維持生計的人，約佔 20～30%。其餘的 50% 左右的人則介於中間，既不窮，也不有錢。有錢的人藉著宗教聚餐、支持節慶中的合唱團和體育等公共活動，以及贊助戰艦、戰爭稅賦等活動展示他們的財富，而不像中古或近代歐洲的富豪藉著豪宅、奢侈品消費來展現財富。此外希臘富豪還有一項龐大的消費是花費在教育上，貴族在家中聘請老師教育自己的孩子。或許因為這樣，有系統的公共教育很晚才出現在希臘。

---

9 貴族一詞 "aristocrat" 即源自「好的人」。

㈢價值觀

　　古風時期的價值觀不太看重商業與勞力,他們也沒有勞力市場的概念,為某人或某些人工作,被視為昭告貧窮的象徵,顯示他們不能維持一個獨立、自給的家庭,會被社會所輕視。那些為工資工作的通常都是奴隸,這種情形源於城市的奴隸,他們有的在家中服侍主人,有的也會被主人出租出去,通常是擔任工匠的工作。這些奴隸可以保留收入的一部分,不少奴隸靠著所得剩餘的儲蓄而贖回自己的自由。而為了讓奴隸可以出租,許多主人會讓奴隸學習一些技能,如製鞋、製造家具或輪子等物品,也因此在工作坊或工廠裡,奴隸與自由人並肩工作。不過,自由勞工的工作時間與製造都比較彈性,他們可以選擇做半天或做自己想做的東西,而奴隸則必須做整天,也沒有選擇的權利。這種奴隸的工作方式在希臘的價值觀中是最卑微的。至於在礦場工作的奴隸,他們的待遇就相當差,比較像近代北美的奴隸。

　　在古風時期,家庭仍然是政治、社會與經濟的基本單位。夫妻一同合作打拼經濟,一如現代企業或公司的合夥人。婚姻上仍講求規劃、安排。孩子在很小的時候,父母就開始為他們尋找對象,然後訂婚,例如雅典雄辯家德摩斯提尼(Demosthenes,西元前 384~前 322 年)的姊妹在 5 歲時就訂婚了。一般而言,男子的結婚年齡在 30 歲,女子則在 14~18 歲之間(這與黑暗時代頗為相符)。嬰兒的死亡率非常高,通常 5 歲以前都是危險年齡,孩子在希臘被視為父母年老的安全保障,所以在雅典法律中有子女奉養老父母的條例。習俗上,女兒出嫁時都有嫁妝,沒有嫁妝的女子很難嫁出去,不少沒有能力負擔嫁妝的父母,因而棄養女嬰。許多女嬰被放置在瓶子、罐子裡丟棄,這些瓶子、罐子就成為她們的棺木。有些人會將她們撿回去撫養長大,然後賣掉當女奴或妓女。

　　古風時期的希臘人非常重視家風,尤其是家中婦女的貞節。為了維持

貞節，婦女通常被隔離居住，尤其是有錢人家的婦女，隔離也成為婦女地位的象徵之一。這是因為希臘屬於一個小單位的社會，在這個社會中，大家天天都會面對面，每一個人都知道哪位丈夫有位紅杏出牆的妻子。因此只要有點風吹草動，都會影響家庭的聲望，稱之為「名譽政治」，亦即家中婦女的貞節構成男主人榮譽的重要成分。然而在婦女的隔離區中，婦女可以有自己的社交活動、自己的社會網脈，她們也可以批評自家男子在公共場所的表現。

五、古典時代

㈠農業與飲食

西元前五、前四世紀時，雅典的經濟已經非常發達，經濟活動包括有農業、市場、製造業和金融業。古典時代的希臘經濟與社會型態與古風時期相差不遠；大多數的人仍然在田地裡工作，經濟單位也以家庭為中心。不過有些學者認為大部分的田裡工作都是由奴隸負責，尤其是擁有許多土地的貴族。另有學者則認為古典時代的希臘農民以小自耕農為主，而非奴隸。希臘的農業產量不高，因為他們的輪耕技術不發達，大多數的農民仍然採取隔年耕種的方式，就是讓土地休耕一整年。生產力低，讓很多農夫都陷於貧窮的邊緣。儘管如此，希臘的農民還是很驕傲，因為只有公民才能擁有土地。

農業與希臘人的飲食生活關係密切。根據估算，雅典人的主要食物為蜂蜜、橄欖油和酒。他們的卡路里中 65% 來自穀類食物、25% 來自蔬菜、10% 來自橄欖油和酒。希臘人主要的作物為小麥、大麥、豆類、葡萄、橄欖，他們所種植的蔬菜種類也非常繁多，如扁豆、蘆筍、高麗菜、小黃瓜、萵苣、芹菜等，還有蘋果、杏子、梨、棗子、無花果等多種水果，更有不少香料如大蒜、薄荷、西洋香菜。便宜的魚，則是一般窮人的主食。

㈡戰爭頻仍

古典時代的希臘雖然經濟進步了許多，但是人民的負擔仍然很重，主要是因為戰爭不已，如西元前五世紀的波希戰爭和伯羅奔尼撒戰爭（Peloponnesian War，西元前 431～前 404 年）。以雅典為例，人民有一半的時間花在戰爭上，人口也因此減少許多，但是根據估計，此時雅典人的每人消費額增加一倍左右，同時因戰爭進行，政府需努力開闢財源，各種因戰爭加抽的臨時稅和公共服務愈來愈多，像是法庭費用、租借礦場所得、市場使用費、港口使用費等等，稅負增加使人民的負擔愈來愈重。

㈢貨幣需求與製造業

西元前五世紀時，希臘的銀礦與橄欖油的產量減少，經濟不景氣的狀況逐漸浮現，但是城邦的支出、人民的需要都不減反增，以致人民得靠出口製成品以換取糧食和支付進口品的所需，這反而刺激製造業與貿易的興隆。因部分稅收是以貨幣繳納，也帶動了貨幣的需求。根據記載，當時因為有錢人對於現金貨幣的龐大需求，導致農業市場的貨幣交易活絡，許多製成品也多來自專門的作坊。許多製造成品還出口到其他地方，例如俄國南部就出土了許多古希臘工匠所製造的精緻成品，製造業的蓬勃發展使希臘城市進而成為生產中心。

當時的作坊種類很多，資本額也很大，甚至有買賣作坊的生意出現，例如某位希臘人以 40 米納購買一座香水作坊。在出土的遺跡中還有酒鋪或酒館、製

圖 8　古典時期儲存香水用的陶瓶

鞋廠。根據當時的記載，由於市場夠大，促使城市的製造業區還區隔成好幾區，並依照所賣的貨品命名，一些商人還有固定的攤位。政府還制定規範市場的法令，並有專門的官員負責執行，包括市場官、負責維持度量衡的官員，以及穀物監督官等。除了穀物外，政府很少干涉商品的價格。

希臘有技術勞工的收入非常可觀，一年大約 700 銀幣 (*drachmas*)。製造業裡有許多的奴隸與自由人一起工作，有些奴隸是為他們的主人工作，有的則是被主人租給工匠工作，這些有一技之長的奴隸租借費用相當可觀。無論是與主人一起工作的奴隸，或是被出租工作的，拿的工資都與自由人、外國勞工一樣多，只是奴隸的工資要分一部分給主人。根據亞里斯多德的著作，當時有不少富有的工匠。

在製造業中，室內的工作，如鐵匠、廚師，通常受人管理，看人臉色的工作，地位不高，被稱為 "*banausic*"，字面的意思就是指「在火爐旁的工作」。這點我們可以從當時留下的記錄發現，例如在訴訟法庭上，兩造人士經常互指對方為在室內工作者，以示輕視對方。希臘人甚至認為這種工作不利心智活動，對身體也不好，因此做這種工作的人不應該有投票權。

在希臘，有技術與無技術勞工的區分並不大，但是有些擁有專門技藝和經濟有成的工匠，無論外國人或是本國的公民，他們的社會地位與身分仍高，他們在墓碑上甚至標明自己的專業，如石匠、木工或礦師。這些墓碑顯示希臘的工匠對自己職業與技藝的驕傲，顯然與一般的文人、知識分子輕商的價值觀不同。

(四)貿易興盛

1. 貿易特色：以雅典為例

貿易對希臘人而言非常重要，因為沒有一個希臘城邦可以自給自足，他們都需要外來的貨品。雅典的貿易尤其引人注目，這是因為雅典具有良好的貿易條件。它位於希臘世界的中心，擁有良好的港口，是愛琴海最大

的消費中心。由於雅典受到地理條件限制，例如可耕地不多，迫使他們為了獲取糧食與更多的物資，遂致力發展海上貿易，但是卻不是遠洋貿易，而是沿岸的海運貿易。通常都是在春天、夏天進行。海上駕駛技術與船隻的進步，使得古典時代的船速是古風時期的兩倍以上，載貨量也可以達到250噸。

除了天然環境有利雅典發展貿易外，雅典的製造業發達，貨品的樣式多，還擁有充足的銀幣（雅典產銀礦），可以吸引許多的外國商人到雅典做生意，他們回航時也不怕沒有貨品可攜帶。西元前五世紀時，雅典不只控制了愛琴海，還控制了黑海。

雅典出口自己生產的酒、油和漂亮的瓶子，再由別人如腓尼基人經營再出口貿易，如再出口到埃及、義大利等地。當然，雅典人也會直接將貨品賣給義大利人，或直接與埃及進行貿易，他們換取埃及的紙草、象牙、玻璃、奴隸、糧食。靠著貿易，雅典人取得迦太基的紡織品；伊特魯利亞（Etruria，即伊特拉斯坎）的青銅和靴子；西西里的豬、乳酪、糧食；腓尼基的紫色染料和椰棗；阿拉伯的香精；波斯的地毯；賽普勒斯的銅；西班牙的錫；色雷斯的鐵與黃金。這時候甚至有來自中國的絲，是透過黑海北岸大草原區的徐錫安人 (The Scythians) 得來的。

圖9　古典時期儲存橄欖油的陶罐

2.有助貿易的政策

西元前四世紀時，許多走海上貿易的商人都是有錢的專業商人，他們從事定期的長程貿易，以貿易維持生計，同時從事借貸業務。由於海上貿易風險高，因此借貸利息也高，通常是 12.5～30%，比陸上貿易高 3% 左右。許多資本額不足或沒有資本的人，也想靠貿易賺錢，於是就出現合夥貿易的情形。

為了便利商人的活動，雅典還設立了法庭，迅速的處理貿易糾紛，這類法庭對公民或非公民都能秉公處理，故非常受到外國商人的歡迎，尤其在海洋貿易保險糾紛方面。此外海上貿易需要的資本非常龐大，借貸與利息的問題出現，這類的問題在法庭案件中也相當普遍。

為了鼓勵進口，雅典法律採取一些減少商人貿易成本的措施，譬如對於商人的不實控訴將受到嚴厲的懲罰，或者妨害商人貿易行為者，亦予以重罰。

希臘的貿易發達，主要歸功於其有較多的貨幣，尤其是雅典。希臘在西元前六世紀時，已經開始鑄造銀幣，因為希臘產銀。西元前五世紀左右，政府的稅收都是銀幣，小額銀幣的使用量也大增。雅典的銀幣無論在品質或重量方面都深受外國商人的信賴。為了鑄造銀幣，雅典還大量進口木炭以熔化銀礦。另外，雅典從賽普勒斯進口銅，從色雷斯進口黃金和鐵，從腓尼基、不列顛進口錫，主要都是用來鑄造貨幣。除了銀幣，還有銅幣。雅典的銀礦屬於公共財產，由政府出租給私人採礦，成為政府一項重要的收入。雅典的銀礦豐富，不僅自己用，還可以出口賺錢。希臘沒有紙鈔，但是有類似銀行支票的東西，有學者以此認為古希臘也有類似信用買賣的現象。

除了有利貿易的貨幣外，銀行也有助商業的發展。希臘銀行的出現源於商業經濟的活絡。早在西元前五、前四世紀時，希臘已經出現銀行作業，包括兌換外國貨幣、借貸、轉帳和海洋保險等業務。有一種以船舶作為擔

保的海洋保險稱之為"bottomry loans"。例如根據一份文件的記載,一位商人向銀行貸款,好從埃及運糧回到雅典。他以船隻作為抵押。如果船隻遭遇海難,則他無須賠償,但是如果他沒有遵守契約,則要賠償雙倍的價錢。結果,當時雅典的糧價下跌,於是留守在雅典的經紀人就將這情形告訴在埃及採購糧食的商人,於是該商人就將糧食運到其他糧價高的地方去賣。連續兩年,這位商人都沒有回雅典。他賺了許多錢,卻沒有分給銀行,也沒有付利息。於是銀行就提告商人,指控他違約。那位商人將糧食賣到其他的地方,又導致雅典糧食不足,於是遭到雅典人的控告,被判有罪。

希臘銀行不僅兌換貨幣、辦理借貸和存儲,也提供轉帳的服務。根據一份文件,銀行轉帳的作業流程如下:「一位私人存錢而且指明要將錢付給另外一個人,銀行就先寫下存款人的名字以及金額,然後在紙的邊緣寫下『要付給某某』。如果他知道要支付的對方長相(意即他認識對方的話),他就這樣做,寫下要付給誰。但是假如他不知道,就依照銀行的慣例,在紙的邊緣寫下名字,以及這個人是誰,並指明這個人將會收到這筆錢。」

由銀行的存儲和借貸作業可知,希臘的銀行就像今日的銀行一般,扮演資金供應的角色。在西元前四世紀的時候,銀行變得非常重要,因為許多人希望將自己有形的財富變成無形的財富,以隱藏他們的財富,為的是逃稅或逃避公共服務。當時的劇本中就有這樣的句子:「一個人沒有土地,卻有看不見的金、銀貨幣,那該怎麼辦?」

許多銀行都與外貿的商人有商業往來的關係,銀行也經常作海洋保險。銀行不只借錢,還出借物件如床墊、披風和貴重的銀碗等,顯示希臘銀行兼營當鋪。

經營銀行業之人的身分,除了公民,也有外國人、奴隸、被解收的奴隸。在希臘史(雅典史)上有一位非常著名的銀行家派迅(Pasion,約西元前430～前370年)。他原本是一位銀行家的奴隸,因為他工作勤奮,對銀行業務的發展很有貢獻,因此被解放為自由人。派迅被解放後,仍在銀

行業服務，當他的主人死後，派迅就繼承了該家銀行，他自己還經營製造盾牌的工廠。派迅曾捐了 1,000 個盾牌、1 艘船艦給雅典，雅典政府因而頒給他公民權。得到公民權後，派迅開始在雅典大作房地產事業，賺了更多的錢。派迅自己也擁有一位奴隸，作為他銀行業的幫手，並繼承他的銀行。

六、糧食穀物政策

要發展出一個城市，絕不是件非常簡單的事業，其中最大的困境就是糧食。城市的人口眾多，需要的糧食量非常龐大，不能單靠城市郊外的農產支撐，必須從外地調度糧食進城。例如雅典，因人口眾多、可耕地少，以致糧食生產不敷所用，多從外地進口，如西西里、賽普勒斯、色雷斯、埃及，以及黑海北岸。雅典希望透過各式方法，包括貿易、外交和戰爭以滿足糧食需求，因此糧食貿易對於雅典的政治、經濟都有很大的影響。

一般而言，當雅典擁有海上霸權時，他們利用強大的軍事力量強迫其他城邦，以貢賦的方式將雅典所需要的物品運往雅典，甚至利用戰爭的方式達到此項目的。例如西元前 482 年雅典建立艦隊，以戰爭的方式解決糧食問題，此種戰爭政策一直維持到西元前 413 年。雅典的強勢也吸引了其他國家以糧食作為禮物送給雅典以維持友好關係，如埃及曾送過大批的糧食給雅典作為禮物。

西元前 413 年，斯巴達摧毀雅典在西西里的艦隊，雅典霸權的沒落嚴重影響到財政、糧食和木材的供應。西元前 404 年雅典在伯羅奔尼撒戰爭中的失敗，僅剩下 12 艘船艦，雅典帝國等同瓦解。

在西元前 415～前 307 年間，雅典海上霸權走向沒落的過程中，雅典的糧食問題逐漸浮現，對於糧食的需求更是厲害。為了吸引外國商人運送糧食到雅典來，雅典制定以榮譽和特權鼓勵進口貿易的政策。當時有許多外國的強人，如黑海沿岸的城邦國王，他們並非商人，對於糧食貿易的利潤興趣也不大，他們主要是看上雅典所頒給的榮譽和特權。這些特權包括

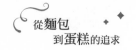

免於財產之強制徵收或掠奪（包括防止財產被海盜掠奪）、免於某些義務、可以在雅典擁有土地和房宅、支付一些緊急稅、在軍隊中與公民一起服役、甚至享有公民權（通常只有富有的銀行家才能得到公民權）。早期的時候，這些榮譽與特權僅提供給外國的商人，但是等到西元前 290 年以後，雅典對於外貿的需求愈大時，這些特權與榮譽也提供給自己的公民。

所謂的「榮譽」，包括公開唱名表揚；將名字刻在記功柱上；授與「好人」、「善人」、「有德行的人」(arete)、「雅典的朋友或兄弟」、「對雅典有利的人」等頭銜；提供戲劇節 (Dionysia) 表演的上座；賜給金、銀象牙皇冠、青銅雕像等。其中不少頭銜原本僅是用在雅典貴族身上的，現在為了解決糧食問題，也只好開放給外國人和有錢的糧食商人。

從以上的敘述，可以看出糧食與雅典的強弱互為因果，因此雅典對糧食問題頗為用心。但是情勢發展、雅典勢力的衰微都使得糧食問題無法有效的解決，導致雅典更形沒落。

希臘的經濟思想

一、重要經濟思想家

　　希臘著名的經濟思想家包含了蘇格拉底、柏拉圖、亞里斯多德以及詹諾芬，其中亞里斯多德對後世的影響最大，尤其是中古歐洲。至於蘇格拉底，因為他沒有留下親筆的文字資料，我們都是透過他的弟子柏拉圖和詹諾芬來瞭解，但是這兩人所記載的蘇格拉底非常不一樣：柏拉圖筆下的蘇格拉底比較菁英化，歧視勞作，但是詹諾芬筆下的蘇格拉底卻非常平易近人與平民化，不會輕視動手操勞的工作，甚至稱頌勞力。

㈠柏拉圖

　　柏拉圖（Plato，西元前 427～前 347 年）因為受到近東與埃及的影響，他的經濟思想中道德的色彩比較濃厚，強調正義社會。正義不僅是平衡，也是中庸。基於中庸的原則，柏拉圖反對過多的物慾，一旦生活舒服、豐饒，就會產生更多慾望，將有害社會和諧，而美德、節儉有助維持社會和諧。在此脈絡下，柏拉圖的價值體系是建立在「限制消費」上，而此一限制又影響了生產規模。對柏拉圖而言「小就是美」，他相信減少追求財富的動機，就是通往穩定社會的大道。

　　能實現「小就是美」的經濟模式就是自給自足的農業，所以不難想像

柏拉圖心目中唯一適合紳士（即地方貴族，或是小貴族）的經濟活動就是農業。而「限制消費」的主張，也可從柏拉圖「輕視小規模的零售業」、「從事零售業的公民應該受罰」看出端倪，他覺得零售業應該讓外國人和奴隸去作。

柏拉圖也知道貿易的重要性，尤其是海洋貿易。海洋貿易提供城邦需要的原料和無法生產的東西。對柏拉圖而言，透過進口貿易取得物品，比起透過戰爭取得物品更具道德性。但柏拉圖卻不鼓勵出口貿易，他認為出口是一味的追求利潤，必須加以限制，免得公民都去從事與出口業有關的事業，而忽略了其他的事業。由此可見柏拉圖對於貿易的態度是矛盾的，他一方面承認貿易的重要性，另一方面又鄙視它，主要原因似乎在於貿易之難於管理。此外，柏拉圖對於剛興起的貨幣經濟接受度也不大，他認為錢幣只是用來交換的媒介，本身並沒有任何價值。

㈡詹諾芬

詹諾芬比較務實，他曾經帶兵參與波斯的宮廷政變，但失敗了（西元前 410 年）。當時參與政變的希臘傭兵約有 10,000 人左右，他們流散在兩河流域，境遇非常悲慘，於是選出詹諾芬為首領。詹諾芬歷經千辛萬苦成功的將這些希臘殘兵帶回希臘，他將這段經歷寫成《長征記》（*Anabasis*）一書，後來成為亞歷山大東征時隨身攜帶的參考書，對他征服波斯頗有幫助。回到雅典後，詹諾芬又陷入內亂的漩渦。他因為親斯巴達的色彩，加上他反對蘇格拉底的死刑，於是遭到放逐。後來因為他兒子在戰爭中為雅典犧牲而得以取消放逐令。

詹諾芬所處的時代，正值雅典走向衰弱之時，大批的農民逃離鄉村，加上城市過度的發展，使得保守的土地貴族利益受到傷害。所以詹諾芬撰寫《家庭經濟》為農業宣傳，教導那些保守的土地貴族如何照料家庭產業。在當時的希臘語中，「家庭經理」通用的名詞是 "*chrematismos*"，詹諾芬則

採用文人使用，但不通俗的名詞 *"oikonomikos"*。詹諾芬將管理藝術視為應用哲學的一部分，堅持以道德規範來經營經濟，利用光榮的方式去創造剩餘。詹諾芬治家的原則，首要之務在維持積極的平衡 (positive balance) 和創造超過成本的剩餘。他相信成功的家庭管理，可以榮耀神明、幫助有需要的朋友，以及有利城邦與城市的發展，不僅能讓個人感到快樂，也對社會有利。

在治家的具體主張方面，他提出：1.家庭管理、農場管理，不是只有種地、播種等技術層面，還有技藝層面；2.有效的管理，需要謹慎的資源計畫。在這中間，家長是重要的推動者，但是妻子、奴隸、勞工、僕從等都很重要。家長必須要予以有效的監督和公正的賞罰；3.要用企業家的精神經理家業，如策略性的精準投資。譬如，詹諾芬建議「不要購買已經開發得很好的土地，而是買進那些因為主人的無能而荒蕪的土地」。因為已經開發的土地價格昂貴，又沒有再進步的空間。

另外，詹諾芬還寫了一本小冊子 《雅典的財政辦法》（*Ways and Means, Poroi*，約西元前 355 年），主要目的在透過建立健全的財政基礎，確保社會與政治的穩定。詹諾芬希望在不傷及有錢人的利益下，開發新財源，如製造業和貿易，以增加雅典的城邦財源。強調不增加一般民眾所負擔的稅，轉而增加物品的稅，或是增加可課稅的物品。另外就是讓行政單位更自由化以吸引更多的外國人到雅典。讓他們從事貿易與工業的活動。開放外國人經營這些行業不會殃及雅典的社會秩序與穩定，因為他們不是雅典的公民。其次，藉擴張硬體設施以擴張外貿，如在靠近港口的地方為遠洋商人建立更多的旅社。詹諾芬除了建議製造業者要有企業的精神外，政府也要有企業的精神。

比起柏拉圖，詹諾芬比較支持貨幣經濟，他主張多開採銀礦、鑄造銀幣。他認為更多的銀幣可以增加更多的購買力量，如此使得貿易可以更快速發展，甚至可以刺激奢侈品製造業的興起。例如，男性會花更多的錢在

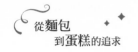
精密武器、駿馬、豪宅和家業上，婦女則會多購買珠寶和衣服。詹諾芬認為私人企業家因為低生產力、高風險，而不願意主動投資或接受挑戰，因此政府就要帶頭主動投資，與凱恩斯（John Maynard Keynes，1883～1946年）的經濟主張頗有相通之處。

詹諾芬比起同時代的哲學家而言，相對的要開明許多。例如對於奴隸的看法，亞里斯多德認為奴隸是天生的，也是沒有理性的，也就因為他們天生缺乏理性的能力，所以只能作奴隸。詹諾芬則認為奴隸也有理性的能力。在他的《家庭經濟》中就曾說：「對待奴隸要像對待自由人一般，當他們變成有錢人後，即將尊他們為紳士。」

㈢亞里斯多德

亞里斯多德談了很多經濟，但是其中矛盾的部分也不少，加上他經常將數學的術語運用至經濟理論中，因此產生很多曖昧不明的地方。基本上，亞里斯多德反對賺錢，也反對自由經濟，但是他卻贊成私人財產制度。他認為柏拉圖所說的財產共有制或是統一擁有的主張，是違背人性的，因為人性是多樣化的。亞里斯多德舉出了許多理由來贊成私有財產制：

1.私有財產是合於人性的，因此最能鼓勵生產，假如財產由大家共有，每個人就不會去關心，相反的，人會積極的照顧自己的財產。

2.柏拉圖認為共有財產會帶來社會和諧，因為財產變成大家共有的，就不會有人去妒忌他人的財產。亞里斯多德則不以為然，他認為違反人性的共有制只會帶來更多的衝突。而且每個人都會抱怨：他比別人做的多，卻得到的少，會使所有的人皆怠惰行事。

3.私有財產深深植基於人的天性中：每個人都會愛自己、愛錢和財產。亞里斯多德因此認為每個人都會照顧自己的利益，這對整體的公共利益是有利的，他的這種主張與近代的亞當斯密頗類似。

4.公有財產制不存在於現實的人類社會中，所見之處皆是私人財產制

度，此觀點反映亞里斯多德的學說主張中強調經驗與現實的特質。

　　5.私有財產制才能讓人有修行美德的機會，因為他可以行善、作善事，而公有財產制將剝奪這種行善的機會。

　　亞里斯多德在論經濟時非常強調自然，似乎是最早提出經濟自然律的學者。他認為合乎人性的就是自然的、道德的，不合人性的則是非自然，應予以反對。他主張人們為了過得比過去好而去獲取利益，符合自然的人性。但是如果是為了無限制取得財富，就成了不自然的經濟行為。他認為人總有些東西是足夠的，有些東西是不足的，因此將多換少的交易行為是自然的；這種交易是為了達到自給自足的目的。在此一脈絡下，亞里斯多德認為追求利潤的商業行為是不自然的，他甚至譴責這種商業行為。這也顯示亞里斯多德將商業行為分為兩種：一種是滿足自然需要的自然貿易行為，另一種則是追求利潤的非自然貿易行為，前者應該予以鼓勵，後者則應該予以譴責或禁止。亞里斯多德對商人的譴責足以顯示：當時希臘有很多追逐利潤的商人存在，多到足以引起哲學家的注意。

　　亞里斯多德甚至認為使用錢幣的貿易行為，也是不道德的和不自然的，尤其是零售商，和雇人工作的商人。但是亞里斯多德仍認為貿易有一項優點：透過相互拿與給可以將城邦的人團結在一起；錢幣也可作為價值的儲藏庫，以便將來買其他的東西。亞里斯多德對貨幣經濟的接受度並不高，一如柏拉圖。例如，他認為錢幣化的交易是危險的，意即剛開始時貨幣只是交易的工具，後來變成財富的象徵，人們開始以賺錢幣為目的，而非僅為自給自足而進行的交易。由此可知，亞里斯多德贊成自給自足式的貿易行為，而非賺取利潤的貿易行為，或是以財富為目的的商業行為。

　　儘管亞里斯多德對貿易沒有特別的好感，但是他仍注意到市場中的供需原則，並有詳細的解說。事實上，早在亞里斯多德之前，就已經有希臘哲學家對於供需議題提出系統的解釋。他們指出：當一件物品的量達到某一個限制時，它就會變得「太多」，這物件的使用價值就會逐漸降低，最後

變得「毫無價值」。亞里斯多德更進一步指出：當一件物品變成較稀少時，它在人的主觀上就會變得更有用與更有價值。他說：「稀少的東西比較貴重，它比數量多的東西要貴重。於是，黃金是一件比鐵要好的東西，雖然黃金沒有什麼用處。」

亞里斯多德對後世的另一項重大影響，就是他對利息的看法。利息在希臘語中稱為 "tokos"，意為「子孫」。這也就是說：利息是錢幣生出來的孩子，錢生錢是不合乎自然的行為，因此亞里斯多德認為利息的借貸是不自然的，也是不道德的。

二、從經濟問題看思想家們的對策

(一)資源匱乏

1.資源是共有還是私有才好？

希臘本土資源匱乏，禁不起浪費與分散，因此希臘人強調節儉，並以公共福祉為優先考量。譬如柏拉圖鼓吹公共財產，以共有的方式解決資源匱乏的問題，反對私人財產與貨幣經濟，柏拉圖似乎認為公共財產有助資源的集中。柏拉圖的弟子亞里斯多德則反對公共財產，他認為共產制度等於每個人都沒有財產，也就剝奪個人訓練自我、追求美德的機會。因此，他提出私人所有權但是公共使用的主張，也就是將一些有利公共福祉的如森林、河流、工具（如牛、犁車等）開放以借的形式讓大家使用。

在資源有限的情況下，若要增加生產，就需增加人手，也就是增加人口，但是當人口增加到某一個程度後，就會產生副作用，因此只能節制人口的成長。基於此，無論柏拉圖、亞里斯多德都主張城邦不宜過大，一如家庭不宜過大，但是也不能過小。亞里斯多德曾說：「如果城邦人口過少，就會因生產不足而導致貧窮，過度貧窮將有害美德的追求與修養。相對的，如果人口過多，生產過於豐盛，人就會產生野心與貪婪，因而會遠離美

德。」因此，亞里斯多德認為城邦的大小應該適中，這點柏拉圖也認同，他們認為一個標準城邦大約 500 戶人家、約 20,000～25,000 人左右，同時也能有利城邦政治運作（在這種中等規模的城邦中，每個人可以經常面對面，有利彼此認識與合作共事，遇到要選擇民主官員時，也會知道該選誰，才能選出正確的人來）。

面對匱乏的資源，柏拉圖、亞里斯多德強調不該要求大幅增加生產，而是要求人們節儉與認命，要人們降低自己的慾望。他們並不想把餅做大以解決匱乏的問題，這大致能體現他們否定勞力、不主張競爭、反對急速經濟成長的主張。

較早的赫西俄德則有不同的主張，他主張增加生產。赫西俄德主張盡量的有效利用與分配匱乏的資源，包括有效的利用勞力、物資與時間，以增加生產。赫西俄德認為勞力與工作是非常重要的，他相信人們基本的物質需求會促使人們放棄休閒，而去努力工作。此外，社會上對怠惰的鄙視，以及仿效他人的消費標準，都會加強物質需求的力量，使人們更加努力工作。其次，赫西俄德認為仿效他人的消費行為會帶來競爭，他稱之為「好的衝突」。這種發展可以抒解資源匱乏帶來的基本問題，因為它會促使人努力增加生產。赫西俄德是第一位提出經濟成長、勞力與競爭概念的人，這些概念正是近代經濟思想所探討的主要議題。

總之，面對資源匱乏的問題時，柏拉圖、亞里斯多德立論於古代資源、科技、工具有限，要追求經濟成長自有其難處。要增加生產，只有靠彼此的合作。因此，亞里斯多德主張將打拼家庭經濟的互助合作、夥伴情誼與友誼的精神，援引到公共經濟的經營中。如此才會讓城邦生產足夠的物資以達到自給自足的經濟。在交通不便的古代，平時或遇到急難時要靠外地接濟，是一件很困難的事。因此，讓自己經濟獨立是很重要的，也是一項理性的生存策略。

2.增加生產：解決資源匱乏的好方法

柏拉圖是西方經濟思想史中第一位提出「分工」(division of labor) 的人，他覺得專業分工是增加生產的途徑之一。柏拉圖認為人的本性是多樣的，也是不公平的，因此解決之道就在分工；分工也是合乎人性的。柏拉圖藉蘇格拉底的話說：「我們人都不是一樣的，我們之間的人性有太多不同，不同的人性適合不同的職業。」因此每個人分工，生產不同的東西，藉對外交易換取所需。

詹諾芬同樣主張分工，但他認為分工的程度視產品的市場規模而定，因此小鎮的分工狀況不如大城市，因為大城市的每個製造部門需要的東西都很多。詹諾芬還提出市場均衡的概念。他舉例說明：當一個地區太多銅匠師傅時，銅就會變得比較便宜，而銅匠師傅就要破產了，然後只好轉入其他部門（轉業）。這種情況不只發生在工業部門，農業部門也一樣。詹諾芬更提出：「如果一件商品的供應量過多，價格就會下跌。」

除了分工可以增加生產外，也有希臘的哲學家認為人的需要 (need) 也會促進生產。希臘哲學家德謨克里圖斯（Democritus，約西元前 460～前 370 年）不認為人的技藝 (arts, *technai*) 來自天生，更不是上天所賜的禮物，他認為「需求」才是技藝的源頭。為了滿足人類或社會的基本需求，人類才發明各種技術。他是第一位利用世俗化以及功利化的角度看待人類經濟活動之人，以後的希臘哲學家都遵循他的看法，他們認為人類的文明源自於人類的需求。同樣的，他們也相信：人類的需求導致人類在道德與規範的社會中生活。這批哲學家認為個人會受到理性的自我利益的驅策而建立一個社會。因此，不同時代、不同地區的不同需要，會導致不同文化與不同社會的產生。

㈡資源分配

資源匱乏不僅產生生產力有限的問題，也帶來分配的問題，如何有效

的分配，盡量讓分配公平，一直都是上古面對的經濟問題。上古近東提出正義的原則，希臘人也同意正義的原則。另一方面，由於希臘人將經濟置於倫理哲學中討論，因此他們將一些倫理美德也用到經濟上，正義就屬於美德的項目之一。正義，對希臘人而言就是遵守中庸之道，但是如何在不同的情況下調適中庸，就成為很大的問題。例如在買賣交易中，正確的「正義」應該是自願的、契約的、私人的交易。亞里斯多德認為「正義」就是「不太多，也不太少，位於太多、太少的中間」，正義是每個人都認為公平的原則，因此它是一群人的共識。亞里斯多德更將正義予以具體化，變成了「比例」。對古代人而言，正義不是均分、平等，因為他們都是層級化的社會。因此古代人要求的公平、正義是階層化的平等。

除了正義，希臘人強調的「榮譽」也有助經濟的分配。希臘人，尤其是雅典人非常喜愛榮譽。榮譽、名聲可以規範一個人，特別是菁英的行為，一個人可以透過榮譽取得社會地位與權勢、權力。榮譽其實也是一種公共意見。為了取得同僚間的榮譽與地位，一位希臘菁英會以公開的象徵行為來向其他人競爭榮譽與地位，或是宣傳自己的事蹟，例如紀念碑、戰利品，好使他的同僚不會忘記他的事蹟與成就。榮譽還可以與朋友、家人、親人分享，因而具有實質的用途，因此榮譽也意味著現實利益和利潤的誘惑。一位外國人若得到了榮譽，就可以更加拓展他的人際關係，並得到更多的優惠，因此許多外國人也都希望能得到希臘人的榮譽。

公共服務也是希臘有錢公民的義務，同時也是展現與博取榮譽的方式，包括提供軍艦、戲劇表演活動、公共饗宴，以及提供三角鼎給競賽奪標的勝者。透過公共服務，有錢的公民加強了他們的榮譽。這些公共服務可以減輕其他公民以及貧窮人家的負擔，是有錢人為了拉攏窮人而提供的公共服務，但都有助城邦財富的分配。不過，希臘人民也會限制貴族公共服務的機會、規模與次數，以免傷害到城邦所講求的平等性。

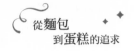
㈢鄙視農業以外的勞作與商業

希臘人又將美德中的「善」(the good) 運用到經濟上，認為經濟的目的在追求善，而且城邦的善要先於個人的善。希臘人堅持：善與美德都應該是以城邦為導向。在城邦導向下，希臘哲學家的思想如柏拉圖、亞里斯多德都是屬於國家主義（國家亦由菁英所主導），也是為菁英的利益發言。這種思想深深的影響了中古歐洲的經濟思想。由於菁英是勞心的階級，而非勞力的，因此在菁英主義或國家主義下，柏拉圖著作中的蘇格拉底鄙視勞力，認為那是不健康，也是粗俗的。蘇格拉底引用波斯王的說法：「貴族的行業應該是農業與戰爭。」對他們而言，講求個人創造力的企業家，會破壞社會秩序和經濟成長。

希臘人鄙視農業以外的勞作與商業，也是基於捍衛城邦民主的心態。由於勞力工作的製造業需要花費很多時間在工作上，以致沒有時間參加民主的政治活動或公共活動；農業至少還有農閒的時候。於是，希臘人認為公民必須要有自由或休閒的時間以參加公共與政府事務。其次，希臘人相信一個人為另外一個人工作是不好的，這種工作應該交由外國人或奴隸做。儘管如此，希臘人還是同意「工作勤奮還是比怠惰要好」，因此希臘法律中有「如果有人譏笑或指責在市場工作的人，將要受罰」的條文出現。

輕視非農業的勞力也包括輕視商人、商業，事實上希臘人輕商的言論早在荷馬的時代就開始了。當時的人們認為從事非農業的工作，尤其是商業，是不高尚的，除了靠經營農業取得財富外，就是戰爭與掠奪以增加財富、地位和聲望。對他們而言，獲取財富的目的在於榮譽與地位，遠勝過利潤，這種價值觀一直維持到古典時代。

古典時代的哲學家指責職業商人的貿易與交易行為，傳統的統治者也視商人為社會和諧與規範的威脅。希臘的知識分子也相當反對商業行為或有利商業發展的行為，譬如柏拉圖認為私有財產與貨幣經濟都會腐化人的

美德，因此上層階級的菁英不應該經營貨幣經濟。

　　綜而言之，古代希臘人歧視商人，主要的原因有四：1.從農業社會價值看商業，因而認為商業是不勞而獲的；2.商人的財富以當時的知識和工具，難以估算；3.商人的倫理尚未建立起來；4.商人難於管理，又難以課徵商人的稅賦。

　　然而，隨著大環境的改變，希臘人的輕商態度也開始轉變了。西元前四世紀，希臘人面臨到日漸嚴重的財政問題、糧食問題，遂改變他們對於追求利潤的鄙視態度，進而導致社會與政治的改變。譬如雅典，不僅擴大了貿易行為，更增加了參與的人員，還給予這些人員榮譽、地位與特權，他們成為新興的社會人士，進而改變了希臘輕商的價值觀。這也就是顯示：希臘人對非土地財富的需求，迫使他們開放榮譽給非公民的人。希臘有錢人之所以沒有將多餘的錢拿來投資以賺更多錢，卻拿來做公共服務以經營政治生涯，主要也是因為希臘（尤其是雅典）的經濟很難預測，以致使得「最大化利潤」變得無意義。

Chapter 5
羅馬的經濟與社會

一、羅馬的經濟背景

羅馬在建立城邦以前的經濟是以畜牧和農耕為主。隨著城邦的建立，農業的比重愈來愈重。在羅馬共和之前的三百年間，羅馬的農業都是以小農為主。這些農民住在城外的鄉村中，耕種著自己的田地。這時候的羅馬經濟仍屬於古代再分配型的經濟型態。西元前三世紀中葉，羅馬人征服了整個義大利半島，羅馬城成為半島上的軍事與政治中心。西元前三世紀的下半葉，羅馬的人口由3萬增加到4.5萬，前三世紀結束時，更增加到9萬人。

為了要養活龐大的人口，糧食成為首要問題。當時的羅馬往地中海西邊發展要比往東邊發展方便許多，於是羅馬透過水路往地中海西邊尋找可以從事農業的殖民地。在往西的路途中，羅馬碰到了腓尼基的殖民地迦太基，羅馬遂與迦太基訂立條約，羅馬答應不在北非與薩丁尼亞建立殖民地，也不在迦太基的領土內貿易，除非透過迦太基人。不過，羅馬並沒有遵守條約規定，西元前386年他們在薩丁尼亞建立一個殖民地。

羅馬征服義大利後，無數的財富湧進羅馬，大規模的建築工程在羅馬展開。從西元前302～前264年，羅馬城出現許多神殿，還有鋪設整齊的道路，另有為居民引進乾淨水的溝渠設備。為了迎接日漸膨脹的人口，羅

馬的溝渠也不斷擴大。

義大利的農業面貌也因羅馬征服後而改變，羅馬將征服來的義大利土地分給貧窮的農民，至於原居住在土地上的本土人士，則不是被趕走，就是淪為奴隸，甚至被殺了，大約有 2～3 萬的羅馬人分到土地。在西元前334～前 263 年間，更有 7 萬的羅馬人與拉丁人分到土地。羅馬的征服不僅造福窮苦的羅馬人，更有利富有的羅馬貴族。許多貴族也分到大批的土地，並以奴隸為勞力大肆開墾。這種大規模使用奴隸耕種大片土地的趨勢，在布匿克戰爭後更加普遍。羅馬城日益膨脹的人口，提供農業廣大的市場，從而刺激專業化與商業化。許多上層的貴族大量投資土地以增加利潤，這種農業投資隨著帝國的發展，愈來愈加強。

在這個階段，羅馬也發展出一些製造業。早在西元前三世紀，羅馬就成為西地中海地區的陶器製造商和出口商。羅馬的陶器遠達伊比利半島、科西嘉、薩丁尼亞、西西里與北非地區。羅馬的青銅器相當有名，也發展出各式的家具、雕像、裝飾品等，羅馬經常用陶器和青銅器來換取糧食。

二、農　業

㈠小農敗下陣來

羅馬的向外擴張開始於西元前三世紀，市場也隨著羅馬擴張的腳步拓展開來，農業逐漸專業化與市場化，刺激經濟繁榮。特別是在羅馬與迦太基的三次布匿克戰爭（Punic Wars，西元前 264～前 241 年、西元前 218～前 201 年、西元前 149～前 146 年）後版圖大為擴張，涵蓋伊比利半島、馬其頓、非洲、亞洲和北方的部分高盧 (Gaul)，大批的資金隨著掠奪、貢賦、賠償等方式湧進羅馬。

在布匿克戰爭以前，羅馬的戰爭大部分都是在義大利半島進行，時間短，離家的距離也近，因此當兵的農民尚能兼顧自己的田地。但是等到布

匿克戰爭的時候，羅馬的戰爭開始在義大利半島以外的地區進行，時間長且距離遠，以致他們無法照顧自己的田地。例如西元前218～前217年羅馬與迦太基軍事家漢尼拔（Hannibal，西元前247～前183年）間的戰爭，死於戰場上的就有10萬人之多。那些有幸回到家的戰士，卻發現他們的田地因為長時間的荒廢而不堪耕種；有的田地則因為迦太基軍隊的來來往往而破壞殆盡。這些田地需要花很長的時間整修，不是一般小農所能負擔的，於是他們只好廉價出售土地。有的田地則因為家人為了籌措生活費用，而頂讓給有錢人家。

而農業市場化，並不利一般的小農，因為種植經濟作物需要大量的資本。小農無力負擔；他們僅能種植糧食作物，因為糧食作物需要的成本低、土地少。帝國擴張以後，羅馬更是由其他地方取得廉價的糧食，意即不再需要羅馬農民自種的糧食。於是，許多羅馬的農民變得無地、無物可種了。此外，羅馬政府將一些荒廢的土地予以沒收，並將土地租給新興的有錢人士，諸如因為販賣軍事用品而致富的人，或是一些想要尋找新投資機會的有錢人，那些殘存下來的小農無法與這些人競爭。

㈡大農場、莊園與別墅

隨著土地的兼併和小農的遷徙，羅馬的農業由小農轉變成大規模、資本密集的大農場耕作型態。大農場稱之為 "*latifundia*"（單數為 "*latifundum*"），是一種多元經營的經濟單位，它結合農工商的經營方式。除了種植經濟作物外，也種植城市人民需要的蔬菜、水果，也經營畜牧，以生產羊毛。這種耕作方式有利於大地主、貴族、商人與政治人物，能加速財產和利潤的累積，但卻不利於小農。

大地主將大農場的土地生產所餘，轉而投資其他事業，如交通、紡織、手工業、礦業等，由於這些行業大多禁止貴族經營，於是這些元老與貴族出身的大地主就另外委派他人經營。這些經營者多半來自騎士階級

(equites) [1]，許多騎士階級也因經營有成而轉為地主、大農場的主人。

除了為市場而專業經營的大農場外，還有具休閒娛樂的莊園 (villa)。這些莊園不單是為了利潤而存在，有著精緻的花園、獵場、魚池、鳥園等，多在羅馬城或工作城市的附近，純供莊園主人休閒、炫耀用。愈到晚期，莊園則與大農場愈難以區分。

早期的時候，羅馬政府尚有規定限制大農場與莊園擴張，並極力阻止貴族、地主、富商等侵佔公有土地，但是隨著戰爭的擴大與延長，法令逐漸成為廢紙。政府為了籌措戰爭的軍費，元老院乃鼓勵貴族借款給政府，政府則以公有地為抵押，也鼓勵有錢人租借公有地。當時因為許多農民遠赴戰場，導致許多土地荒廢。於是，元老院鼓勵轉租給有能力耕種的人，以增加生產。經過幾代下來，這些貴族、富商就將這些土地視為己有，不僅不再付租金，甚至公然宣稱為私有財產。

大莊園、大農場的出現，也與土地的收購和兼併有關。那些因羅馬發展而致富的貴族和有錢人，雖然將不少利潤轉投資到海運、工業、礦業、商業等行業，但是土地仍是他們最喜愛與最常投資的項目。尤其是羅馬的元老們被禁止經營海外貿易，同時土地還是最有聲望與榮譽的財富形式。對那些非元老卻非常有錢的騎士階級來說，土地不但是最保險與安全的投資標的，更是往政治與社會道路上攀升不可或缺的後盾。於是這些大人物開始在羅馬近郊大肆收購土地，許多小農的自耕地換手改建成為大人物們的莊園與別墅。

---

1 羅馬時期的騎士階級與中古的騎士階級不同。中古的騎士階級是騎著馬打仗的武士階級，而羅馬的騎士階級是貢獻馬匹的商人，本身並不參與戰爭。當經濟愈來愈蓬勃發展，這些商人經手的馬匹交易量愈來愈多，騎士階級在羅馬政治社會中開始具有舉足輕重的地位。貴族為尋求騎士階級支持，雙方的通婚變為頻繁。

(三)輪耕與配種

羅馬人其實很早就知道採用輪耕的種植方式,但只是粗略的輪耕,並不精細,因此經常還是要讓土地休耕兩年,多多少少限制了農業的生產量。特別是冬麥(小麥)非常耗費地力,因此兩年輪種一次,大麥則年年種,大麥與小麥間種植的是豆類植物。在肥料方面,仍以人和動物的糞便為主,亦有鴿子的鳥糞、泥灰土、榨橄欖油剩下的渣滓作為肥料的記錄。有時候,他們會將作物種在橄欖樹的周圍,好吸收一些營養。除了輪耕外,羅馬人已知道透過交錯配種提高作物產量,也從帝國各地蒐集不同的作物,栽植至合適生長的地區,牲畜也是如此,例如羊的配種,以生產更多、更柔軟的羊毛。

(四)橄欖與葡萄

在羅馬的經濟發展中,橄欖的種植很值得注意。橄欖種植業第一個直接的產品是橄欖油,橄欖油可以用作料理、醫療、芬香、乳液、點燈等用途。軍隊的士兵也需要橄欖油,他們將橄欖油塗抹在四肢,讓身體柔軟與靈活,也將橄欖油塗在盔甲的連結處作為潤滑劑使用。根據後人估計,羅馬人每年用掉的橄欖油超過 2,500 萬公升,龐大的橄欖油需求刺激大規模的橄欖種植業與榨油業的發展,許多農地因而改種橄欖,尤其沿著地中海的西班牙、北非、義大利與近東地區,都出現大大小小的橄欖園[2]。不少地區從其他商品或行業賺了錢,都用來投資橄欖業的發展,例如西班牙從金屬買賣中賺了許多錢,便將這些利潤拿來發展橄欖種植,讓西班牙的橄欖油銷售至羅馬與萊因區。

---

2 羅馬四通八達的交通網脈及有力的軍隊,保障帝國境內交通的穩定,無論短程或長程的運輸都相當便利,成為發展橄欖業的一大助力。

　　橄欖業的資金，有不少是來自貴族與有錢人，他們希望能從廣大的群眾市場中賺取利潤。這些投資不少是屬於長期的投資，包括土地、勞力與榨油的工具。政府對這種投資並未特別反對，反而鼓勵地方發展橄欖業。為了要種植橄欖，許多地方還在高地或荒地建立起灌溉系統，北非與西班牙的許多荒地就在這種情況下開發來種植橄欖。市面上還出現了不少教導如何種植橄欖的手冊，有助相關知識的傳播。

　　由於橄欖油需要裝在瓶罐裡，因而還刺激了陶瓷業的發展，許多種植橄欖的地區，也成為陶瓷業發達的地方，擁有數百座窯場。羅馬生產的巨大雙耳罐非常好用，即便在海上經歷狂風暴雨和海水的顛簸，都不會壞。此外，橄欖園又成為城市的集中地，進而帶動羅馬的城市發展。不少橄欖業者透過輸出橄欖油賺取了龐大的利潤，他們將剩餘的財富投入公共活動與公共建築的贊助中，這些業者也就成為地方的菁英。

　　除了橄欖，葡萄的種植也很重要，葡萄主要是製成酒。摘下來的葡萄，通常不只壓榨一次，而是榨四次之多。每一次榨的酒都有不同的用途和食用方式，例如最後一榨所釀出的劣酒，是供應奴隸喝的。

三、製造業與大型建設

　　羅馬人傳統上較重視農業，對製造業的興趣不大，直到帝國時代製造業才出現轉型的跡象，其中最重要的就是水力的利用。一世紀時羅馬人開始用水力來磨麥和其他穀物，此時的水力磨粉機由 16 個齒輪組合而成，設在山坡上，利用水下衝的動力來轉動，一個小時可以磨碎 300 公斤的麥子，羅馬地區就有好幾個這種水力磨粉機。同時，羅馬人也知道利用空氣和蒸氣的力量，打造出壓榨機，使得榨油、榨葡萄變得更有效率。在羅馬人的書中（如老普林尼的著作中）更記載了使用機械的收割機，但是這些科技產品並沒有被廣泛使用，流傳度也不廣。

　　一些製造業，如製造玻璃和造船業，仍使用人力勝於機器。根據一部

諷刺劇，描述一位發明人以打不破的玻璃向羅馬皇帝提庇留（Tiberius，14～37年在位）請賞。皇帝詢問他是否有告訴其他人，他回答：「沒有。」皇帝便趁機將他殺了，足見羅馬人對於太新鮮的科技沒有興趣，甚至不想讓新技術改變現狀。又像是大型的礦場，也多採用人力而非機器。至於其他的行業，由於羅馬被解放的奴隸很多，這些被解放的奴隸又多是工匠，因此製造業的勞力來源不會出現匱乏的情形，也沒有使用機器的動機。

羅馬軍人對製造業的發展貢獻很大，因為羅馬的軍人中有許多工匠、工程師，以及擁有各式技藝的人。因此在有羅馬駐軍的地方，製造業都有一定的水準。同時羅馬駐軍在公共工程和國防工程上的技術也很優良，許多邊疆地區的開發都仰賴這些軍人，他們每到一地，就開始建造道路、橋梁、神廟、運河、公共建築和澡堂等。即使當羅馬帝國不在了，這些道路，以及殘留下來的一些橋梁，到今天都還在使用。譬如104年建造的橫跨多

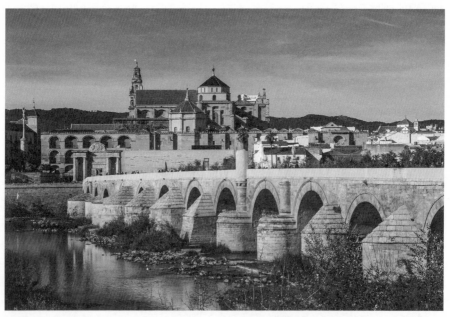

圖10　西元前一世紀所建的羅馬橋　位於今日西班牙，仍可讓人步行通過。

瑙河的橋梁，長 1,127.7 公尺，寬 12.2～10.6 公尺。這橋梁的承載量非常大，許多載著厚重東西的車輛都可以通過，直到今日仍在使用。許多地區建造的道路，可以讓兩輛馬車舒服、輕鬆的並行行駛。我們從一些墓葬的浮雕可以看出，羅馬人已經使用機械化的起重機，將巨大的石頭吊到建築物的頂端。羅馬人還發明非常牢固的水泥，能將碎磚、小石頭等緊密的黏在一起。

羅馬人傾向發展區域性的小規模製造業，而不是大型的製造業。譬如伊特拉斯坎地區以青銅業、鐵業和紡織業為主，義大利中部則以製造武器為主。羅馬人不太喜歡投資在日常器物用品的製造業上，他們喜歡合資包工程，如建築道路、公共建築等。或者，他們會合夥成立公司以進口奢侈品，因為在羅馬的上層社會中，奢侈品的需求量很大。隨著貿易的成長，羅馬人開始經營運輸業，包括陸運與海運。這些企業也為底層人士創造了就業機會，如搬運工、碼頭工人、倉庫管理人，以及修路工人等。

四、貿　易

羅馬的貿易主要以內需市場為主，但對外也遠達印度、非洲和中國（此時正逢漢朝時代）。由於西部的製造業不發達，以致西部日益仰賴東部，對東部的入超情況也日益嚴重。義大利也變得愈來愈仰賴從帝國的其他地區進口貨品，特別是東部。東部因為繼承古文明的傳統，以致工匠技術遠超過西部，西部的製造品因此而喪失競爭力，甚至西部還得從東部進口有技術的奴隸，故東部的人口與城市都比西部要繁盛與進步。

㈠仲介商

羅馬對於貿易的需求日益急切，提供貿易的機會也愈來愈多，尤其是帝國擴張、城市興起、人口激增後對糧食貿易的需求日益增加。但是羅馬的有錢人和貴族卻不喜歡與貿易或商業沾上邊，認為商業有損他們的地位

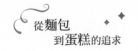
與尊嚴。當然另一方面也是因為商業的風險太大，上層人士不想冒此風險，通常都由中間階層或下層階級的人士經營。他們與地主簽約，幫他們買賣東西，或是出口剩餘的產品，這些商人稱之為 "*negotiator*"，有仲介商的意涵在內，與一般的商人很難分辨[3]。

除了生意往來外，當莊園或農場缺乏勞工時，仲介商會幫忙尋找人手，例如在葡萄與橄欖收成季，找尋採收、榨油和釀酒的人手，他們在各地、各港口都設有基地，並進行各式貨品的買賣生意。有的仲介商多角經營，有的則專營一業，例如在某些仲介商的墓碑上會銘記油商或酒商的字樣。除了做生意外，這些仲介商也承包收稅的工作或經營借貸業。由於仲介商的人脈廣，消息靈通，許多商人都得仰賴仲介商的協助，像是請仲介商和船家打交道，幫忙仲介租賃固定的船位以載運貨品等等。

㈡奢侈品大集合

不少仲介商的貿易內容以奢侈品為主，例如銀、象牙（雕刻品、家具的原料）、黃金、寶石和宗教物品等。

實際上羅馬人原來很少使用銀製品，直到滅了迦太基，取得產銀的西班牙後，才開始大量使用。銀製品算是上乘的奢侈品，例如羅馬貴族會餽贈銀盤給有力人士，期望獲得青睞，取得升遷機會。除了西南歐，羅馬與西北歐間也有貿易往來，例如從波羅的海地區進口珍貴的獸皮和琥珀，從不列顛進口牡蠣（蠔）以滿足羅馬人的口腹之慾。

東方的香料和絲織品也是重要的貿易項目，香料貿易主要是走地中海經紅海至印度。根據一本一世紀出版的書中，有詳細記載往印度的東方航線，包括港口、風向以及適合航行的時間。這位不知名的作者建議：從埃及到印度4月到10月吹西南季風，10月到4月則吹東北季風。如果要從

---

3 這些仲介商或商人大多是有錢的解放奴隸或是騎士階級的人。

圖 11　銀製對杯　約製成於西元前一世紀～西元一世紀之間，上方刻有精緻浮雕，推測由專供皇室、貴族使用的作坊製作，展現當時已具有高超的工藝技術。

埃及到印度，最好在 7 月出發，11 月回來。那些東方來的貨物先到紅海邊的非洲港口下貨，再從陸運集中到埃及的亞歷山大港，然後運到羅馬，由羅馬分散到各地。這條海線，不僅縮短了路程，更讓羅馬不必仰賴阿拉伯地方的陸地貿易線，透過這條海上貿易線，羅馬成為地中海世界香料的最大轉運站。大約在 166 年左右，羅馬商人又與中國搭上線，並曾到達長安。不過，羅馬畢竟沒有發展出與中國的直接貿易線，都是透過亞洲人進行的，以奢侈品交易為主。羅馬商人主要從中國進口絲織品，也從印度進口比較次級的絲織品。

東方貿易與大量湧進的東方奢侈品，引起一些羅馬人的反感，他們認為與東方貿易使羅馬共和美德淪喪，因為有了豐富的物資和各式外來商品後，許多羅馬貴族開始舉行盛大且鋪張的宴會，例如穿著東方來的華麗衣服，以展現他們的財富和權勢。這種誇張的行為激起一些羅馬人聚集抗議，認為這是「反對國家的疾病」。但不是所有的東方貨品都遭到抗議，例如東方來的焚香，就是宗教儀式所需要的用品，有些香料也是防腐和料理所必須的物品。

(三)糧食貿易

一般而言，城市中也居住有農民，而農民的耕地分布在城郊，再以農

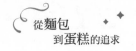
民生產的糧食供應城市人口[4]，若有足夠的糧食，城市就有成長的機會。不過隨著城市的擴充，農地亦會愈往遠地遷移，拉長農民往返耕地的時間，耕種的時間亦會相對減少，衝擊單一農民的農地產量。當城市擴充超出農民往返路程時，農民就必須移居城外，如此卻產生農民對城市認同之困難，並危及農民供應城市糧食之意願。於是，城市就得花更多的成本和人力來控制農民，或是調度、購買糧食[5]。

1. 來自地中海的補給

當城市人口龐大，需要的糧食數量驚人，非本地或鄰近地區可以滿足，必須要從遠方調度，此種糧食調度有助刺激貿易，尤其是海洋貿易。以羅馬城為例，羅馬城在共和晚期、帝國初期，也就是西元前一世紀到西元二世紀，約有100萬人口，如何供應如此龐大人口所需的糧食，就是一大問題。再加上義大利地區最大的經濟效益不在種植小麥，而是種植經濟作物橄欖，因此羅馬城所需要的糧食勢必得從各地方調過來。好在地中海的海運四通八達，沿岸各地皆仰賴海運相通，加上海運成本遠低於陸運、河運，地中海海運就成為羅馬人的移動式糧倉。為了降低運送糧食所需要的成本，羅馬首先清除了地中海的海盜，又在陸地上廣建交通網，好讓糧食可以迅速運到所需要的地方，並立即反映市場需求。

2. 刺激市場經濟

為了籌措購買糧食需要的龐大資金，於是羅馬發展出市場經濟才需要的公共財務系統，包括銀行、信貸、轉匯等業務。銀行、商店街與市場店鋪等也提供市場經濟所需要的資訊交流，以降低交易成本。貿易所需的資訊、信息，除了由銀行、店鋪提供外，商人也可以透過公共的官方管道，

---

4 在近東或希臘城市中，農民的人口均佔一半以上，以供應城市糧食。

5 希臘即為一例。希臘一方面耕地不足，另一方面因為城市擴張，必須另建農業殖民地作為自己的糧倉，在古代的交通狀況下，此種調度亦頗為有限，因此希臘的城市發展頗受限制。

以及私人建立的網脈得到，如此大幅降低了貿易所需的交易成本。至於貿易所需的資金，雖然銀行是提供籌措資金的公共管道，但是羅馬人的資金來源仍以私人管道為主，如主僕、家族、朋友等。這些人士同時擔任羅馬經濟擴張中所需要的經理、代理人，他們在社會上的道德名聲是這行最重要的吃飯工具。

五、貨　幣

早在西元前五世紀，羅馬人就逐漸以「青銅幣」取代「以物易物」，不過這時的青銅幣沒有固定的製程與形狀，每次交易後都得重新度量一下，也未全面取代以物易物，仍會使用牛或羊作為交易媒介。

西元前 289 年，基於財政理由，尤其是用於支付龐大的士兵費用，政府在朱諾莫內塔神殿 (Temple of Juno Moneta) 設立鑄幣廠，並以專業機構監督鑄幣，錢 (money) 以及鑄 (mint) 兩字的字源即是從 "Moneta" 演變而來。

羅馬人以「阿斯」（*asses*，單數為 *as*）稱呼青銅幣，這種青銅所製的貨幣非常重，因此又被稱為「笨重的青銅」(*aes grave*)。隨時間的演變，青銅幣的重量愈減愈輕，終於成為整個共和時期通用的貨幣，幣值也更加齊全，如有一磅、二分之一磅、三分之一磅、四分之一磅、六分之一磅。

在羅馬不斷往外擴張的狀況下，與各地間貿易更為頻繁，羅馬人開始鑄造銀幣以因應交易需求，銀幣被稱作「迪納留司」（*denarius*，最初官方以「1 迪納留司 = 10 阿斯」換算），之後也發展出小單位的銀幣，如賽斯特斯（*sestertius*，相當四分之一的迪納留司）。除了青銅幣、銀幣外，布匿克戰爭後，羅馬還鑄造了金幣，金幣主要用於支付軍隊，不少軍隊長官如安東尼（Mark Anthony，西元前 83～前 30 年）為了減少開支，或是應付龐大開支，還貶抑幣值（即降低貨幣中的金銀成分）。如此多元、多種的貨幣應用狀況各有不同，直到奧古斯都時代（西元前 27 年～西元 14 年在

圖 12　西元前一世紀的「迪納留司」 正面為屋大維的頭像。

位）才逐漸固定下來，如金幣、銀幣主要是支付給軍隊和官僚，其他則用於民間。

　　理論上，只有皇帝才有鑄幣權，但實際上不少單位、地方都可以鑄幣，只需要在貨幣上印鑄皇帝的肖像即可。為了讓貨幣更為通用、標準一致，羅馬廣場的四周都有發行通用貨幣的地方性銀行機構[6]，方便市民兌換及量測檢驗，這些銀行皆受到政府管轄，具有公信力。除了地方性的銀行提供公民兌換，亦有國際性的銀行分布於羅馬統治的各殖民地。儘管羅馬有公定的貨幣，但是各地區仍喜歡沿用原本的貨幣，如近東喜歡用他們原來的金幣或銀幣，希臘也仍然使用舊有的貨幣，於是就要靠國際性的銀行來兌換不同種類的貨幣。

　　到了二、三世紀以後，羅馬皇帝基於財政理由，經常貶抑幣值，羅馬的幣制因而大壞。戴克里先 （Diocletian，284～305 年在位）、君士坦丁 （Constantine，306～337 年在位） 為了重振帝國和經濟，都曾改革幣制，但是成效都不大，不能持久。

六、都　市

㈠都市發展

　　羅馬經濟發展的過程中有一項很大的特點，就是都市 (urban) 的發展。

---

6 銀行除了提供兌換貨幣的服務，也發展出信用和借貸業。借貸業的利息都很高，因此利潤非常驚人，借貸物件不僅止於錢幣，像是請客的盤子、租借衣服都有。地方性的銀行亦提供現金調度，許多公民因此向銀行借錢繳稅，結果愈借愈多，終於成為債奴。

所謂都市化，就是指都市的人口需達到數萬、數十萬，甚至百萬以上；都市的運作規模、複雜程度、人口密集的程度都遠超過城市 (cities)。古代近東大約只有一個巴比倫可以相比擬，其他的城市，人口數都在數千或數萬之間，而埃及則以行政城市居多。至於羅馬時代，除了羅馬城以外，還有其他人口眾多的都市，不過大部分位在帝國的東部，如埃及的亞歷山大城約有 40 萬人、敘利亞的安提阿 (Antioch) 約有 15 萬人。

羅馬帝國內最大的都市要算羅馬城。其實，義大利與希臘發展農業與城市的時間差不多：希臘約當西元前 6500～前 6000 年間，義大利則為西元前 5600～前 4600 年間。羅馬建城的時間與希臘城市復興的時間也差不多，都在西元前 750 年左右。羅馬城在西元前 500 年左右開始擴張，當時羅馬城人口約為 15 萬，到了西元前 150 年，羅馬的人口增加到 30 萬，相當於巴比倫極盛時期（西元前 1700 年）的人口。帝國與軍事的擴張也帶動了羅馬城的人口成長，在奧古斯都的年代，羅馬城的人口就達到 100 萬左右，在羅馬極盛時期（約西元 200 年），人口也一直維持在 80～100 萬左右。之後，歐洲再也沒有這麼多人口的都市。一直要到近代，才會再出現如此眾多人口的都市[7]。

羅馬人對於城市與都市的態度與希臘人不同。希臘人，包括雅典人在內，對於都市卻沒有正面或積極的態度。他們鄙視城市、批評城市，卻讚揚鄉村，且鼓勵人往鄉村分散、居住鄉村。當都市人口膨脹時，他們想到的解決方案不是更新都市、擴充都市，而是移民，以將多餘的人口遷移或殖民到其他地區，進而建立殖民地或新的城市。希臘人的都市觀表現在亞里斯多德和柏拉圖的作品中。他們一再強調城市的人口不可以太多，他們認為：如果城市人口過多，將會引起安全與治安問題。他們也以政治和溝通的角度批評城市成長的問題。事實上，希臘城邦之運作也不適合過大的

---

[7] 例如倫敦在 1810～1820 年間的人口為 130 萬。

城市。希臘城邦要求直接溝通、直接參與，因此過多的人口將不利公共集會之進行，或是溝通共識之產生，同時希臘強調的家庭組織、家庭經濟、家庭價值等均不利都市之發展。

羅馬人對待城市與都市的態度則與希臘人大不相同。羅馬人歌頌都市，喜歡居住在都市裡，並經常更新都市、擴充設備以容納更多的人。同時羅馬人經常設法解決都市人口過剩的問題，而不是用移民或是維持都市的規模等方式來解決都市問題。因此，都市成為檢驗羅馬經濟的一項重要指標，包括經濟行為與經濟結構的困境。

在羅馬時代，無論是城市或都市，它們的結構大致相同，都有廟宇、市場、競技場、市政廳、劇院、澡堂等公共建築物。因此，都市成為羅馬化的重鎮，都市羅馬化的成功搏造成羅馬文明的一統性。

㈡都市問題

羅馬都市的問題，不僅各地差不多，也與近代的都市問題雷同，例如遊民與治安的問題。為此，奧古斯都特別成立了一個類似今日的警察機構，專門維持治安、打擊犯罪。為了維持白天都市的安全與安寧，奧古斯都還限制重型車輛進入都市，於是晚上反而成為交通繁忙、吵雜的時刻，羅馬人的失眠問題因而非常嚴重。不少羅馬貴族在書信與文集中都提到，如果要好好的睡一覺，就得離開羅馬城，到他們的莊園裡去。

除了要解決治安問題，還有貧窮與遊民的問題，奧古斯都特別規定由政府提供免費的糧食給貧窮的百姓，一年大約有 20 萬的窮人可以領到免費的糧食，但是僧多粥少，營養不良與餓死街頭的人還是不少；軟骨病（一種因營養不良引起的疾病）乃是羅馬小孩的流行病。

除了遊民、治安問題外，羅馬都市的擴張帶來了其他重要的問題，但也提供了不少經濟機會。首先就是要餵飽這麼多的人口，還要滿足他們的房舍問題。這些人口還要求要有娛樂與感官印象，每位皇帝為了加強羅馬

人民對他的印象，也為了政治宣傳，於是加蓋了許多建築物，這又刺激了原物料的進口，例如埃及、希臘、小亞細亞來的大理石，不列顛、西班牙、東南歐來的礦產。為了娛樂羅馬人民，北非的珍禽猛獸不斷被運送到競技場。大量的葡萄酒、穀物、橄欖油也從各地調度過來，初期從西西里、埃及，後來甚至遠從近東進口。這些糧食先被儲存在臺伯河口的奧斯蒂亞 (Ostia) 港，然後再運到羅馬。

羅馬定期分配糧食 [8] 給城市公民，大約始於西元前 123 年左右，當時的糧食來自西西里、非洲和薩丁尼亞，這些地區以當地所產的糧食繳交給羅馬政府。當時分配的方式，是定期將糧食以低價的公定價格賣給羅馬公民。這是當時的護民官格拉古（Gaius Gracchus，西元前 154～前 121 年）的德政，但是遭到許多貴族反對，他們希望由自己分糧食給自己的部屬或奴隸，以增加自身的政治聲望。等到西元前 58 年，羅馬政府更免費供應固定額度的糧食給城市公民。

奧古斯都上臺後，先是廢除這項救濟，但是迫於形勢又再恢復了，還設置專門的官員來管理，並且將埃及的糧食也納入救濟貧窮公民的行列。根據現在學者的估計，當時的羅馬人約 100 萬，每人每年需要 200 公斤的糧食，於是羅馬每年需要進口一億兩千萬到四億公斤的糧食才夠用。到了後來，有些皇帝為了收買人心，或是顯示自己的慷慨，還將豬肉、油加入免費分配的行列。

(三)貧富與城鄉差距

在羅馬都市中，貧富懸殊不僅表現在財富分配上，也表現在社會生活中，羅馬富人通常不與窮人來往，比希臘人還要在乎富人與窮人間的分界。

---

8 發展都市最大的困境在糧食的供應，羅馬亦不例外，這也是古代城市無法真正都市化的原因之一。以希臘城市為例，城市中的農民人口約佔 75%，但是城市所需糧食中仍有 20～40% 必須仰賴外來。

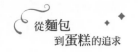

羅馬富人除了在都市進行政治與經濟生活外，也在郊區建立自己的莊園。

城鄉差距表現在都市人對鄉村人的歧視，都市人稱鄉村人為「鄉巴佬」。由於羅馬的行政機構與官員多居住於都市，於是鄉村反而比較能保持原有的文化特色與自由。我們通常所謂的「羅馬化」或是「羅馬的一致性」其實僅限於都市，也就是說：羅馬文化的一統性並不如傳統史家所想像的那般徹底。即使在都市中，羅馬化的成果也不是普遍成功的。羅馬化的成功與否因素包括：地方與羅馬的距離遠近、地方菁英與羅馬的關係、地方是否有羅馬駐軍與大量移民、地方的都市化程度，以及羅馬行政長官的努力與否。一般而言，羅馬化在西部比較成功，因為在那裡沒有什麼可以與羅馬競爭的本土文化，因此西班牙羅馬化比較深；至於古文明地區的東部，羅馬化差異性就很大了，而且大部分的本土文化都被保留下來了。

㈣羅馬晚期都市化的崩解

羅馬城的發展雖然有過光輝亮麗的一頁，但最終還是無法有效解決都市化的問題。

1.麵包政策吸引了無數的鄉村移民，帶來龐大的失業與人口壓力。針對此羅馬雖未採取殖民、外移之人口政策，但也沒有全力發展製造業，以創造就業機會、消化人口，而是繼續傳統的製造業，如製陶業等勞力密集、低利潤的產業，一如希臘的雅典。這種方式導致城市的經濟結構一直無法突破，科技也沒有辦法突破。可從羅馬城市多非製造、科技與研發中心，非生產中心得到驗證[9]。

2.羅馬城市之貿易、商業仍以區域與自給自足之零售商、市集為主，並非以遠程貿易為發展的目標。這種小規模貿易僅能滿足自己的需要，無

---

9 相比之下，中古歐洲的城市多為製造業與研發中心，因此製造業、科技與研發帶動專業分工與貿易發展。因此中古歐洲的城市可以自我成長，無須仰賴鄉村，且可與鄉村產生良好的互動關係。

法帶動整體經濟的發展。這足以顯示：羅馬經濟仍以自給自足之經濟型態為主，這使得羅馬無法更進一步發展商業和製造業，亦即經濟結構難以突破。雖然羅馬也有遠程貿易，如與中國的貿易，但多屬奢侈品貿易，且佔總體經濟之比例甚微，無法產生結構性之功能。這是因為遠程貿易、奢侈品貿易所需資本過大，因此多集中於少數人手中，對於整體財富之成長，幫助不大。此外，奢侈品貿易的對象多限於高級菁英，對中下層人士的利益並不大。

3.羅馬城市擴張所需之成本多源自募款、貢賦、榨取鄉村等。這種現象與羅馬化、公民制度相關。羅馬為發展羅馬化，乃在新征服地區建立羅馬化城市，或鼓勵舊城市更新。但因為經費龐大，因此羅馬鼓勵地方菁英、富豪加入，並以官職、議員、包稅、公民權等利益誘使他們投入建設城市的運動，尤其是經濟原本就較富裕的近東與北非。地方菁英間也彼此競爭，相互炫耀財富、權勢，因此紛紛出錢出力以投入建城運動。此一政策在羅馬盛期頗發揮功效，致使羅馬城市日益繁榮與規模化，但是在三、四世紀之時，羅馬經濟陷入困境，無法突破，地方菁英的財富也隨之縮水。於是，地方城市無以為繼，遂開始出現衰微的現象。此時，羅馬政府乃採取強制政策，不准議員退職或辭職，許多地方議員紛紛逃跑，地方城市的維持也就不了了之。總而言之，羅馬晚期的經濟衰微影響城市發展，城市的衰微與荒廢更加速經濟的惡化，兩者成為惡性循環。

4.羅馬城市多建在原本之部落或農業中心，例如阿爾卑斯山以北的北歐地區。在歐洲，羅馬大大小小的城市約有 300 多個，但多非商業、製造業中心，而是原本的部落中心，或是農業聚居的地方。羅馬將這些地方接收以後，改為行政與駐軍重鎮。行政與駐軍等力量也有加速地方城市發展之功效。但是這些城市既非商業城，也不是製造業城，且多仰賴農業，亦即城鄉分工尚未建立起來，因此容易受到經濟波動的影響，且無法自立。只要碰到帝國式微、農業經濟不景氣，城市就退回原來的村落型態，或消

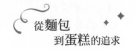

失了。但是，羅馬建設的遺跡仍足以提供後人使用。許多近代歐洲的城市，甚至中古的城市，都是建立在羅馬城的遺址上。一旦經濟條件許可，歐洲城市就能很快的興起，這些多拜羅馬之賜。

羅馬式微後在近東與北非所留下來的城市，多是原本的商業、製造業中心。至於西部的城市，因無法建立強大的自給基礎，因此容易受到政治的波及。這是因為大多數城市的建立、運作與維護多依賴帝國的行政與軍事力量。因此，一旦行政、軍事衰微後，城市亦隨之不保。反倒是近東與北非的城市，原本就有悠久的傳統且自成體系，擁有強大的自我發展能力，因此不受帝國衰微影響。帝國晚期，東方重於西方，就是源於此。於是，戴克里先、君士坦丁等羅馬皇帝只好移居東部，以東部的財富支持帝國的運作。

羅馬城市之發展猶如羅馬經濟發展的縮影。羅馬大多數的城市因農業經濟、人口成長與集中而出現，亦依賴農業經濟的維持與成長。中間雖有製造業與商業貿易，但均不佔重要比例與地位，對整體經濟發展之貢獻和效益有限。因此，當農業經濟、總體經濟崩解時，城市亦隨之衰微。事實上，羅馬農業經濟，一如上古其他地區的農業經濟，多是仰賴強大的組織與制度化的行政體系支撐、維持與運作。農業經濟也通常較需要強大之行政體系，以強調穩定、安定、安全和秩序。當行政組織崩解時，農業經濟即開始衰微。

羅馬帝國晚年的城市失敗，在於經濟無法突破、經濟無法轉型以擺脫農業經濟的限制。這顯示：羅馬城市，尤其是西部的歐洲城市，無法建立並發展成為製造業、科技、資訊交流與貿易的中心，進而達成與農村之互賴與分工的經濟體系。事實上，羅馬城也一直依賴鄉村過深、過重，無法獨立並轉而帶動農村的成長，一如中古與近代的歐洲經濟體系。

七、市　集

　　羅馬的市集，類似現在的百貨公司，構造非常複雜，有三、四層樓高，同樣的商品都聚集在同一區販售，還有許多酒吧、酒館、旅館、速食小攤（販售便宜的冷食）。儘管來這些場所的以下層人士居多，但仍有些上層社會的人士會到這裡，特別是貴族的年輕子弟，他們為了擺脫父親的權威控制，經常流連這些場所，甚至在這搞破壞秩序的陰謀，於是引來官方的注意，皇帝提庇留乃限制速食攤提供飲食的量，甚至包括麵包和蛋糕的量。又像是尼祿（Nero，54～68 年在位）甚至規定酒館只能賣蔬菜和乾豆，目的都在減少聚眾的機會。

　　從龐貝城 (Pompeii) 出土的遺址中，可以發現外食的速食攤、酒吧和酒館。有的地方可以坐著吃，也有站著吃的。酒吧內的屋頂上經常掛著香腸、蔬菜、火腿，以及其他食物。顧客在酒館飲食，也賭博、擲骰子。餐館、酒吧內煙霧瀰漫，讓人難以睜開眼睛。一位主教就記載他最後選擇在屋外吃飯，只因為受不了屋內的煙霧和味道。

八、家　庭

　　一如古代近東與希臘的家庭，羅馬的家庭也是由父母、孩子、奴隸等成員組成，是一個血緣單位，也是一個生產、消費的經濟單位。家務事由婦女、奴隸做，父親與兒子是家中的決策者。父親被稱為 *"paterfamilias"*，權力非常的大，包括孩子的財產與婚姻權，甚至有權決定孩子生死。例如一位元老將政治理念不同的兒子殺了，又如父親若覺得家裡的人口太多，或是不喜歡新生嬰兒，就可以將他們遺棄。進入帝國時代，皇帝奧古斯都首開先例，開始限制父親的權力，於是出現殺死兒子的父親會被判死刑。不過父親仍有權力遺棄嬰兒，就算皇帝幾度詔令禁止，成效仍不大。

　　假如一位父親沒有留下遺言就死了，他的兒子與女兒可以平分遺產，

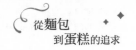

如果其中一位兒子死了，他的孩子可以分產。由於嬰兒的死亡率很高，有的家庭就會面臨絕嗣的危機，他們可以收養其他的小孩以解決問題。

羅馬人一如其他古代人，將婚姻當成聯盟、家庭企業一般的經營。對許多羅馬人而言，婚姻目的不過在生產孩子。尤其是公民的婚姻，目的不過在創造新的公民，因此與一位不孕的妻子離婚是正當的理由。情婦與妾在羅馬貴族中也非常流行。譬如凱撒就有許多情婦，以致當時的人戲稱他是為了要生非常多的小孩，還有人嘲諷說：凱撒是所有女人的丈夫，也是每一位男人的妻子。

老夫少妻，在羅馬也很常見，譬如老加圖（Marcus Porcius Cato，西元前234～前149年）在很老的時候要再婚。於是他問他的祕書：「你的女兒是否有對象？」祕書回答：「沒有。」請老加圖為自己的女兒介紹對象，老加圖就將自己介紹給祕書，祕書先是非常驚訝，因為他認為老加圖的年紀太大了。但是當他弄清楚老加圖是認真的時候，也就欣然同意了。另一位羅馬貴族小普林尼（Pliny the Young，61～113年）也是在40歲時娶了一位十來歲的少女，他對這位小太太也非常滿意。

一般女孩訂婚的年齡為12歲，有時候更早，許多小孩還在嬰兒時就訂親了，例如奧古斯都的女兒，在兩歲時就跟安東尼訂婚了。羅馬的父親也會為女兒準備一份嫁妝，作為未來生活的保障。嫁妝可以是塊土地，也可以是分期付款的現金，嫁妝的多寡通常符合父親的社會地位，「羅馬法」允許在婚後10個月內付清嫁妝。婚姻的戒指是戴在新娘的左手中指，因為那根手指被認為可以直接與心臟相通。

女兒結婚後，父親的權力就轉給丈夫，許多著作顯示丈夫對妻子有絕對的權力，一位先生甚至殺死了一位喝醉的妻子。羅馬的文人還認為丈夫這樣做沒有錯，他們認為一位喝酒沒有節制的婦女，會使她的美德受到極大的風險。

婦女也不能算是羅馬公民，因為她們沒有投票權，也沒有參與政治的

權利。但是皇家的婦女或是權貴之家的婦女,都能透過她們的個性與私人權力管道,發揮重要的影響力。奧古斯都的妻子莉維亞 (Livia) 即為一例,奧古斯都的許多政治決定都受到她的影響。莉維亞在慈善事業中也非常活躍,她贊助許多建築、慶典以及宗教的貢獻。羅馬皇帝埃拉伽巴努斯(Elagabalus,218~222 年在位)甚至讓他的母親在元老院中擁有一席之位,還特別修訂女性的禮儀和官方服飾。

在家中,媽媽還得負責女兒的教育,許多貴族與有錢人家的女兒都可以受到非常完善的教育。教育的主要內容與目的在培養女兒們的管家能力,如奧古斯都要他的女兒學習紡織的技術。羅馬人所期望的女德,如同一個墓誌銘所說的:她擅長紡織羊毛,恪守虔誠、中庸、溫順、節儉、貞節的美德和喜歡待在家裡。至於兒子的教育,上層社會人士的小孩通常會接受高等教育,貧窮的小孩則沒有受教育的機會,有錢人家多喜歡讓希臘奴隸擔任小孩的家庭老師。但也有一些人認為以希臘奴隸教小孩會有不少的後遺症,像是老師不敢太嚴厲的督促學生、對羅馬歷史和傳統傳授不足,因此有些羅馬貴族喜歡自己教育小孩。例如老加圖特別為兒子寫了一本《羅馬史》,還教孩子拳擊、摔角和游泳等課程,他尤其強調孩子的道德教育。羅馬也有學校,但是效果不是很好,因為老師的地位不如孩子的家庭,因此不是不敢管教小孩,就是受到小孩的欺負。

九、奴 隸

羅馬的奴隸市場非常活絡,政府對於奴隸市場訂有嚴格的規範。奴隸販子必須誠實標出奴隸的優缺點,如是否曾經逃亡等,掛在待出售的奴隸脖子上。奴隸的價格也是南轅北轍,通常身懷技術的奴隸售價高,例如有文獻顯示一位貴族花 70 萬賽斯特斯買了位號稱語言學家的奴隸;另一位貴族則抱怨他花 2 萬賽斯特斯,卻買了一個白痴。這些貴族在奴隸市場上競價,相互競爭以炫耀自己的財富與權勢,這種消費行為在經濟人類學上稱

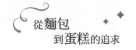

之為「炫耀型的消費」(conspicuous consumption)。

㈠奴隸從哪來？

大部分的奴隸來源是戰俘，尤其是帝國初期時，奴隸的人數隨著帝國擴張而大幅增加。譬如，羅馬在征服迦太基以後，將 6 萬名左右的迦太基人降為奴隸。高盧的溫內提部落 (Veneti) 在西元前 56 年叛亂，凱撒將他們征服後，殺光了主要的首領，便就將剩餘的部落人民全數送去當奴隸。征服猶太後，大約也有將近 10 萬人淪為奴隸，其中 17 歲以上的奴隸更被送往埃及競技場去格鬥。

除了戰俘外，許多海盜和盜匪也擄掠行人、水手、商人當奴隸。海上的海盜尤其凶猛，他們將擄掠到的整船人，包括船長、搖槳手（一艘船往往有 100～200 多位的搖槳手）、旅客全數送到奴隸市場。有一回，年輕的凱撒也被海盜俘虜了，他警告他們一定會報復，但海盜還是決定要勒索一筆龐大的贖金。儘管海盜非常善待凱撒，但凱撒心意已決，當他被贖回後，立即率兵平服海盜，然後將他們全數送上十字架。

除了戰俘、擄掠外，不少人因為受不了稅負或經濟的逼迫而自賣為奴。譬如，羅馬共和時代的蘇拉（Sulla，西元前 138～前 78 年）因為戰爭而加重亞洲的稅負，當時有許多人家付不出稅來，只好先賣兒子、家人，最後再把自己賣為奴。一些父親將不想要的孩子賣為奴。奴隸的小孩因為奴隸主負擔不起，或是想賺錢，也會被送到奴隸市場。罪犯也是奴隸的主要來源之一，不過罪犯奴隸通常是被送到工作環境最艱辛的礦場、採石工廠，或是修築公共工程。

㈡公共奴隸和私人奴隸

奴隸可分為公共奴隸和私人奴隸。公共奴隸屬於國家或城市所有，他們大都在神廟、澡堂、公共建築內工作，有些幫忙政府機構處理文書行政、

建設、娛樂、糧倉、道路修築等各式雜事。公共奴隸中有一部分為皇家奴
隸，他們是在皇宮裡服務的，包括皇家的供水等工程。

　　至於私人奴隸，幾乎每位貴族都有私人奴隸，尤其他們的莊園中更是
奴隸成群[10]。例如一位城市的長官，家裡擁有 400 多位奴隸，最後這位長
官卻被奴隸暗殺了。在羅馬的文獻記載中，還有妻子與奴隸合作殺死了先
生。有的貴族對待奴隸非常苛虐；有位貴族經常將他不喜歡的奴隸丟到河
裡餵魚。

　　在家庭裡服務的奴隸生活遠比在工廠、礦場工作的奴隸要輕鬆許多。
許多家庭奴隸都是受過教育或技藝訓練的，這類的奴隸市場價格相當高，
尤其是來自希臘的奴隸。他們可以擔任祕書、家庭教師、醫生或記帳人員。
擁有技術的奴隸則在作坊裡工作，理論上他們的工資屬於主人所有，但是
一般主人會留點錢給奴隸存起來，好讓他們贖回自己的自由。奴隸也會組
織自己的工會，但是他們的工會並不帶有職業工會的性質，而是互助、聯
誼的性質，奴隸期望工會提供一些節慶饗宴，或是死後可以得到有尊嚴的
葬禮和埋骨之所。

㈢奴隸們的生活

　　奴隸的家庭經常無法維持完整性，也沒有擁有財產的權利，奴隸的財
產自動轉為他的主人所有。當一位奴隸婦女受到性侵害時，她的賠償是付
給她的主人，而不是她自己。至於若是她的主人侵犯她，則無人過問。

　　不過，羅馬人也經常大方的解放奴隸，以致在羅馬城中，這種被解放
的自由人特別多。不過，不是所有的奴隸都是被善意解放，許多年老體弱
的奴隸被解放，原因是主人想減少負擔。然而這些被解放的奴隸卻成為社

10 奧古斯都曾經禁止進口過多的奴隸，以免妨害羅馬人的工作機會，但成效不彰，
　　加上羅馬人對奴隸的依賴愈來愈重，許多商船和戰艦都需要大批的奴隸搖槳手，
　　礦場對奴隸的需求量也非常大。

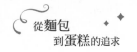

會問題，為此奧古斯都曾下令限制解放的人數，但是成效不彰。

　　奴隸的解放通常是經過公開的儀式，必須在官方見證下進行，主人用一根柳條碰觸奴隸的身體，並宣布這位奴隸不再是他的財產。但也有私下解放的，就是邀請奴隸到飯桌上吃一頓飯。這些奴隸雖然被解放了，但仍維持與過去主人的良好關係，或成為昔日主人的部屬。有的解放的奴隸改姓了主人的姓，死後則葬在主人家的墓園中。解放後的奴隸可以有很多的機會，尤其是希臘奴隸。他們在解放後通常會擔任公職，甚至可以做到很高的官，負責重要的事務，如財政、鑄幣等工作。

十、輕商文化

　　整個羅馬流行的文化價值觀屬於土地貴族的價值系統，這些土地貴族覺得商人階級是國家與社會的威脅，認為商人的成功是因為他們的巧詐，而不像貴族是以行為、理想和道德價值取勝。我們在許多羅馬的書中發現當時的知識分子極力褒揚農業所象徵的價值體系，如樸直、勤儉等，並以不同程度的敵視態度對待商業，這種「重農輕商」的態度較不利於商業與製造業的發展。

　　例如著名的元老西塞羅　（Marcus Tullius Cicero， 西元前 106～前 43年）承襲希臘哲學家的態度，將職業分成兩類，主張適合貴族與紳士的職業是醫生、建築師、老師，相對的，出勞力的工作則適合鄉野之人。出勞力的人包括奴隸、「那些從大盤商買進來，然後立即零售出去的商人」、所有的商人和製造業者。從這個例子可以得知阻礙羅馬製造業、商業發展的一大因素就是羅馬貴族的輕商文化，這樣的價值觀也影響著政府的官員，尤其是事務官，對於商業和製造業的管理，僅強調維持秩序，不太看重規劃與創意。

　　同時對於貴族而言，財富不是用來投資的，而是用來讓生涯規劃更上一層樓，展現個人的社會地位，例如將財富滿足部屬的要求或是資助公共

工程等。羅馬的貴族們還認為尊貴的財富必須來自經營莊園、戰利品，而不是來自製造業的財富。他們認為管理經濟，目的不在營利。

儘管羅馬的貴族無論在嘴上或是筆下都鄙視商業，但是仍有不少貴族投資商業，如銀行與海運，又或是經營遠程貿易。不過貴族們多委任奴隸或代理人經營，像是老加圖，他透過商業投資賺了不少錢。

十一、小結：羅馬經濟的成就與限制

古代經濟的尖峰期應為一、二世紀，亦即羅馬統治的年代。羅馬的貴族表面上輕商（含輕視勞力的製造業），但是卻有不少貴族實際參與商業行動。儘管如此，羅馬的法律仍然保證企業擁有相當的自由度，並保障商業行為的合法權。「羅馬法」對於契約和財產權都有嚴格的規範和保障，對於商業糾紛也能提供快速、方便的處理管道。隨著羅馬軍團的腳步，地中海和近東地區也受「羅馬法」的影響，更有利於商業的進行。

羅馬的和平與統一刺激人口的急速成長，據估計羅馬帝國總人口約6,000萬至1億人左右，對於經濟發展來說是一大利多，如市場的擴張、勞力的供應等。同時經濟的繁榮有助工資的提升，據估計一世紀羅馬城的一位工匠，其工資約相當於1850年代英國工廠工人的薪資，也約相當1929年義大利工廠勞工的薪資，甚至比今日亞洲、非洲和拉丁美洲許多地區的城市居民或農民的經濟狀況都要好許多。

然而到了二世紀末（約相當羅馬皇帝奧理略在位時），羅馬經濟已然開始出現諸多衰疲的現象，如地方勞工的缺乏以及通貨膨脹等問題。這些病徵到了三世紀時更為嚴重，特別是通貨膨脹的問題。為了防止通貨膨脹的持續惡化，羅馬皇帝戴克里先採取固定工資與物價的政策，同時大力整頓官僚政府和財政體系，但仍無法解決基本的經濟問題——農業與商業。

在農業部門方面，羅馬經濟的基礎與繁榮全仰賴農業剩餘財富的多寡。透過稅收，羅馬政府將農村的剩餘財富徵收與集中起來，以供應城市、軍

隊、官員之所需。因此，如何有效鼓勵農村多生產以及有效徵收農村的剩餘財富，就成為羅馬政府的一大議題。此外，徵收來的農村剩餘財富還得仰賴商人和便捷的交通設施分配到帝國各地。然而，日耳曼的侵擾導致交通受阻，不僅影響農業剩餘產品的分配進行，還嚴重干擾了商業的進行。當然，政府官員的腐敗和低效率也加速惡化此一問題。到了羅馬末期，不僅盜匪橫行，甚至連得不到足夠補給，或紀律崩潰的軍隊亦加入盜匪行列。

當政府收到的糧食不足，以及通貨膨脹時，遂採取加稅的措施，以致稅愈來愈重，農村的負擔也亦日益沉重。根據古代的習慣，貴族多免稅，於是許多大地主與莊園主人都免稅，而稅的重擔都落入了一般中小自耕農的身上。於是許多自耕農遂逃離村莊，或放棄農業而避居城市，成為城市的無產遊民，以致城市的需求日益龐大，更加深了農業部門的負擔。早先的時候，羅馬的稅是以貨幣的形式繳納。但是當通貨膨脹日益嚴重時，亦即糧價、物價日益高攀時，政府收到的收入尚不足以應付軍隊和官員的需要（亦即無法購買到足夠的糧食與必需用品），故戴克里先時改採實物徵收制。實物徵收雖然解決了官糧、軍糧的問題，卻不利貨幣經濟和市場經濟的進行。許多農民被迫改種政府徵收的糧食作物，為的是應付繳稅的義務，但如此一來，就無法為市場耕種，市場因而萎縮。

由於稅過重，非一般小農所能負擔，於是許多小農不是放棄土地逃跑，就是將土地與自身的自由獻給大戶人家逃避稅役以求自保。當市場運作日益萎縮，城市又淪為無產階級的地盤（不再是製造業或商業的重鎮）時，許多貴族或大地主開始從城市退回自己的莊園，並努力經營自家的莊園好成為自給自足的經濟單位。貴族的大莊園因吸納了眾多的投靠者，包括昔日的農民、工匠、商人等，於是莊園內遂發展出金屬、製衣等小型製造業，為的是滿足莊園內部之所需，而不是為外面的市場而生產。

當戴克里先發現固定物價與薪資的措施失敗後，遂決定採取更激烈的手段以滿足政府和軍隊的需求。他於 332 年下令將耕種者綁在土地上，同

時規定所有的職業世襲，以確保「業各有人」，甚至連市政府的行政人員都是世襲的。最後的結果就是：羅馬的市場經濟崩潰，羅馬重回以物易物的交易經濟。經濟嚴重萎縮導致人口減少、城鎮和都市消失，僅存的人都躲到莊園中，莊園遂成為政治與經濟的中心和單位，古典時代亦為之結束。

這些小型的市集或地方市場因強調地區的經濟需求，而發展出獨特的地區文化、意識，以致到了帝國晚期，強烈的地方意識與地方利益取代了大一統的帝國意識，因而危害到大一統帝國的整體性。同時，地方市集或小型市場的售貨量不大，利潤不高，因此不能進一步刺激商品的專業化和量產，這又不利大型市場（如區域或國際市場）的發展，於是羅馬的商業經濟一直無法起飛，整體經濟也就持續衰退；經濟當然就影響到政治的發展。

不少學者將古典經濟的崩潰歸之於科技的因素，也就是古代羅馬人無法在科技上求得突破，以致無法刺激經濟的起死回生。其實，古代人的科學相當發達，如希臘人的哲學和數學等，而羅馬人的工程技術亦非常先進，但多限於公共方面如築路、修橋、拱型建築等，對於日常省力的科技卻無法突破。這是因為古代人包括羅馬人在內，對於講求技術的工藝或工匠不重視，一如中國古代士大夫將日常的發明鄙之為「雕蟲小技」而不屑為之，以致不願投入發明日常省力工具的行列。另一方面，由於古代菁英或貴族不屑與出勞力的人為伍，也不屑過問勞力事業，因此不能指望他們發明什麼可以減輕勞工或奴隸負擔的工具或技術了，同時他們也不知道日常經濟生產所需的工具或技術應為如何。於是當他們被迫投入發明日常生產工具時，卻不知從何著手，也不能發展出適宜的工具。由於缺乏工具與生產技術的突破，以致古代的經濟與生產無法維持成長。

羅馬早期人口成長有利經濟發展，然而到了 250～400 年間，因黑死病羅馬人口縮減了 20%，人口的縮減意味生產力的減少與市場的緊縮。更糟的是，羅馬帝國基於邊防的理由，不斷的增加兵額，兵多意味增加不事生產的人口，故亦不利經濟的生產。總之，羅馬晚期生產力下降的原因，除

了人口銳減外，不事生產的兵多也是一項重要的因素。

羅馬晚期的莊園經濟也不利於科技的發展。羅馬的貴族一直仰賴奴隸的勞力，並沒有意願去發展省力的技術或工具，不少羅馬的農業工具能從共和時代用到帝國晚年就是一個明證。從三世紀開始，愈來愈多的羅馬貴族提早從政壇退出，回到自己的莊園養老，甚至更多貴族不再過問政事，只專心經營自己的莊園。他們對於私人企業的關愛逐漸高過對國家應盡的責任，以致帝國日益無人聞問。很多學者將羅馬帝國晚期的貴族比擬為中國晚清的滿漢大官，中國的滿漢大官長期文質化、寄情山水文墨、退出商業的結果，使他們喪失了處理問題與危機的靈敏頭腦，因此當中國官員驟然遇到東來的洋商時，竟不知該如何是好。

最後，莊園的蓬勃發展，再加上城市的重稅與日益萎縮的經濟機會，促使愈來愈多的城市居民轉進鄉村，終於導致城市文明的消失，而代之以鄉村文化，這又好像回到古代邁錫尼文明之後的黑暗時代。

儘管羅馬帝國崩潰了，但東西方仍有不同的命運和發展。在東方，即東羅馬帝國或拜占庭帝國，仍保留完整的官僚和軍隊體系，因此它能利用強大的行政和軍事力量維持市場經濟所需的穩定秩序，同時它也能夠以官僚和軍隊的龐大需求刺激經濟的再起，故羅馬帝國晚年已經將行政和軍事重心移往東部，當帝國淪亡時，東部還能維持，西部就無法維持運作了。

根據糧食貿易與市場經濟的關係，近日學者對於「羅馬是否已經進入市場經濟階段」提出不同的看法。這項問題也涉及到「奴隸在羅馬的經濟中扮演的角色」，以及「羅馬為什麼沒有發展出像近現代的工業革命」等一連串相關的問題。

昔日學者認為羅馬經濟不是市場經濟，主要理由是因為羅馬勞工多屬奴隸，以致勞力市場不發達。但是晚近史家，尤其是經濟史家，認為羅馬的奴隸所佔勞力市場的比例沒有想像中的高。羅馬的勞力市場仍以自由勞工為主，而且許多自由勞工多源自於被解放的奴隸。在羅馬，解放奴隸是

常見的事。解放的奴隸多可以從事工藝、銀行、貿易等行業，並享受與一
般公民同樣的待遇。為了分享奴隸賺錢的成果，羅馬主人多鼓勵奴隸從事
職業訓練，故羅馬奴隸的技術水準都不太差。同時表現良好的奴隸獲得解
放的機會較高，因此羅馬的奴隸遂有增加生產的誘因。這與昔日傳統學者
認為奴隸是導致羅馬生產力低落、技術低落，乃至經濟不發達的說法全然
不同。

　　傳統史家又認為羅馬因為奴隸的勞力多且便宜，因此沒有發展、研發
科技的誘因，乃至經濟無法突破。但是根據晚近羅馬考古經濟學家與經濟
史家的研究與觀察，羅馬的科技其實非常發達，新科技的傳播速度也非常
快速。羅馬為了應付龐大的市場需要，很早就有專業化、標準化的出現，
專業化表現在羅馬帝國各地區生產分工的現象上，例如義大利生產橄欖油，
其他地區生產糧食、酒，以追求最高的經濟效益；標準化則表現在裝運糧
食、酒、油所需要的陶罐或日常生活的用品與器皿上。

　　最後加上羅馬重視教育，以致羅馬具備發展市場經濟所需的一切東風，
因此羅馬的經濟應該屬於市場經濟的型態。羅馬經濟的發展成就不輸給歐
洲近代早期的先進國家如荷蘭、英國、法國。但是羅馬畢竟沒有工業革命，
或許是因為他們不像英國，沒有便宜的煤、鐵等天然能源。

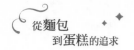

古代經濟綜論

　　古代人在經濟資源匱乏下努力發展經濟，從滿足生存需要的麵包階段，到追求品味與感官享受的蛋糕階段。在這段艱辛的過程中，人類發揮了極大的組織力量，由聚落村莊到城鎮、國家，甚至達到更大單位的帝國。透過帝國的殖民與戰爭，許多科技新知可以交流與傳播，進而有利經濟的發展。

一、帝國組織發展的影響

　　在帝國組織發展的過程（從薩爾恭的阿卡德帝國至羅馬帝國）中充滿戰爭與征服；戰爭則促進科技與生產技術的進步，亦有利經濟的發展，帝國政府所組織的遠征軍或商隊對於科技的散布亦貢獻良多。他們不僅將科技散播到極遠的地區，同時又帶回所需的原料、資源，對於經濟的發展貢獻頗著。中央政府所制訂的法律亦對上古的社會經濟功能大有幫助，如維持秩序、促進貿易成長、區域分工專業化和勞力分工等。

　　許多有利經濟發展的發想並非出於政府的規劃或資助。上古人士很早就有「利潤最大化」的概念，特別是在農業部門，在埃及的亞歷山大圖書館中就保留了不少這類的作品。這些農業論著，有不少是寫給大地主及其莊園經營者看的，目的在教導他們如何增加土地的收成。

　　上古的每個政府組織都非常注意增加農業生產，並採取各種適應氣候

與地形的方法。以地中海區為例，由於特殊的氣候和地形，數千年來最適宜的耕種方式為旱耕或乾耕法。至於近東或兩河流域、埃及則採取密集式的灌溉法；灌溉式農業需要高度組織與有訓練的勞力。灌溉式耕種法由於成本過高，因此必須在使用率高的地區方才適用，至於人煙稀少、耕地分布疏闊的非洲、西班牙等地則不適宜。

　　無論哪種耕種法，俱屬於高度的勞力密集，亦即每個生產單位都需要密集的勞力，因此並非單獨作業的個人或私人產業（即中小型的自耕農）所能負擔的。因此，為了增加利潤、剩餘產品、賦稅等目的，農田的規模愈來愈大，最後出現了莊園制，即由大地主採取廉價勞力部隊（如雇農與奴隸）的密集耕種方式。這種大單位、大地主、大莊園式的農業生產方式在愈是肥沃的地區愈是流行。上古近東神殿、宮殿的農業生產，也是屬於大單位的耕作方式。

二、造成地中海區繁盛貿易的原因

　　若從同質性強的地理環境條件來看，地中海地區其實並不利貿易的發展，尤其是到了西元前五世紀起，幾乎所有的地區都種植地中海三寶（穀物、橄欖與葡萄），產品單一。同時，地中海地區受到山、河、沙漠等地理分割，單一地區顯得小又獨立，以致市場不大，也難仰賴外來的資助，因此各地皆盡力發展自給自足的經濟型態。

　　從上述這些論點來看，地中海區每個小區生產的東西都極為相似，因此可交易的物品不多，但若更為仔細、深入的探究，其實每個小區皆有其差異，有的地區土地比較肥、比較平坦，雨水的分布與氣候條件也都恰到好處，於是這些地區的產量不只能滿足自己的需要，還有剩餘；但是較貧瘠的地區，生產量甚至不夠自己食用，必須要仰賴進口，這一多一少的情形就有賴貿易交換。另外像雅典、羅馬等大城市，由於人口過多，當地作物產量無法支應所有人口，以致他們需大量進口穀物、橄欖油和葡萄酒。

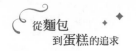

除此而外，每個地區的製成品無論在樣式、技術上都不盡相同，以致產品差異性相當大，譬如陶器的樣式就有很多種，即便雙耳陶罐的花樣也非常多樣。又如，儘管每個地區都種植小麥，但小麥的品種也有很多種類，不同小麥的用途也不一樣，有的適合做高級麵包，有的適合做一般的麵包，有的僅適合做啤酒。更何況，每個地區的人，他們的口味和品味也都不同，許多人不一定喜歡本地產品，反而喜好外國進口品。在這種情形下，地中海的貿易就變得非常重要而且繁盛。

地中海地區的實際發展顯示出貿易的重要性，甚至讓不少古代的思想家相信貿易是人類的天性。例如，希臘的哲學家柏拉圖就曾經說：「幾乎沒有一個國家不需要貿易。」亞里斯多德也曾經說過：「交易是人類的自然天性。」基督教早期的教士更說：「上帝讓地上充滿了東西，但是祂給每個地區一些特別的東西，於是基於需要的動機，我們彼此溝通、彼此分享，將我們豐富的東西給別人，再從別人那接收我們缺乏的東西。」

考古資料也證明，地中海區的貿易史淵遠流長。早在石器時代地中海地區就已有貿易的進行，到了蘇美城邦時代，更是出現了有組織的貿易商隊和貿易行為。城邦政府不僅支持大規模的商隊，還派遣遠征軍。遠征軍除了進行經濟掠奪外，也進行和平與自願式的貿易活動，因此有時候掠奪或貿易是很難區分的。

早在西元前 3000 年左右，地中海東岸就已經出現專門從事地中海、埃及和兩河流域轉口貿易的民族，腓尼基人最為著名。腓尼基人應是最早的專業商人，他們甚至從事波斯灣、印度、紅海間的轉口貿易。有很長一段時間，腓尼基人成為埃及王室的特權商人或商業代理人。在他們貿易的項目中，最值錢的是賽普勒斯的銅、黎凡特的香柏木。為了便利商業的進行，腓尼基人還發展出許多商業與工藝技術，如紫色的染料，「腓尼基」(Phoenicia) 之名即來自希臘文的「紫色染料之國」。

腓尼基人亦採取城邦之制，其中最有名的城邦為色當和泰爾。繁忙的

商業活動也促使腓尼基人發明簡單的拼音文字。此外，他們還廣建殖民地，遍及地中海沿岸，從北非、薩丁尼亞和西班牙，其中尤以位於北非的迦太基最為重要。腓尼基人還遠渡大西洋到不列顛群島的康瓦爾 (Cornwall) 以取得錫礦。

地中海區的還有一個專業商人，就是希臘人。希臘人不同於腓尼基人，希臘人是從農耕民族轉而行商。早在邁錫尼時代，希臘人就活躍於愛琴海，從東地中海到西西里的海面上，都有他們的身影。後來經過黑暗時代，到了西元前八世紀，愛琴海儼然成為希臘人的內陸海。人口壓力迫使希臘人發展有組織且大規模的殖民事業。當時，從黑海到今日法國南部的馬賽 (Marseilles) 均被稱為「大希臘」(Magna Graecia)。希臘人透過殖民地將更多的人種拉入希臘的市場體系，甚至許多仍停留在新石器時代的「野蠻人」也加入了希臘市場，從而開始希臘化。

經濟日益複雜，利潤也隨之愈大，吸引了更多的人想要加入，於是就刺激了銀行、保險、合股公司等財金機構的出現。這些活動都是為了因應海上貿易而發展起來的，這是因為海上貿易需要的資金龐大、人手眾多，風險也大。為了分配工作、籌集資金、分擔風險，早在上古亞述時代就已經發展出兩地分工的合夥關係，一方在產地負責收購與留守，另一方到遠方去經營貿易。往後的「羅馬法」對於合夥的損失分擔、利潤分配亦有詳細的規定。

貨幣的出現，除了因應經濟的繁榮發展外，也彰顯當時的科技進步。在金屬貨幣出現前，古人多用其他的實物充當貨幣，以作為價值的標準，更是交易的媒介。通常這些交易的媒介如麥、布料等，物品並不出現在實際的交易行為中，而是以交易的貨品換算成這些實物媒介。這種交易媒介與方式便於商業的進行，譬如可以使得來自不同地區的更多人士加入市場的運作，從而刺激經濟的發展，終使古代經濟擺脫孤立的基本維生經濟 (subsistence economy)。

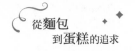
　　目前所知最早的金屬貨幣出現於西元前七世紀的小亞細亞。金屬貨幣不僅可以提升商人的聲望，還有利潤可圖，於是很快的政府就開始將鑄幣權收歸國有。官方的貨幣上更鑄有君主的肖像，不僅保證貨幣的公信力，更在彰顯鑄造者的榮耀。最早的貨幣其實屬於金銀混合的琥珀金（或稱洋銀），由於這兩個金屬的混合比例很難拿捏，於是出現純金的貨幣，但市面上通行的還是銀幣。

　　為了搭乘海洋貿易的順風船，古代人士對於船隻也作了許多改善，例如雅典的戰船是三層槳座，需要的划槳手更多，戰船也跑得更快，是當時先進的科技之一，雅典因其財富和先進的戰船得以抗衡波斯的霸權。儘管雅典進口貿易有逆差現象，但是可以經由船運和金融服務而得以彌平。總之，雅典賴其經濟優勢得以建設雅典，如推動大型的公共工程和建設巨型的公共建築，終造就了雅典文化的黃金時代。

　　不過，希臘城邦內部的紛爭卻消耗了希臘的經濟力，以致不能抵抗亞歷山大的入侵。相對的，亞歷山大的東征適時的解決了希臘世界的問題：當時希臘世界正面臨土地荒等經濟與文化的困境，東征得以另闢新天地。亞歷山大去世後，泛希臘世界仍維持了文化與經濟的一統性：希臘語成為從印度到大希臘區的通用語言。例如，亞歷山大港成為羅馬興起以前最大的都市，人口約五十萬。亞歷山大港得利於它的國際性進口貿易：除了傳統的埃及的出口品如麥、紙草、亞麻、玻璃外，尚有四方進口的外國貨，如非洲的大象、象牙、鴕鳥羽毛，阿拉伯和波斯的地毯，波羅的海的琥珀，印度的棉和中國的絲等。

中古篇

Chapter 6
中古歐洲的經濟與社會發展

　　有關「中古」(medieval) 的斷代在史學上有不少爭議。早期的史家將中古溯至 476 年西羅馬帝國的滅亡，晚近的史家則將中古起始自六世紀，以羅馬皇帝查士丁尼 (Justinian，527～565 年在位) 的去世為起始點，因為查士丁尼是最後一位一心想要光復與統一羅馬的皇帝，也是最後一位會講拉丁語的羅馬皇帝。

　　而中古歐洲的黑暗狀況，昔日的史家認為在羅馬時代，居住於萊因河、多瑙河以外地區的日耳曼等「蠻族」，都是不知耕種和沒有文明的「野蠻人」，加上羅馬淪亡後的大肆破壞，一直要到八、九世紀，歐洲才算復興，因此在此之前的歐洲都屬於「黑暗」的時代。但是近代考古學知識顯示：這些「蠻族」在羅馬時代就有農耕、工藝、貿易、城市等文明現象，只是沒有羅馬那麼精緻與發達。因此，真正的「黑暗」只有西羅馬帝國剛剛滅亡的那一兩百年的光陰。

　　而本書所指的中古，乃是泛指西羅馬帝國滅亡後到 1500 年左右的文藝復興時代盛期。書中提到的「中古歐洲」，其版圖與現今的歐洲版圖也有差距 [1]，以致方位的涵蓋面亦有所不同。

---

1 例如「歐洲北部」或「歐洲西北部」包括今日的不列顛群島、斯堪的那維亞半島 (Scandinavia Peninsula)、低地國 (Low Countries)、德國以及法國中部和北部地區。「歐洲南部」則涵蓋今日的法國南部、伊比利半島和義大利等地。

十世紀以前的中古早期年代，現今的歐洲西部、南部統稱為「西方基督世界」(Western Christendom) 或「拉丁基督區」(Latin Christendom)，即後來所謂的「拉丁歐洲」(Latin Europe)，以別於十世紀以後陸續加入的東正教與非基督教信仰區（如波蘭、俄國和東南歐等地）。即使如此，在早期的「西方基督世界」裡，地域的差異性也很大，區域間的疆界亦不斷的變動。

一、「黑暗時代」的形象

自十六、十七世紀以來，歐洲的中古時代就是以一個「黑暗時代」的形象存在於傳統史學著作中。所謂「黑暗時代」意味著：自人之初開始為了生存與麵包而與自然環境奮鬥，然後經過披荊斬棘的慘澹經營，終於進入到了享受蛋糕的文明時期。為了享受蛋糕，人們必須加強組織，以分工合作的方式集眾人之力，然後在精良的工具、管理與科技下，將麵包的階段提升到蛋糕的層級。於是，到了享受蛋糕的時候，生產與經濟生活乃有了更高層級的目的——追求與經營精緻的物質與精神生活。

然而，天不從人願，正當中古人們信心滿滿的享受文明成果時，卻晴天霹靂的遭到人謀不臧、戰亂等原因，於是人類好不容易累積了數千年、數百年的經驗、知識與成就突然中斷。人類再度回到追求麵包時期的與天相爭時代，竟日得為維續生命而奮鬥；當所有的先進工具與技術隨著文明而去的時候，人類只得重新拿起老祖宗的簡單工具如耙子、鏟子來耕地。相對應的，人類的生產與社會組織又由文明期複雜、精緻的國家、城邦和都市回到了上古的鄉村和村莊等單純的組織單位。

但是中古歐洲畢竟沒有完全退回到上古原點，因為兩個時代在類似的輪廓下卻有許多相異之處，我們將在後文一一提及。

二、農業發展

㈠土質、氣候造就農具改良

　　中古歐洲以農業經濟為主，但農業並非一直順利發展，在此段過程中，中古歐洲的農民從一開始就面臨遠比古代希臘、羅馬農民更為困難與棘手的問題。

　　首先，古代希臘與羅馬農民所耕種的土地多是位於歐洲南邊的地中海地區，此地區是已有數百年長期種植過的熟土[2]，農民累積了相當的經驗，對當地的氣候與土質都已知之甚詳。但是，中古歐洲早期的日耳曼農民卻大不相同，他們所耕種的土地絕大部分位於歐洲中北部地區，是屬於人煙稀少的蠻荒地區或是等待開墾的處女地。

　　其次是兩個區域的氣候環境和土質大相徑庭，例如位於歐洲南部義大利的土地多屬乾土，土壤也沒那麼濕重，因此用耙子、鏟子、鋤頭等簡單工具耙梳耙梳就好了。而且南部氣候相對乾燥，雪水沒那麼多，因此野草問題不太嚴重。

　　然而歐洲中北部就不是如此，中北部因為環境多水（包括雨水、雪水和沼澤等等），因此土壤非常的濕重，非得先將水抽乾，接著又要挖鑿溝渠以便排水，然後還要再費力的翻與耕，有時單靠人力或簡單的工具還不行，還得發明些銳利的工具才可以。肥沃腐質土是歐洲中北部土質的一大特色，比起南部的土地更適宜農作物生長，但相對的也適合雜草生長，因此中北部的野草長得快，容易蔓延，土不僅要翻得徹底更要翻得深。兩相比較下，歐洲中北部的氣候與土地都不那麼好處理，同時過去南部慣用的農具或技術在中北部也不一定管用，因此要在歐洲中北部發展農業，非得要有更精

　2　「熟土」指已經開墾過的土地，曾被翻動過，質地疏鬆，更適合作物的生長。

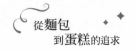
進的知識、勞力、工具與技術。

為了突破環境的困境，農民逐漸發展出銳利的農具，例如七世紀以後廣為流行的鐵製犁刀、犁套和輪子等，或是運用獸力操作重型犁車來犁田，才能翻得更深，同時也能節省更多的人力。實際上最早使用重型犁車的是東歐斯拉夫人，當時此地還不算是「歐洲」的地盤。中古時期，歐洲中北部的人們把重型犁車加以改良，並大肆傳播，重型犁車並非來自他們的發明，這種勇於向外「借來」的能力，若加以整合或融合，即能造就更新的生產工具與生產方式。

㈡團結力量大

中古的重型犁車遠比古羅馬時代的犁具更為厚重，無法以單人或單匹牲畜之力操作。由於牛的力氣不及馬匹，且牛隊較難管理，因此重型犁車通常用馬隊來拉，操作與管理馬隊就成為一門重要的技術與學問。同時這種改良過的重型犁車造價較高，並非農民個人所能負擔，因此農民必須集資合作，輪流或共同使用農具與馬匹。生產工具的改良意外地將農民們綁在一起，故此時少有獨門獨戶的農家，多是集體居住、集體耕作的村莊 (village) 或莊園 (manor)。

㈢有效管理

在管理方面，中古農民有不少突破。首先是善待生產夥伴兼工具的馬匹。人類使用馬的歷史極為悠久，但是古代人主要將馬用於打仗或交通運輸上，古羅馬人雖知將馬力用在生產方面如耕田或推磨等，卻是拿馬當牛來用（戰馬除外），因此在馬耕田或載貨前並沒有任何保護措施，隨隨便便拿一根普通繩子套住馬的口與肚子，然後就讓牠們拉重物。羅馬人也較不注重馬的健康與營養，以致馬的消耗量很大，如此不僅不能發揮馬的經濟效益，反而因馬的早逝而增加成本。

圖 13　馬匹犁田的情景

　　相反的，中古農民卻重新發現馬的用途，馬匹除了是重要的作戰與交通工具，同時也肩負生產工具的角色。為了善用馬力，中古農民對馬極盡照顧之責，如此不僅提高馬的生產力，也大大增加馬的使用年限，從而減少生產流程中的耗材成本。例如，中古農民為所有的馬（不限戰馬而已）配上馬蹄鐵以及各式馬具，如頭套、馬轡、馬鞍，主要是減少馬的身體與重物的直接接觸，以免馬因磨擦而受傷，特別是拉犁的口齒、載貨的馬背以及走長程的馬足、馬蹄等是重點的保護部位。其次是加入較營養的燕麥和裸麥於馬的飼料中以改善馬的營養，最後則是注重馬的健康與衛生。總之，如何養馬、照顧馬、使用馬都成為中古歐洲農民最重視的一門學問。

　　除了馬匹的保養與照顧外，中古農民對於土地的管理也相當重視。為了使土地能永續經營，恢復地力是土地管理重要的一環，中古農民採用的是輪種法。輪種法因地區、土壤的性質不同而分為二輪（二田）或三輪（三田）兩種。二輪種多分布於南部地區，因為該地區缺水、地貧，經不起密

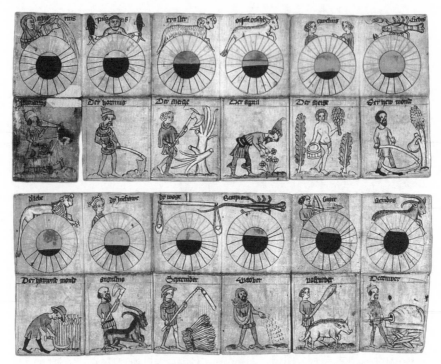

圖 14　中古月曆　以圖像的方式提醒人們每個月該做的農事。

集式的精耕。二輪種乃是將土地分為兩大塊輪流使用，一塊於秋天種植冬
麥，另一塊則閒置，偶而鋤鋤草，或放牧牛羊；牛羊不僅可以吃草，其糞
便亦有利地力的重生。

　　三輪種則多行於歐洲西部、北部，因為此地區水較多、地較肥，適宜
密集耕種。三輪種將土地分為三塊使用，第一塊春天種植比較不傷地力的
燕麥或有利土壤肥沃的豆類，第二塊秋天種植冬麥，第三塊則閒置，來年
再依序輪流更換。三輪種最大的好處在分散因天災、蟲害、植病而造成的
饑饉風險，好使年年都有作物可吃。

　　以上是大致的情形，但每個地區其輪種或輪休的土地面積並非一成不
變，常有機動性的變化。例如有的地區第一塊春種的地比種冬麥的第二塊
地要大，這是因為冬麥較難種，比較需要看天吃飯，風險大，產量又不多，

故一般農民不願多投資於此。

種種跡象顯示，中古歐洲的農民其實已具備有相當的管理知識與追求利潤的資本主義頭腦。

㈣多元產出

除了傳統的麥類栽植外，農民開始引進、改良其他作物，使作物更加多元，一方面能減少單一作物病蟲害風險，還可以因應不同的生長季節，種植不同作物。又或是在畸零地和房子的周圍種植蔬菜、水果，飼養家禽，這樣不僅能「地盡其利」，也可使人體營養攝取來源更多元，特別是植物性和動物性的蛋白質方面的提升，對於體質與勞力的強化有相當助益。

然而，村莊或莊園的多元化生產固然能夠分散風險，並達到自給自足的目的，但是付出的代價卻是生產量降低，亦即每種作物的生產量都不高，無法達到專業化生產下的量產結果，以致市場經濟不發達。

而在莊園或村莊四周的土地，以及閒置的輪休土地上放牧牛羊馬，則是常見的土地多元利用方式之一，特別是養羊的方式和上古粗放式的放養有很大的不同。

上古粗放式的養羊，費人力且需要較寬闊的空間，人和羊還得四處遊走，既不符經濟效益，亦不適合作為農耕社會的經濟副業。為因應農耕生活，中古農村採安全、精緻的圍籬圈地放牧法，這種放牧法所需空間不大，而且可以集中管理與照顧，節省不少勞力，甚至連小孩都可擔當照顧羊群的工作。但是這種精緻的畜牧業不適合獨立的小戶農家，因為農家個人的土地面積有限，無法施行圈地飼養法。於是為了飼養利潤豐厚的羊隻，中古時期的農家們必須集體居住，集眾人之地養羊，以致中古的草原地或放牧地都是村莊或莊園共有的，從而加緊了中古歐洲農村的集體化發展。

養羊的主要產出為羊毛，羊毛為農村帶來極大的收益，是中古農村的主要經濟動物，也是促進中古紡織業興起的主要助力。在中古歐洲的村莊

圖 15　牧羊人與剪羊毛的情景

間非常流行養羊，特別是英國與歐陸的法蘭德斯 (Flanders)，在莊園中就有
一部分的土地是提供農民放牧用的公用地，但是後來因為羊毛的利潤實在
太誘人，以致莊園領主不僅鼓勵養羊，甚至為了養自己的羊而侵佔莊園的
公共放牧地，導致貴族與農民經常為公共放牧地發生衝突，甚至引發農村
暴動。等到十五、十六世紀歐洲紡織業起飛，羊毛價格更是急速攀升，不
少貴族遂強佔公共用地乃至農民的種地，以放牧自己的羊，這就是有名的
圈地運動。

　　英國的貴族在強佔公共放牧地後，反將其行為合法化，此即圈地法案。
這波圈地運動長達數個世紀，在這期間許多農民被迫離鄉背井，或流落都
市成為無產階級的勞工，或者漂洋過海移民新大陸的美洲繼續務農；歐洲
的農民人數因而銳減，從而為工業時代鋪路。

㈤鐵的利用

冶鐵、鍛鐵和鑄鐵等技術的突破，亦是造成中古農村革命的一項因素。希臘羅馬時代即已盛行用鐵，但鐵多用在兵器或日用器皿類，至於鐵製的工具相形下就少了許多。然而這到中古時的歐洲卻大大不同了，鐵多用來製作生產工具，如犁田的犁車、伐木的鋸子和木匠的工具等，卻很少拿來製作烹調的鍋、壺等日用品類。中古歐洲無論在軍事、製造業或農業方面都需要鐵，由於鐵的需求量大且品質因功能不同而有所區隔與要求，以致中古歐洲的鐵匠在煉鐵過程中研發出不少先進的技術與相關的科技知識，例如首先將水力、風力使用在動力或能源上的就是冶鐵業，原始的鼓風爐即為一例。現今留存下來的許多中古文獻仍可顯示，鐵匠在任何地方、任何村莊或莊園都非常受到官府與民間的重視和尊敬。

㈥村莊與莊園制度

中古農業經濟因工作環境的需要，而發展出特殊的居住、生產、社會、政治與司法制度，即村莊與莊園兩種不同的耕作制度。

大體而言，中古例行的農事如犁田、種地或收成等工作都是以村莊為單位，因此村莊是中古耕作生產的基本單位，不過在村莊裡仍以家戶 (household) [3] 作為耕種的工作單位或工作小組。莊園既是一個大於村莊且較複雜的經濟單位，也是一個司法的單位，亦即農民納稅、力役、司法和政治管轄的單位。此外，莊園的生產流程與管理都較一般的村莊有組織與規劃。以下我們就深入探討村莊、莊園兩者的真實面貌。

---

[3] 一般而言，中古的家戶通常是兩代到三代的大家庭制，包括祖父母、父母、子女，以及未婚的叔伯姑姑，或寡嫂孤姪，以及協助家務的一、二位傭僕。事實上，中古的家戶乃是結合血緣、婚姻與住所的一種組織，與今日純粹論血緣的「家庭」組織不同。

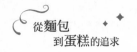

　　村莊的形成與日耳曼人的習性和早期的戰亂背景相關。日耳曼人早在上古時代就喜歡群居，通常是同屬一個家族或部落的成員居住在一起，這些聚落硬體結構簡便，易於流動遷徙。基於此種傳統，當日耳曼人入侵羅馬並落地生根發展農業的時候，他們很自然的就沿用這種聚落的型態，後來更演變成村莊；村莊的組織與結構都遠比聚落要繁雜，以致很難放棄或重建，從而限制了農民的移動性。另一方面，在戰亂頻仍的時代，聚眾而居也有自衛與保護的功能，因而吸引了不少農民自發組成村莊，亦即農民為了共同的利益而逐漸發展出來的社會組織，並非經過人為的事先規劃與設計。當然也有一些村莊的組成乃是出於有心人士的鼓吹與發動而成的。

　　大部分的村莊農舍通常位在村子的中央，每戶人家圍繞著水塘或青草地比鄰而居，農舍的外圍四周則圍繞著耕地。耕地分成一條條的，每條長度約相當一輛牛車或馬車一天能犁的分量，因為要牛隊或馬隊轉彎是一件很困難的工作，所以直接將耕地規劃為長條狀，耕作上比較便利。

　　村莊大小不一，可由十數家到上百家不等。等到九至十一世紀城堡與大莊園盛行後，中古村莊組織更是普遍，而且多是圍繞著具有安定力的城堡與莊園豪宅。此外，教區 (parishes) 的發展亦有助於推廣村莊組織，因為教區石製的教堂對農民而言是安全、安心的象徵，因此許多村莊多圍繞教區的教堂建立，不少擁有聖徒聖物的教堂更是村莊聚集的中心。這種村莊的景觀，一直到近代歐洲都還可以看到。

　　當村莊愈來愈具規模，都市卻因長期不振而市場萎縮時，許多工匠如鐵匠、鞋匠、木工、細木工和桶匠等遂陸續進駐村莊。相對的，當村民（以農民為主體）無法透過市場機制取得所需的工具時，更是歡迎工匠入駐村莊。由此可知，中古村莊經濟或莊園經濟的發展乃是市場經濟萎縮的產物，亦即時人無法透過市場機制或貿易經濟滿足所需的時候，只好自己生產各式所需物品。無論如何，有了工匠的幫忙，村莊農民的工具、住宅等也日益精進，生活品質得以大幅改進，經濟活動也開始活躍起來。不少稍具規

模的莊園，還將這些製造業組織起來，成立工作小組，在固定的場所集體
工作以便管理和增加生產，特別是由婦女組成的紡織隊伍。譬如查理大帝
（Charles the Great，800～814 年在位）為了吸引婦女為他紡織，特別指示
管家要提供婦女良好的工作環境，包括羊毛、亞麻、染料等原料，以及梳
子、肥皂、器物罐、油等生活所需。此外，婦女作坊還須有暖氣、客廳，
好使她們能在舒適的空間中努力工作。

　　總之，村莊不僅是中古百姓的經濟與社會活動中心，也是宗教的活動
中心。村莊中不僅有華貴壯麗的城堡或莊園主人的豪宅，還有農民居住的
小屋以及耕種的田地，村莊中不僅有農民組織，也有工匠的行會組織，更
有宗教的教會組織。值得一提的是，相對於上古存有不少桃花源式的孤立
村莊，中古則鮮少有真正遺世索居的孤立村莊存在。中古村莊與村莊間透
過市集、市場或教會等網絡彼此交流、整合，頗有助於中古歐洲的共識與
認同的摶成，以及大一統中古歐洲文化的形成。

　　村莊對於中古經濟與政治的發展頗有貢獻。中古盛期至近代早期的村
莊不僅成為自給自足的經濟單位，還發展出小型的手工製造業與商業，村
莊與村莊間的交易行為（市集）日益頻繁，許多村莊因而發展成都市，或
是刺激鄰近的都市興起，都市又轉而加速村莊經濟的活絡。因此，歐洲經
濟的復甦乃至興盛，村莊實扮演重要的角色，村莊經濟還有助歐洲整合型
市場的發展，即由村莊市場發展成都會市場，再至區域與國際市場，而連
接各層級間樞紐地位的即村莊。甚至到十八世紀工業革命前後，村莊仍是
製造業作坊生產的中心。

　　在政治管理方面，由於中古缺乏強而有力的中央組織，故中古的村莊
多採自治的模式。一般而言，村民每年集會一次，討論土地重新分配的事
宜，並決定一年的作物和輪種的方式，以及農具的使用方式等。村莊的重
型農具（如犁車）與土地均是共有的，為了維持土地使用的公平性，村民
通常一年或數年就會重新分配耕地，使每戶或個人的耕地分布零散，致使

土地與勞力的使用效率大打折扣，為歷代史家與農業經濟學者所詬病。

此外，即使附屬於莊園中的村莊，大部分的農業事宜也多由村民自行決定，貴族甚少干預，只有當事情擺不平時，莊園領主方才會插手仲裁。當然，村民其實很不喜歡莊園領主插手，因此為了避免讓莊園領主有插手控制的機會，村民多會協調、和解或妥協的方式自行解決爭端。在利益、安全與自治的考量下，村莊內部的凝聚力變得相當強，往往構成莊園領主權限或地主剝削的牽制力量，迫使貴族無論在司法管轄、租稅與力役要求方面都不敢太過造次。因此，中古農民與貴族間的關係比較相安無事，不像後來工業社會中資本家與勞工間的關係那麼緊張。

另一方面，經過數百年的嘗試與經驗，歐洲的農民養成了彼此合作、自我節制與自治的習性，這種經驗又影響了製造業、商業部門，成為後來公司與行會的源頭，「合作、節制、自治」等精神對於後來的民主發展也有很大的貢獻。然而，這種中古的村莊精神也有缺點，那就是抹煞了個人的獨特個性。為了維持團體的和諧，中古社會非常不鼓勵個人個性的發展，任何「特立獨行」的思想或行為在中古社會都會受到嚴重的打壓與排斥。

中古歐洲的莊園主要由莊園領主和農民構成。八世紀中葉以後歐洲逐漸發展出莊園制度，並有區域性的差異存在。一直到十一世紀，歐洲也只有西部部分地區比較盛行，當這些地區的莊園制度不再盛行後，東歐與俄國地區方才要開始發展莊園制度（約從十五世紀開始）。大體而言，農業經濟比較發達的英格蘭西南部、法國北部、日耳曼西部等地區，莊園制度既發展的早，也較為盛行；而義大利南部等古老農業區則較不盛行莊園制度。不過這些農業發達的地區，莊園制度或農奴制度也崩解的早，如法國、日耳曼西部、西班牙等地區到 1200 年時，農奴已不再是農民的主要組成分子，英格蘭的農奴在 1300 年時也已少見。

契約式的封建關係將領主與農民維繫在一起。莊園領主對於農奴具有保護與照顧的義務，而農奴則對莊園領主有盡租稅與力役之責，也有順從

和效忠之責。中古早期時，農民還有自由農與農奴之分，自由農擁有自己的土地與工具，僅以勞力換取莊園領主的保護，有的還有餘力向莊園領主承租土地耕種，法律上是自由人地位；農奴的土地與工具俱被視為莊園領主的財產，除了力役外，也有許多人身限制。然而隨著歲月的流逝，自由農與農奴間的區別日益模糊，很多自由農實質上都淪為半自由的農奴。

莊園領主則通常屬於貴族、教士、修道院、國王或大地主階級，但不是所有莊園的土地都屬於莊園領主私人所有。莊園的居民必須對領主盡一些經濟義務，如協助耕種或繳納莊園稅 (tallage)，同時還得受莊園領主的司法管轄與控制。有些莊園領主可以擁有一個以上的村莊，作為他經濟來源和司法管轄的領域。

中古農奴的出現實與其時代背景相關，古羅馬時代的農業生產力主要依靠奴隸，奴隸則大部分靠征服與擴張而來，有不少奴隸來自日耳曼人。但是等到日耳曼人入侵後，奴隸的取得變得愈來愈困難，於是歐洲的農業生產力只得仰賴一般的自由農，原來在土地上耕種的奴隸也趁機取得自由，成為自由農或半自由農。另一方面，時局的動盪不安，又促使好不容易抬頭的自由農為了尋找保護與安全，不得不攜帶自身的勞力、土地和自由轉而投靠強人旗下，如教會或修道院、日耳曼軍事強人或原羅馬的貴族。相對的，這些強人也亟需農民的勞力以生產糧食，因此在雙方各有所求的情況下，農民仍可以保留一些權益，而不至於完全淪入昔日奴隸的地位，遂演變出半自由的農奴。

中古農奴以租稅和力役的義務關係而附庸在地主、領主、貴族之下，或是被綁在土地之上；這些束縛或附庸關係嚴重限制農奴的人身自由，但是比起古代的奴隸，中古農奴仍擁有一些人性的尊嚴，譬如農奴不是莊園領主的私人財產，因此莊園領主不能任意的販賣農奴，也不能任意拆散農奴的家庭。農奴的生活也較羅馬奴隸要有保障，至少農奴的耕地可以世襲，領主不可以任意收回，農奴的待遇和權益更受到宗教倫理的保障，農奴在

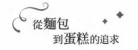

盡完對領主的稅役責任後，就可以自由處理剩下的餘糧或勞力。

根據一份 900 年左右的文件記錄，我們大概可以窺測莊園形成的動機和運作的情形。根據記載，有十四戶人家基於安全或宗教的理由而將其土地獻給一位修道院院長的莊園，條件是每人每週必須為莊園領主工作一天，由此可知莊園制度是建立在雙方的協議上，而非強取豪奪或征服上。

莊園領主有如歷代的大地主，會將多餘的土地出租給農民耕種，透過收取農民的租稅與力役服務作為經濟來源。他們通常不會將所有的土地都放租出去，而會保留一部分的土地作為自己的領地（demesne，又稱「私地」、「直屬地」），這塊領地往往與農奴的耕地混在一起，不是完整的一區。農民在耕種完自己的耕地後，有義務為領主耕種領地，通常是一週三天，遇到播種與收成時則延長工作時間。一週三天是當時公定的協議，雖非成文法卻具習慣法的效力，莊園領主不能要求額外的服務，如有額外的勞力需求，則必須出資雇長工或短工。這種雇農在莊園中非常普遍，其工資則視經濟景氣、勞力市場的供需而波動。在勞力市場景氣不佳或土地市場緊縮（即土地荒導致土地價格上揚）的時候，雇農的收入甚至高於自耕農的收益，因此自耕農與雇農交錯為業經常成為中古家庭改善經濟的一種策略。

除此而外，如果領地上剛好有農民需要的水源、木材、牧地等設施，農民使用時則須付費。不少精明的莊園領主還會另闢財源，要求農奴付費使用，如用水力或風力發動以磨麥的軋磨機（即「磨坊」或水車、風車）、簡單機器操作的榨葡萄機、烤爐等器具和工具，或要求購買莊園領主經營的鐵與鹽，以從中抽取利潤。對於這些額外的「付費服務」，農民通常採取消極或陽奉陰違的態度。如果莊園領主採取高壓的強制性措施或是抽取高額的利潤，例如將農民自製的手工軋磨機沒收以強迫使用主人的機器軋磨機時，就會遭到農民強烈的抗爭行為，甚至演變成農民暴動。因此機器與手工軋磨機之爭就成了中古農民爭取權益與自由的象徵[4]。

除了以上幫忙耕種地主的領地和繳納租稅外，農奴尚有其他的義務。

如在收成的時候和一些特殊的節日裡，農民必須以部分收成或實物贈送給地主，如復活節送蛋、聖誕節送雞等。此外，當莊園領主舉辦婚喪節慶的筵席，或大興土木時，農民也得出點力役，但這些亦有所限制，通常是一年不能超過 40 天。

領主最為重要的工作是注意莊園「勞力與地租」的永續發展，所以領主會以各式補償稅維繫莊園。譬如，在莊園制度下土地的承租是世襲的，但是當父死子承時，兒子或女兒必須繳納遺產稅 (heriot) 給地主，象徵重新續約。另外，由於農奴對於主人有盡力役之責，故農奴女兒的出嫁會被視為主人勞力的損失，因此農奴嫁女兒時必須納稅給主人。當然基於勞力的需要以及封建的束縛，農奴不能隨意離開莊園或村莊，必須得到莊園領主的同意或以付費方式換取遷徙的權利。

在司法權限與人身控制方面，莊園領主擁有組織莊園法庭的權利，以處理農奴間的爭執、懲罰頑劣或行為不端的農民，或是強迫農民盡應盡卻未盡的莊園義務等。由於莊園法庭亦有維持社會秩序的功能，因此上法庭的農奴必須繳納法庭稅。有的莊園領主因擁有過多的村莊，還會在所屬的村莊中設立代理人（bailiff，即「村莊管理人」或「領地法官」）監督莊園法庭、耕種情形以及租稅和力役安排等。最後，農奴還得繳納莊園稅，理論上莊園稅並沒有固定的稅額，莊園領主可以片面訂定稅額，但是習俗慣例與農民的集體力量會限制莊園稅的稅額，致使莊園領主不敢任意攤派或提高莊園稅的稅額。綜而言之，莊園有如小型王國，莊園領主即該「國」之領袖，擁有司法、軍事、政治、安全、經濟與社會等各項功能和權限。

儘管沒有類似近代國家的憲法或法律來限制與規範莊園領主的權力，但他也不能任意妄為，畢竟在中古莊園制度下，保障農民權益的就是習俗、

---

4 最後缺乏經濟效益的手工軋磨機或碾磨機多不敵機器軋磨機 （以水力或風力驅動），但仍可從這種演變過程中窺見農民與領主間微妙的關係。

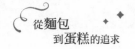

習慣或慣例，任何過去沒聽說過的、沒有先例的，現在與未來也都不能施行；過去的舊例為何，現在與未來也只能遵例辦理。當莊園領主要更改舊例或開創先例時，就必須面對農民強大的集體反對力量，這種集體的反對力量往往促使莊園領主知難而退。另一方面，中古農民也常藉口莊園領主未盡保護、照顧之責，或是破壞習俗慣例而大舉起義之旗，於是在農民暴動的壓力下，莊園領主也只好隨時傾聽農民的意見與心聲。因此，農民在中古政治或公共領域中，決不像傳統史家所說的乃是一群「沒有聲音」或完全遭到漠視與壓榨的階級。

㈦制度的崩解

1.中古農業革命

中古歐洲早期經過長期的戰亂後，人口一直都沒有增加的跡象，甚至到了七世紀初，人口仍沒有回升，還呈現下降的趨勢。直到八世紀中葉後，歐洲人口方才開始逐漸成長。

經過長時間的恢復，終於熬過早期戰亂與重建時期，進入十一世紀後，歐洲的秩序已大致穩定，經濟前景日益看好，從而刺激人口的增長。人口大幅增加又轉而刺激經濟的蓬勃發展，尤其是糧食市場。人們努力開發各種新生地，十世紀下半葉到十二世紀的這段期間，幾乎所有的地區都有農村或殖民地開發的蹤跡，例如日耳曼人的移墾區延伸到了易北河 (Eble) 以東的斯拉夫人活動區，北極附近的冰島和格陵蘭也出現了斯堪的那維亞諾曼人的殖民地。今日荷蘭、比利時低地國一帶的沿海地區更因當地人發展出一套填海的技術，而出現了人造的海埔新生地。不少地區的開發如法國北部與塞納河盆地等，甚至達到飽和的極限。

十世紀下半葉到十二世紀這段時期，歐洲農地不僅大幅增加，農業生產也持續增加，以致有多餘的糧食足以釋放過多的農業人口從事其他行業，如製造業、商業和文化業等。不僅能養活日漸成長的人口以及各行各業的

人，甚至還有餘產可以從事貿易，終至商業振興進而帶動製造業的蓬勃發展。這段期間農業科技與技術亦突飛猛進，其累積的技術與知識對於後來的商業與製造業的起飛頗有助益。因此，有些史家將這一段期間的農業發展稱為「農業革命」，這段期間農業更為商業化、市場化[5]，即更為專業、多元。

十一世紀開始，歐洲人口的激增導致糧食市場熱絡以及糧食價格大幅上揚，於是無論是莊園領主或農民都希望能搶搭這股風潮，冀望快速累積財富或改善自身的經濟與社會地位。這時，墨守成規的莊園制度就成了嚴重的絆腳石。剛開始時，不少莊園領主積極的在自己的領地上種植經濟作物以換取現金，以致亟需廉價的勞力。於是，莊園領主為了增加自己領地的生產，卻又不願增加成本，乃加強對農民的經濟壓榨，如增加農民力役的時間並提高租稅或莊園稅的稅額。相對的，農民則希望減少經濟要求，並提高雇農的工資，至少能維持慣例與現狀，即所謂的「古代權利」(ancient rights) 或「領地權利」(demesne rights)。在無法達成共識與協議下，領主與農民間的衝突在所難免，甚至往往以激烈的暴動形式收場。

農民的消極抗議和激烈的叛亂，促使領主體認到束縛勞力或強制性勞力缺乏經濟效益，且難於管理。另一方面，人口的增加致使農村的勞力市場因供過於求而工資低廉。相對的，土地市場卻因開發極限和人口增加而大幅上揚，以致許多農民寧可租地耕種或轉任領取固定工資的雇農。這種情形對於擁有土地卻缺乏勞力的領主而言實為利多的機會，於是許多領主遂將領地分租出去以坐收租金，或是雇用雇農耕作生產。就這樣，昔日的莊園領主逐漸放棄農奴制而改採工資雇農的方式，許多力役也換算成金錢

---

5 中古歐洲的農業經濟絕非傳統史家所認為的「以物易物」的自然經濟，貨幣在農村中並未完全消失，例如農民所繳納的莊園稅中有部分必需是錢幣形式，且隨著鄉村手工業的發展和糧食生產的增加，貨幣與市場經濟逐漸振興，此時的農業革命更為加速農業經濟市場化與商業化的腳步和幅度。

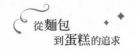

繳納。當一切的交易都可以透過金錢的媒介達成時，領主也就不一定需要整日待在莊園裡監督農耕的生產事宜，或是親自監督僕役是否怠忽職守。因此，不少這類的領主在領取大筆現金後，遂雇用經紀人代為經理莊園財產，自己本身則離開莊園退出農業生產行列，另行轉換活動跑道，如政治或企業經營，成為新一批的政治與都會菁英。

2.自由村莊誕生

　　農民在面對新興都市的吸引力，加上到處都有新地開墾、處處需要勞力的大好經濟機會下，可以向外尋找更好的工作。於是為了留住農民的勞力，也為了鼓勵耕種，這些領主只得大幅改善工作環境，諸如大幅降低租稅、放寬人身限制和提高工資等。例如在十二世紀中葉，法國北部興起了許多「自由村莊」(free village)，這是領主為了招募農民開墾新地而成立的「自由村莊」，建立在領主與村民同意的特許狀上，一如中古城市的自由特許狀。

　　在「自由村莊」的特許狀中，領主同意將村舍與土地租佃給村民。當領主坐收租金後，他就不得再徵收其他的稅，亦即凡是村民以其勞力或牲畜生產的產品，領主均不得另外徵稅。領主既無法強制村民作非自願性的工作，也不能強迫村民購買領主銷售的產品如酒等，或禁止村民購買市集或市場上的商品。村民在清除租稅義務後，且沒有涉及任何犯罪行為時，可以自由離開村莊。村民還可以自由使用一些天然資源如木材等；特許狀對於村民使用公共牧地與豢養牲畜都有所承諾與保障。最後，在司法方面，領主也不可以任意裁決，必須尊重公開審判的原則。值得注意的是，昔日的村莊協議是建立在習俗慣例上，但是新的「自由村莊」卻是建立在具有成文法效力的特許狀上，對於領主和村民都具有更進一步的制約力量。

　　「自由村莊」的出現，給予農民更多的獨立空間以及財產權的保障，農民的生產意願因而大幅提高，導致生產激增。在新的財產權制下，農民對於自己生產的產品、自身的勞力更能自由的運用。在此之前的領主稅多

以實物、勞力為主，以致領主對於農民之成品、財產、勞力控制至嚴，包括耕種的繼承權、遺產稅、賦役等，在領主強力的控制下，農民沒有完整的財產權，對於自己的產品也無所掌控與處置，故生產意願不高，市場亦無由開展。然而，「自由村莊」在特權、契約的保護下，農民對於自己的財產、勞力均可完全處置、擁有與使用，因此生產意願高。

　　一如莊園領主，中古歐洲農民也希望盡量利用這大好的經濟環境，在這過程中他們也同樣感受到村莊或莊園制度的侷限性。中古農村或村莊中原本即有貧富的層級化現象。那些體健力強的農民，以及原本就擁有自己的土地與工具的農民，或是善於經營如乳酪、烘焙和釀酒等副業，或是擁有手藝的農民，都是村莊中的富農。這些富農在平時就享有較多的資源分配與經濟優勢，現又逢經濟景氣，更能利用既有的經濟優勢賺取豐厚的利潤。不少法國與義大利的農民趁著糧價上揚的時候，努力生產糧食作物以換取金錢購買更先進的生產工具與更多的土地，接著再將土地予以重新分配作更有效益的管理，例如將部分土地改為生產葡萄、橄欖等經濟作物，另一部分作為放牧羊隻用。有的家庭則趁著工資大幅提升的機會，鼓勵部分家庭成員投入雇農的市場，或是投入新興都市的經濟活動，使家庭與個人的財富都呈現高度成長的趨勢。

　　然而，就在這個時候，這批具有強烈經濟意圖的農民卻發現原來的村莊與莊園制度限制過多。除了力役、遷徙限制等封建束縛外，中古村莊所講求的公平、和諧與集體主義，在在構成農民追求經濟福祉的阻礙。當他們累積了不少的財富後，更是對於自己經濟與社會地位的落差感到不滿，於是極力鼓吹廢除莊園制度、農奴制度，並致力於追求自由與平等的社會地位。總而言之，這些稍有貲財，且擁有強烈經濟企圖心的富農與中農，他們往往又聯合新興都市中具有相同處境的不滿分子如工匠和商人等，企圖改變中古的莊園制度與封建秩序。

　　至於其他無以自立的貧農，莊園制度對他們而言仍具有保障與安全的

功能，一如該制度初形成之時。在十三、十四世紀的抗爭運動中，他們均屬於弱勢族群，無法發揮力挽狂瀾的作用，因此對於莊園和農奴制度崩解的趨勢並未發揮反制的作用。

終於，在經濟效益、經濟福祉與農民集體的抗爭與騷動的考量下，西歐盛行了一、二百年的莊園制度和農奴制度自然無法維繫下去了。當莊園與農奴制度崩解後，不僅昔日的農奴因享受到解放後的好處而不願再走回頭路，即便是過去的莊園領主與貴族也有被解放的感覺，從而也享受了被解放的許多利益。於是，無論是領主或農民無一再留戀過去的莊園制度，終於導致莊園制度、農奴制度在完成歷史階段性的任務後一去不復返。

3. 農墾運動大爆發

導致中古莊園制度崩潰的原因尚有殖民的農墾運動，十三世紀以後歐洲人口激增，耕地不足，迫使農民覓地開墾，許多工商、政界人士亦提供各式規劃、資本、技術和組織，以協助農民開墾新地，並給予各式鼓勵，這些大部分都是以「自由村莊」的面貌出現。「自由村莊」的興起亦有助地方君主、公侯勢力之興起。因為只有地方大君主、公侯擁有強大的財力支持向外開墾，這些公侯、伯爵（領主型的諸侯）提供資金、工具，並保障安全，以招募專業的農民到新的土地上進行農業耕作。這些君主與開墾農民訂立特許契約，遵照自由村莊的模式，諸如保障繼承權、財產權，給予獨立自主的經營權等，作為農民的生產誘因，農民亦轉而支持公侯的政治勢力[6]。新的殖民社區都是採取有規劃的村莊建築，並實施三輪種，許多村莊的規劃一如城市的規劃，有整齊的街道與空間規劃，像是衛生設施、公共集會、活動所用之地等。

部分城市也開始推廣類似的農墾運動，主要以生產足夠的農產品為考

---

6 後來的君主、國家，如普魯士等國，都是支持殖民運動的大贊助者，他們亦從殖民運動中建立權力。大型政治單位因而出現，終至近代國家組織的出現。

量，在城市周圍的空地上招募墾殖，確保供應城市所需的麥、蔬菜、水果、肉類以及城市製造業所需的原料如染料、羊毛等，不少鄉村的工匠基於市場與生產等考量，開始移居附近的城市。於是鄉村不再是自給自足的經濟體，鄉村提供城市所需的糧食、原料與市場，而城市則把工具、資訊、製造品提供給鄉村，逐漸出現城鄉分工的情形。

新的村莊施行新契約，莊園主人同意開放自由管理與經營，並將勞役改為租稅，尚提供繼承權等，即沿襲自由契約、自由權等模式。不少莊園主人開始移往城市，不再居住於莊園中，也不再經營領地，而是將領地租給農民，改為坐收租金，農民則個人或集體的承租土地。無論哪一種情況，莊園主人都放棄了行政與司法權。莊園制度於焉破壞。

此波的農墾運動尚帶動了製造業與商業的蓬勃發展，新社區的成立更帶來廣大的商機，如建築業與家飾業等。新的農墾運動則帶動冶鐵、生產工具的製造業，科技也隨之進步，因為農墾運動需要更有利的工具，歐洲整體經濟也因此更繁盛，甚至出現新的面貌與結構。

在新一波的農業經濟中，畜牧、家畜業比例大幅降低，因為大部分的土地移作種植用，不再有足夠的空地飼養牛、羊等牲畜。農民也沒有過多的閒暇照顧雞、鴨、鵝等家禽，因此肉類的產量降低了。但是不少具有經濟價值的牲畜如綿羊等則改以專業化生產，而不只作為農家的副業。歐洲農民的肉類食品因而減少，蔬菜、水果類的食物比例則開始成長。

還有一個有趣的現象是「馬耕取代牛耕」後，牛隻淪為食用肉品的來源之一，牛肉的食用量開始增加，馬肉的食用量則大幅遞減。當蔬菜、水果需求量增加後，農民開始用心照顧自家的花園、果園等農藝產品。這些農藝產品多為市場生產，不少農家甚至改為專心經營蔬菜水果的生產。

除了蔬菜水果外，因為紡織的興盛，亞麻、染料等植物之生產量也開始激增。這些原本俱屬於園藝類、花園生產的作物，現在則有取代既有糧食作物的趨勢。不少村莊甚至放棄糧食生產，改為生產經濟作物與製造原料。

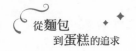

4.崩解後的社會

農民、工匠與商人擺脫莊園束縛後，其勞力遂可自由流動以支援不同地區、不同生產部門的需要，終使歐洲的經濟生活更加多采多姿與充滿活力。另一方面，當莊園領主以金錢雇請他人代為管理莊園後，就不用再固守莊園，這對於後來歐洲的政治、社會與文化發展也有深遠的影響。

除了農工遊走於各地勞力市場，莊園領主也可以離開莊園四處遊走，如朝聖、觀光旅遊、遊學，甚至參加十字軍走出歐洲。這些活動不僅擴大了中古菁英的見識與視野，更進而擴張了歐洲人的活動空間以及提升自身的文化素養。昔日的莊園領主在取得行動自由後，不少人選擇以新興的都會或宮廷作為他們活動的舞臺，從而刺激並加速都市與宮廷生活的興起。轉換舞臺後的領主，所關切的不再是經營莊園的瑣碎事宜，而是如何以手上的大筆現金，以及無窮的精力從事其他的創作或改善生活品質，特別是精神生活層面，精緻的宮廷生活與騎士文學就是此種背景下的產物。

總而言之，中古盛期的燦爛文明與王國政治的長足進展，都與莊園制度的崩解、領主和農奴的解放攸關。無怪乎中古精緻的生活、文化與世俗文學，還有奢華的宮廷文化，都是從最早擺脫莊園束縛的法國和英國開始，而這兩國也成為歐洲最早的兩個王國組織。

5.另一波新危機

中古盛期繁榮的經濟景氣一直維持到十四世紀中葉，黑死病等疫疾導致歐洲人口銳減，糧食因供過於求而價格大跌。接著歐洲經濟陷入危機，糧價不斷下滑，工資上升，製成品價格也不斷攀升，農業經濟危機導致整個經濟的衰頹。另一方面，因人口銳減以致勞力工資上揚，尤其是製造業的工資更是節節高升，以致製成品價格居高不下，農村亦深受其害。糧價與市場利潤因不敷製成品所需，以致農村蕭條。

農村蕭條的受害者不只限於農民，地主、貴族等依賴土地財富者俱受其害。貴族地主因為租金下跌、工資昂貴而獲利萎縮，甚至賠本。許多地

主貴族因而放棄耕種，讓土地荒蕪，於是再度產生土地重整的現象。許多貧瘠的土地遭到放棄，地主集中全力耕種沃土，貧瘠的土地則淪為牧場、林地。農民開始往肥沃土地、精華地區遷移，邊疆與邊緣地區遭到遺棄，致使人口更為集中，對於往後都市、市場經濟的發展頗為有利。農民除移居外，也轉業、轉戰都市的製造業，這使得製造業、商業因人手多而開始分工專業化。

農村經濟的日益惡化，除因市場萎縮外，農村秩序的破壞亦為其因：不少依賴土地經濟之騎士、貴族淪為盜賊，以掠奪彌補所得，維持生計，以致鄉村秩序大壞，鄉村變得更不利人居與生產。此時有不少貴族的叛變，便是因為受到經濟的刺激。相對的，貴族的叛變反有利君權的擴張。君主趁機收攏民心，消滅叛亂的貴族，進而擴張君權；不少城堡就在這波變動中被剷除了。日耳曼地區的殘破與動亂，就是源於此波的經濟危機，無須等到宗教戰爭、三十年戰爭。

三、商業發展

(一)中古早期的掠奪與禮物經濟

五世紀西羅馬帝國滅亡後，許多商業機制如生產、供需市場、貨幣、交通等也在帝國淪亡與戰亂紛擾下中斷，一時間正常的商業行為無以進行。為了滿足交換物品的需要，中古早期遂改行另類的交換經濟，即所謂的「掠奪與禮物經濟」(economy of pillage and gift) [7]。掠奪經濟並不始於中古歐洲，遠在上古時代，當游牧民族無法透過正常管道取得農耕產品時，就往往訴之暴力的掠奪方式。掠奪的項目多是游牧社會需要卻又無法生產的農

---

[7] 在經濟學上，掠奪與禮物經濟尚有財富轉移、財富集中與交換物品的作用，亦即將民間少額的財富集中至幾個強權的手裡，頗有「稅」的意涵與作用在內。

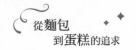

耕產品如糧食作物、工藝製品,特別是精美的服飾、金銀首飾等足以象徵社會地位的奢侈品,還有就是提供奴隸來源的農耕社會成員。一旦游牧與農耕社會建立起正常的交換貨品機制,如餽贈禮物、朝貢貿易以及一般的商業管道後,掠奪經濟便退居幕後,並被其他經濟行為取代。

不同於上古游牧民族所行的掠奪經濟,中古歐洲經營掠奪經濟的「蠻族」並非游牧民族;這些「蠻族」多以務農和戰爭為業。他們本來就具有生產農耕產品的技術。因為他們居住的歐洲北部(阿爾卑斯山以北)富有鐵礦和燃燒的木材,因此「蠻族」很早就知道製鐵,如農業需要的鐵製工具,以及戰爭和掠奪需要的武器等,「蠻族」也利用這些鐵器與其他人行使交易,換取所需的物品。

只是在離鄉背井的遷徙過程中「蠻族」喪失了土地與生產工具,到了新環境又缺乏正常交易管道,遂改採體制外的掠奪方式取得所需。事實上,中古「蠻族」掠奪的主要項目亦與上古游牧民族不同;中古「蠻族」以土地和貴重的奢侈品為主。掠奪所得的土地和奢侈品也多由「蠻族」的國王和騎士等武士瓜分,並非由全體族民分享。一如上古人士,一旦正常的商業機制建立起來後,掠奪經濟就功成身退,因此中古歐洲的掠奪經濟即盛行於初期,當時一切秩序尚在混沌狀態之際。

在中古早期的禮物經濟中,值得注意的則是西方的日耳曼王國領袖與東方拜占庭帝國間的禮物往來。日耳曼諸侯國王與達官貴人早在入主西方前,便已熟悉並仰賴古羅馬的文物與奢侈品,如金銀首飾、先進的工藝成品與貴重錢幣等貨品。這些貴重貨品的來源隨著西羅馬帝國的淪亡而缺貨,西方不能透過正常的商業管道滿足需要,只好靠外交禮物的方式取得。拜占庭亦順勢以這些貴重貨品作為外交工具,藉以消融西方「蠻族」向東的攻勢,或是用以分化西方各「蠻族」以達到「以夷制夷」的目的。除了官方代表外,尚有民間的朝聖客、學者、觀光客、傳教士等均扮演了昔日東西貿易商人的角色,因此西方人士未曾從東西貿易中缺席過。在這段期間,

除外交的禮物交易外，東西方的貿易仍持續維持羅馬帝國時代的地中海貿易，貿易的商品仍為傳統的地中海商品，包括橄欖油、葡萄酒、紙草、香料、金屬、奴隸。

透過這種禮物的交易，東西方之間雖缺乏正常的貿易管道，卻仍能達到「互通有無」的目的。近代的考古學家在許多中古早期的墓葬中發現不少來自東方的貴重物品，即證明東西雙方並未因西羅馬帝國的淪亡而中斷往來。

綜而言之，「掠奪與禮物經濟」所以盛行於中古早期的原因，在於古羅馬的商業網絡崩潰、新的網絡又尚未建立，再加上交易媒介的貨幣又不足，致使中古早期的「蠻族」國王、貴族、武士以及教會人士等無法透過和平及正常管道滿足其物慾之需求，特別是土地、武器、錢幣、高級日用品、金銀裝飾品等足以彰顯其社會地位的奢侈品。這些物品在他們建立自己的政治權力中心、尊貴地位的過程中尤其重要，於是當正常的市場經濟與商業行為尚未發展完備時，他們只得以另類經濟方式滿足所需，並補足商業貿易之所不足。

在掠奪與禮物的經濟運作下，先是國王以掠奪、貢物和禮物方式從鄰近地區的部落、鄰國、都市等地取得貴重的領針、戒指、杯子、盔甲和錢幣等。然後，國王再將這些貴重物品按照功績等標準分送給下屬的侍衛、武士和隨從等人。事實上，這種餽贈或賞賜相當於下屬對國王服務與效忠的酬勞或回報。這種情形使得「掠奪與禮物經濟」的行為更具社會與政治意涵。事實上，早在日耳曼民族尚未入侵羅馬帝國前，他們在自己的部落中就已經施行這種禮物經濟；酋長藉著餽贈禮物而彰顯他的經濟與社會地位。甚至到了中古時代，層層的封建附庸關係中就有一部分是建立在物品的賞賜與交換上，而分配的方式、數量與貴重程度則與社會關係、權力關係攸關。在這種社會中，直接貿易的分量與重視程度都不及禮物經濟。

大體而言，在「掠奪與禮物經濟」的運作下，散在各處的民間財物以

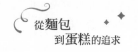
掠奪的方式向上集中到領袖階層如國王或諸侯手中,然後再以賞賜、禮物、捐獻或酬勞等方式再分配出去。在分配的流程中,奢侈品幾乎只有在上層社會中流通,而一般性物品則會再往下滲透到下層的農民與工匠。

從「再分配」的角度來看,「掠奪與禮物經濟」和古代社會的宮殿及神廟經濟頗有異曲同工之效,都是正常商業尚未發達前的一種貨物集中與再分配的行為,藉以達到「貨暢其流」、「互通有無」的目的。古代的宮殿或神廟主要靠貢物、捐獻與租稅等方式取得下層的物質,然後以賞賜、酬勞或薪資等方式再分配到社會各階層。中古早期的歐洲尚未建立起一套收取捐獻或租稅的正常機制,因此只得靠強制性的掠奪方式取得貨品(包括土地在內)。除了掠奪外,貢物、捐獻與租稅行為仍在進行,只是由於權力不集中與分散,而導致貨品無法高度集中在一個政治中心的手中。譬如,捐獻仍大行於教會體制中,但是世俗領袖所能分享到的卻非常有限。於是,「蠻族」出身的世俗領袖只得仰賴掠奪取得並集中民間物資。

當貨品集中到國王或諸侯手中後,他們再以賞賜、餽贈或捐獻的方式分配出去。透過這些再分配的過程,國王與諸侯建立了與其下屬間的隸屬封建關係,也建立了與教會的友好關係。取得賞賜、禮物與捐獻的人士或機構則再以禮物、酬勞等方式分配給下層為其服務的農民和工匠等人士。如此一來,貨品雖然無法透過市場機能達到「暢其流」的目的,卻能透過另類的經濟行為達到此一目的。

(二)錢幣問題

除了掠奪與禮物經濟外,中古的商業行為仍時斷時續的進行著,從未完全中斷過,即便是遠程貿易也未曾斷絕。雖說中古的村莊與莊園俱屬自給自足的經濟單位,但是仍有些天然資源如製造工具所需的鐵、銅,如民生用品鹽等,必須靠對外交易方能取得。然而一如農業經濟,中古歐洲在發展商業與貿易的過程中卻是問題重重,最先要面對的就是錢幣問題,這

是發展商業與貿易所需的媒介。

昔日史家一再強調中古歐洲又回到遠古「以物易物」的原始交易行為，然而中古歐洲的情況與遠古時代其實大不相同。在遠古時代，先民施行「以物易物」的交易行為是在缺乏貨幣觀念的情況下施行的，但是中古歐洲早期的人士卻一直都有貨幣的觀念，並繼承了不少古典的貨幣經濟知識，他們之所以會退回「以物易物」的自然經濟狀態，乃是受限於現實環境而不得不的無奈之舉。此時的歐洲缺乏鑄幣所需的金銀貴重金屬，所以沒有辦法鑄造足夠流通市場的錢幣。

在這種缺乏錢幣的情況下，中古早期日耳曼人多以奴隸來換取他們所需要的貨品。許多戰俘或掠奪來的人民都被當成奴隸的來源，當時奴隸買賣的範圍非常廣大，奴隸甚至成為交易的貨幣單位。當時許多商人都以奴隸來支付東方的奢侈品，以供應貴族、國王或教士的需要，當伊斯蘭人征服西班牙時，更是提供了成千上萬的奴隸。查理大帝與維京人的入侵都造就了無數的奴隸，等到戰爭停頓下來後，歐洲人又往東歐開發奴隸來源，也就是斯拉夫人，據說「斯拉夫人」的 "slave" 就是源於「奴隸」，大部分的奴隸都是賣往東方。儘管教會人士譴責將信徒賣給非基督徒，但是他們並沒有譴責奴隸制度的本身。

除了奴隸外，歐洲人也曾經用過其他的物品如衣服、布、麥等做過交易的媒介，儘管在這種狀況下，錢幣也未曾在歐洲消失過。中古農民一直都需要貨幣購買工具、日用品，更需要錢幣以繳付租稅，因此中古農民想盡辦法賺取錢幣 [8]。原料、民生必需品和錢幣的需求，促使農民努力增產，裨有更多的餘糧或手工產品以對外交易換取所需。事實上，錢幣在中古農民收入中也佔了一部分，但是大部分的錢幣卻是以租稅的形式流入地主的

---

8 錢幣的需求是導致鄉村中放貸業盛行的原因之一，擁有錢幣的村民以放利的方式將錢幣借貸給有需求的村民。此外，村民對於領主所貢獻的方物亦是以等值的錢幣來計算，足見錢幣或貨幣的觀念從未在中古鄉村消失過。

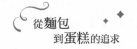

手中，莊園領主非常重視錢幣，因此莊園領主會限制農民在市場上販賣土地、工具或部分的財物，但不會限制農民販賣糧食以換取錢幣。無怪乎在加洛琳王朝時代 (Carolingian Dynasty)，法蘭克君主花了不少精力在貨幣政策上，在錢幣金屬成分的選擇上作了不少嘗試，最後選擇銀作為錢幣金屬的原料[9]。中古早期的歐洲人士雖致力提升貨幣經濟[10]，但卻遭遇天然環境的限制，那就是歐洲本土缺乏金銀等貴重金屬[11]，所以無法鑄造足夠的貨幣量。

值得注意的是，儘管歐洲一直受困於缺乏鑄幣的金銀原料，但卻未發展出紙幣的觀念，主政者只想著如何鑄造更多的錢幣以解決錢幣荒，而不是如何以紙幣取代錢幣或補錢幣之不足[12]。

---

9 加洛琳王朝原本採用黃金作為鑄幣的原料，但因金幣價值非凡，反成為民眾收藏品，不利流通。後來改以銀（多自中東進口）作為鑄幣原料，才得以流通市面，其中查理大帝發行了純銀鑄造的銀幣，稱之為 "denarius"（後來法幣丁尼爾的前身），不過此種銀幣最初只有一種單位，並沒有比它大或比它小的貨幣單位，以致民間換算找零困難，經過陸續貶值後，原來的銀幣因銀成分日低而成為小單位的貨幣，即丁尼爾 (denier)。

10 儘管錢幣嚴重不足，中古早期的貨幣亦有等級差值之分，但大多是用作登帳的單位，稱之為「帳目貨幣」(money of account)，實則為虛擬的貨幣，市面上流通的真實貨幣僅是小單位的銀幣（即含銀量低的銀幣），這顯示中古歐洲的人們具有貨幣觀念。

11 中古歐洲的錢幣原料非金即銀，銅只是拿來「稀釋」金銀幣用的，通常被貶值的錢幣中才摻雜多量的銅，但卻不是銅幣。一般而言，含銀量低的銀幣和銅幣，乃是民間小額貿易用的錢幣。所以中古歐洲所討論的貨幣問題乃是指金銀鑄造的錢幣，而非紙幣或銅幣的問題。

12 十二世紀以後，曾有小部分先進且經濟繁榮的地區，如義大利的一些城邦有發展出紙幣，但僅是輔佐錢幣的替代品，未有規模的流通。不過這個概念被當時的歐洲銀行家引用，發展出存儲、轉帳、支票等業務，這種銀行存儲模式作業使貨幣更為流通。

為了應付極度缺乏貴重金屬的事實，只好一再降低錢幣中的金銀貴重金屬成分，以致中古早期的錢幣質地非常單薄，交易的人只要輕輕的用手一掰，就可以掰下所需的分量，當時的人們就是靠著這些殘缺不全的「銀屑」進行商業與貿易行為，我們至今還可以發現許多當年殘留下來的見證，亦有使用市面流通量大的布料、糧食穀物等物品作為貨幣的代用品。

中古歐洲歷代政權及修道院等教會組織，無不為錢幣不足而苦惱，因為幣值長期處於不穩定的狀態，只能靠著到處尋找礦苗或稀釋錢幣中的金屬成分，好讓定量的銀能多鑄些錢，儘管如此仍不能解決錢幣流通不足的問題。為增加錢幣的流通量以便商業貿易的進行，君主一方面以優厚的利潤鼓勵民間將手上的金銀飾器送到鑄幣所當原料，另一方面則透過貶值錢幣達到目的。採用此類的貨幣政策，同時有變相加稅的效果，因為錢幣貶值後，人民須繳納的實質稅額會相對增加。

自十三世紀以後歐洲各王朝政府無不在強化與擴張中央政權，亟需用錢，卻又不能任意增稅，唯恐引起民間暴動，因此不少政府只好採取貶值幣值，乃至壓榨財團等更激進的手段。例如 1307 年法王菲力普四世（Philip IV， the Fair， 1285～1314 年在位）突然查抄聖殿武士 (the Knights Templar)[13]，並以異端的罪名沒收他們所有的財產，還將其首領送上火刑柱，看上的就是聖殿武士手中龐大的錢幣與金銀金屬。這次查抄聖殿武士的事件中，菲力普四世不僅得到無數的土地與貴重的金銀動產，還

---

13 聖殿武士成立於1119年，本是一個基督教騎士組成的宗教－軍事團體，其宗旨在保護巴勒斯坦與敘利亞的十字軍王國以及前往朝聖的基督徒安全；該團體接受嚴格的修道院規則的生活規範，如禁慾、安貧、樸直等。由於該組織散處歐洲各地，並在各地都設有分處或支部（但以法國為其總部所在），且接受許多善男信女的捐獻，以及各地政權所賜予的司法和經濟特權，以致聖殿武士逐漸成為龐大的經濟組織，特別是在銀行金融業方面，故擁有數量龐大的各式貨幣。許多歐洲的君主、主教和貴族等權貴都成為該組織的債務人，終遭致法國君主的猜忌與覬覦。

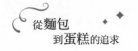

得到至少 20 萬以上的里佛（livre，法國貨幣）。

　　除了鑄幣原料不足，造成中古歐洲錢幣荒的另一項原因是錢幣被民間收藏起來，例如藏在床底、屋底等祕密地方，以致錢幣未在市面上流通。例如法王路易九世（Louis IX，1226～1270 年在位）因率領十字軍東征，而自非洲與東方取得不少貴重金屬與貨幣，從而鑄造了「經典良幣」。路易九世還收回了諸侯領主的鑄幣權，從而增加中央錢幣的價值，因而成為民間收藏的對象。歐洲對東方貿易的龐大入超也是導致歐洲錢幣不足的一項重要因素。雖然歐洲透過與東方（即近東的伊斯蘭世界與拜占庭帝國）的貿易取得不少貨幣，但有更多的貨幣卻又回流到東方。

　　直到十二世紀銀行業興起後，方才將民間收藏的錢幣吸收到銀行，然後再透過銀行的轉帳、投資等事業而回流到市場上。其實，銀行的本業不在吸收民間的貨幣，而是在貨幣的兌換與轉換，這是因為中古歐洲擁有貨幣權的機構與組織相當的多，以致市面上貨幣非常的繁雜，需要專業人士來協助兌換與轉換的事宜。早先的時候，歐洲人士帶著不同的錢幣到銀行去換取所需的貨幣，或要求協助將手上的錢幣轉移到其他的地點，並換成當地適用的貨幣。後來，銀行嫌這種實質的貨幣兌換或轉移的作業太麻煩，因此將存儲、借兌或轉帳的業務改為紙面或帳面作業，亦即銀行收進真實的錢幣，出去的卻是記有帳目的薄紙。然後銀行將收進的笨重錢幣轉借他人或再投資。由於轉借或再投資都有利可圖，於是吸引不少小民將家中所藏的錢幣存進銀行以賺取利息或分紅。民間錢幣透過銀行作業而再投入市場的流通行列，雖然紓解了部分的錢幣荒，但仍跟不上市場日增的錢幣需求量。

　　一直要到十四世紀中葉以後，歐洲的錢幣荒問題方才出現大轉機，主要是因為葡萄牙人開拓了西非沿岸的貿易線，再加上日耳曼地區發現幾個銀礦。等到西班牙從中南美洲運進大量的黃金與白銀後，歐洲的貨幣更是得以穩健的發展，而金銀雙元或雙本位制亦得以普遍施行。

　　大體而言，銀幣用於歐洲市場的流通，而國際貿易則為金幣。當然，致使十四世紀以後歐洲貨幣經濟愈來愈規律化和正常化的原因非常複雜，鑄幣原料的充分供應僅是一端而已，包括中央政權的穩固、民間經濟秩序與經濟倫理的建立以及銀行業的發展等，都是促使歐洲貨幣經濟朝正常化發展的關鍵。

四、城市興起

㈠城市百百種

　　許多古羅馬的城市並未因為經濟衰退而消失殆盡，這些城市從行政城市轉化成主教城市，這些主教城市以其教會法庭、教堂、宗教傳說和聖徒聖物等傳奇仍活躍於中古早期。

　　過去羅馬的軍營遺址，到了中古盛期大都復興，並發展成為城市，例如英國的約克城 (York)、法國的波爾多 (Bordeaux)、日耳曼的科隆 (Cologne)。除了由羅馬古城、遺址發展出來的城市外，有些中古城市則是由防禦堡壘發展出來的。九世紀當維京人 (Vikings) 入侵時，歐洲人建立了許多堡壘或城堡，周遭的農民相繼進入堡壘中尋求安全。這些堡壘後來就成為 "*boroughs*"、"*burgh*"，也就是後來「市民」階級的由來；早期「市民」(bourgeoisie) 是指「在城牆裡居住與工作的人」。接著農民而來則是商人，這些商人原先是做與防禦設施相關的貿易，後來他們又發現城堡中有他們的潛在顧客。初期這些商人多居住在城堡的郊外，等到他們的交易愈來愈活絡後，他們就在原先活動範圍周圍建立新的城牆。在商業不斷擴張下，使城牆、城市[14]愈來愈往外發展和擴張。

　　此外，因應貿易與長程貿易的發展，也出現不少商業城市。義大利的

---

14 這些城市的標準配備包括城牆，城牆內有市場、鑄幣廠，以及解決糾紛的法庭。

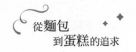

許多城市如威尼斯 (Venice) 、 比薩 (Pisa) 、 熱內亞 (Genoa) 原本是漁業小港，因位於地中海海運的要道上，再加上與君士坦丁堡和東方的貿易，遂使得這些港口成為繁榮的城市、都市。

等到歐洲的秩序穩定、恢復和平後，又出現了許多城市。譬如歐洲北部、西北部等農業盛行的地區也出現了不少商業城鎮，如根特 (Ghent)、布魯日 (Bruges) 等。另外，還有一些城市是在十二世紀開始建立基礎，如盧北克 (Lübeck)、柏林和慕尼黑。這些新城市都是因為農業的剩餘產品與人口的激增所導致，因為城市需要鄉村剩餘的糧食與人口的供應。

即便是新興的城鎮，其規模也不一定比村莊大，城鎮與村莊也有些微的不同，城鎮主要經濟來源並非以土地產出為主，通常城鎮職業較村莊多元化，城市人口的背景也非常多元。早期的許多城鎮中也有以種植和畜牧為業的市民，他們通常與城外的村民共用公共用地，有些商人在累積財富以後，乃會轉而投資於城外的公共用地上，如購買森林、水塘或購買捕魚伐木的權利等，然而市場經濟方才是城市經濟的主角。

早期城市的發展主要得利於來自鄉村的工匠與商人。許多鄉村已經發展出長子繼承制，於是許多無土地的次子與幼子就只好改習工藝或是商業，這些年輕人開始往城鎮集中，使得城鎮增加許多工商的功能。此外，戰爭與饑荒也會迫使不少人到城鎮去尋找經濟機會，他們就提供了城市工商業所需的勞力。例如在西班牙等地，基督教勢力興起，趕走了不少非基督徒如穆斯林或猶太人，這些人只好往城市集中，他們帶著技術與野心到城市打拼，也為城市的工商業增添了許多生力軍。

中古城市居民為了自身的利益、地位而努力的爭取自由，中古的「自由」(liberty) 實指特殊的權益。他們要求的自由權包括居住與貿易的特權，為了達到這兩項目的，他們也要求個人的自由。終於，他們爭取到了個人的自由：只要一個人在城市裡居住一年又一天，還被這個城市接納，那他就得到了自由權。許多中古的農奴就靠著這一條規定而得到了自由，終導

致中古農奴制度的解體。有了自由權，代表有機會擁有公民權[15]，更意味著可以在城市中買賣土地。

一些城市還發展出商業法，以處理交易、債務、破產、契約等商業糾紛，並慢慢發展成只有城市的法庭才能處理市民的訴訟問題，即司法獨立權，約莫在十二、十三世紀時，城市終於得到想要的自由與地位。

㈡行　會

城市中最重要的組織就是行會 (guild)，早期只有商人行會，後來工匠也成立自己的行會。早在十、十一世紀時，那些與外國做生意的商人就組織行會，以集體的力量保障自身的權益。行會不僅可以保障安全，還可以分攤風險，比起單打獨鬥的個人行為要有利許多。工匠的行會則有權決定物品的價格、品質，以及每位工匠師傅能夠擁有的學徒與日工 (journeymen)[16]的數目。

㈢婦　女

婦女在城市中也相當活躍，許多家庭的戶長是婦女，尤其當男性家長

---

15 實際上城市中擁有公民權的人數非常少，不到 10%，而且公民是不用納稅的，而是由外國人或外地人納稅。

16 中古的勞工體系分為三個階段：依序是師傅 (masters)、日工 (journeyman) 與學徒 (apprentice)。一位想學習技藝的勞工必須由學徒做起，學徒也是勞工的學習階段。當一位學徒學成以後，經過檢驗而拿到執照後，就可以升為日工。日工拿的薪資是日薪，因此稱之為「日工」，"journey" 源自法文的「日」字 "journée"。日工不能單獨開業，必須跟著一位師傅或是雇主工作一段期間，又經過行會的考試認證，方能成為師傅。每一個行業對於學徒與日工訓練期的要求不一而論，有的長，有的短，建築工人就需要很長的訓練期。等到中古晚期、近代早期時，因為勞工市場競爭激烈，於是日工的訓練期間被拉長了。有的行業的日工甚至終身沒有希望轉成師傅，導致師傅與日工間的關係非常緊張。

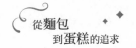

去世以後。不少行業更以女性成員為主，像是刺繡、絲織、羊毛紡織業等，甚至有些行業的婦女還自組行會。例如以十四世紀的法蘭克福 (Frankfurt) 為例，該城 33% 的行業皆由婦女從事，40% 的行業則是男性，剩餘的行業則男女各半。當男性師傅去世後，他的妻子可以繼續他在行會中的會員資格，但當那位寡婦嫁給行會之外的人員時，她就喪失了會員資格。不過，婦女的薪資都低於男性，因為一般人認為婦女比較不需要這份薪水。比起工匠的行會，商人行會開放給婦女的機會就沒那麼多了。

㈣城市面貌

　　城市的日常生活是非常具有活力的。每天清晨，城門口就聚集一大群人等著城門開門。當城門打開後，守衛的人開始對進城的人逐一檢查，看他們帶來的貨品品質好不好，不好的就退回去。若貨品通過就要抽稅，這就是關稅，一部分的關稅上繳給領主，另一部分則交給城市委員會作為公共支出（例如用於城牆維修等）。進城的農民與商人推著車子到處尋找販售的機會，在面對城門的大道兩旁，尤其是靠近城門的地方，最適合作為市場，因為人來人往，商機無限。

　　當然不只限於城門周邊，整個城市都是交易場所，一般而言，商人或工匠會居住於二至三樓的樓房，一樓是做買賣和做工的地方，大門通常開向街道，沿街的一面牆還有窗戶，展示著他們的工作狀況與產品，家眷們則住在樓上。

　　隨著城市不斷擴張，居住品質也受到影響。由於城裡的空間有限，當店面或家庭要擴大時，通常是往上加蓋，而非平面延伸。加蓋的部分有時蓋得歪歪斜斜，容易把天空遮蔽，遮住了新鮮的空氣與採光，再加上早期的房子多為木造或是草製的，因此很容易發生火災，後來才改為石頭或磚塊。又像是飼養豬、牛、馬、雞等，導致空氣非常難聞，地上也非常髒亂，各種家庭垃圾，包括人或動物的排泄物不經處理就堆放於家門口。城市的

官員經常要下令，限期將門前的糞便、垃圾清除，尤其在節慶或有大人物來訪的時候。儘管城市的生活品質有如此惡劣的一面，但是仍有許多人要湧進城裡，因為城市生活象徵著地位與機會；許多農民擠進城裡為的是改善法律的地位與權益。

㈤多元的經濟活動

就城市的經濟生活而言，儘管城市生產的單位一如村莊，都是以家戶為單位，但是經濟活動卻相當多元，從事手工業的人家尤其不少，如釀酒和麵包烘焙等食品加工業、紡織業和皮革業等，而且規模都遠較村莊為大，經營方式也複雜，所需的資本與技術更遠非村莊式的經營所能比擬。城市的迅速擴張也導致房地產市場的活絡。為了搶佔商機，以及應付日益增加的資金需求，借貸業在大城市裡也很流行。早期的時候，經營借貸業的多是猶太人和義大利商人，但自十二、十三世紀歐洲商業開始繁榮以後，不少歐洲西北部的商人也加入借貸業的行列。除了現金交易外，不少城市也發展出信用經營與合夥經營等方式，金融業也隨之發展起來。除了製造業、商業、借貸業外，醫生、律師等專業也逐漸在城市中興起，從而使得城市生活更加多元化，進而帶動歐洲整體商業與經濟的發展。

五、遠程貿易

遠程貿易包括陸路的長程貿易和海上貿易。陸路的長程貿易包括了幾個城市間進行的交易行為，例如義大利半島的倫巴底 (Lombard) 和托斯卡尼 (Tuscan) 的商人在法國、英國和法蘭德斯間的城鎮、市集進行貿易，其中尤以法蘭德斯與英國的貿易最為興盛。法蘭德斯控制了北歐的衣服製造業，如布魯日、根特都是紡織大城。連義大利商人都得到法蘭德斯來採買繡帷、掛毯或絲絨（法蘭絨）、寬幅的布匹等各式紡織品。

法蘭德斯的興起和其優秀的地理位置有關，法蘭德斯與英國間僅隔著

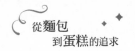

英倫海峽，英國早從羅馬帝國以來就以生產優質的羊毛著稱。這是因為英國的天氣寒冷，當地的羊隻為了適應天候而有柔軟、保暖、纖維又長的羊毛，以英國羊毛做出的衣服特別柔軟又保暖，深受歐洲人喜愛，而法蘭德斯正是英國羊毛重要的出口目的地。英國為了搶搭市場，於是大量的繁殖綿羊，羊隻的數字不斷增加，從兩倍到三倍，到十二世紀時約有 600 萬隻左右，一年可以生產 364 磅的羊毛，生產量相當可觀，羊毛成為中古英國最重要的經濟產品。羊毛的輸出也使得英國出現一些大港口，如林肯 (Lincoln) 和布里斯托 (Bristol) 等。十三世紀時，羊毛的製造城與港口城市出現不少因羊毛業致富的人家，羊毛業的發展也為英國的經濟奠定基礎。

在海洋的遠程貿易方面，歐洲與東方的貿易從未因日耳曼人的入侵而中斷過，地中海仍然維持了昔日東西貿易樞紐的地位，地中海沿岸的義大利港口城市更從未放棄與近東拜占庭、巴勒斯坦和敘利亞，以及非洲接觸的機會。近東的奢侈品如絲、染料、香料、香水、橄欖油、酒和紙草等仍陸續不斷流入歐洲的教會和富豪之家。譬如十一世紀晚期的威尼斯獨佔近東往西方的貿易，威尼斯船隻載著當地所產的鹽（威尼斯周圍有許多潟湖，故盛產鹽），以及來自北非的香料、胡椒，還有近東來的絲和紫色織布，航行到北歐和西歐交易。到了十三世紀時，威尼斯的陸上商隊又從克里米亞買進奴隸，從蒙古人手中買進中國的絲織品，然後販售給西方。威尼斯從各方貿易中賺進不少的利潤，大為興盛。

由於東西貿易有利可圖，參與東西貿易的成員日益繁雜，包括敘利亞人、摩爾人（穆斯林）、猶太人、斯拉夫人、維京人、日耳曼人和義大利人等。中古早期，猶太人在東西貿易中非常活躍[17]。他們主要是透過東西兩

---

17 猶太人在歐洲經濟與東西貿易的重量級地位，導致十一、十二世紀新興的歐洲商人，尤其是義大利商人的忌妒，終於帶來歐洲反猶太的聲浪與行動。例如，義大利商人與銀行家極力將猶太人塑造成高利貸的放貸人，從而導致「善良的基督徒」的貧窮。

邊的猶太人社區進行國際貿易，他們並將東方的簿記、契約和其他商業知識與技術引進西方。斯拉夫人和維京人也開發出拜占庭往北，經黑海北岸以及俄羅斯西部、北部的一些大水道到波羅的海，然後再分散到北歐、西歐的貿易線。在猶太人與斯拉夫人的東西貿易貨品中，奴隸佔了相當重要的地位，他們將奴隸賣給近東以換取西方所需的奢侈品。

地中海貿易的興盛也刺激其北的陸路貿易蓬勃發展。早期的時候，歐洲的農業與製造業都不足以支持正在萌芽的農業經濟，以致法國農業新興地區頗為仰賴義大利南部的進口貨，如工具、服飾和香料等。偏偏此時南北的交通非常不順暢，許多地區幾無道路可言，於是多由小本商人以騾子挑貨，風塵僕僕的南北奔波，備極艱辛，運貨量又極為有限。不過沿著這條人走出來的商路卻出現了為數可觀的市集小鎮。大約在十二到十三世紀時，這些小本的雜貨商人不再時時南北奔波，而是聯合起來選定幾個重點城市，每年不同季節輪流舉行大型的市集，其中最重要的市集城市為法國南部的香檳 (Champagne)。

香檳正好位於南北陸路貿易線上，於是北方的羊毛與木材等原料運到此地，交換來自南方義大利的東方香料、工藝成品以及奢侈品。因此，在香檳市集中以來自北方法蘭德斯的佛萊明人 (Flemings) 和南方義大利諸城邦的商人最多。在香檳市集中，除了羊毛、各式紡織品、香料等貨品外，錢幣也是一項重要的交易項目。由於歐洲缺乏統一的政治組織，以致幣制極為混亂且流通量不足，香檳市集中乃充斥著歐洲各地的錢幣，還有來自東方的外國錢幣。因此，兌換錢幣就成為香檳市集中一項重要的交易行為，許多遠地的商人甚至特別攜帶貨幣到此來兌換。此外，為了應付日益龐大的交易量，香檳市集尚出現了大單位的貨幣如里佛和蘇 (sou) 等。里佛和蘇本來只是紙上作業的帳目貨幣單位，因為當時市面上的交易量還用不到這種大單位的貨幣，至十二、十三世紀交易量擴大，才成為實際上流通的貨幣。總而言之，歐洲的經濟藉著南北貨物與貨幣的交換而更進一步的整

合，頗有助於歐洲整合型市場與經濟的形成。

除了地中海的貿易圈外，阿爾卑斯山以北的歐洲也因人口持續成長與開發而逐漸摶成另一個新興的貿易圈。這個貿易圈主要是靠河港間聯繫而形成，亦即沿著大小河道發展出無數河港型的商業市集。這是因為絕大多數的羅馬道路因戰亂與年久失修而湮滅，加上中古歐洲缺乏強而有力的中央政權，也欠缺財力修築新的道路，以致貿易多靠河道進行。此外大部分歐洲地區的河流不是流向大西洋，就是流向北方的波羅的海，遂導致北歐的波羅的海貿易圈與北部大西洋沿岸的貿易圈的形成。

透過北部的波羅的海與大西洋，東歐的糧食、木材、琥珀，以及蜂蜜和蠟等森林產品；東北亞的貂皮等珍貴獸皮；東方的奢侈品（透過俄羅斯大水道 ^{18} 而來）；斯堪的那維亞半島的木材和魚產品；英格蘭的羊毛與糧食；以及低地區法蘭德斯的工業產品等來自四方的貨品，均得以在大西洋沿岸和波羅的海沿岸集中交流與再分散。甚至不少歐洲內陸的產品也必須透過大西洋與波羅的海貿易線達到交換的目的。當北方荒地開墾日多，帶動經濟的發展，加上北方貿易圈日益繁榮後，歐洲商人的注意力日益往北遷徙，南方的義大利商人也不得不順應時勢往西或往北發展，終於導致歐洲經濟重心的北移。

到了十四世紀初，義大利商人開發出由地中海經直布羅陀海峽出大西洋的海洋貿易線，以取代昂貴的阿爾卑斯陸路貿易線。這條出大西洋的海洋貿易線不僅大幅增加運貨量，而且還可以透過大西洋連結北歐的貿易圈，更促進了西歐、北歐的經濟繁榮與沿岸港口都市的興起。此外，由於海洋貿易所需要的技術遠比陸路貿易要先進許多（如船隻的建造與艦隊的管理等），而且交易量也大，因而刺激了商業知識與技術的大躍進，許多合資企

---

18 俄羅斯大水道，又稱瓦倫吉安通往希臘的大道 (Trade route from the Varangians to the Greeks)。由黑海經轟伯河 (Dnieper)、西杜維納河 (W. Dvina)、伊爾門湖 (Lake Ilmen)、拉多加湖 (Lake Ladoga)、涅瓦河 (Neva)、芬蘭灣到波羅的海。

業與信貸貿易的觀念與技術都是在這個時候逐漸發展出來的。

　　由於遠程貿易所需的成本極高，包括陸路的盜匪等安全風險、海上的船難風險，以及船隻和勞力的成本。於是，作遠程貿易的商人多採取合夥與分攤的方式。譬如，有一群人將他們的資本投入資助遠程貿易，當船隻或商隊帶著貨品歸來，再販售完時，投資的人就開始分攤利潤。如果不幸途中有災難發生，貨品回不來時，投資人也只損失資金而已。

六、中古盛期的商業革命

㈠繁榮景象

　　我們前面所敘述的許多革命性的改變，都出現於十二世紀下半葉，在歷史上稱之為「商業革命」(Commercial Revolution)。造成商業革命的主要原因是歐洲的復興，帶動了商業的繁榮，但是導致商業繁榮的主要原因卻與錢幣有關。1160 年代，歐洲發現了幾個銀礦，分別分布在日耳曼、波希米亞、義大利北部、法國北部，以及英國的西部。銀礦的開採，使得歐洲人可以大量鑄幣，進而大幅增加了商業所需的通貨量。

　　這時的貨品更是豐富，產品也來自世界各方，包括來自東方的糖（取代蜂蜜）、香料，來自萊因區、勃艮第 (Burgundy) 和波爾多的酒，來自法蘭德斯和托斯卡尼的上等羊毛紡織品，來自俄國與愛爾蘭的皮草，來自君士坦丁堡乃至中國的絲。幾乎歐洲各地都被捲入到這場商業往來中。來往的貨品除了高級奢侈品、日用品外，還有豐富家庭擺設的帷幕、銀盤，甚至包括騎士階級所需要的武器和盔甲。

　　不只商業範圍擴大、商品種類繁多，進行商業所需的組織也發生很大的改變。譬如，經商由個人行為擴展至團體的組織行為，也就是前面所敘述的由一位商人包辦所有的事務發展到團體的合夥制。在合夥的組織中，由一位或數位商人坐鎮在固定的店面中，周旋於顧客買賣中，另一群人則

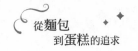
行走外地或海外以調度商品。坐鎮在商店的商人還負責規劃與組織進出口貿易，有的商店甚至在外地或國外設立分號，由總店派遣的經理負責，他們在總店負責人的建議下，執行買賣貨品，包括取得當地的產品。

各個部門成員間的商業通信來往愈來愈頻繁與複雜，這促使了信差業務的興起，出現定期、定點的郵差。當商業的運作愈來愈複雜時，商業記錄、會計等也愈來愈專業化，因為商人不只要和廠商、顧客打交道，還得和合股人、投資人、官員、雇員、其他商號打交道。每一次打交道後的進出財務都需要專業的記錄與算計，使複雜的簿記系統應運而生。

新型態的商業工具出現，例如以匯票、支票取代實體貨幣交易。匯票、支票講求的基礎是商人的信用，於是商人講求聲譽的倫理就出現了，商人要注意自身的聲望、信用，也有人透過行善博取聲望和社會地位。商業的繁忙，連帶使交通出現變革，新的道路、橋梁、關卡紛紛出現，各地方也相繼增設為商人服務的旅館、酒店和醫院。

商業革命對於後來歐洲社會的發展，也帶來很大的影響，就是商人階級的興起。在剛開始時，商人的人數其實很少，僅佔 10% 的人口，但是後續的影響力卻非比尋常。新的財富形式也隨商業革命出現，土地不再是唯一的財富形式。隨著東西商業交流頻繁，文化層面的影響也逐漸加深，歐洲人開始注重起餐桌禮節，上層人士不再用手抓東西來吃，也不再用袖口或衣服來擦嘴，而是用刀叉吃飯，用餐巾擦嘴。

當然，國王等政治人物也注意到了新興商人，於是開始向他們抽稅，透過這些稅收，國王可以建立強大的政府組織。國王還在商人階級中發現人才，國王與這些新人才的合作，終於削弱了傳統貴族的勢力。當國王打敗了貴族的勢力，並建立新的政府組織，我們就稱之為「近代」(modern)[19]

19 近代的斷代，一如中古的斷代，頗富爭議。比較傳統的年代為 1500 年，相當文藝復興的中期或盛期。

圖 16　盧北克霍爾斯坦門　上方刻有
漢薩同盟的格言「對內一致，對外和平
(CONCORDIA DOMI FORIS PAX)」。

的誕生。商業的蓬勃發展，也為中古的農奴提供另類的機會，讓他們擺脫
了封建的束縛，最後終於導致中古封建制度、農奴制度的解體。但是這些
發展都是很緩慢的，也不是商業革命時代的人所能預料的。

　　此時除了商業革命重鎮義大利，尚有歐洲北部的漢薩同盟 (Hanseatic
League)。漢薩同盟的成立可以追溯到瑞典哥德蘭 (Gotland) 的日耳曼商人
組織，哥德蘭素以海盜窩著稱，而海盜與商人身分經常重疊。這些日耳曼
商人將古日耳曼的武士集團組織引用到商人組織上。接著，日耳曼的薩克
森國王獅子亨利（Henry the Lion，1142～1180 年在位）鼓勵這個商人組織
搬到 1159 年新成立的盧北克城，並給予諸多特權，一如南方的香檳市集。
盧北克首先與日耳曼北部的漢堡 (Hamburg) 結盟，互相保證安全，並給予
對方優惠的商業條件，甚至包括獨佔性的商業特權。到了十三世紀，許多
日耳曼北部、波羅的海沿岸的城市如科隆、但澤 (Danzig)、里加（Riga，

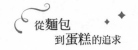
今日拉脫維亞首都）都相繼加入漢薩同盟，但同盟中最重要的城市仍是盧北克。漢薩同盟擁有自己的議會、法庭、稅收、軍隊與艦隊。

從十三到十六世紀，漢薩同盟掌握了北歐從諾福哥羅（Novgorod，位於俄國北部）到盧北克、漢堡、布魯日、倫敦的商業大權，並利用分店和海運將手伸入日耳曼南部、義大利、法國、西班牙、葡萄牙等地。漢薩同盟將北歐的產品與原料如皮草、蠟、銅、魚、穀物、木材和酒運到南部，以交換歐洲西部城市的製成品（主要為衣服）、鹽等。

漢薩同盟並在各地取得關稅的優惠，有的地方甚至是免稅的優惠。他們在許多地區還取得當地市集貿易的特權。漢薩同盟的商人被稱為 "factor"，他們的商號則被稱為 "factory"，這就是「工廠」一詞的由來。漢薩同盟發展出最重要的商業技術就是商業登錄系統 (business register)，他們要求所有的商人將其契約、債務都予以公眾登錄，並受到當局的保障。據說這種登錄對於後來信用經濟的興起，有很大的貢獻。商業登錄涉及到資本、風險的計算、機會的追求等，對於後來的資本主義興起也頗有助益。

總而言之，在傳統的認知中，中古乃是一個黑暗時代，也是一個文明的斷層時代，人類又回到文明初期的原點，因此中古歐洲無論是經濟或科技發展均遠不及古羅馬時代，更遑論近代的工業革命了。然而經過現代史家的仔細檢驗後發現，中古其實並不是一個經濟落後或停滯的時代，真正屬於經濟落後的時期應只有中古早期的那二、三百年，而且造成當時經濟落後的因素除了日耳曼人入侵所帶來的戰亂與破壞外，就是延續三世紀以後羅馬經濟長期不振與衰頹的趨勢而來的。經過早期的衰頹、奮鬥與試驗後，從十世紀開始，歐洲的經濟開始呈現穩定的發展，有時它的農業生產還超越了羅馬帝國時代。即便在此之前，中古歐洲的生產狀況與生活品質，不少時候還高於現在第三世界的許多地區。中古歐洲人士之所以會有如此的成就，靠的經濟策略就是遠比上古先民更嚴密與更嚴謹的團體戰、組織戰，最後終於立下了傲人的戰績。

等到十一、十二世紀以後，中古歐洲甚至出現了所謂的「農業革命」，接著則是中古盛期的商業革命，這段期間中不少地區與年分的經濟成長率甚至不亞於工業革命前後時期的英國。不僅如此，中古歐洲人士在生產工具、作物改良以及人力和土地的管理上都有相當的突破，遠非古羅馬人所能比擬。

㈡走向衰微

在中古盛期，王權與國家因為有宗教（教宗）的牽制，因此權力不太大，以致地方人士或民間有很大的自由發展空間。但是到了十三世紀末、十四世紀初，一切都開始發生轉變，當王權不再受到教權牽制的時候，國王開始以國家之名壓榨、奪取民間的財富，以致民間不再有發展的財力與空間。另一方面，國王並沒有將奪取來的財富用在國家建設上，而是用在戰爭上。戰爭經費像是一個無底洞，驅使國王一而再、再而三的壓榨民間，終於導致了災難年代的降臨。

以前述的香檳市集為例，它是造成中古經濟繁盛的一項主要因素。香檳市集原是一個自由貿易區，來自歐洲各地的貨物在此交易、轉運。但是到了法王菲力普四世時，開始向香檳市集的商人徵稅，並且大肆打擊重要的財團如聖殿武士和猶太商人。後來，他又因與低地區法蘭德斯的佛萊明人相戰，而禁止法蘭德斯的商人到香檳做生意。佛萊明人是香檳市集的最大夥伴與成員，香檳市集因而沒落，中古經濟的繁榮景象不再。英法戰爭等長年的戰爭使得此條貿易線處於危險狀態，商人因而改走尼德蘭低地區往東南經勃艮第、日內瓦，再到地中海。日內瓦因而在國際市場上興起，成為重要的國際票據交換市場。日耳曼的貨幣馬克也開始出現在國際記帳系統上。日內瓦的興起，也是因為它比較靠近佛羅倫斯在西歐的商業網絡。這個商業網還包括法國的里昂。在這個網絡中，通行的除了商人，還有各式票據，包括支票與信用往來。

　　不過香檳市集的沒落卻也帶來好的影響，就是迫使義大利商人走出直布羅陀海峽，沿著大西洋沿岸往北到低地區的荷蘭做生意，從而發展出大西洋沿岸的海運貿易。這對後來歐洲的商業經濟有很大的影響，使歐洲的經濟版圖由地中海轉往大西洋。

　　為了應付戰爭需求，法王菲力普四世又開始徵收經常稅。在中古，基於私人財產的神聖性，以及國王有保護私人財產的責任，國王不太向人民抽稅。國王的收入大多是靠國王土地的租稅、封建稅以及關稅。遇到戰爭時則臨時增加封建稅，或是要求他的附庸多付津貼補助，這些都不算是經常稅，但是現在菲力普四世開始向人民徵收經常稅，或稱之為王稅，包括財產稅。隨著他與各方的戰爭（包括英法百年戰爭）加劇，人民稅的負擔愈來愈重，留在民間的資本愈來愈少，以致人民喪失增加生產、改善生產的誘因與財力，民間的經濟因而出現下滑的現象，諸如人口銳減、人民的健康與抵抗力日弱，終於無法抵擋黑死病的侵襲；黑死病來襲時，正是歐洲經濟跌到谷底的時候。

　　菲力普四世對於法國乃至整個歐洲經濟的破壞，不只限於他對商人的掠奪、徵稅，還包括了貶抑貨幣。為了減輕財政負擔，菲力普四世降低貨幣中的金銀成分，或是鑄造劣質的貨幣，導致通貨膨脹，更使市場因貨幣秩序大壞而癱瘓。除此而外，戰爭造成的破壞，包括軍人掠奪民間財物，都造成歐洲極大的災難。

　　為了徵稅，菲力普四世還與教宗發生爭執。由於戰爭花費太過龐大，一般人民已經負擔不起，於是菲力普四世想到向教士徵稅，這就引起教宗的嚴厲反彈。當時的教宗鮑尼菲斯八世（Boniface VIII，1294～1303 年任教宗）遂提出教權高於王權的理論。鮑尼菲斯八世的頑固與堅持導致法國軍隊進攻義大利，並監禁教宗。當年老的鮑尼菲斯八世不堪法國的長期拘禁或折磨而去世後，羅馬教廷展開新教宗的選舉。法王為了爭取有利人選的當選，遂派兵包圍羅馬教廷，迫使樞機主教團選出一位法國候選人克里

門五世（Pope Clement V，1305～1314 年任教宗）擔任教宗。法國此舉導致羅馬市民的暴動，法王乃藉機將教宗與教廷遷往亞威農 (Avignon)，亞威農雖不位在法國領土境內（亞威農位於神聖羅馬帝國之內），卻與法國隔隆河相望，且深受法國文化影響，因此很容易遭到法王的掌控。這就揭開了歐洲史上著名的教會大分裂時代（Great Schism，1378～1417 年）。

　　英國的情況也不遑多讓。英國開始徵收人頭稅，這對於一般農民、勞工造成極大的負擔與傷害。國王對羊毛、鹽等原料抽重稅（進口稅），也不利製造業的發展（因為法蘭德斯產羊毛品質較佳，故英國羊毛紡織業的原料多由此地進口而來）。黑死病後，勞工人數大減，以致工資大幅上升。為了維持黑死病後的勞工薪資，政府乃採取非常不利勞工的限制最高工資法案，許多勞工遂流入黑市，政府又加緊取締，更增添了許多經濟上的干涉政策，如限制勞工轉業。結果是黑市勞工日益猖狂，對於有錢的貴族或製造商有利，對於一般的廠家卻非常不利，更導致財富分配嚴重不均，經濟因而嚴重衰竭。

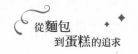

中古農業經濟對近代經濟的貢獻

　　儘管中古晚期農業經濟面臨諸多瓶頸，但對近代早期的經濟仍有很大的貢獻：

1.農業生產所餘，可提供市場需要。

2.農業生產大幅提升，可以養活更多的人，也讓更多的人可以從事其他行業，如商業或製造業。

3.農業經濟部門為提升產量，而做了許多經營、技術、工具、資金之變革，後均移轉至製造業或商業部門，如資金的籌措與累積。當時在農業部門就已經出現合股、分散風險、多角經營、追求利潤、再投資、專業生產等現象，後來這些現象都移轉到製造業或商業部門。在工具方面，出現馬力、水力、風力之利用。在技術方面，出現烘焙技術、釀酒技術、紡織、食品加工業，還有器皿、建築等。這些工具、技術多出現於十二、十三世紀的農業革命期間。

4.十四世紀中葉以後的農業危機亦有利工商業發展。農業危機製造了大批的失業人口，他們移往都市，被迫轉業，以致製造業與商業部門之人手增加，得以興盛。農業危機出現大批中小農，如 cottagers，他們無法自足，必須仰賴副業維生。這情形提供手工業優質的勞力來源。此批 cottagers 擁有自己的工具，如紡紗機、織布機，為早期的企業家節省不少成本，如工資、技術等成本。早期手工業的工具、勞力多來自鄉村，

對早期製造業（手工業）的發展頗有助益，而手工業後又導致工業革命。

5.農業專業生產：經濟作物提供製造業所需之原料，如羊毛、染料、食品、麻、絲等。

6.農業市場化、專業化後出現新的觀念，有助日後資本主義的興起，如合作、紀律、財產、利潤、風險、資本主義等。

Chapter 7
中古的經濟思想

一、經濟思想的源頭

㈠猶太教

　　猶太教 (Judaism) 的經濟思想主要表現在《舊約聖經》中。一如古希臘，猶太教對貿易也持懷疑的態度，《舊約聖經》中有不少篇幅是反對、譴責累積財富，並持懷疑商人的態度。但是在《聖經》外傳《西拉書》(Ecclesiasticus) 中卻告訴商人不要對營利及事業的成功感到羞恥。

　　在工作方面，相對於希臘、羅馬歧視勞力工作，猶太教是肯定工作的。根據《創世紀》，亞當與夏娃在伊甸園中扮演的角色就是為上帝工作的僕人 (steward)，以執行上帝交付給他們的工作。猶太人視工作為人類的神聖使命，後來的中古歐洲人士也遵守工作的倫理，要求做一位負責任的上帝僕人。

　　猶太教不反對收取利息 [1]，但是禁止對自己人收取利息，只能向外邦

1　中古基督教反對利息的教義源自猶太教。在希伯來文中，利息稱為 "nesch"，意為「蛇咬」。就是指利息就像被蛇咬一口，剛開始時沒有什麼疼痛的感覺，但是過一陣子後，就會要人命。在現實生活中，剛開始跟人家借錢出利息，因為可以立時的解決急難問題，因此非常誘人，於是有了下一次、再下一次的借貸，但是當利息累積到數量龐大時，就會給人致命的一擊。因此，在猶太教與基督教的經典中，

人收取，同時規定每七年要取消利息，五十年要歸還被抵押或賠償的土地（無法確定這項法律是否有確實的執行）。受到猶太教的影響，中古時期歐洲放利息的人士因而被視為不正義的人，因為他們拿走了窮人睡覺時需要的斗篷。

猶太人認為財富是上帝給信徒的一種回報，但是他們反對追求個人的財富，唯恐會讓信徒遠離宗教信仰，例如猶大王國就指責北方的以色列王國因為追求財富而導致腐敗，終遭致亡國的命運。

(二)羅馬法

1.利息是一種竊盜行為？

「羅馬法」大概完成於一～三世紀，重視「私人財產權以及自由原則」，認為任何事情不能違背自願或自由的原則，如果一個人強迫或違背其他人的自由或自願（例如竊盜和強盜的行為），都是違法的，是不被承認的。而任何合法、正當的行為或契約，必須在雙方自由、自願同意下產生。

最明顯的例子就是強迫他人訂立違背自由的利息契約。根據「羅馬法」的解釋，這種行為叫做「竊盜」：「如果一個人違背了另一個人的意願而拿走他的東西，就叫做竊盜，如果是用武力並違背了個人的自由與意願，則是強盜。但是如果是在雙方自由意志下同意的，那就沒有問題了。」

不過中古歐洲人士認為沒有一種利息會是在雙方「自由同意下」產生的，一定都是貸方「強迫」借方簽訂利息契約。因此，中古歐洲人士從「羅馬法」延伸解釋，這種違背自由意願的「利息」是竊盜的行為。

利息被描繪成在伊甸園中引誘夏娃的那條蛇，而蛇也成為放貸利息行業的徽章。基督教後來更將利息引申為撒旦 (Satan) 的誘惑，意即剛開始時非常誘人，但後果不堪設想。

2. 公平的價格

「羅馬法」強調「公平價格」（拉丁文 *justum pretium*，即英文 just price），也就是買賣雙方自由、自願討價還價後達成的價格，任何自由達成、自動達成的價格都是「公平」的。根據「羅馬法」記載：「允許一方以比物品價值要少的價格買進，另一方以較多的價格賣出。」羅馬帝國晚期的《狄奧多西法典》（*Theodosian Code*，438 年）也非常清楚的載明：「任何經過自由、自願協商後的價格，就是合法與公平的。任何強制、欺騙的價格都是非法的。」這部法典的精神在六、七世紀的歐洲延續，如巴伐利亞法律中提及：「買方不可以在協議達成後因認為價格太高而又反悔。」

由於強調自由與自願，強迫性的經濟行為都遭到中古歐洲人士反對，最具代表性的例子為「獨佔性的行為」，即強迫顧客接受賣方所訂定的價格。另一項反對的行為就是投機，尤其是糧食的囤積居奇行為。這些都是利用需要或稀少，而迫使顧客接受賣方所操弄的價格。

(三)早期基督教

基督教剛建立的耶穌與使徒時代，耶穌與使徒們因為相信世界末日即將降臨，並熱切渴望最後大審判，因此主張人不應該擁有財富，應該過著極度節慾的生活，因為人不需要太多的身外之物，經濟行為也隨之變得不重要了。於是他們對於商人仍汲汲營營於物質生活非常不滿，故有輕商之言論。例如聖保羅說：「愛好金錢，是一切邪惡之根源。」

早期的教父 [2] 受到羅馬斯多噶學派 (Stoicism) 的影響，鼓勵放棄財產、過著出世的生活，以致早期基督教中隱修的現象盛行。他們相信商人的行為一定會導致貪婪的罪，而貪婪的罪又伴隨著欺騙、詐欺等行為。教父聖

---

2 Church Fathers，指世紀初融通希臘學說與基督教信仰的學者，分為希臘教父與拉丁教父。

傑若米（St. Jerome，347～420 年）宣稱：「在貿易行為中，一個人之所以有所得到，一定是靠犧牲了其他人而得到的。」所以他認為有錢人都是不公不正的。

但是仍然有一些教會人士秉持相反的意見。譬如希臘的教父克里門特（Clement of Alexandria，約 150～215 年）說：「我們不能消除有錢人，有錢人對我們的鄰居而言是有利的。畢竟貨物 (goods) 被稱為 "goods"，就是因為它們可以做『善事』。」

聖奧古斯丁（St. Augustine，354～430 年）生活在經濟非常繁榮的北非地區，在經濟思想上有不少務實的想法。他認為貨物的價格決定於需要，例如「人類支付一件物品的價格，或是為它貼上價值，是由人本身的需要決定，而不是由客觀的標準或是物品在自然中的地位決定」，這就是後來所謂的「主觀價值」(subjective value)。同時聖奧古斯丁也是第一位對商人持正面態度的教父，他指出商人進行的是一項對人們有利的服務——將物品運輸到很遠的地方，然後再賣給需要的消費者。這項行為根據基督教的原則，應該屬於「值得付費的勞力」。因此商人也應該得到他的勞力和活動的補償，況且貿易可以讓人取得一些沒有卻又需要的東西，因此貿易的行為應該值得肯定。聖奧古斯丁認為一般人對於商人的偏見，應該是針對商人個人的錯誤行為，而不是商業這份職業的本身。這意味「商業貿易的罪惡來自商人，而不是貿易的本身，因此只需要節制商人的貪婪即可」。

在財產方面，聖奧古斯丁也是持比較肯定的態度。他認為財富是上帝的禮物，但不是最高的善，因此不能被視為目的，而只是一種手段或方式。聖奧古斯丁雖然認為不擁有財產固然是最好的，但不是每個人都可以做到，因此私人財產還是應該存在，後來中古學者據此稱財產為「必要之惡」。聖奧古斯丁認為私有財產還有讓人避免熱愛財產或濫用財產的功能。但是，聖奧古斯丁又指出私有財產與公有財產間存在了矛盾。在這兩者中，他贊成的是公有財產；公有財產是天然的產物。而且，聖奧古斯丁認為公有財

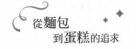

產是國家的產物，因此國家有權拿走公有財產。

㈣伊斯蘭教

　　伊斯蘭教對中古歐洲經濟思想有很重大的影響，尤其是伊斯蘭黃金年代（750～1250 年）的作品。這是因為在十二、十三世紀的時候，歐洲學者大量的透過阿拉伯文翻譯亞里斯多德等古典作品，順便也吸收了許多伊斯蘭的思想。許多歐洲學生到伊斯蘭世界去留學，他們甚至將伊斯蘭的講座風俗帶回歐洲，成為歐洲大學的前身。

　　伊斯蘭教的《可蘭經》，一如基督教的《聖經》，也含有一些經濟思想與主張。以《可蘭經》為主的神學信仰對伊斯蘭社會的經濟思想產生重要的影響，例如強調公平正義、社會功利、公共福祉，認為經濟行為最終目的是讓人得到來世的救贖。而伊斯蘭教法學家的世俗傾向以及強調理性思辨，讓伊斯蘭教比較肯定經濟生活和商人營利行為。最後，伊斯蘭社會比較重視商業，更可能跟穆罕默德 （Muhammed，570～632 年）的商人身分 [3] 有關，因此伊斯蘭教的經濟思想比起基督教要人性化與世俗化一些。

　　伊斯蘭教從很早的時候就開始主張，信徒不一定得靠遠離社會才能得到救贖，反而要積極參與世俗的事務。他們認為商業行為帶來的利潤、財富可以幫助行善、增加知識和社會地位，只要不過度追求利潤，或是毫無節制的貪婪，都對商業活動持肯定的態度。這些方面顯示伊斯蘭教比基督教更遵行了古典希臘對中庸的要求。

　　伊斯蘭社會非常尊敬商人，對自由市場也非常支持。伊斯蘭教認為從公共利益的角度而言，商人比官員、軍人要有用多了。中古的時候，在一些伊斯蘭大臣和學者寫給君王的諫言書 (mirror for prince) 中，建議君主要

---

3 在穆罕默德以前，商人與商業在阿拉伯與波斯社會中的地位並不高，也不太受到尊敬，這是因為阿拉伯的部落社會與波斯的瑣羅亞斯德教 (Zoroastrianism) 都較輕視商人。

建立公正與有效的治理。在這些諫言中，他們肯定商業的價值，認為商業能連結生產過剩和生產不足的地區，是符合公共利益與公共福祉的。但是為了社會好，還是應該限制商人投機與累積財富的行為。根據他們的看法，商人可以拿取正常的利益，但不可過分。

在市場方面，他們認為市場的起因在於人類的互助、相互需要，可以彼此互通有無。在不違背社會正義、家庭倫理的條件下，伊斯蘭教是支持完全自由的市場以及有限的私有財產，但也希望能控制與管理市場和價格。當匱乏嚴重威脅公共福祉，或物品的價格過於昂貴以致威脅窮人時，政府應該出手控制價格。

實際上，儘管伊斯蘭的哈里發經常利用各種策略鼓勵市場，卻也經常干涉商業法的訂立與運作，尤其是取締獨佔、壟斷與強迫交易的行為。哈里發也經常藉著操弄幣制以增加財政收入，包括貶抑貨幣中的貴重金屬成分。這項行為經常遭到學者專家的反對與譴責，認為是不道德、不守正義的行為。另一方面，伊斯蘭學者很早就觀察到，有錢人會將好的金幣收藏起來，以致市場上劣幣充斥，因而提出「劣幣逐良幣」的理論，而這項理論在歐洲要到十六世紀才被發現。

在價格方面，伊斯蘭教學者也提出「公平價格」的主張。他們認為公平價格就是市場機制自由運作的結果，因此不同地點、時間的價格都不一樣，後來又加上成本、風險、稅的負擔、市場的供需等因素。在此脈絡下，伊斯蘭的主政者反對固定物價，他們允許市場價格偶爾的波動。據說在穆罕默德時代，有一回麥地那的某種物質非常匱乏，以致價格高漲，於是有人勸穆罕默德出手干涉物價。穆罕默德則認為這種做法是褻瀆神明的，他說：「價格是依賴阿拉的旨意。」許多伊斯蘭神學家因此而發展出一項結論：市場是阿拉指定來自我約束的。事實上，亞當斯密的許多主張如「看不見的手」、供需論、分工等，都曾經在伊斯蘭的作品中出現過。

伊斯蘭經濟思想的彈性也表現在價格訂定上，例如伊斯蘭教允許以信

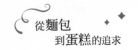

用標購的貨品賣出時，價格可以比用現金標購的物品更高一些。這項規定鼓勵了阿拉伯銀行與商人的興起。在伊斯蘭世界中，支票 4 非常流行，而且可以周轉，因此算是實質的貨幣。在伊斯蘭的企業經營中，經營夥伴的關係也很普遍，就是一方出資，另一方擔負實際經營的責任，利潤則互相分享。這讓很多沒有資金，卻有能力的人，可以參與商業與企業的經營。

伊斯蘭的貨幣論，導致他們反對利息。他們繼承了亞里斯多德對錢的看法——錢不會生產出新的東西，因此不能要求增加利息。錢本身是無用的，就像普通的石頭一般，與一般的商品不一樣。錢幣的存在，只是讓交易順利的進行，讓大家知道物品的價值與等級而已，尤其是不同貨物之間的兌換。根據伊斯蘭學者的比喻，錢有如一面鏡子，本身沒有色彩，但是卻可以反映出東西的色彩。

但是伊斯蘭教對於利息的看法，也有寬鬆與人性的一面。他們認為如果買賣、借貸雙方彼此同意，那利息就可以成立。其次，如果借來的錢是拿來投資生產用的話，那就叫做投資、資金（capital，原始的意思是指「牛頭」），這種也是合法的行為。最後，伊斯蘭教很早就有「機會成本」（opportunity cost）的概念，他們認為：「貸方如果將錢拿來自己投資，可以賺更多的錢，但是現在卻因為借出去而喪失了投資賺錢的機會，因此可以取得補償（意即利息）。」

伊斯蘭世界的經濟思想家部分繼承了古典希臘的思想，進而影響後來的歐洲人，其中一位是阿威諾（Averroes, Ibn Rushd，1126～1198 年）。他生於西班牙的哥多華（Cordoba），死於摩洛哥的馬拉喀什（Marrakesh），是阿拉伯世界有名的亞里斯多德專家。阿威諾所處的十二世紀，商業遠比亞里斯多德時代要繁雜，因此阿威諾對於錢和商業的看法就會與亞里斯多德

---

4 阿拉伯語稱之為 "sakk" 或 "ruq'a"，前者為 "check"（即後來英文中支票的字源），後者為 "note" 之意。

有所差異。

根據亞里斯多德，錢幣的功用有三種：「交易、衡量價值、為未來的交易累積價值」。阿威諾認為錢還有一個作用就是「購買力的儲藏庫，它可以在任何時候支付出去」。阿威諾視錢幣的交易為理所當然的行為，並堅持經濟運作不能沒有錢，但是阿威諾認為錢的價值一如阿拉，不能改變，因為它是衡量所有事物的標準。另外，如果錢是價值的倉庫，那改變錢的價值會使某些人受到損失，因此是不公平的。如果一位君主改變了錢幣中貴重金屬的成分，那就是純粹的利潤，一如借貸中的利息，是不公正的。

十三世紀在蒙古遠征軍進入歐洲後，土耳其人興起，並統治了東方世界。北非的伊斯蘭世界出現了另一位經濟思想家伊本赫勒敦 （Ibn Khaldun，1332～1406 年），他曾經跟隨埃及蘇丹與蒙古的帖木兒談判。對文明興衰有興趣的他曾撰寫一本文明史，認為文明興衰具有循環性，經濟的繁盛能使文明昌盛。

伊本赫勒敦注意到分工對於生產力的影響、品味對於需要的影響、消費與資本累積間的選擇，以及利潤對於生產的影響等。伊本赫勒敦的主張在伊斯蘭世界發生的影響力非常有限，但歐洲人卻深受其影響。

㈤亞里斯多德理論

中古歐洲依據亞里斯多德的主張，而認為錢與其他物件不同，其他的物件都是屬於可以販賣的商品，但是錢是衡量的標準、一種交易的媒介，不是可以買賣的商品，當然也不能收取利潤。

在亞里斯多德的理論中，錢的交易與房子的交易是不一樣的。當一個人將一棟房子或一匹馬借給人家時，他仍可指望還回來的是同一棟房子與同一匹馬。而借房子與馬的人只是將這些東西借去用一用，或者借去賺取利潤，因此房子與馬的原主人可以要求賠償或是使用金。但是，當一個人將麵包或錢借給別人時，就不可能指望還回來的是原物。就好像麵包借給

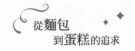

別人，目的在讓人吃掉，借錢的目的也在讓人使用；使用錢乃是自然的行為。自然的使用，是不應該要求對方支付額外的錢，況且，借錢還意味將使用權暫時讓渡給借方。在這段借出的期間內，錢的使用權屬於借方所有，因此貸方沒有理由要求額外付錢。當麵包被吃掉時，麵包的價值就完成了，一如借錢給別人使用，錢的價值也得到完成。因此，借錢又要求利息的話，是不自然的、不合理的，也是將錢賣了兩次（一次是讓人擁有麵包或錢，一次則是讓人吃掉或用掉）：一如麵包，錢只能賣一次，無法賣兩次。借錢給人家，不能一次要求別人為錢的本身或擁有錢而付錢，另一次又要求為了使用錢而付錢，因為錢的本質就是要使用它。擁有與使用是同一件事，同一件事就不能要求付兩次的錢。

二、中古經濟思想的特色和派別

中古早期受到教會的影響，帶有濃厚的反商情結。譬如九世紀的查理大帝在一次宗教大會中規定教士不得從事任何會導致「可恥的獲利」(shameful gain, *turpe lucrum*) 的經濟活動。查理大帝並一再擴大解釋「可恥的獲利」，除了詐騙、貪心、貪婪，不遵守政府規定的價格（無論買方、賣方均在其內）也在行列之中，因為當時的教會人士和官員、學者都認為：政府規定的固定價格和市場的一般價格 (*communis aestimatio*)，才是「公平價格」。他們相信政府規定的固定價格不會偏離市場價格太遠，因此是可以接受的。早先的時候，「教會法」中的「公平價格」並沒有包括政府規定的「固定價格」，現在則被納入「教會法」中。至於市場價格，「教會法」與中古人士仍採用「羅馬法」的原則：「買賣雙方自由與自願的協議價格。」

㈠波隆納大學派

十二世紀歐洲開始復興，經濟活動的頻繁與活躍，帶動了經濟思想與經濟法的研究。商業興起後商人的地位、商業的功能為何？新興的市場經

濟讓當時歐洲界的知識分子既感困惑，又感好奇。他們很想知道市場經濟是怎麼緣起的？是怎麼運作的？市場經濟的貨幣又是怎麼回事？價格是如何訂定的？如何達到公平價格？市場秩序為何？

　　為了瞭解這些問題，他們運用各式的背景知識，再加上理性的思辨方法去探索這些問題，造成經濟思想的蓬勃發展。此時由於阿拉伯人曾經佔領過西班牙，以致歐洲人可以接觸到阿拉伯的知識，例如阿威諾的亞里斯多德學。十二世紀的知識復興也造成大學的興起。這些大學中對於經濟思想與經濟法最有貢獻的要屬義大利的波隆納大學（University of Bologna，是中古著名的法學重鎮）。

　　剛開始的時候，中古的法學家，尤其是波隆納大學的法學教授，他們仍然承襲教會的觀點，首先肯定製造業的勞力工作。他們觀察到「工匠購買便宜的原料，再加工製造和運輸貨品，然後以較高的價格賣給顧客」，這種「便宜買進、較貴賣出」是合理的，因為工匠的原料支出和勞力需要補償。他們更相信「便宜買進、較貴賣出」是人類的天性，因此是一項「自然律」[5]，適用於所有行業的人，包括商人在內。對中古人士而言，「自然律」是應該接受的，但是人為法、人為的行為是不能接受的。

　　後來這項製造業的觀察引進到了商業部門，有人開始主張：商人的運輸也需要成本和勞力，他們也是出賣勞力和服務，因此也需要補償。當中古人士承認商業活動也需要勞力，既然視為勞力的一種，自然就不需那麼仇商或鄙視商人了。有些法律學者甚至認為在商人的酬勞中，還應該包括商人家庭的生活需要。還有的學者認為應該多給商人一點利潤，好讓他們有行善事的能力。

---

5 古代希臘哲學家將「自然律」解釋為合乎「人類本性」的法律；中古歐洲學者則解釋為合乎「上帝律法」的「神聖法律」；十八世紀的啟蒙學者則解釋為合乎理性思維的自然律規則。

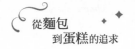

㈡巴黎大學派

1.威廉奧克斯瑞爾

　　威廉奧克斯瑞爾（William Auxerre，約 1140～1231 年）是一位士林哲學家，他的理論是建立在自然律的基礎上，威廉奧克斯瑞爾認為利息是違反自然律、有罪的，因為當一個人將錢借給其他人時，他並沒做任何事，他只是等到一段時間後收回他原來的錢，再加上利潤，但是這個利潤並不來自任何動作、工作或勞力，而是在經過一段時間後平白生出來的利潤，因此利息可算是時間的買賣。然而，根據中古宗教的信仰，時間是屬於上帝的，人怎可以販賣上帝的時間呢？因此不能收取利息。

　　威廉奧克斯瑞爾反對一切高於「公平價格」的價格，因為他認為「公平價格」屬於「神聖的自然律」。此外，威廉比較重視私人財產的問題，他認為私人財產是不得已的惡，也是必要的惡，允許私人財產存在的條件就是：在必要的時候，必須將財產拿出來與需要的人分享。

2.阿伯特

　　來自日耳曼騎士家庭的阿伯特（Albert the Great，1200～1280 年）同意亞里斯多德的分工說，認為分工是社會所必須的，隨著分工而來的交換貨品和服務也是必要的，這就是社會的「自然律」。但是他對商人的看法卻與亞里斯多德不同。阿伯特認為商人的功能在：「將物品從豐盛的地區分配到缺乏的地區。」接著阿伯特主張：「假如商人是有用的，那麼他們從這些活動中得到利潤也是合理的。合理利潤應該包括他們的支出與勞力，而支出包括運輸、倉儲、維護物件，還有承擔風險。」

　　在不同貨品間的價格換算方面，阿伯特對於亞里斯多德所提出的不同物件間的交易價格感到不解（例如「五雙鞋子等於一棟房子」是如何決定的？），因而予以重新詮釋。他認為不同物件的公正價格應該根據需要和勞力來訂定。阿伯特認為「交易的進行，就是在一件物品與另一件物品，兩

者間的價格比例，這個比例與需要有關，而需要就是導致交易進行的原因」。這也就是表示，一件物品的價格，以及花在該物品上的勞力，兩者決定該物品的相對價格，而不同物件間的價格換算則根據兩者的價格比例來兌換。阿伯特認為：「當一件物品出售時，它的價格與當時市場販賣這件物品所估算的價格相等時，這個價格就是公平價格。」

3.阿奎納

⑴ 價格問題

阿奎納（Thomas Aquinas，約 1225～1274 年）出身於義大利的貴族之家，他為了加入道明會而不顧家人的反對並逃家出走。他的思想主要受到亞里斯多德的影響，但他也知道中古歐洲的許多發展已不符合亞里斯多德的立論，因此他希望將亞里斯多德融入到中古歐洲裡，這也是中古歐洲所謂的「調和之學」。

阿奎納接受亞里斯多德「價格由需要和功能決定」的立論，但是他加入了當時中古所盛行的「價格估算應包含支出與勞力」，後來的一些學者稱之為「生產論」(production theory)。但也有一些學者根據阿奎納的「勞力與支出」而稱他為「價值的勞力論」(labor theory of value)，並與馬克斯的勞力論相比擬，但是阿奎納的「勞力與支出」是用來決定價格，而不是經濟的價值。

基本上，阿奎納繼承的是中古的「公平價格」或「公正價格」或「正義價格」的論點，就是交易的公正性。在這點看法上，中古人士與羅馬人不同，羅馬人認為只要不詐騙，就可以算是值得支付的價格，中古人士則認為必須是經過談判以後產生的共識才行。

阿奎納同意價格是買賣雙方協商產生的，但是無論協議或共識都需要資訊，因此這項說法又引起賣方是否應該提供該物品的資訊，或提供到什麼程度。阿奎納允許賣方可以隱藏一些資訊，從而允許討價還價的存在。他還主張：「所謂適合的價格，應該是現在的、當時的價格，而不是未來的

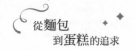

價格。市場就足以保護消費，並消除強制行為。」例如如果一位商人將價錢抬高到超過正常的價格，他或許可以用這個高價格賣出，但也可能因賣不出去而受到損失。然而，假如在饑荒或其他急難的時候，商人仍抬高價格的話，他就是小偷，因為在這個時候，財產應該變成公共所有。除了市場可以保護消費者外，商人間彼此的競爭也有保護消費者的功效。

值得注意的是阿奎納討論價格問題時，他也注意到供需對於價格的影響。他說：「在一個地方當貨品的供應非常豐富時，價格就會低落下來，反之亦然。」他認為商人很自然的會在東西多的地方買進，然後運到缺乏的地方去賣，以賺取利潤。阿奎納主張這也是商人最重要的功能——將多的東西賣給少的地方。

⑵ 錢幣與利息問題

阿奎納接受亞里斯多德「錢幣是一個交易的媒介、衡量價值的計算單位」，但是他修正亞里斯多德錢幣是不變、穩定的說法，由於當時阿奎納觀察到市場中價格會波動，因此他認為：「錢幣的購買力會波動。」不過他強調「錢幣的正式性質應該是不變的，因此如果一位人士因為錢幣的波動而收取利息的話，那就是違反自然法。」阿奎納也繼承亞里斯多德所說的：「錢是純粹消費的，它會在交易中消失，意即錢不會自我生產或製造，以及錢是拿來用的。」由此阿奎納得到一個結論：「錢的使用就相當於所有權。於是當一個人對一項借款收取利息時，他其實是收了兩次錢，一次是錢本身，另一次則是錢的使用，但都是同一個錢。」

阿奎納對錢的看法、利息的看法並不一致，有時候也會受到現實考量的影響。譬如根據中古的利息定義，「所有高出本金的錢都叫做利息，不論何種形式，包括合夥追求利潤的行為」。但是利潤中的「風險論」使得合夥逐漸合法化。早在十一世紀時已經有神學家嘗試將合夥踢出利息行為之外，但還得不到大眾的贊同。到了十三世紀，歐洲合夥做生意的情形非常普遍，不得不正視這個問題。當時流行的海洋貿易的合夥行為最受爭議，在這種

合夥行為中，有一方只負責出資，但不做任何事，等貨品回航後分享利潤。過去這種沒有付出勞力而得到的錢就叫做利息。但阿奎納有了新的詮釋：「出錢的人並沒有將錢的所有權轉讓給合夥人，出錢的人仍然持有錢的所有權。因此他擔負了錢幣的風險，所以他有權從資金中賺得利潤。」承擔風險合理化合夥出資的行為，這種合理的利潤或利息，不應該被鄙視。

阿奎納對於合夥風險的看法，也顯示他逐漸偏離了亞里斯多德的立論基礎。對亞里斯多德而言，錢不會生產，不會產生新的錢。但是阿奎納卻同意將錢拿來投資，從而再增加錢。這也意味阿奎納開始有條件的認同錢是可以生錢的。

⑶ **私人財產**

阿奎納認為假如要讓一個人行使自由的話，私人財產是必要的，是社會和平與秩序的保障。阿奎納甚至主張：「私人財產是自然的，不是由政府或社會創造出來的。」根據他的說法，當亞當夏娃墮落以後，也就是當人類開始墮落腐敗以後，私人財產就變得重要與必要起來，因為它是維持人類生存所必須的。又因為人會注意、小心照顧自己的財產，而不是他人的財產，假如財產權不確定，到最後所有的人就會以暴力搶奪或霸佔財產，也會以暴力來決定財產的歸屬，因此私人財產的確定可以維持社會的和平，每個人一定會盡心盡力照顧自身的財產，更能有效的使用財產，能使整體經濟更有效率、更公平，物品的交易也會更順暢。儘管阿奎納同意私人財產的存在，但是他認為私人財產的需要是符合公共利益的，所以應該與他人分享，透過將多餘的分給需要的人，或是買賣的方式與他人分享，能增進社會福祉。

阿伯特與阿奎納皆屬自願貧窮的托缽修士，但他們瞭解並不是所有的人都像他們一樣，自願過貧窮的生活。假設所有的人都貧窮的話，誰來支持他們或供養他們這些托缽修士。因此他們不會要求所有的人都放棄財產，他們只要求財產必須用在公正與慈善上，唯有這樣財產才是有利的。

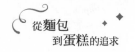

㈢方濟會派

　　阿奎納的私人財產說，其實是為了捍衛道明會的財產論立場。當時道明會與另一個強調「完全貧窮」的方濟會 (The Franciscans)，因為對財產的看法不同而爭論不休。方濟會反對財產的存在，他們強調：「他們所使用的只是借用一點能夠維持生命的資源而已，而不是真正的私人財產。」道明會的修士如阿奎納出來辯駁：「所有的使用」都意味控制、擁有和主導，因此就是財產。

　　方濟會修士堅持，在人類的自然狀態，也就是在自然和神聖的狀況下，所有的資源都是公用的，因此沒有私人財產的存在，每一個人都可以從公共的倉庫中取走自己需要的東西。為了反對方濟會的說法，教宗約翰二十二世（Pope John XXII，1316～1334 年任教宗）特別頒布了一道著名的飭令：「上帝統治地球，反映在人類管理自己的財產和物件上。」這項飭令顯示教會也承認財產權的立論基礎是人類的天性，是由神聖的法律所創造的。

　　方濟會修士對於中古經濟思想的最大貢獻，是他們確立了「公平價格」的定義是：「生產支出必須加上商人的勤奮、勞力和風險」，這項定義取代早期市場公共價格即為公平價格定義。此外，一些方濟會的神學家強調商業是一種互惠的行為。例如一個人向另一個人買了一匹馬，顯示對買馬的人而言，他需要馬更甚於錢，而賣馬的人則需要錢，因此買賣馬的行為是對雙方有利的。接著又有方濟會的學者將這種互惠的觀念引進到國際貿易中，從而鼓勵國際貿易的進展。然而在國際貿易中，風險尤其明顯，也就更應該被加入商人的利潤中。風險與商人利潤、商品價格之間的關係就更密切了。

㈣告解手冊

　　除了大學法學家、神學家討論經濟問題外，中古的許多經濟看法也出

現在當時的告解手冊中。這些手冊是教導教士在信徒告解時可以提供哪些
建議，這是因應教會 1215 年規定信徒一定要去教會告解悔過而產生的。因
為經濟建議對於一般小民非常重要，然而教士對於一般小民的經濟行為並
不瞭解，故在這些告解手冊中，有相當多的篇幅提供經濟相關的建議。例
如在一本告解的小冊子 (*Summa Confessorum*) 中，作者湯姆士（Thomas of
Chobham，約 1160～1235 年）列舉各行各業可能的危險行為，其中商人的
危險行為包括利息與貪婪，但他還是為商人說了幾句好話：「商人將商品自
產地運出販售，因此商人可以要求購買者支付他們的勞力價值、交通費用，
以及花在購買這些物品的資本上。假如商人有加工改良這些物品，更可以
要求改良的價值。」不過湯姆士也警告：「商人如果欺騙消費者，並要求超
過公正價格以外的價格時，就算是有罪了。」

在湯姆士的小冊子中也談到利息的問題，他認為當錢借出去以後，錢
的所有權就轉移到借方的手上，因此利息涉及到貸方從屬於別人的物件中
賺取利潤。其次，收利息的人販賣的是時間，而時間是屬於上帝的。第三，
為了分享利潤而借錢，是有罪的行為，除非貸方也分享同樣比例的損失與
支出。湯姆士並沒有提出機會成本的概念，因此不允許收取補償機會成本
的利息。但是，他允許如果借方延宕還錢的時間，貸方可以要求補償金。

㈤貨幣論

錢幣的出現與軍事和社會轉型有關。一般而言，社會動亂或是受到外
敵騷擾的社會，為了抵禦外敵、消除內敵以及對外擴張，需要招募士兵，
即雇傭兵。由於士兵需經常行進，無法攜帶巨型的實物，如穀物、布匹等，
於是當局開始將金銀等貴重金屬鑄造成固定單位的錢幣，讓士兵購買日常
所需，並在錢幣蓋上印章，以昭告信用。例如兩河流域最早出現貨幣的呂
底亞地區，約於西元前 600 年左右鑄造金銀錢幣，以支付雇傭兵。至於社
會穩定、經濟發達的近東地區反倒很晚才出現鑄幣，如腓尼基人，這是因

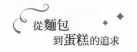

為古代貿易主要是靠信用運作,而不是貨幣,故歐洲中古貨幣的興起,也與戰爭、軍事有關。

中古討論貨幣的經濟思想家不少,其中一位是尼可(Nicole Oresme,1320～1382年),他是法王查理五世(Charles V,1364～1380年在位)的顧問。他也繼承亞里斯多德對錢的看法,認為錢源於交易,並反對不自然的用錢。他也反對貶抑錢幣中的貴重金屬成分,認為那將有害錢幣的信用,更認為降低錢幣中的成色(即貴重金屬的成分)比收取利息更糟。當時民間流行將錢幣的邊緣剪下來,好再溶解以鑄造偽幣,或是販賣被剪下來的錢幣(官方與民間都有剪幣的行為)。尼可認為這些做法都會造成幣值的混亂,他引述亞里斯多德的說法,認為幣值應該保持穩定。

尼可還討論在鑄幣中的金銀成分比例應直接反映金屬在自然界多寡。譬如黃金在自然界的存量比銀子要少,因此黃金的價值要比銀子高,故錢幣含金的成分高,幣值也應較高。

尼可主張「錢幣是為公共服務的,因此它的價值應由君主決定」,君主可以為了公共的利益改變幣值(金銀成分所佔多寡),但應該努力維持人民對於錢幣的信心,錢幣不該只是一種蓋有圖章的貴重金屬。

(六)工資的問題

中古早期神學家與教會不太注重勞工問題,因為當時勞工多由行會負責管理,不僅管理他們的勞作、工資,也管理他們的道德倫理,因此無需神學家或教會來煩惱。

中古晚期的學者、教會人士開始將注意力轉移到勞工身上。在勞工問題中,最重要的就是如何計算工資,即合理、公平的工資為何?剛開始時,神學家維持傳統的看法,即合理的工資應該包括勞力與支出,這也是他們對於商人工資或酬勞的看法。首先,中古的學者認為造成價格與工資不同的原因在「需要」(need)與勞力。有的東西需要花比較長的訓練期、或較

長的時間、或較多的心力來製造，例如醫生、律師、建築師等，因此他們需要的工資就比較昂貴。阿奎納就用這種「不同工不同酬」的原則解釋亞里斯多德的難題。

其次，中古的神學家將市場的「公平價格」觀念引進到勞工薪資的決定中。他們認為一如市場對於商品的公定價格（由買賣雙方自由、自願議價的結果），工資也有一個「公平工資」，市場價格會有一個自我調整的機制。例如如果工資太低，低於標準工資（或公平工資、公定工資）一半以上，就沒有人會去做。這是援引中古晚期所謂的「價格律」，意即如果一件商品的價格低於公平價格的一半以上，將沒有人會賣東西，相對亦然。

接著，學者又注意到勞工也有「供需」的現象，就是當勞工多的時候，工資就變低了，於是有學者提出「工資視市場而定」的原則。

由以上的敘述顯示：中古的士林哲學家在討論經濟與道德時，也視外界、大環境經濟的發展而定。當商業市場剛形成時，價格與物價實為一項令人困惑的問題。當商業日益繁榮後，商人的功能與角色就面臨到重新定位與轉型的問題。一些商業行為與運作也讓學者與教會人士對於商業有更進一步的觀察與認識，因而產生不同的觀點。隨著經濟社會的發展，一些新的經濟議題開始進入神學家與教會的討論範疇，如貨幣與工資的問題。

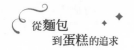

從「利息」看中古經濟思想的改變

一、利息問題從哪裡來？

利息問題並不始於中古，早在上古就困擾著當時的君主與學者。在上古時代，農業社會多為小規模且封閉的村莊社會，在這個小型的社會中，彼此不是家人、親戚，就是朋友或鄰居。當親朋好友有緊急事故、急需錢的時候，其他人在道義上本來就應該伸出援手，予以救急，不應要求額外的報酬。中國人說朋友有通財之義，也沒說要收利息。

在農業經濟中，農民有急需是在青黃不接的時候，也就是當去年收成的糧食吃完了，今年的收成還未到的時候。農民通常會在這個時候急需要錢，但多是小額的急難款項，金額不會太多，因此他們借貸的錢，也都不是大筆的金額，收的利息也有限，乾脆就算了。無論如何，在這個急難的時候，如果還收他們的利息，就不符合濟貧的道德原則，反有趁火打劫的意味，故在很多古老的宗教裡（如基督教、猶太教），不收利息的借貸都是慈善行為的一種。

此外，在農業經濟中，家是農業經濟的基本單位。家庭經濟通常講求自給自足，不外借於人，只有家計經營不善時才會需要向外借款。為了鼓勵自給自足，古代的人都反對向外借貸，因此也不鼓勵與借貸相關的利息。

事實上，耶穌基督反對利息，反映的就是農業經濟與農業社會的傳統，這個觀念也持續影響著中古時期的歐洲。

最早的利息貸款應該是產生於兩河流域的神殿中。上古的兩河流域屬於神殿經濟，神殿是最大的生產與分配的中心，其擁有廣大的良田，可以生產龐大的剩餘穀物與其他作物，還可以餵養成千上萬的綿羊與山羊，產出的毛可以作為紡織的原料，因此神殿也可以生產剩餘的紡織品。然而，由於兩河流域不產木材、石頭、金屬（包括當作貨幣使用的銀子），這些東西都必須靠外來。於是神殿與當地的商人合作，由神殿預先支付給商人各式多餘的物品，讓商人拿到外地、遠地去販賣，以換取需要的物件與利潤。這些行為可以是私人或是神殿人員在神殿的名義下運作的。無論如何，等到商人回來以後，神殿再與商人分享利潤，這就是利息的由來。

二、借貸與債務

看天吃飯的農民多半會經歷青黃不接的時刻，也因此發展出互助的機制：在這個小規模的社會中，所有的人都彼此瞭解，因此誰的信用好、誰的信用差，大家都很清楚。信用好（即聲譽卓著）的人，就可以用他的名譽或信用作為擔保，好向其他人或小店主人（零售業的小商人）周轉所需的物品以應付急用。等到他的手頭寬鬆的時候，也就是收成的時候，再清償債務，通常是還給債主貨幣或是實物。這些債務都屬於消費型的債務，而不是作為生產的資本或是商業資金。

有時候，這位信用卓著的人，他的信用還可以當成通貨，在這個小型的村莊或人際網絡中流轉。其他的人會將這位有信用人的借據或類似本票的紙張，或是代幣，或是其他以資代表的小型信物，當作支票來支付給其他的人，例如 A 給 B，B 再給 C 等。大約流轉一段期間後再向原主兌換成現金或實物。這種信用也用於一般的交易中，也就是所謂的信用經濟。不過在這個小型的社會與經濟中，來往的數量，包括債務，都不是很大。

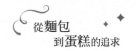
　　貴族、地主、豪強也會利用農業經濟的債務問題，他們提供農民借款，但條件異常嚴苛，他們算準農民在此急難之際，為了生存什麼條件都會接受。這些條件除了高額的利息外，尚包括「將農民的土地或房子抵押給地主或貴族」。在抵押的期間內，所有因房子或土地而生產的財物都屬於債主所有，當抵押到期後，農民沒有辦法贖回自己的房子與土地，反而欠了更多的利息。原本有產的自由農就變成無產的債務人，甚至成為債奴。有的時候，農民甚至得將自己以及妻子或兒女抵押給貴族或地主。貴族或地主藉口還債而將欠債的農民或他的妻子、小孩送到奴隸市場，賣到遠方去。

　　債奴成為上古時代非常嚴重的社會與經濟問題。首先是自由人、公民人數的減少，以致政府的收入、當兵的人數都大為減少。因為自由人或公民都有繳稅與當兵的義務，而且軍人的武器與行軍的糧食都得自備。當自由人、公民減少，國家的稅收隨之減少，兵額也就發生問題，軍事力量就開始瓦解了。公民、自由人人數的減少不僅危及社會體制、經濟發展，也危害政治體制。譬如，雅典的民主就是建立在公民參政的權利與義務上，當公民人數大幅縮減，參政的人數就跟著減少，如此一來，民主就不能施行了。從兩河流域的蘇美人到羅馬帝國都面臨著嚴重的債務後遺症。羅馬帝國晚期甚至因此湊不出足夠的兵力，只好找日耳曼人當雇傭兵，終遭致亡國的命運。

　　古代的政府，從蘇美人開始到羅馬政府，都知道債務問題的嚴重性，故皆有「取消債務」的政策。例如蘇美君主每隔一段期間就要宣布取消債務 (clean slates)，讓所有的債務歸零，以及讓所有的債奴都回復到自由人的身分，並回到自己的家，這就是所謂的「頒布正義」，在蘇美文件中，也稱為「宣布自由」（declaration of freedom, *amargi*，原意是指「回到母親那兒去」），即第 2 章提及的 《漢摩拉比法典》 就是兩河流域歷史上最著名的「頒布正義」例子。

　　通常這些放高利貸的貴族、地主、豪強都是為政府收稅、管理行政的

高官，他們平常靠這些工作已經賺了很多錢，再加上那些債務的本金早已收回來了，因此他們也不敢違背正義的法令。於是，儘管上古近東有「頒布正義」的傳統，卻不見有人因此而發動叛亂。

有的政府如雅典和羅馬則禁止抵押，尤其是那種將自身作為借款的抵押擔保的情形，但是債務問題在現實中仍存在，無法有效解決。例如羅馬貴族趁農民當兵時，將錢借貸給他們急需要用錢的家人，然後再將他們的家人轉賣為奴。雅典也是一樣，政府為了解決問題，甚至得動用公家的錢將那些被賣到外地的債奴贖回來。或許希臘民主政治的式微以及羅馬帝國的淪亡，都與債務問題大有關連，似乎在整個上古世界中，只有中國能有效解決農村經濟引起的債務問題，也因此當上古帝國都消失後，獨留中國存在。羅馬帝國的淪亡教訓，是歐洲中古早期人士特別反對利息問題的原因之一，並決定用激烈的手段對付利息問題。

另一項影響中古人士利息態度的因素則是基督教反對利息的立場。中古歐洲早期的債務問題並不嚴重，因為大多數的農民都是農奴或奴隸，法律上本就沒有自己的財產與身分，所以不能拿自身當作任何抵押，也就沒人願意借錢給他們。此外，在中古的農奴制度下，領主有維持農奴溫飽的責任，因此化解不少青黃不接的問題。況且，中古早期都屬於非常小規模的社群或村莊，平日發展出來的互助與信用經濟就足夠解決救急問題。

一直要到十、十一世紀，歐洲經濟開始發展，貨幣經濟開始興盛以後，當農民逐漸擺脫封建束縛以及農奴的身分（至少實質上不再是農奴）後，利息與債務的問題才開始嚴重起來。加上這個時候，商業開始發達，在商業需要資金的情況下，利息的問題再度浮現。許多神學家（士林哲學家）、政治家、商人開始發展出各式理論，為利息解套或讓利息合法化。中古晚期起，當貨幣與市場經濟興起後，所有的買賣都需要以貨幣解決，但是市面上的貨幣卻非常的缺乏，於是利息的問題更形嚴重。

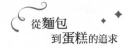
三、規避利息之名的便宜之計

早期基督教為了反對與禁止利息，甚至不惜採取激烈的手段。四世紀時，米蘭的主教聖安波羅修（St. Ambrose，374～397 年任主教，後來成為米蘭的保護神）就曾主張：「如有任何人收取利息，他就犯了強盜罪，他必須處以死刑。」這句話成為中古利息問題中非常權威的話，經常被其他神學家和教會人士引用，作為利息問題的基本態度。

又如許多主教禁止為收利息的人行使聖禮，好讓他們得不到救贖。另外還將收利息的人（尤其是收取高利貸的人）以異端處置，用火刑伺候，並將他們的屍體丟到亂葬崗，任由野獸啃食屍體。

中古基督教認為收利息是貪婪的行為，缺少教義所要求的慈悲與悲憫的倫理。教會最早公開反對利息，源自於 325 年的尼西亞會議 (Council of Nicaea)，但僅禁止教士收取利息。五世紀時，教宗利奧一世（Leo I，440～461 年任教宗）又將這項禁令延伸到俗人身上。789 年，查理大帝也下令所有的人都禁止收取利息。以後教會也多次開會頒布禁止利息的規定。十一世紀時，教會甚至將利息比擬為竊盜的行為，即貸方偷取了借方的東西。在 1139 年的拉特稜會議 (The Second Lateran Council) 中，就明確規定禁止利息，後來又將利息定義為「收於高過本金的錢」。在十二世紀末，教宗烏爾本三世（Urban III，1185～1187 年任教宗）再度將利息定義為違反正義的行為，不止收取利息的人是不正義的，付利息的人也是不正義的。

儘管中古教會反對收取利息，但是利息仍然存在，只是以不同的形式存在而已，通常是禮物的型態。有時候借貸雙方訂立契約時，契約中所列舉的款項通常比實際借出的錢要多，也就是借錢的人（即債務人）拿到的錢數比契約中所列舉的要少，兩者間的差額就是利息。有時候，契約中載明借方在還錢時要多付一些錢作為酬勞或謝款，其實就是利息。有時候契約中載明多久還錢，如果超出時間，借方就要付賠償金，通常契約中的時

間都會比實際還錢的時間要短，為的就是收取利息。還有一種方式就是合
夥的關係，這就是貸款人以出資人的身分與借款人合夥，出資貸款的人不
負經營的責任與工作，而是等到事成後收取利潤，意即將利息隱入利潤的
名目下。

在基督教中，收利息的有罪，付利息的也有罪。尤其是收利息的人，
因為違反教義所以沒有辦法得到救贖。救贖卻又是中古人士至為關心的人
生大事，因此許多以收利息放貸為業的人，在臨死前會將利息償還給借方，
或是捐給教會。絕大部分的教會人士，會一邊譴責這種遭到汙染的捐獻，
但另一隻手還是收取了這種捐獻。完成清償、捐獻以後，收取利息的人就
會在懺悔後，獲得教會施行臨終塗油禮，讓自己的靈魂得到救贖。第二種
償還利息的方式，就是在生前利用放款賺來的利息大做好事，包括支持文
藝事業與慈善事業，許多義大利的銀行家就是採取這種方式以清除因利息
帶來的罪惡，好讓自己死後可以得到救贖，這種清償的方式稱之為「購買
天堂」。第三種償還利息的行為，就是在臨死前或遺囑中註明將利息償還給
當事人，有時候償還的金額佔遺產的 12%，償還的對象通常是出利息最多
的人。

由於利息的問題非常敏感，再加上在沒利息的誘因下，許多人不願借
錢給他人，於是許多基督徒寧可，或只好，向猶太人借錢。猶太教義允許
他們收取利息，但限於外邦人；基督徒即為外邦人，因此不產生利息的問
題。大部分的基督社會限制猶太人的經濟活動，例如不得經商、買地務農
等，因此猶太人只能將錢存起來。於是，猶太人有足夠的錢借給基督鄰居
等人，反正這些基督兄弟通常借的都是小錢，況且許多猶太人的本金來自
有錢的基督徒。雖然，猶太人解決了基督徒借錢與利息的問題，但卻讓自
己成為基督徒痛恨的目標；猶太人往往被基督徒視為吸血鬼。每當基督社
會發生任何災難時，猶太人都成為首席的代罪羔羊。

隨著中古歐洲經濟的復興，借貸的行為日漸普遍，遂產生理論與實際

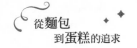

偏離的現象。這是因為一方面經濟起飛造成經濟機會大增，許多人想要抓住經濟機會改善經濟環境，卻苦於沒有錢，於是就向他人借錢。另一方面，當經濟起飛時，許多經濟行為都需要用錢來解決，但是市面上錢不夠，於是需要用錢，或沒錢的人，只好向有錢的人借錢。借錢就產生利息的問題，甚至連教會自己都成為收取利息的貸方，加上許多神學家或是教士都是出身於商人之家，例如出身威尼斯的教宗保羅二世（Paul II，1464～1471 年任教宗）更是商人出身，受過完整的商人訓練。這些神學家親眼見到或是親身經歷過利息的問題，知道利息問題的重要性與迫切性，教會中的神學家就開始為利息問題解套，好讓利息合法化。這些神學家或是學者利用新興的經濟行為，修正過去的理論，或是對過去的理論，尤其是錢的性質，做重新解釋，好使利息合法化。

首先，十三世紀下半葉以後，一些神學家透過合夥關係來合理化利息的問題。此時興起「機會成本」的理論，就是借錢給別人的人，如果將借出去的錢用來投資其他事業的話，自己就會賺取利潤，但現在卻因將錢借給別人，而賺不到那個利潤了，因而有所損失，所以借出錢的人可以要求一些補償，就是利息。這種用來投資的錢稱之為「資本」，與一般消費借貸的錢不同，因此處理的方式也不同，這個觀念可能受到拜占庭的影響，在拜占庭收利息是合法的。當時歐洲經濟開始復興，商業逐漸興盛，於是有許多人想借錢投資，這種商業借款與早期農業社會中的消費借款不同。歐洲的神學家傾向將商業借款看成合夥關係，即貸款人與借款人是合夥人，彼此分享利潤與損失。在合夥關係中，要求利潤分享是合理的，因為在商業經營中有風險的存在。到了十四世紀，這種借貸或合夥行為更是普遍與必要，因為在當時的經濟發展下，到處都有人（包括教會人士與組織在內）需要借錢，這種商業借款有風險存在，因此借款都要求利息。

第二，在「販賣時間」方面，中古歐洲人原本認為時間是屬於上帝的，所以不能販賣，以致於利息成為違反自然律的行為。但是到了十五世紀，

情況開始改變，機械鐘的發明，使得歐洲人開始認為時間應該屬於個人，是個人可以支配的。

第三，原本反對利息的另一項基礎是建立在「錢不是商品，所以是不可替換，也不可販賣的」。譬如種一塊地，過一段時間就可以期待成果，但是這種狀況不能應用到錢幣上。不過經過實際觀察，錢幣的確會因為時間而改變，不同時間的錢幣價值不一樣，這顯示錢幣亦是屬於商品的一種，因此可以買賣，在不同時間的價值也不相同。借錢收取利息於是有了解套，因為不同時間的錢幣是不一樣，借出去的錢，與還回來的錢，中間就有了差距，需要予以補償。況且在這段期間，貸方還與時間較勁，賭上了他未來的物品價格（錢的價格）。

此外，在出售信用或借錢給他人的這段期間，所有東西的價格都會改變，而且經常是愈來愈貴。在此狀況下，借錢給人的那一方反而受到損失了，因此他可以要求合理的賠償。相對的，在這段期間，如果物價沒有改變，那貸方多收錢，就是利息，是不正義的。提出這種主張的是阿奎納的學生吉爾斯（Giles of Lessines，生年不詳，死於 1304 年）。

第四，亞里斯多德認為錢是不會生子的，只是一個媒介而已，但在十三、十四世紀的中古人士開始認為錢應該是有價值的，而且可以產子（即可以增值）。錢既然是有價值的商品，那它的價值何來？十三、十四世紀的中古人士認為錢幣的價值來自時間與勞力，透過時間與勞力或勤奮可以讓錢變得豐饒。這種強調勞力與勤奮的看法反映當時中古歐洲人士改變傳統對「貧窮」的看法，在此之前認為貧窮是對上帝虔誠的表現，但在十三、十四世紀經歷黑死病災難後，經濟復興需要勞力，於是人們不再默許遊手好閒的懶人存在。這時候的中古人士認為只要是身體力強的青壯年都應該去工作，他們更認為一個人之所以貧窮，是自身不工作、不努力的後果。中古人士也開始對窮人採取敵視的態度，尤其是身體強壯的乞丐，歐洲強調勤奮的工作倫理於是就這樣建立起來了。

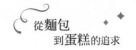
十三、十四世紀時，一些歐洲人士反對利息的理由就是：利息這項利潤是來自不工作，它不是因為工作而得到的利潤。他們將利息與妓女相提並論，認為兩者得到的利潤都不是經過汗水而來的。此時的歐洲人認為利潤的真正來源是勞力，勞力的觀念慢慢侵入到「不孕」的錢幣觀念中。但是剛開始時，認為「錢幣可以因為勞力而生子」的人多不敢公開的挑戰「不孕錢幣」的主流權威。後來，愈來愈多的人開始接受「錢幣也可以因為勞力而懷孕生子」的觀念。另一方面，士林哲學家又將勞力 (labor) 定位為企業與生意所需要的腦力勞力，而不是一般的苦力勞力。

士林哲學家威廉奧克斯瑞爾就將勞力與利息的問題結合在一起。他認為：有些放利息的人，他的錢來自原本因經營企業或努力工作而賺來的利潤，雖然他將這部分的利潤用在不合法的利息經營上，但是他後來又將放利息所得的利潤再度投入生意的經營，他認為這種經營利息的行為不應該是有罪的，他因工作勤奮而賺取的利潤，只是收取「合理數量」的回報而已。在當時的確有不少人將他們在其他地方所賺來的錢，即辛苦勤奮賺的錢拿去放利息。無論如何，根據威廉奧克斯瑞爾的說法，錢幣不是不孕的，而是會懷孕結果的，無論它所產生的後果是好的或是壞的，錢都是會生產的。既然錢幣是可以生子的，那借錢者就可以收取利息，不論他人對利息的看法是好或是壞，是贊成或不贊成。

另有一位法國的神學家奧多尼斯（Gerald Odonis，約死於 1349 年的黑死病）從借出錢的人的立場來看利息問題。他以一位放貸者的角色說話：「我不是販賣你的努力，而是停止了我自己的努力，而這個對你有利，卻不利於我。因為我們兩個人不能同時使用這個錢。」這也意味錢是可以生子結果的，不論是源自貸方，或是借方的努力與工作。奧多尼斯主張：「由於錢是很稀少的，所以任何時候借錢出去，都可以要求損失的賠償。」

第五，收取利息在最初被認定為貪婪的行為，而貪婪是基督教七大惡行之一，但到了十五、十六世紀，人文學者在研究人性後發現「貪婪」其

實為人類的本性之一，人文學者還認為貪婪可以鞭策人努力往前，也就是說與貪婪掛勾的利息被除罪了。

第六，中古人士也透過 「羅馬法」 的 "interesse" 觀念接受了利息 (interest) 的合法性。"interesse" 原意是「居中」，後來演變為「差距」（兩者間的差距） 的意思，到了 「羅馬法」 中 "interesse" 變成 「賠償兩者差距」 的意思。中古的學者將 "interesse" 予以重新詮釋：「"interesse" 不是利潤，而是避免損失。借錢給別人的人可以要求 "interesse"，不是為了賺取利潤，而是為了避免損失。」對這些中古學者而言，收取 "interesse" 是恢復「正義的平衡」，也就是恢復借貸雙方間的平衡狀態，減少借貸前後差距的意思。而且從此以後源自 "interesse" 的 "interest" 就取代了原來利息的本字 "usury"。

事實上，中古晚期以後，所有的借貸契約都會標明「如有毀損或是拖延都要賠償」，通常是 50%。愈到後來，甚至要求預先支付賠償金或保證金，以防止日後收不到錢，這些契約或借貸會事先收取其他物品當作擔保，如土地或珠寶等，這些都是實質上的利息。

在這段期間，錢幣的問題又逐漸與財產的問題結合在一起。錢被視為貸方的財產，「借出錢」意即將錢的使用權借給他人，當然可以要求借方付費。十五世紀的神學家更進一步表示：「借錢給人家，是剝奪了錢的原有者的使用權，以及用錢賺取利潤的機會，因此是造成貸方的損失。所以貸方有理由要求賠償；利息就是用來賠償這項損失的。」

第七，十三、十四世紀出現的一些商業組織與行為，也迫使中古人士改變對利息的看法。首先是銀行的出現促成取消利息的禁止令。銀行源於貨幣的兌換與買賣，但是後來逐漸在匯兌的檯面下發展出借貸行為，並收取利息 （他們稱之為 "interest"）。由於銀行具有良好的信用，於是許多富貴人家將金銀細軟、錢幣等存放在銀行中。銀行與銀行之間以及與客戶之間都互有往來，一位客戶的錢可以存在不同的銀行裡，不同銀行間還可以

彼此交換、匯兌。每隔一段期間後，銀行家會無條件的送些小禮物給客戶，這禮物也被視為具有「利息」的意涵，除了存儲作業外，銀行也會貸款給別人，當然是收取利息的。

這些銀行都是以商人的姿態營業，而且他們的確是多元經營的企業家，除了銀行業外，他們也經營商業與製造業，他們通常用顧客存進來的錢或收來的利息，再經營其他的企業，這批銀行商人在當時被視為值得尊敬的腦力工作者，無論是當時的教會人士或俗人多半不會譴責銀行商人收取的是不當的利息 (usury)，這些商人也強調他們收取的是合法的利息 (interest)。就這樣，其他借錢放利息的人，也學會稱自己收的是合法的 "interest"，而不是非法的 "usury"。

商人將收取來的利息，或將他人的存款用來投資到其他企業，也導致「資本」的概念的興起。錢，不再只是媒介、商品，而且還是資金。如果錢是資金，那只要經過好好的處理，便得以成長。除了存儲與保管業務外，當時的歐洲市場還出現一些以錢賺錢，或錢生錢的行業。例如小額匯兌，就以一種貨幣交換成另一種貨幣。由於歐洲沒有統一的貨幣，因此各地的貨幣都不一樣，遂需要匯兌的作業。通常是由專門的人員負責匯兌業務，並酌收酬勞，也就是利潤。有些專家認為這是一種貨幣交易或買賣。如果這屬於貨幣交易，顯然貨幣的性質不再侷限於媒介而已，而是一種商品。當然，中古早期的一些神學家譴責這種貨幣交易或匯兌業務，認為它也是屬於一種「非自然」的利息 (usury)，但是後來仍擋不了時代的潮流，而接受了現實。這些神學家先將匯兌解釋成「以物易物」，然後才進一步變成「錢的貿易」或「匯兌」。當錢變成商品時，錢的貿易就可以收取利潤，一如其他的商品，而不再是「利息」(usury) 了，一些神學家甚至允許匯兌的商人收取「努力」與工作的利潤，並將這項利潤視為合法的「利息」(interest)。

當時商業界還出現了匯票 (bill of exchange)，就是同意將債務在某一段

時間之後於國外支付。但是在簽發匯票時，銀行或商人都會預先收取一筆「利息」。匯票在當時的歐洲是非常重要與必要的工具。因為沒有哪位商人膽敢帶著一身的錢幣行走遙遠的路，因為路上的治安非常不好。然而，這項匯票的交易不僅涉及到利息的問題，還涉及到販賣時間的問題。在當時還有一種假的匯票交易，稱之為「乾交易」(dry exchange)，就是在雙方的支票契約中，規定在另外一地換取另一種貨幣，而且先收了錢，但是整項交易行為其實是在原地進行，有點像今日的外匯買賣或套利的行為。無論哪一種匯票，都是當時商界非常重要的工具。尤其是十五世紀的義大利商人，他們就是透過匯票與英國的羊毛商人進行交易。因此，匯票的必要性迫使教會與學者改變了對「利息」的態度，由反對而到贊成。

最後一項導致教會與學者改變對利息的態度的原因，則是公共借貸與慈善借貸。在十四世紀早期，義大利的佛羅倫斯政府因為非常需要錢，因此發行一種基金，叫做 "*mons*"，類似今日的公債。佛羅倫斯政府還強迫公民購買這種公債，為了鼓勵公民購買，政府會付給購買者一些「利息」(interest)。這種公債被視為商人的犧牲，因為他們原本可以運用到企業上以賺取利潤的錢，現在被迫拿去購買公債，且因購買公債而喪失了賺取利潤的機會，因此他們的犧牲必須要有所補償，政府提供的「利息」就是一種補償，因此是合法的「利息」。

除了公債以外，還有一些修士、慈善家為了幫助窮人度過難關，還創辦了小額貸款。為了永續經營，這類的貸款都收有微薄的利息，大約 5% 左右。這種小額貸款其實是針對猶太人而來的，為了防止窮人向猶太人借款，因此而有基督教的小額貸款。這種小額的貸款，因為是為了公共利益，因此也被稱為 "*mons*"，它們的利息當然也被合法化了。

十五世紀後半葉，世俗法庭興起，許多利息的案件湧進了世俗法庭，這些世俗法庭對於利息的案件採取遠比教會要務實的態度。對於鄉村利息問題，世俗法庭依傳統採取反對態度，對於新興都市的利息問題，則比較

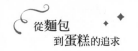

寬鬆。這是因為都市的借貸多為商業借貸，而非消費借貸。但是仍有一些
法庭不僅遵照教會的路線，甚至採取更嚴格的態度。不過，絕大部分教會
的態度已經逐漸傾向只要不收取高額的利息即可，收取一般利息的人則不
會受到迫害。

　　教會態度的轉變，也因為這時教會本身深深的涉入借貸事業中，他們
不僅是貸方，也是借方。相對的，世俗的君主則是最大的借方，他們不斷
的向別人借錢，以應付日益龐大的政府與戰爭支出，例如法王菲力普四世
與英王愛德華三世（Edward III，1327～1377 年在位），不過這兩位君主都
採取激烈極端的手段來對待他們的債權人以取消自身的債務，像是菲力普
四世拘捕聖殿武士，又或是愛德華三世直接宣布破產，導致借錢給他的義
大利銀行跟著倒閉。

　　到了十六世紀，此時的人們非常重視物質追求，商業行為頻繁，使利
息問題更為嚴重，許多宗教家、世俗人士都投入這項議題。在宗教界中，
無論是傳統的天主教徒或是新興的新教徒（如路德派），都努力的嘗試解決
這項問題，因為他們的教區中不乏商業都市，教徒中也不乏商業人士。於
是在 1520 年代路德派就召開會議討論各項世俗問題，利息也是其中之一。
路德派教士決定對日常世俗的商業行為予以讓步，路德派只管教徒的性靈
生活，至於世俗生活則由世俗長官管理；商業生活屬於世俗生活的一部分，
因此應該由世俗長官管理。他們並建議世俗長官應該允許借貸的利息，因
為它是商業行為中重要的一環，而且對他人也沒害處。1545 年，英國的亨
利八世（Henry VIII，1509～1547 年在位）頒布法令承認利息，並規定在
10% 之內的利息都是合法的利息。在這項法令中，完全沒有提及上帝或自
然法的法律問題。

　　至於天主教，正式解決利息問題是在第五屆拉特稜會議 (the Fifth
Council of Lateran)。在這次會議中，出自麥第奇 (Medici) 家族的教宗利奧
十世（Leo X，1513～1521 年任教宗）給予公共的 "*montes*" 以祝福。雖然

在 1464 年，教會曾經同意個人的公共債務利息，1515 年是教宗首度公開
允許從借款中收取利息。然而在這篇敕令中，教宗卻譴責 "usury" 只是從
使用一種不會懷孕的東西中收取利潤，這種利潤並不是經過勞力、成本或
風險而得到的，而肯定了 "interest" 的收取，進而否定免費借錢這件事。其
次，利奧十世建議時間是可以販賣的，而利潤也是可以製造的，只要它牽
涉到勞力、成本與風險。只要透過這三項，原本不孕的錢也可以是多子的。
此外，利奧十世還否定借錢就是意味將錢的使用權轉移給借方，從而分開
所有權與使用權。教宗並譴責完全懶惰的借錢，也就是將借來的錢用在無
用的地方、沒有利潤的地方。總之，教宗在禁止一種利息 (usury) 的同時，
卻肯定了另一種利息 (interest)。

近現代篇

Chapter 8
文藝復興時代的經濟與社會

一、王權興起與經濟發展

　　十四世紀中葉，當黑死病發生時，歐洲已經陷入一片愁雲慘霧的境界。除了經濟衰退外，政治也紛爭不已，政治的動亂更加速了經濟的衰退，造成這項危機的主要原因是王權的興起。在中古盛期，王權因為有宗教（教宗）的牽制，因此權力不太大，以致地方人士或民間有很大的自由發展空間，民間的活力讓中古盛期呈現一片繁榮的景象。

　　但到了十三世紀末、十四世紀初開始有了轉變，此時王權不再受到教權牽制，國王開始以國家之名壓榨、奪取民間的財富，以致民間不再有發展財力的空間。另一方面，國王並沒有將奪取來的財富用在國家建設上，而是用在戰爭上，戰爭經費像是一個無底洞，驅使國王一而再、再而三的壓榨民間，終於導致了災難年代的降臨。

二、經濟版圖的改變

　　一直要到十五世紀將近的時候，歐洲的經濟方才有再度復興的跡象，尤其是義大利地區，此時製造業產品和貿易交易量不斷增加，義大利製造業發展出各種奢侈品，如絲織業、玻璃業、金飾寶石業等。接著愈來愈多的新興製造業加入生產的部門，如印刷業、礦業、冶金業、棉麻紡織業等，

相繼成為十五世紀歐洲最傑出的產業。

新復興的經濟促使歐洲經濟版圖大幅的改變，南部的威尼斯繼續維持它的商業王國地位，但北方波羅的海沿岸的日耳曼漢薩同盟卻開始衰微了[1]。

大西洋沿岸的歐洲西北部地區成為新的經濟中心，這地區以尼德蘭地區的法蘭德斯為中心，並擴及英國和法國西北部，往南沿大西洋岸邊走海運亦可與西班牙、葡萄牙相連，走陸路則可經法國南部越阿爾卑斯山與義大利相接。另有一條陸路可通日耳曼，或沿著萊因河也可以到日耳曼地區，不過經法國往南的陸路貿易線自從香檳市集的沒落後，遠不如大西洋的海上貿易線[2]。

交通的便利使得法蘭德斯的安特衛普 (Antwerp) 成為當時最大的港口與貿易中心。英國的布料，日耳曼的白銀、銅等冶金產品和棉麻混紡 (fustian)，還有葡萄牙的香料，以及西班牙的貴重金屬和貨幣，都在安特衛普集散。其中葡萄牙的香料更成為當地投機客炒作的對象，當香料還沒抵達時，許多人就集中在港口打賭香料到的時間與重量，並組織樂透獎券。商業貿易的繁盛使得安特衛普也成為貨幣市場的中心，各式的票據在此交

---

1 十五世紀中，漢薩同盟開始式微，一方面因為它是屬於小單位的政治、軍事和經濟聯盟，不敵新起的大單位國家組織如西班牙和法國。另一方面，大西洋沿岸興起的海線和遠洋貿易也奪走了漢薩同盟的商機。因此在這波的文藝復興運動中，北方的日耳曼無法贊助大規模的文化運動，且在這波文化競賽中敗陣下來，從此不再掌握歐洲文化的主導權。

2 香檳市集在「法國國王不當的徵稅」與「英法百年戰爭」下沒落。戰爭使得此條貿易線處於危險狀態，商人因而改走低地國經勃艮第、日內瓦，再到地中海。日內瓦因而在國際市場上興起，成為重要的國際票據交換市場。馬克也開始出現在國際記帳系統上。日內瓦的興起，也因為它比較靠近佛羅倫斯在西歐的商業網絡，這個商業網還包括法國里昂。在這個網絡中，商人靠著各式票據（包括支票與信用）交易。

流，包括支票、本票和信用等。商業與投機的繁盛又帶動借貸業的發展，許多仲介商遊走市場，為需要借貸和放貸人士牽線。

　　直到十六世紀中發生「八十年戰爭」(Eighty Years' War，1568～1648年)，該地區動亂不斷因而沒落，繼而興起的是荷蘭阿姆斯特丹 (Amsterdam)。

三、義大利經濟的復甦與繁榮

　　義大利位於經濟發達的地中海東岸（即近東，拜占庭和埃及等地區）、地中海西岸和經濟落後的歐洲北部（此處指阿爾卑斯山以北地區）地區之間，以致可以發展轉口貿易 *3*。這個地區成為地中海貿易區，不僅包括義大利地區、西班牙、葡萄牙、近東、北非，還擴及法國南部和日耳曼南部。重要的商業重鎮包括義大利的那不勒斯、熱內亞、佛羅倫斯、威尼斯，法國南部的亞威農、馬賽 (Marseilles)，以及日耳曼南部的奧古斯堡 (Augsburg)。

　　這地區貿易的興起，除了有絕佳的位置外，還有義大利交通革命和埃及亞歷山大港的開放等優勢存在，像是擁有大批艦隊、商隊的義大利威尼斯研發出能載運更多貨物的有槳帆船 (galley)，更建立了一支強大的艦隊橫行地中海一帶。威尼斯的有槳帆船其實是將古代的地中海帆船加以改良，減少划槳船員的人數，以增加載貨的空間。經過近百年的不斷改良，到了十五世紀時威尼斯的帆船已經可以載貨 250 噸，並發展出定期航線，大約每年有 45 艘帆船定期航行到法蘭德斯、黑海、埃及的亞歷山大港、敘利亞的貝魯特和巴勒斯坦等地。後來這一帶更出現了柯克船 (Cog) *4*，這種船

---

3 尤其是北義大利，因為地理適中致貿易繁盛，又轉而刺激製造業發達，進而成為航運、金融中心，佛羅倫斯、威尼斯最具代表性。

4 由於柯克船航行風險大，故發展出海洋保險，由眾多人分攤風險，而最早的海洋保險案例於 1382 年出現。

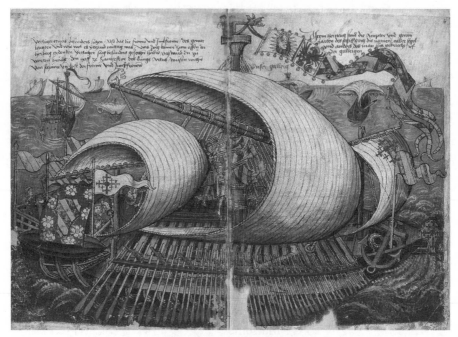

圖 17　威尼斯人打造的大型有槳帆船

原本是十世紀以來航行於北海、波羅的海的船隻。船身採木頭製，因吃水
淺、船底平，航行速度較快，加上不需要很多的船員，因而成本較低。總
之，早在歐洲發展出歐美航線前，歐洲西岸和南部地中海沿岸就相當繁忙
了，且海運遠比內陸的河運要便宜許多，也安全許多（內陸多盜匪），因此
深受歐洲商人的喜愛。

　　1453 年君士坦丁堡陷落也未影響義大利與東方的貿易，因為早在土耳
其人攻擊君士坦丁堡前，義大利沿地中海的城市早已和土耳其訂好商業條
約。例如土耳其承諾給予威尼斯商人關稅優惠，並有權在後來的伊斯坦堡
(Istanbul) 設立經銷商和代理商。

　　又像是匈牙利人與拜占庭間的貿易也早被土耳其人接收，匈牙利擁有
銀和銅礦，是製造武器的重要原料，能製造出大口徑的大砲，但因拜占庭
財政衰微沒有辦法購買匈牙利人的武器，於是匈牙利人就將大砲的技術賣

給土耳其人。土耳其人之所以能攻下君士坦丁堡，就是得力於匈牙利人大砲技術。

土耳其滅拜占庭，並沒有中斷東方製造業發展。蘇丹非常鼓勵拜占庭留下來的奢侈品工業，如絲織業、棉紡織、玻璃、瓷器等製造業的發展。伊斯坦堡人口也沒有銳減，而且依舊是多民族的都市，有土耳其人、希臘人、歐洲人和猶太人等。總之，歐洲人與土耳其的貿易並沒有因為拜占庭的滅亡而衰微，反而在土耳其人的支持下更加興旺。

義大利與土耳其的經貿往來，也表現在雙方製成品的相互仿冒上，例如義大利的絲織品就是仿冒土耳其的綢緞花樣。為了要做成與土耳其間的生意，義大利商人採用了不少土耳其的樣式和品味。書籍的往來貿易，也是義大利與土耳其貿易的重點之一，義大利為歐洲知識分子購買東方的希臘書籍，尤其是古代的作品，而土耳其也購買歐洲的書籍，包括科學和通俗作品。

土耳其人本就是一支商業民族，在他們極力維護伊斯坦堡商業的狀況下，義大利作為東西貿易的中繼地位得以維持，直到哥倫布發現新航路，由葡萄牙壟斷東方來的香料，義大利的貿易地位才走向衰微。

四、製造業興盛

興盛的東、西貿易帶動歐洲製造業改變，最顯而易見的例子就是羊毛業。為了應付龐大的訂單，羊毛成衣業開始專業化，首先是資本和勞力分離，接著在勞工團體中又區分成技術勞工和無技術勞工，或高階技術和低階技術的勞工。除了製造流程分工專業化外，尚有專人負責企劃、尋找勞工、提供工具與原料，並與鄉村勞工簽訂契約，工人則在家裡生產，這些勞工也有合夥或集體工作的情形。

另一個例子是威尼斯負責造船和製造軍火的兵工廠，平時約有1,000名左右的勞工，可說是當時最大的「工廠」。其內部勞工技術不僅分割精

細，管理組織也是層級式的，最底層的是純出勞力的無技術勞工。經過如此精細的分工和管理後，十六世紀的威尼斯兵工廠能於兩個月內製造並裝備 100 艘的大型帆船對抗土耳其人的入侵。

五、消費經濟的興起

　　義大利地區早期的奢侈品多是進口的，即使是本地製造的，產量也非常有限，因為只有貴族買得起，市場相當有限。但是到了十四世紀下半葉以後，許多從事工商業賺了些錢的人，他們開始追求奢侈品，以彰顯自身的地位和財富，不少銀行家，如麥第奇家族的成員希望能將自己打扮的像位公侯。即使是各國的國王君主，也在奢侈品上爭相競爭，以顯示自己的地位、國勢勝過他人。

　　由於市場潛力很大，因此許多製造業者乃找尋類似，卻便宜的材質，以製造類似的次級產品，滿足中間階級的購買需求，例如以粗重的毛料、棉紡織品改製成較薄、花色鮮豔、多樣，看起來類似絲織品的衣衫。市場上也出現各式仿冒品，來滿足消費者的需求，不論是絲織品，還是看似寶石、獸皮的仿冒品樣樣皆有。同時，販賣各式非日用品的商店街開始出現，供應各式消費者挑選。這些消費者非常清楚自己想要的東西是什麼，對於採購也很有主見。他們不再只是購買日用品而已，他們購買更多的消費品，好讓自己生活更加舒適和美觀，消費主義的世代因此降臨了！

　　城市中的貴族、菁英不能接受比他們下層的人穿著跟他們一樣，甚至勝過他們，也害怕城市的財富都被消耗在這些奢侈的消費品上。因此各城市開始制訂禁奢法案（Sumptuary Act），限制市民的服飾規格，尤其是婦女的服裝打扮。如果想要穿著漂亮、豪華一點，就要多付一筆稅金。禁奢法案的內容甚至包括婚喪節慶，但是仍擋不住人們對奢侈品的追求。於是，禁奢法案的規格一再放寬，項目也愈來愈多，最後終於不了了之。

圖 18　威尼斯的藥店　藥店賣的東西多且雜，包括藥、糖、香料酒、糖漿、化妝品，甚至還有紙與墨水。當時藥店賣的是只能少量買、稀少、珍貴的東西，例如昂貴的糖或香料等。

　　許多以製造奢侈品著名的城市更是面臨兩難：一方面限制本城的人購買奢侈品，另一方面卻要鼓勵製造奢侈品、到其他城市挖角或剽竊商業機密，並鼓勵外人到自己的城市購買奢侈品。無論如何，中古晚期、近代早期的文藝復興時代就是一個商業鼎盛、消費盛行的物質時代。這種情形都表現在當時的畫作中，除了人物穿著時髦外，旁邊陪襯的裝飾品等物件更是當時昂貴的奢侈品、流行品或是進口品，如土耳其的地毯、義大利或北歐的掛毯、天然礦石研磨而成的昂貴顏料等等。

六、銀行業的興起

製造業和貿易的發達導致銀行業的興起，當時歐洲市場流通的貨幣不下百種，不少人手上同時擁有不同種類的貨幣，甚至連佛羅倫斯的羊毛紡織工人拿到的薪資也是不同種類的貨幣。因此必須要有專門的人來估算各貨幣間的兌換率，並提供商人不同的貨幣。銀行家因為擁有眾多的貨幣，一方面負責兌換，另一方面也從事借貸業（其實是買賣貨幣）。為了方便長程貿易，也提供兌換券和支票，同時也發行信用券，避免商人旅途中攜帶過多貨幣遭致風險，這些做法類似今日流通的虛擬貨幣。當然這些服務並非免費提供，銀行家都要從中收取服務費，隨著商業發達，銀行家的利潤也就愈來愈可觀。

歐洲銀行業最偉大的銀行家幾乎都是義大利人，他們除了做貨幣生意外，更貸款給權貴之家，教宗[5]也是他們的大客戶，這些銀行家還成了羅馬教廷的財政顧問或財政官員。政治貸款雖然能換取不少商業特權，或是分得一些戰爭利益，但是風險極高，經常得冒國王君主賴帳的風險，佛羅倫斯的巴第 (Bardi) 銀行即因此而破產。

由於當時的製造業不比今日繁榮複雜，因此需要貸款或能貸得起巨款的人實在不多。一般民間多是小額貸款，他們向家人、鄰居或猶太人借貸一下即可，中古基督教一再反對這類的小額或緊急借貸的收取利息行為。不過這類的小額貸款有其現實上的需要，於是教會一方面嚴加譴責利息，另一方面卻又經常開後門，私底下允許 5% 以內的利息。十五世紀時，由於需要借貸的工匠愈來愈多，導致低利不足以滿足市場的需求，於是政府

---

5 教宗英諾森三世 （Innocent III，1198～1216 年擔任教宗） 為了加強教會財產流入教宗手中，於是規定全歐洲的教區都要繳稅，以及教會的房產也要繳稅。為了解決這項問題，義大利商人就幫忙向地方主教、修道院收稅，並轉運至羅馬。義大利中部托斯卡尼地區的西納 (Siena) 商人首先經手此項作業。

提高利息，盡可能維持在 20% 之內，但市面上的利息仍是波動不已，往往超出政府的控制範圍，政府被迫一再的出面公告禁止利息超過 20%。

總之，在早期市場的限制下，大型的銀行家只好以政治領袖和教宗為貸款的主要對象。在製造業方面，麥第奇家族因得到教宗支持，得以開採義大利的明礬和鐵礦。明礬是歐洲各地羊毛紡織業所需的原料，享有獨佔利益的麥第奇家族，從中獲得龐大利潤。在製造業、商業和金融業的互相作用下，他們曾締造了麥第奇銀行王國、佛羅倫斯的麥第奇王朝，卻因為各分店經營不善、過度贊助文藝復興運動、負責人的奢華無度等因素而於十六世紀末開始沒落。

七、城市興起與鄉村生活改變

十五、十六世紀經濟的蓬勃發展導致城市 6 的興起，並進而帶動鄉村生活的改變，許多城市的商人、工匠賺了錢之後就到鄉村買土地置產，而鄉村農民眼見城市經濟開始活絡，也轉往城市尋找更好的工作機會。城市的政府為了確保城市的糧食來源，不僅加緊治理鄉村，並積極協助鄉村改善農業設施，如灌溉水利系統，同時也會協助農民拓墾荒地、改良耕作技術。總之，政治、經濟和社會的新發展將鄉村和城市居民更為緊密地連繫。

例如原本流行於城市的貨幣經濟和市場觀念，也開始在鄉村流行。農民開始發展經濟作物，以市場取向決定耕種的作物，這使得鄉村的農業開始受到市場經濟循環的影響，出現景氣或不景氣的循環現象，一些地區甚至出現貨幣買賣和企業經營的現象。

資本與現金貨幣經濟興起以後，中古的階層制度難以維持。例如中古農民對領主有繳納封建稅和提供力役的義務；農民對領主有服務的義務，

---

6 以今日的觀點來看，當時的城市人口並不多，絕大部分的人仍居住在鄉村，最大的城市如巴黎、威尼斯和佛羅倫斯也不過 10 萬人左右，至於次一點的倫敦、米蘭和熱內亞則約 5 萬人。

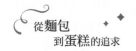
而領主對他們則有照顧的義務。當貨幣經濟興起後，農民對領主的一切義務或力役都是換算成現金給付，地主亦將土地收回而改以租金的方式租給農民使用，或是雇用農民為自己的土地工作，於是農民擺脫農奴身分而成了佃農或是領取固定薪資的雇農。就這樣，農民獲得遷徙和轉業的自由，從此不再被綁在土地上，只要繳納力役稅就行了。但是相對的，地主也不再有照顧農民的義務，農民從此得自行負責，天災、饑饉與市場不景氣的時候，都不能再指望得到領主的紓困與救濟。總之，農民為自由所付出的代價是生活的安全與保障、世襲的土地使用權以及免費使用部分土地（即公有土地）的權利。

八、城市與文藝復興運動

市場與資本經濟使城市產生劇烈的變化，原本盛行於城市的行會組織已經無法控制其下的成員，再加上此時經濟變動劇烈，總有人起，也有人落，成功攀上變動浪潮的工匠或商人開始想要控制城市政府的統治權。因此有不少城市發生「革命」，有錢的工匠和商人聯手推翻昔日貴族的司法權和行政權，從而掌控城市政府。佛羅倫斯就是一個最好的例子，擁有財富的商人和銀行家成為城邦的實際領導者，例如著名的麥第奇家族就是由領薪水的日工爬升到銀行家，再到佛羅倫斯的統治者。

由於城市居民特別是工匠和商人愈來愈有權勢，因此出現了「城市居民」(bourgeoisie) 的特殊名詞。早期的時候，"bourgeoisie" 專指居住在城市的人，是一種地緣的名詞，但到了後來卻成為職業與經濟相關的名詞——中產階級或資產階級。這些新興的城市權貴人士為了展現自己的財富，也為了展現自己的品味、聲望而尋覓藝術家為他們畫肖像，從而造就了文藝復興的藝術成就，藝術家也因此而成為另類人才與一股社會勢力。

新興的城市權貴人士為了展現他們的求知慾和品味不亞於昔日的貴族，鼎力支持精緻藝術以及學術發展，於是許多私人的圖書館和學院開始

興起，最為有名的就是佛羅倫斯麥第奇家族的圖書館和柏拉圖學院
（Platonic Academy，又稱 Neoplatonic Florentine Academy，為麥第奇家族
仿雅典柏拉圖學院所設）。麥第奇家族的圖書館規模和藏書甚至勝過不少著
名的修道院，從而吸引許多知名學者前往，而柏拉圖學院更專門從拜占庭
聘請知名的希臘學者，將許多希臘古典著作翻譯成拉丁文，使得該學院成
為文藝復興時代古典復興與研究的重鎮。柏拉圖學院還發展出一套簡易的
書寫字體，取代修道院的花字體而成為法律公證人、代書和公務員的通用
文體。

從文藝復興的故鄉「佛羅倫斯」
看當時的經濟特色

　　佛羅倫斯之所以能成為文藝復興的故鄉，主要是因為她的經濟力雄厚，因而帶動城市的文化、政治發展。

　　根據記載，1472年佛羅倫斯約有5～10萬人左右，卻有270家毛紡織廠、84家櫥櫃廠商、54家鑿石工廠（石工）、44家金飾加工廠與33家銀行。佛羅倫斯的貨幣金佛林（Florin）通行歐洲，是當時最有信用的通貨硬幣，相當今日的美元。佛羅倫斯的市政則由富商、教會等少數極有錢的人主持，到處都是大金融家與商人資助的金碧輝煌建築、豪宅、教堂、宮殿，向世人誇耀該城市的富庶與繁榮。當時的佛羅倫斯不只生產奢侈品，奢侈品的消費力也是名聞天下，這些奢侈品除金銀首飾外，還包括雕塑精品、珍版書籍等。

　　實際上佛羅倫斯先天的經濟條件並不好，因此佛羅倫斯經濟到底如何起飛引發不少史家爭論。傳統史家認為佛羅倫斯經濟起飛的動力來自借貸利息的利潤：鄉村的大地主因為急需貨幣、現金而向城市商人借貸，讓城市商人得以累積財富，進而發展製造業、銀行業等；亦有史家認為：城鄉的衝突促使城市居民必須尋求獨立的財富，因而努力發展製造業與金融業；今日史家則認為日漸增加的都市人口使城市的商業活動日漸活躍，因而有經濟起飛的情形出現。現在我們試著從文化傳統、地理條件等各種角度一

窺佛羅倫斯經濟起飛的原因。

一、文化傳統

　　佛羅倫斯在某些文化傳統方面，是有益經濟的發展。佛羅倫斯人不會輕視商人，許多大人物自己就是商人出身。即使對於零售商，也不會輕視（不少中古人士因受到亞里斯多德的影響而輕視小本生意的零售商人），只要是用自己的手做出來的東西就值得尊重。佛羅倫斯人對於貧窮的觀念，也不像其他地區的中古人士，他們多半視貧窮為宗教上的祝福，是神聖的，不應追求金錢利潤。佛羅倫斯人則認為人應該要勤奮、要做事，他們將貧窮與罪連在一起。

　　在宗教上，教會承認企業、商業、製造業等經濟活動的重要性，但是仍然對於他們可能帶來的貪婪和物質主義抱持懷疑與反對。為了解決其間的衝突與矛盾，教會透過懺悔與告解將佛羅倫斯人從宗教的焦慮中解放出來。在這方面，人文學者也出了一力，因為他們將貪婪視為人性的一部分，而且在最主要的罪惡中，貪婪不再是第一位，反而是經濟活動的一項動力（例如在但丁的〈神曲〉中，將掠奪、浪費、利息、欺騙、偷竊和仿冒視為主要罪惡，不同於中古人士將貪婪視為最主要的罪惡）。

　　佛羅倫斯人也改變了花錢的態度。十四世紀的人認為「花費太多會引人注目，是件非常危險的事」，但是十五世紀的佛羅倫斯人開始鼓勵人消費，此時佛羅倫斯的人文學者受到古典希臘與羅馬的影響，也開始強調財富的積極意義。在亞里斯多德的《經濟學》(*Economics*) 影響下，人文學家肯定世俗的生活，認為人應該在積極的生活中修行美德。另一方面，他們也認為財富對個人而言是善的、好的，因為只要適當的使用財富，它就可以讓人參與公民生活，從而使人得到榮耀與名聲（亦是人文學家所強調的美德之一）。

　　針對於此，人文學家提出適合有錢人的美德，即莊嚴、華麗。他們認

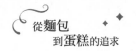

為適當的展現與運用財富，可以彰顯個人的尊嚴，以及有助公共的集體利益，還有公民道德的提升。最能展現莊嚴與財富的成果就是建築豪宅，因此義大利的著名銀行家、商人、工匠在賺了錢、累積財富後，無不廣建豪宅，而豪宅的建築又刺激周邊經濟的發展。為了讓豪宅顯得有文化的水準，這批有錢人又多以藝術品、書籍裝潢豪宅，尤其是繪畫，因而帶動義大利藝術業的蓬勃發展。這使得義大利成為歐洲文藝的中心。

這些人文學家甚至鼓勵有錢人蓋豪宅以彰顯個人、公民與城邦的尊嚴、尊貴與榮耀。總之，十五世紀的佛羅倫斯人強調財富對個人、國家和社會秩序而言，都是正向的，於是鼓勵人追求華麗與財富。

二、地理條件

佛羅倫斯因為土地貧瘠，不適合發展農業，加上不靠海，無法成為地中海海運的樞紐，但佛羅倫斯卻具有不少有利發展製造業的條件。此時製造業以紡織業為主，最需要的資源是水力，佛羅倫斯附近山區的阿諾河(Arno)，因山區地形高低差，水力強盛，不論是沖洗紡織業的毛料，或使用水力推動的紡紗轉輪來紡紗，又或是水力推動的漂洗磨坊將布料洗軟都很方便。強大的水力還可以洗滌皮革，以及提供發展玻璃、磨坊等其他製造業所需要的水力。

佛羅倫斯所在的托斯卡尼地區又生產紡織業所需要的染料，如番紅花、靛青、洋茜、海石蕊，以及固定顏色的明礬。這些不僅供應佛羅倫斯的紡織業，還吸引其他地區的人到此採購，故有利貿易的進行。托斯卡尼地區還產鐵，可以發展冶鐵業和軍火工業，它的土質適合發展優質的瓷器、骨瓷等工業。此外，佛羅倫斯所產的矽土品質優良，適合發展玻璃、眼鏡業。

三、生產條件

至於產業界需要的資金，佛羅倫斯也不缺乏。早期的製造業所需資金

並不龐大，透過合夥、借貸等關係就可以了，佛羅倫斯的製造業者就是靠著合夥投資來取得資金，除了一般民眾的合夥經營外，許多有錢人家也加入投資行列。早期公共借貸與合夥行為並不發達，多是透過家族、親朋好友等私人關係，儘管如此佛羅倫斯仍發展起複雜的金融財務系統，銀行業享有盛名。早在香檳市集的年代，托斯卡尼的盧加 (Lucca) 商人就帶著自製的布料、衣服，以及從拜占庭輸入的絲織品到香檳做生意，順便經營兌換貨幣的生意，後來更提升到銀行業。

為了增加生產，佛羅倫斯的紡織業在工具與技術方面都做了不少的研發，例如水力推動的紡紗輪。他們還不斷的尋找新的原料，如生絲、棉花和亞麻。商人則幫忙尋找銷售製成品的國外市場。從前歐洲從近東進口需要的衣服和布料，現在佛羅倫斯則將自己生產的紡織品賣到近東，還被當地視為奢侈品與精品。當佛羅倫斯人忙著生產時，商人就幫他們進口糧食穀物，這使得佛羅倫斯的工匠和勞工可以專心、專業的生產紡織品，一些史家甚至認為 1320 年代為佛羅倫斯的「工業化時代」的開始。

佛羅倫斯紡織業的生產方式多為家庭工業 (putting-out)，雖說是「家庭工業」，但是大部分的人不是在家裡工作，而是在家庭之外的小型作坊，或是一些工匠的作坊中工作。雖然沒有工廠，但是不少家庭工業者或是合夥集中生產，形成小型的作坊。這些合夥的勞工都有自己的帳務，若碰到金錢糾紛，就以記帳簿記的為準。至於勞工需要的工具，則由企業家透過信用貸款購買，或是勞工自行向銀行、當鋪貸款購買。總之，在這種家庭工業的作業系統下，一旦當勞工與企業家或公司訂定契約後，企業家或公司就讓勞工自己供應工具、設備、產地，並自行決定工作節奏，這樣可以為企業家省下經營管理的費用。

當生意愈來愈興隆後，吸引不少農家投入生產，使得生產勞工不虞匱乏，同時蓬勃的工作機會吸引不少外來的移民加入，其中不乏原本就是擔任織工的移民。佛羅倫斯城也制訂政策，積極吸引外來的技術工人（相當

於引進外來技術)。在織工隊伍中，不少是女性織工和小孩，這些婦女勞工部分來自修道院，一些則是家庭主婦，其參與工作的目的在貼補家用，一般來說婦女勞工的薪資會低於男性勞工。

在佛羅倫斯不斷的研發下，出現一種毛料精品，稱之為 "*rascia*"，以輕薄、優質著稱，這產品受到國際市場的歡迎，在英國被稱為 "rash"。"*rascia*" 最初是降低成本的投機產品，沒想到大受歡迎，於是加以改良成為高級產品。後來佛羅倫斯廠商更善用 "*rascia*" 的「輕薄」特色，製造成窗簾、布幔、掛毯和一般毯子等多樣化商品。

當國際市場競爭愈來愈激烈時，紡織業不再成為佛羅倫斯的獨門生意後，佛羅倫斯廠商嘗試以降低成本來因應，像是 "*rascia*" 的原料本來是高級的法蘭德斯、英國羊毛（英國因為要發展自身的羊毛紡織業，也不願意將羊毛賣給佛羅倫斯），改成西班牙羊毛，最後乾脆用自己本地生產的羊毛。在紡織業的每一個流程中，都可以看到廠商降低成本的決心與嘗試。

不過，由於佛羅倫斯的紡織廠都是小規模與分散經營，因此等到其他地方的紡織業在十六、十七世紀起來後，就無力與他們競爭，因而敗陣下來。撐的比較久的是絲織業，但最終命運也差不多，因為佛羅倫斯絲織業的組織不夠嚴謹，規模也不夠，很難與組織嚴謹、規模大的英國和低地區紡織業抗衡。

值得注意的，當佛羅倫斯的毛紡織業衰頹時，新興的絲織業卻不能接收他們的勞工，因為兩者的工作內容、技術都不能轉換。這就激起毛紡織業中低階的無技術或半技術勞工的動亂，包括織工、染料工人、裁縫師，還有一些與紡織業無關的工匠加入叛亂的行動。最著名的是 1378 年的梳毛工 (Ciompi) [7] 叛亂，這些勞工爭取設立自己的行會，並讓行會加入政府的

7　"Ciompi" 在佛羅倫斯的社會中指的是沒有加入行會的窮苦勞工，主要是指來自鄉村的紡織工人。他們也沒有參政權，但卻得支付昂貴的稅金，因而心生不滿，希望能爭取到一些政治代表權。

部門。但是 1382 年，高階的工匠和政府官員又取得勝利，並肅清主要的叛亂分子。他們的勝利使得佛羅倫斯的政治變得更加寡頭化，即由少數菁英把持政權。

四、絲織業與其他產業

絲織業的原料、工具和技術源自拜占庭和伊斯蘭，後來當佛羅倫斯的絲織業起來後，佛羅倫斯人就在城市的郊區大種桑樹。不僅有錢人家種，甚至政府還規定一個農家要種多少株桑樹。1443 年，佛羅倫斯甚至立法禁止生絲出口。十六世紀時，佛羅倫斯政府更是規定某些路邊、河邊都得種植桑樹，這使得佛羅倫斯發展絲織業不虞原料的匱乏。後來近東反而要靠佛羅倫斯供應絲產品，為了要打開和維持近東的市場，佛羅倫斯在花樣與成品的設計上還盡量模仿、迎合近東的口味和樣式。

佛羅倫斯在發展絲織業的過程中，也得利於鄰近城邦的助益。與佛羅倫斯同位於托斯卡尼的路加城邦，原以絲織業著名，但是因為該城邦發生政治動亂，迫使許多織工移民到佛羅倫斯。十四世紀義大利歷經財富再分配而興起許多有錢人，包括佛羅倫斯在內。這些有錢人講求衣著，視衣服為品味與身分的表徵。除了毛料外，他們更想要絲織的衣服。他們對於絲綢的愛好，遂構成絲織業的廣大市場。另一方面，毛紡織正好面臨不景氣，於是許多資金改投進絲織業。1427 年，兩者的廠家比例為 4:1（絲織業為 1），但是投資比例則為 1:2；絲織業的投資金額高於毛紡織。

絲織業的織工利用行會組織彰顯和確定自己的地位和財富。有的成員不只參加一個行會，以致行會人員多有重疊，其中不少是地方上成功的企業家。織工的行會為了表示他們的成功與財富，興建了一座非常氣派的建築，作為行會所在。織工的身分地位比較高，源於他們技術水準的要求高於毛紡織。儘管絲織產品的長短、價值差很大，但是精品的絲織產品的材料與技術都非常精良，例如他們將金線、銀線織進絲綢中，以增加產品的

質感與奢華感。絲織品的設計水準也比較高級。在設計上，織工得不斷的翻新樣式，因為有錢人的口味變化瞬息。毛紡織也是如此，例如原本很受歡迎的 "*rascia*"，雖然暢銷了一陣子，但很快就喪失市場魅力。

除了毛紡織、絲織業外，佛羅倫斯的亞麻和棉花的混紡產品，以及棉麻混紡 "*fustian*" 也非常有名。這項產品可以製成內衣、夏天的薄衫、桌布、毛巾、圍巾、手帕、床單等。後來，佛羅倫斯的廠商又將亞麻與絲混合，生產比較便宜的絲織品。佛羅倫斯還在托斯卡尼發展棉紡織，他們從近東進口棉花，製成縫線、襯裡、面紗。

除了紡織業，佛羅倫斯的水晶玻璃、眼鏡等產品也非常著名與暢銷，佛羅倫斯的玻璃製造廠商甚至知道如何將水晶石融化以製造玻璃器皿。這些產品不只在工匠的作坊生產，修女院、修道院也都成為生產中心，譬如有家修道院生產的眼鏡遠近馳名，還遠銷到歐洲北部與近東地區。

藝術產業更是佛羅倫斯的強項，刺激當地藝術業發展的不是外國的需要，而是來自本地市場誘因。不像北方的有錢人，佛羅倫斯的有錢人不買鑽石或裝飾用的盤子，而是購買藝術品、服飾或是蓋豪宅，因而刺激了佛羅倫斯藝術產業的發展。

佛羅倫斯的畫匠就像當地的工匠一樣，只為城市市場生產與服務，他們不受市集的影響，因此沒有展示中心。他們的產品也沒有多到需要仲介商，或是可以成為投機的對象，主要的顧客是本地人士，他們接受委託要求，而不是為公共市場或無名顧客繪畫。許多佛羅倫斯的藝術家會到國外去，但是在接受邀請的情形下出國作畫，他們主要都是靠傳統的贊助者的人脈工作。

雖說佛羅倫斯的繪畫不是為無名的公共市場生產，而是為有錢人與宗教團體或個人而畫，但是由於數量眾多，這行業也開始出現專業化，以及講求效率的生產現象。在藝術家的團隊或工作坊裡，有人專門畫臉、植物或動物等。在一些現存的畫中，尤其是某些宗教功能的繪畫，還出現標準

化的現象，人物有著共同的表情或是採取相同畫法等。

佛羅倫斯的藝術家希望更進一步的塑造他們特殊的身分。他們希望能給別人一些有知識、有文化的印象，因此他們不僅畫畫，他們也寫書，探討如何畫畫，他們也努力讓自己的畫更增添一些知識和文化的氣息。在他們的努力下，藝術家的確成為一個非常特別，且擁有文化地位的族群。

1434～1443 年間，教宗為避難而暫時住在佛羅倫斯，這刺激了該地的書籍產業，如手抄本、印刷本，以及專門向海外購書的行業。後來在佛羅倫斯發生的文藝復興以及人文主義，更是刺激了當地的文化事業。佛羅倫斯出現第一家印刷廠是 1465 年，第一本印刷書則為 1471 年。

由這些製造業的發展來看，佛羅倫斯的工匠對於市場的需求非常具有彈性，他們能夠滿足市場的需要，同時還能刺激新市場的出現，亦即具有自我滿足和成長的能力。佛羅倫斯的工匠也努力使自己的產品更加完美，為了達到此一目標，他們改善了技術和工具。追根究底，都是因為佛羅倫斯擁有非常優質、創意的人力資源。

五、技術傳承與工商組織

一如其他歐洲城市，佛羅倫斯的工匠、勞工、商人都有行會組織。技術傳承是行會組織最重要的任務，一般而言，佛羅倫斯小孩的父親會尋找一位師傅，請他幫忙訓練小孩，師傅若同意，就會教授小孩技術，並支付一點薪水給小孩的父親。佛羅倫斯的人民非常重視技術的教導與傳遞。這些小孩剛任學徒時，都是由打雜的幫手開始。

以商業部門為例，佛羅倫斯的小孩（多來自工匠的家庭）通常在七歲的時候就開始上基礎的算盤小學 (abacus school)，以學會基本的算數和記帳技巧，以及閱讀和書寫能力，好成為良好的閱讀者、寫作者和記帳人員。這種情形在佛羅倫斯非常普遍，一些人士甚至認為如果沒有這種基本技巧，什麼事也做不成。這種基本教育通常維持到 11 或 13 歲，然後就開始進入

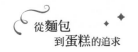

職場工作，接受實務訓練。在職場訓練的期間中，許多年輕人會被調到其他地區工作，甚至國外工作以建立人脈。這些人脈就是日後工作中提供資訊的最佳管道，即便是大人物、大企業家的小孩，也需經過這種過程。

在這種訓練下，絕大部分的佛羅倫斯人都會讀、寫，更有利商業與金融業的進行，譬如金融業的匯票、支票都是以文字進行交易的，做生意也需要文字。讀寫的普遍，是佛羅倫斯記帳習慣盛行的一項因素。幾乎所有的佛羅倫斯人都會記帳，甚至連藝術家、工匠、勞工都有記帳的習慣，而且是複式簿記 [8]。十四世紀下半葉，該地區已發展出高度標準化的記帳方式。十五世紀時已普遍採用阿拉伯數字記帳。這些文字與數字的技術和知識，正是佛羅倫斯的銀行業能夠獨步歐洲的一項重要因素，當時的外國人以「佛羅倫斯人，人手一枝筆」描述佛羅倫斯的記帳風氣。

在佛羅倫斯，小孩可以繼承父親的職業，也可以選擇自己要走的路，譬如一位零售商的小孩可以選擇當絲織業的織工或是畫家，甚至有的雖然學了某種技藝，但仍可以改變職業，例如一位在金飾師傅手下學習技藝之人改行做了雕刻家。這種情況使得佛羅倫斯的社會充滿流動性，而不會僵化，有利經濟社會的發展，也能使不同職業領域互相交流、交換技藝。因此在這種情形下，經常可以看到佛羅倫斯的藝術家不受家庭傳統或行會的集體主義束縛，此方面的流動性與其他歐洲或義大利城市大不同，算是佛羅倫斯的一大特色之一。

其次，佛羅倫斯的行會具有維持司法公平性的功能，能夠排解成員間，或是與非行會成員間的糾紛，行會也會保障成員的財產權利。這使得行會成員可以放心的去經營自己的事業。當他們到外地做生意時，也不怕家鄉的財產受到損傷或侵佔。

相較與其他地區行會，佛羅倫斯的行會不太控制勞工，再加上是勞工

---

8 詳見頁 335。

自己組成的行會，故不受投資廠商的控制，在生產過程中可以擁有比較多的自由決定權。除了紡織工人的行會組織外，還有染料勞工也要求籌組自己的獨立性行會。染料勞工在當時，算是比較激進的勞工，他們彼此間也較為團結。從現今留下來的織工行會資料來看，當時行會主要在解決勞工所遇到的製造與人事問題，多半是從規定條例中提供答案，很少有創意性的解答。

此外，工匠間會出現一些互助團體，好在同行有難的時候彼此照顧，還有同行的孤兒寡婦，或是協助籌措、借貸嫁妝。平日節慶的時候，大家一起共同饗宴。臨終的時候，則幫忙處理喪事、協助喪葬。

除了行會與互助團體的組織外，佛羅倫斯的工匠也靠聯姻和合夥關係連成一片。涉及合夥的人數，從兩人到多人都有。合夥的資金可以是現金，也可以是股票或是票據。不只工匠與工匠結成合夥關係，工匠也與勞工或貴族建立合夥關係。靠著合夥關係，工匠可以擴張事業的潛力，並得到一些保護，包括勞工的要脅。一般的合夥關係僅維持三到五年。有的合夥只為了做某一件生意或企劃案。

合夥關係不僅存在於工匠、勞工間，也存在於商人之間。佛羅倫斯人稱合夥契約為 "compagnia"。合夥契約有很多種類。有一種是出資而不做事的合夥人，稱之為「睡覺的夥伴（sleeping partner）」，他只負責出資，並不參與實際的公司營運，而且留守在家鄉的本公司中，另一方則負責到海外採購與銷售。這種公司透過職員、合夥和代理人到國外做生意。這種合夥契約內容都非常詳盡，包括每個人出資的比例、利潤的分攤、合夥的期限、做生意的地點、活動方式，以及經營的責任和權責。這種契約會限制合夥人在契約有效期間不得參與其他的生意活動，也禁止中途退出資金，因而較具穩定性。有的契約規定中途可以增加資金 (corpo)，有的契約還會規定一小部分的利潤（通常為 1～2%）充當慈善捐獻。

六、商　業

佛羅倫斯的商業也非常繁榮，活動的範圍不限於歐洲，還包括近東在內。在國際市場上，佛羅倫斯的商人與銀行家經常是重疊的，也就是商人兼銀行家，或是銀行家兼商人。商人在佛羅倫斯非常受到尊重，不少國王、貴族，他們自己就是商人。商業的傳統也非常悠久，商業活動自然興旺。

十三世紀的下半葉，佛羅倫斯的商人與銀行家在近東的市場就非常活躍，當時在東方活動的商人還包括威尼斯、巴塞隆納、馬賽、西西里、熱內亞等地的商人，足見東西貿易的繁榮。佛羅倫斯商人會將北歐的優質羊毛和義大利南部的穀物賣到近東，然後從近東進口生絲、棉花、獸皮、香料、奴隸等貨品。

佛羅倫斯的銀行家貸款給戰爭中需要錢的君主、幫助歐亞兩地的貨幣轉帳以及兌換，甚至連威尼斯商人都仰賴佛羅倫斯銀行家的國際轉帳和匯兌作業。當土耳其攻陷了君士坦丁堡後，佛羅倫斯人立即到該地尋找商業機會，並在當地建立據點。土耳其日益需要西方的衣服，因而提供佛羅倫斯很大的商機與市場，除了佛羅倫斯外，法國等西方商人也都湧到中東搶攻土耳其的市場。

以羅馬為例，從 1452～1462 年間，羅馬的商品中約有四分之一以上來自佛羅倫斯，羅馬成為佛羅倫斯製造業的主要出口地區。佛羅倫斯的藝術家幾乎壟斷羅馬的藝術市場，一直要到十六世紀，他們才喪失了優勢。

二十世紀的經濟史學家魯佛（Raymond de Roover，1904～1972 年）認為十三世紀發生一次商業革命，即經營商業的方式與組織發生改變。那就是前述的合夥關係，這種關係也代表佛羅倫斯人以組織的方式經營他們的製造業與商業。合夥契約的出現，顯示佛羅倫斯人的貿易行為由投機冒險到計畫和企業經營。透過公司的合夥組織，商人可以籌組貿易或企業所需要的資金，並且有數年的保證期限。同時在這些組織中還擁有相當的彈

性以調度資金、時間和經營，以應付商場上的挑戰。

不同地區的公司，彼此間建立起相互依賴的網絡關係。他們彼此交換支票好讓貨幣可以流轉。公司與公司間的關係其實相當複雜，但彼此都努力營建信任體系，如共同匯率、交換資訊。由於他們所受的訓練經歷都差不多，因此能夠建立起共通的商業文化和社會關係。有時他們會合夥作一些冒險的生意，亦即共同分擔風險。有時他們共同合作以取得某地、某國的某些特權。除了公司組織外，佛羅倫斯的商人於 1308 年組織類似商人的行會，此一行會性質與功能，一如製造業的工匠行會。

佛羅倫斯商人之所以能夠大無畏的經營商業，得力於其健全的保險制度。為了減少運輸過程所帶來的風險，佛羅倫斯商人傾向訂定保險契約，例如佛羅倫斯人擁有歐洲最複雜的海事保險。仲介商將願意參與保險的人集合起來，一起訂定保險契約，商人可以將他的貨物投保任何金額，透過保險佛羅倫斯商人有到任何地方做生意的保障。

不過，佛羅倫斯人並不像威尼斯人或熱內亞人在國外建立殖民地，佛羅倫斯人建立的是類似會館的 *naztione*（即 "nation"）。這些來自佛羅倫斯的商人共同處理一些商務或司法的事務和問題，還有彼此間的糾紛，並共同應對當地政府以取得一些特權和地位。

佛羅倫斯商人在日耳曼、歐洲西北部、波羅的海等地都有生意往來，但是之後就逐漸衰落了。到了十七世紀中葉，阿姆斯特丹成為糧食轉運站，將波羅的海地區的糧食賣到西歐，從而興起，奪去義大利的貿易機會，佛羅倫斯也隨之衰落。

七、金融銀行業

佛羅倫斯的金融銀行業非常有名，最為一般學者熟知的就是麥第奇家族。透過銀行間的匯票，一位佛羅倫斯的商人可以將錢轉到倫敦，而匯票可以拿來買賣或交換，或是當作信用使用。

佛羅倫斯人並不是義大利地區最早的銀行家，最早的是倫巴底人，因此日後的義大利銀行家多被稱為「倫巴底人」。早期的倫巴底人在香檳市集兌換貨幣、典當貨品以及借貸。大部分的倫巴底人都是經營小型當鋪或借貸業，後來的佛羅倫斯人則經營較具規模與組織的銀行業。此外由於佛羅倫斯的銀行在歐洲各地都設有分行，在轉帳方面非常方便，故大受歡迎。在十四、十五世紀的國際貨幣市場上，佛羅倫斯一直佔有優勢，顧客群不僅包括商人，還有旅遊家和朝聖者等各式人物。

佛羅倫斯的貨幣金佛林是促進金融業發達的主因。金佛林首度鑄造於1252年，為了穩定金佛林的價值與名聲，佛羅倫斯規定它的重量為3.5克，純度幾近24克拉。金佛林非常受到歡迎，幾乎所有的人都收藏與接受金佛林，官員、教士、律師等人的薪水多用金佛林支付，甚至連勞工手上都握有金佛林。

佛羅倫斯銀行業之所以蓬勃發展，源自於當時繁盛的貿易交易，這些都需靠著資金周轉，貨幣交換需求大增。由於當時部分區域經濟制度不周全，以致商人常會出現手上貨幣太少，又或太多的現象，因此需要銀行家幫忙周轉、調度，或是提供信用服務。尤其是土地貴族更是需要貨幣周轉，偏偏手上經常貨幣不足，遂有借貸的需求。政府的稅收制度也缺乏效率或不健全，都需要銀行家為其收集或轉運稅款。另有一些人手頭有點現金，進而希望能靠現金的存儲而賺點利息，總之這個時候是銀行業興起的大好機會。

而文藝復興時期，幾乎沒有一位銀行家是專營銀行業的，都身兼商人、製造商多種身分，例如他們不僅在英國從事銀行業，也進口近東的香料、西班牙的胭脂、佛羅倫斯的絲織品和眼鏡、西地中海區的酒、水果乾和其他農產品至英國販售。同時他們還將英國的羊毛輸出到法蘭德斯，成為英國羊毛的最大出口商。

十四世紀時，英國在蘇格蘭、威爾斯以及歐洲大陸作戰，讓英國國王

急需要大筆的金錢，因而給予佛羅倫斯的銀行家很大的機會。由於貸款過於龐大，英國國王遂允許巴第固定向地方官吏收錢。為了借更多的錢，英國以關稅做抵押，由於英國是島國，關稅非常穩定，因此巴第不怕收不到錢，還可以拿到現金。除此而外，佛羅倫斯商人還可以將奢侈品賣給英國貴族以收取現金，這也有助於讓他們的國際貿易維持供需、支付的平衡。

儘管貸款給國王的利潤與特權非常豐厚，但是風險也高。1340 年英國國王愛德華三世拒絕還款，還將來自佛羅倫斯的銀行趕出英國，包括巴第在內，並沒收他們在英國的資產，導致巴第等銀行破產。到了十六世紀，英國不再靠銀行家幫忙理財，而是建立自己的理財官僚系統，成為近代的財務國家 (fiscal states)。

巴第銀行的客戶幾乎遍布歐洲，它的客戶包括教宗、法國國王、英國的國王、那不勒斯國王、賽普勒斯的武士集團。像這種活躍於國際金融市場的大銀行，所做的貿易或銀行業大都與佛羅倫斯本地沒有大關連，因此當 1340 年代他們破產時，佛羅倫斯本地並未受到波及。

佛羅倫斯除此了上述這種活躍於國際的銀行外，也有以佛羅倫斯本地為服務對象的地方性銀行。

在這類的地方性銀行中，佛羅倫斯還出現公共存儲銀行[9]，以解決不斷擴張的公共財務的問題，同時為了集中民間資金，政府也發行嫁妝等各式基金。

除了正規的銀行外，當鋪以及孤兒院、醫院等慈善機構，都具有銀行的存儲與借貸的性質。存儲、借貸，是十四、十五世紀佛羅倫斯人的生活一部分，幾乎每個人都有借貸的經驗，從工匠到貴族，甚至包括小店主、農民、勞工在內，都曾經借貸過。以藝術家為例，他們為有錢人作畫，工作完成後才會拿到酬勞，在這過程中就必需靠向銀行借錢，或是向當鋪典

---

9 佛羅倫斯的公共存儲銀行並不是最早成立的，巴塞隆納早在 1401 年已有開設。

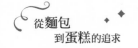
當物品以維持生活所需。米開朗基羅、達文西都是當鋪的熟客，他們手上有些東西都是經常進出當鋪的。另外，比較低階的經濟小民，他們所需要的通常不是長期的借款，而是短期應付急需的借款，通常是現金，這時當鋪就是最好的選擇。

一般而言，銀行或當鋪的利率通常是 20～50% 不等。不過當鋪收取利息的行為經常遭到教會的譴責，不少當鋪主人受不了良心的譴責，或是害怕死後不能得到救贖，在臨終時會要求他的遺囑執行人將他的部分所得（號稱為「違法所得」）送還給受害人，這部分歸還的金額常佔當鋪主人所得的12%。

十四世紀末，托缽修士（如方濟會）更是激烈的反對利息，他們在布道中嚴厲的譴責利息。1394 年時，已經有很多行會在他們的會章中規定不得收取利息。政府也開始正視這項問題，規定收取利息的罰金。基督教世界的這種情形給予猶太人很大的機會，猶太人的當鋪業為一般小民、窮人家解決了不少問題，因為這些人通常沒有時間，也沒有金錢到鄰近的城市裡去典當物品。城市居民也跟著跑到鄉村來借錢，鄉村借貸業甚至引起當局者的注意，足見借貸業在鄉村仍然很流行。

城市居民對於借貸業的依賴，尤其是低階的小民對現金的需求，促使不少城市居民也要求行政與教會當局開放借貸業。當局也瞭解到如果完全沒有借貸業，城市商業將癱瘓，進而造成社會危機，因此他們開始干涉信用市場，希望能使信用市場更規律化、系統化。於是他們允許猶太人來彌補此一空缺，教宗也允許城市當局與猶太人訂立借貸契約。一些城市給予猶太人特權狀，允許他們擁有從事借貸業的獨佔權，但也同時限制利率在20% 之內，並要求他們支付一筆款項給予政府，還可以貸款給政府。猶太人的當鋪與銀行也接受基督徒付利息的存款。

此外，慈善機構也充當借貸角色，許多佛羅倫斯人會將他們的珠寶、現金存放在這些慈善機構中。工匠和其他中間階層的人也會將一些貴重物

品存放在慈善機構，以作為未來的女兒嫁妝或是財產的存儲，他們也透過慈善機構作一些財產轉讓的行為。這些慈善機構又會貸款給一般民眾，他們會收取利息，也會支付利息，這都是合法的，但限制在 5%。一些托缽修士為了鼓勵信徒贊助慈善機構，也為了維持慈善機構的持續經營，是允許他們支付 5% 利息的。

透過慈善機構和猶太銀行與當鋪，教會人士逐漸舒緩對利息的看法，而且開始正式面對城市中的利息與經濟活動的關係，尤其是公共債務。當時不少城市政府因為財務困難，而向人民借錢，並允許支付利息。這項困難與紓困的辦法，讓教會人士開始接受利息的問題。再加上一些反對利息之激進教士的去世，新一代的教士對利息的看法[10]比較務實，使得借貸問題終於得到解決的機會。

---

10 昔日史家認為喀爾文首先承認利息（他認為利息是必要之惡），其實早在 1515 年天主教就開放利息，而且與後來喀爾文設定的利率相同，都是 5%，5% 的利息其實在慈善機構與政府債務中已經施行了一段時間。

Chapter 9
商業革命

　　十七世紀的破壞很多，有各式各樣的戰爭，如宗教戰爭、商業戰和殖民戰等，但也有不少新建設包括科學、商業與殖民發展。如果沒有十七世紀的重商主義與商業戰爭，就不會有十八、十九世紀的自由經濟主義，自由經濟主義的開山大師亞當斯密，就是有鑑於國家對於經濟控制過度，不僅導致經濟畸形發展，還惹來一堆戰爭，因此提出將政治歸政治，經濟歸經濟的自由經濟論。直到二十世紀第一次世界大戰後，自由經濟主義才逐漸讓出點位置給計畫經濟，我們現在大部分施行的應屬於自由經濟與計畫經濟的混合物。因此，在追本溯源、探討近代世界的形成時，我們也不能忽略十七世紀的重商主義。另一方面，殖民經濟、殖民戰又是後來帝國主義的前身。

　　十七世紀的物質進步，除了表現在物質與自然知識爆炸的科學革命外，就是物質生活中的商業擴張了。商業擴張進而引發商業革命與重商主義，也製造殖民問題與國際糾紛。十七世紀的商業革命，實指資本主義經濟的興起，以及從城邦或城鎮經濟轉變成以國家為經濟單位的經濟發展。這種轉變至少可以追溯到十四世紀，而且也不終結於十七世紀，這種經濟型態將一直持續到十九世紀機械化的工業革命時代。我們先來看看造成商業革命[1]的原因與背景。

一、十七世紀商業革命的背景

㈠氣候惡化與人口增加

　　十五、十六世紀時，歐洲與大西洋的溫度有上升的現象，但到了十七世紀卻忽然下降，有些地區的最低溫甚至創下冰河期以來的最低溫。不僅是冬天嚴寒，夏天也比以前要潮濕，夏天中的風暴更比往常來得多。我們無法確知是什麼因素造成這種反常現象，卻知道對於當時的農業生長季有很大的影響，許多地方的農業不是歉收就是遭到天然災害的嚴重打擊。但是十七世紀全歐洲的農業總生產量卻是驚人的，至少能養活日漸增加的人口，並能支持長期戰爭的消耗，甚至還可以支援商業的發展。一如當時的商業與手工業，造成十七世紀農業繁榮的因素，並非源於生產工具的機械化，而是因為新土地或昔日受到遺棄的荒土進行改良開發，這可以從當時市面上出現的小冊子、書籍得知，有不少教導農民如何改善土壤、如何輪種、如何分配土地以增加生產的書冊。

　　說到人口的成長，雖然以今天的觀點來看，十七世紀仍是一個非常落後、不安全的世紀，衛生環境差、疫疾也多，戰爭更多，因此死亡率高，不過十七世紀的人口還是呈現持續成長。根據估計，1600 年時歐洲人口約為 9,000 萬人左右，到了 1700 年時，歐洲人口就增加到 1 億 1,800 萬人左

---

1 學者認為在十二～十三世紀也發生商業革命，只是當時的核心區在義大利，但是本章提及近代早期（十七世紀）商業革命主要發生地在荷蘭、法國與英國，顯示商業版圖往西移至大西洋沿岸。經過此波商業革命後，歐洲經濟再度重整與分工，西歐以商業、手工業為主，中、東歐則為農業與原料生產區。儘管在歷史上，我們以「革命」來形容，但這些商業現象並非在短時間內形成，是長期發展與演變的結果，只是到了十七世紀，所有昔日的改變都變得比較明顯和普及化。當然這種轉型也不止於十七世紀，之後仍不斷的進行、繼續發生改變。

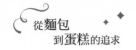
右，一百年中大概增加了 2,800 萬人左右。

　　但要注意的是，歐洲各地人口成長的情形並不完全相同，大體而言，舊日的經濟與文化中心如義大利、西班牙、葡萄牙等環地中海地區的人口成長較為遲緩，而英國、法國、日耳曼與俄國等地區人口成長幅度大，顯現了歐洲文化、經濟重心的重新調整。

表 1　1650～1800 年歐洲人口數量

	1650 年	1700 年	1750 年	1800 年
歐　洲		1 億 1,800 萬人	1 億 4,000 萬人	1 億 9,000 萬人
荷　蘭	190 萬人	190 萬人	190 萬人	210 萬人
英　國	560 萬人	540 萬人	610 萬人	920 萬人
法　國	2,100 萬人	2,140 萬人	2,500 萬人	2,900 萬人
日耳曼	1,000 萬人	1,500 萬人	1,700 萬人	2,450 萬人
義大利	1,130 萬人	1,320 萬人	1,530 萬人	1,780 萬人
西班牙	710 萬人	750 萬人	910 萬人	1,500 萬人
愛爾蘭	180 萬人	280 萬人	320 萬人	530 萬人

　　雖說在十七、十八世紀的這段期間，歐洲的總人口數大幅增加，但並不是呈現直線的不斷增加，而是間斷的，中間仍有減少的情形發生。以英國為例，1600 年時人口數為 410 萬人，1650 年增至 560 萬人，1700 年時反跌至 540 萬人。其間的差距除了 1650 年的疫疾外，就是英國中上階層的家庭有意識的採取節育措施，例如晚婚、不婚、禁慾、延長哺乳時間等方法，為的是維持家族財產的完整性。實際上，英國上層家庭在採取節育前，曾有過一段人口暴增的時光，導致貴族人口增加，職位與頭銜卻沒有增加，以致許多家庭變窮了，還有更多的高級失業人口。經過這慘痛的經驗後，英國的貴族決定採取節育的措施，好維持經濟與生活的穩定。在節育的過程中，許多貴族家庭因而絕嗣了，但卻使財產更為集中，權力跟著也集中起來，進而保住了貴族的整體權力結構。到了下一個世紀，當中產家庭也面臨同樣的人口增加所造成的困境後，他們也採取同樣的政策，以維持整

體的利益。

雖說英國的全國總人口數沒有明顯增加，但是像倫敦這種大都會，人口倒是增加了一倍以上。好戰的法國在十七世紀中也曾有過人口膨脹的情形，後則因戰爭而減少，最後僅以小幅坐收，約為 2,000 萬人左右，大約增加 200 萬左右。俄國則有 1,000 萬人左右，多為領土擴張的結果。此外就城鄉差距而言，都市人口的成長反不如鄉村地區，內地地區不如沿海地區。這種情形則與十七世紀的經濟發展有關，亦即遠洋貿易與家庭工業的興起，使得人口往沿海與鄉村地區集中。

儘管十七世紀的人口有相當增長，但是從事糧食直接生產的農民卻減少了，這是因為部分人口轉而從事商業、公務員、學術等專業領域，這些人不從事農業生產，他們透過貨幣換取糧食，也就是說每個務農人士必須承擔更多農產量，於是迫使地主、農民等到處尋找荒地開墾，或是改良既有的農業經營方式，以增加生產量與使用的效率等。糧食供給大於需求也使得糧食價格攀升，例如低地區的法蘭德斯的糧價漲了三倍，巴黎的糧價更是漲了四倍，英國的物價指數也漲了兩倍以上。

(二)物價革命

物價革命 (price revolution) 實際上就是物價飆漲，當然這僅是相對於十六世紀或中古的物價而言，若以今日標準而言則算是相當平和了。物價節節高升，雖對某些人、某些族群造成致命性的災難，如貴族、小農、雇農、勞工等，但對某些族群或某些具有遠瞻能力的人而言，卻是向上攀升、追求利潤的契機，如某些企業家、資本家、商人等。

造成十七世紀物價革命的原因很多，但可以歸納為一句話：太多的人、太多的錢追逐太少的物資，亦即需求增加、供應不足。

1. 需求增加

首先，人口增加導致糧食與物品的需求增加，而農工的生產速度跟不

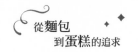

上市場需求，遂導致物價攀升。後來即便生產能力逐漸跟上人口的成長，但是物價卻無法下降，最多只能維持小幅上揚。促進消費市場急速擴張的因素中，歐洲近代早期國家與政府組織的擴大也是一項重要的因素。王室、宮廷、政府的膨脹，導致對於制服、假髮、官服等服飾、奢侈品、軍火、船隻、紙張等辦公用品與糧食物品的需求大增，每一樣需求又可刺激多種行業的興起與需求，於是刺激經濟膨脹。經濟起飛不僅表現在物價攀升，也刺激了更多的消費需要，如因經濟景氣賺了錢的地主、商人、工匠與農民。龐大的消費需求不是生產業或商業貿易能一時三刻滿足的，於是在供少需多的情況下，物價只好直線上升。

2.成本增加

以農業為例，開墾新土地、雇用勞工、增加施肥、引進新作物等，在在增加了農業成本，因此農業產品的價格當然也就跟著增加。以商業貨品而言，許多日用品、消費品多透過長程貿易（如海洋貿易等）取得，其中的風險、關卡、交通、倉儲、人力費用亦增加，這皆會反映在物價上。

3.貨幣經濟的興盛與勞力釋放

早在美洲白銀傾入歐洲前，歐洲各國王室為了應付日益膨脹的戰爭、行政等各項財務，而採取大量鑄錢的策略，他們大量製造金屬含量低的錢幣，以致錢不值錢，物價因而昂貴（錢賤物貴）。

其後又因美洲墨西哥、祕魯等地銀礦、金礦的大量開採。這些貴重金屬流入歐洲後，使得各國王室更有恃無恐的鑄造貨幣，以致通貨膨脹。在此之前，歐洲各王室已經大量鑄幣，等到美洲的金銀大量開採後，歐洲王室更是加快鑄造貨幣的速度。雖然十七世紀時，商業發展與人口成長也增加貨幣的需求量，但是仍抵不過王室的鑄造量，因此通貨膨脹乃為大勢之所趨。

不過現在有些資料顯示，中南美洲白銀大量的傾入歐洲不是導致這波通貨膨脹或物價革命的主因。白銀在十五世紀時大量輸入歐洲，但是等到

十七世紀時，白銀的進口開始舒緩，甚至有停滯的現象，以致 1660 年左右歐洲的幣值開始有穩定的現象。一直要等到 1760 年代巴西等地的黃金大量傾銷歐洲後，歐洲的幣值方才再度波動不已。經過一段陣痛後，各國政府終於尋得鑄幣的合理成分（如銀、鎳、銅、錫等），以及發現黃金本位制，就是以固定的黃金比例的金幣作為幣值兌換的標準，方才終結了貨幣的亂象，進而使歐洲的貨幣政策逐漸步上軌道。雖說採用黃金本位制，但實際上仍以金銀雙本位為主，民間市集、地方經濟仍以銅幣為主，城市則以銀為主，大資本額、大企業、貿易、外貿則以黃金為主。

在 1660～1760 年間，造成歐洲通貨膨脹與物價波動的主要原因不是貴重金屬，而是廉價的紙鈔與銅幣。為了應付日益龐大的財政負擔與市場需求，歐洲各國政府無不努力印行紙鈔與銅幣，民間銀行或商人也努力鑄造銅幣，這時並無儲備金或準備金的概念，貨幣並無實質的擔保品，僅以政府的信用或威信為擔保，終至貨幣制度崩潰。例如英國政府的信用足（因為人民參與），因此貨幣比較穩定；法國人民對政府缺乏信心且意見多，因此法國政府的信用不足，以致幣值相對不穩。在這一波貨幣混亂時代（也是歐洲貨幣的嘗試期），許多地區又回復到原始的「以物易物」的交易行為，特別是缺乏中央政府信用的日耳曼、東歐等地。這些地區多是小額貨幣的盛行區域，所以通膨的情形遠比西歐嚴重，而西歐因遠洋和長程貿易發達，有貴重金屬支撐，所以影響沒那麼大。無論如何，小額貨幣的盛行導致中、東歐商業萎縮，退回農業經濟體系，甚至政府的稅收與地主的租佃都採取貨幣與實物並行的政策，以減少損失，中古的勞役制度更在部分地區開始復活了。在這波貨幣制度混亂的時候，東歐一帶的地主加緊對農奴的人身控制，致使逐漸在西歐走入歷史的農奴與莊園制度在東歐開始流行起來。

相對的，在西歐地區，雖然經過貨幣混亂期，但終因有中央政府之強大公權力與威信，因此貨幣經濟終於得以成功、再發達起來。在這些地區

的貨幣經濟下，人身勞役、人身自由等束縛得以易錢而代，遂致農奴、封建制度崩潰，商業得以穩定發展。

　　無論如何，近代早期貨幣量的增加雖有通貨膨脹之慮，但對於商業發展未必不是好事一樁。以前貨幣緊縮時，商人往往沒有現金可以雇用幫手，現在不但可以雇用幫手，還可以租店鋪、貨棧等等。在農村方面，以前的佃農或農奴等對於地主必須盡勞役與貢方物的義務，因此地主對於農民的人身控制很緊，現在這些義務都可以用錢來解決，於是在「認錢不認人」的情況下人身的控制也就鬆了許多，許多農民只要定期繳錢就好，然後以其釋放出來的勞力進行貿易、工匠、勞工等行業，這使得其他經濟部門的人手與勞力供應變得比以前充裕多了。

　　當時很多農村解放出來的勞力投入商業或手工業的部門，因為這些部門的工資遠勝於務農的代價。商業部門的人手多了以後，就開始出現分工的情形，於是有人專門出勞力，有的則升級為管理、規劃、經營等專業負責人。以前許多商人必須身兼老闆與勞工於一身，現在則可以專心規劃投資與企業，這就促成了商業革命。

㈢消費市場大幅成長和擴張

　　首先是政府的擴編與官僚的興起，以致宮廷、政府和王室的所需增加，如軍火、船隻、紙張、宮殿和宮廷建築、都市建築，以及糧食等必需品的增加。另一方面，宮廷、王室、官僚族群的人數增加，又刺激奢侈品的消費市場，如瓷器、絲織品、金飾、玻璃、香料、紡織品、馬匹和馬車等。這些消費品不僅大量增加，還多樣化，遂帶動其他行業的興起，手工製造業就是在此一情況下蓬勃發展。

　　在這些消費品中，香料中胡椒獲利非常豐厚，胡椒原本由東方透過印度的古里 (Calicut) 經陸路到歐洲，由於陸路關卡多、運費昂貴，運輸量又小，因此到歐洲顧客的手上時，價格居高不下。參與這條線的商人非常多

元，包括歐洲人、埃及人、猶太人、波斯人、阿拉伯人等，他們將胡椒和其他奢侈品運到土耳其，再分散到各地。後來葡萄牙沿著非洲海岸發展出到印度洋的航線（1498 年達伽馬沿非洲航行到達印度），這條航線途中沒有關卡，加上船運量較大，因此可以大幅的降低胡椒的價格。葡萄牙人為了要獨佔香料貿易，於是派了幾艘船艦到古里，強迫他們同意將貨物只賣給葡萄牙人，古里被迫答應。從此，葡萄牙人獨佔香料的海上貿易，葡萄牙首都里斯本 (Lisbon) 取代威尼斯而成為新的香料貿易中心，威尼斯因而走向衰微。

㈣交通建設

1. 陸路交通進展

十七世紀雖然興起海上貿易，但是絕大多數的貿易仍屬於陸上的內需貿易。不論是貨物運輸或是人力資源（鄉村人口移往都市支援工商業）都仰賴便利的交通，交通條件的進步更能帶動資訊傳播、技術交流，因此各國無不修築公路，並加速驛站轉運的速度，使其更為順暢。然而，各國對於交通的功能考量不同、各國的財力不同、環境不同，因此各國交通的狀況也有所不同。

以荷蘭（即尼德蘭）為例，其交通建設重點在水運，因此陸路的狀況最差。再以普魯士為例，該國不希望人員過度頻繁交流，因此對路況也不太在意，只要有路可行就好，因此普魯士的交通網雖密布，但路況相當差，無論走或坐馬車都相當不舒服。日耳曼人經常抱怨舟旅勞頓，坊間甚至出現了一句諺語：「訓練一個人的耐心，除了婚姻外，就是旅遊了。」但普魯士的菁英分子仍大量使用公路，走遍日耳曼各地，這是普魯士國王所沒料到的，他原本希望藉由不便的交通而將土地貴族 (Junkers) 留在家鄉，以照顧地方的發展，免得地方空虛。

葡萄牙和西班牙為了便利皇室巡行地方及地方貴族前往中央供職而修

建皇家道路，然而這兩國的道路建設以行政為主要考量，一般人民難以使用，無法帶動經濟與文化的成長，也無法凝聚全國的人力與物力資源。西、葡兩國在近代初期的沒落，或許可從其交通概況窺知一二。

法國的道路網雖然重視行政考量（中央統籌交通主要為傳遞號令、方便稅收、軍隊運輸，以便掌控地方），但沒有漠視經濟考量。法國的交通建設與交通網之密集情形不亞於英國。譬如法國擁有最快捷的高速公路以及最寬闊的大馬路。為發展交通，法國於 1740 年代設立專門的學院以訓練和培育交通人才，包括設計師、工程師、司機等等。政府配給交通的經費也逐年呈直線成長。雖然其他國家也努力效法法國，但是發展的速度及幅度都不如法國。促進法國交通建設[2]的功臣就是法國的財政大臣柯柏爾（Jean Baptiste Colbert，1619～1683 年）。

柯柏爾盡力增加交通預算，但在戰爭壓力下，僅能佔全國支出的0.8%。過了一世紀以後，法國重新體認到交通建設的重要性，交通的支出才又逐年成長。法國的交通網不僅密布全國，且呈層級化現象，有中央王家道路、省道、鄉道等差別，不同層級的道路，建築與維修狀況不同，但都相當便捷。由於法國道路設施穩定且成熟，因此可以準確的計算各地間的交通來往時間，從而發展出定期的交通往來班車（馬車）時刻表，各地來往的時間也較昔日大幅縮減。例如 1650 年從巴黎到南部的土魯斯(Toulouse) 尚需兩週的時間，到了 1782 年僅需要一週的時間。而從巴黎到魯汶 (Rouven) 60 英里的距離，原本需要 3 天，到了 1789 年法國大革命時，就只需要 36 小時。

---

2 交通建設是法國舊政府最大的成就，但也因交通建設太過成功，而使反政府人士利用交通網串連、運動、動員、傳遞各式不利政府的謠言與小道消息。法國大革命時，法國交通路線使用率暴增，無論貴族、平民、市民、農民均加以利用交通設施，例如城市的飢民往鄉村跑，貴族往國外或其他地區避難，鄉村則利用交通進行暴亂。

雖然法國道路修建完善，但其交通的經濟效益並未最大化，那是因為
法國人重視家鄉、重視傳統，經濟亦多以地方經濟為主，住在法國邊界的
人寧可就近向鄰國購買貨品，也不願使用方便的交通向遠方的法國內地購
買和交易貨品。譬如鄰近庇里牛斯山的法國人民喜歡向西班牙交易，萊因
區、低地區的法國人民則喜歡向比利時、德意志交易。因此法國無法建立
起國家經濟體，許多的邊疆資源也無法使用與集中。

能把道路交通發揮至最大的功能的國家是英國，不同於歐陸國家以國
家力量推動交通建設，英國主要以民間力量來進行。英國大量引用新興的
商人，利用他們的財力與能力來建設交通，因此英國的交通品質不如歐陸
國家先進，也不夠精密，但是卻相當平民化，使用率高，經濟效益也大，
而且政府的負擔又少。

2. 水路交通進展

在水運方面，荷蘭的水運最為發達，主要交通工具為平底飛船
（flyboat，類似中國的舢舨船），這種船不僅快捷，運貨與載客量都大，行
動力也強。除了運人、運貨外，還有人在飛船上開設商店，直接在水上做
起貿易。

由於荷蘭的城市密集，且都以河流相通，因此不少人利用渡輪到鄰近
地區工作，定期渡輪時刻表應運而生。這使得家與工作場所分開，終至擺
脫天然空間與時間的限制。渡輪的班次密集，來往快速，以致時間易於掌
握和分配，從而出現生活時刻表；人們按照生活狀況制訂自己的行程表。
時間的分配帶動了時間的區隔：無論工時、居家、休閒時間都可以自由安
排。這使得荷蘭成為最大的鐘錶市場，顯示荷蘭人時間觀念的改變。由於
船隻的載貨力大，且價格低廉，因此荷蘭經濟發展條件最佳、經濟功能大，
轉而刺激商業繁榮。

相對於荷蘭水運的發展得利於天然環境，法國卻受制於天然環境。法
國的河流非常適合航運，但是每一條大河間的距離遙遠，且不相連，因此

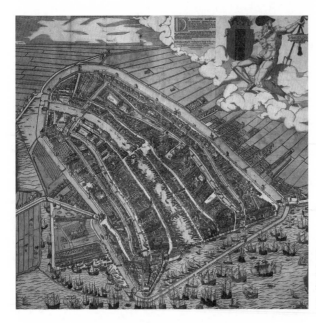

圖 19　十六世紀的阿姆
斯特丹鳥瞰圖　阿姆斯
特丹水路密布,多透過運
河溝通各地。

必須靠人工的運河予以連結。法國於是致力於建造運河以連結主要的河道。
1642 年,法國進入運河時代,開始大量建造運河、鑽研相關技術,並著手
規劃水運系統,將境內主要的河道相連。

　　儘管水運交通多半較陸運交通費時,但仍有不少法國商人喜歡使用水
運載貨或旅遊,因為較為舒適、便宜,又可載運較重、較多的貨物和器具。
但整體而言,法國水運之使用率仍不及陸運頻繁,且運河耗資龐大,成本
遠高過陸運設施,以致成本與收益不相稱。到了路易十四 (Louis XIV,
1643～1715 年在位) 晚年,運河時代宣告終結 *3* 。

3 法國運河成本過高,乃是因為天然地形的限制,且大河與大河間的距離過長,以
　致所需要的運河長度也長。這使得法國運河的建造非常困難,所需要的技術成本
　均高,遠甚於英國。法國最有名的運河是隆科多運河 (Canal du Midi,又稱為
　Languedoc Canal),這條運河連結大西洋與地中海,長約 150 英里 (約 240 公里),
　費時二十年完成 (1661～1681 年),並動用了法國 10 萬人的部隊方告成功。修築
　期間克服了無數艱難的山區地形 (鑿通山脈),此一運河使大西洋與地中海的距離

交通建設成為近代歐洲國家強盛、進步的象徵，有助提升該國的榮耀與國際聲望，各國無不致力發展。在國際競爭下，各國的交通建設大幅成長。但交通建設之成效，各國不盡相同，因受制於科技、知識、財力、勞力、天然環境等因素。各國為了因應此種限制，也有不同的對策。

㈤荷蘭與遠洋貿易的開發

1.荷蘭的優勢

雖說十五世紀末是由西班牙、葡萄牙人率先發現新航線，但此時開發國際市場最有貢獻的是荷蘭人。荷蘭是最早實行宗教寬容的國家，許多在其他地方受到壓抑的新教徒、新潮人士和猶太人等，遂帶著新技術、知識與資本遷移到荷蘭定居，這使得荷蘭成為當時最先進、最繁榮的地區。荷蘭人更以強大的城市組織力與先進的科技打敗中古的條頓騎士團，從而取得北歐波羅的海的海洋貿易霸權。

為了發展海洋貿易，荷蘭人首先開發出快速的飛船。荷蘭人引進北歐的鐵與銅，還有東方的瀝青與焦油來製造飛船，其特徵在成本少（約是英國船隻成本的 20%）、易製造、載貨量大、需要的人手也少，並適合遠洋航行，但是不能載運笨重的槍砲，且不夠靈活，因此不適合海戰。這也是後來荷蘭打不過英國艦隊，被迫讓出海上霸權的原因之一。

除了造船術的改進外，荷蘭人也發展出其他有利大規模市場交易的技術，例如存放貨物的貨棧倉儲制度、三角貿易圈、兌換不同貨幣的匯率制度、支票與信用等銀行業務等。首先就三角貿易而言，從前歐洲商人以進行雙邊貿易為主，也就是兩地間一來一往的貿易，假設其中一地沒有對方需要的貨品時，往往在來回中會有一趟是空船，造成成本的損失，於是荷

間縮短了 2,000 英里（約 3,200 公里）的路程，因此被視為法國榮耀與先進的象徵。

蘭人出現三角貿易乃至多邊貿易的構想，以降低空船機率，大為減少成本
損失。

1609 年，荷蘭首先成立現代化的阿姆斯特丹銀行，進行不同貨幣的兌
換、票據交換、發行紙鈔、借貸等業務。阿姆斯特丹銀行的服務不僅快捷
且有效，尤其是提供容易、快速的借貸服務。荷蘭的保險業也非常發達，
而且它的手續簡單，擔保也快。因此許多貿易公司、船隻都在阿姆斯特丹
註冊、保險，甚至連英國船隻都在該地投保，在英國與荷蘭的戰爭中，英
國船隻、戰艦紛紛在荷蘭尋求保險。

此外，荷蘭人也大大的擴大了貿易市場。從前，西班牙、葡萄牙發展
的大西洋、太平洋貿易，並非全球性的貿易。現在荷蘭進行的卻是全球性
的貿易，這當然得力於荷蘭的地理位置：荷蘭位於波羅的海與大西洋兩條
國際貿易線之交會點。透過北歐的波羅的海航線，荷蘭將東歐的糧食、俄
國與北歐的原料運往英國、法國供其發展手工業，然後再將西歐的產品運
銷到北歐、俄國與東歐等地。許多東北亞貨品如珍貴獸皮以及中國的諸多
貨品，也都經由俄國內部的交通線集中於波羅的海航線，再由荷蘭人接手
銷往歐洲各地。甚至透過波羅的海與北大西洋航線，荷蘭還可以與美洲做
貿易。即使在亞洲方面，也有許多航線是由荷蘭獨佔的，如日本與西方間
的貿易。

最後，荷蘭人的一些新觀念也有助於資本主義的發展。例如荷蘭人會
將賺來的利潤再投入商業或研發活動，而不是像英國人、義大利人或法國
人一樣轉投資於土地、奢侈品或豪宅裝潢上。歐洲人多將金幣視為寶物而
予以累積或珍藏，但是荷蘭人卻拿出來再投資。此外，為了籌集資金、減
少風險，荷蘭人也發展出互助式的小額投資（後來演變成股份公司、公債、
股票等制度）、海難保險等制度。獨占東方貿易的荷蘭東印度公司（1602
年成立），就是由該國人民一人一元開始集資成立。有人認為荷蘭人會發展
出這種合資的方式，源於他們自知資源不足、國土又小，故而採取這種集

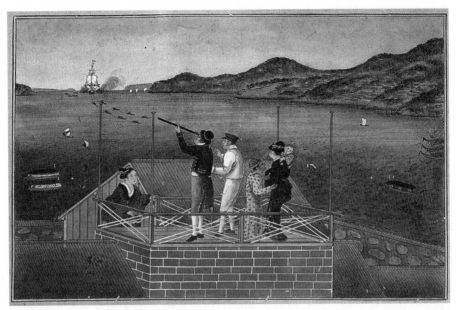

圖20 在出島（荷蘭商館在日所在地）使用望遠鏡的荷蘭人 荷蘭人是江戶幕府鎖國政策實行期間唯一獲日本容許在日經商的歐洲人，不少西方科技、文化也隨之傳入日本，以「蘭學」指稱。

腋成裘的合作策略。同時荷蘭也善用組織戰，像是荷蘭東印度公司將許多小公司集合起來，將葡萄牙在東方的貿易站、殖民地全數奪走（只剩下澳門），以致能夠以200萬的人民建立一個龐大的殖民帝國。

2. 荷蘭走向衰微的原因

然而1725年以後，荷蘭貿易開始衰微、漁業崩潰，荷蘭的黃金年代終告結束，其主要的一項原因是新興國家的挑戰。新興的英國、法國開始體認到出口貿易、海洋貿易的重要性，採取重商主義，以立法確保國家貿易優勢。例如英國的「航海法」(*Navigation Act of 1651*) 規定英貨只能用英船運輸，來往英國港口與殖民地的船隻，亦應以英船為主。英國政府還強迫工商業者發展出口貿易,本國貿易亦以減少進口為主。當時的主政者認為：「進口大於出口」意味貧窮，「出口大於進口」則意味財富。為了鼓勵出口、減少進口，他們制訂許多鼓勵生產的法案與稅賦。在這種情況下，荷

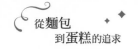

蘭少了貿易對象，貿易額頓減。

其次則是荷蘭的人口問題。當其他歐洲國家開始都市化後，荷蘭的人口反而沒有增加，都市人口也隨之減少。人口減少、都市化退步，導致許多產業沒落、減少，尤其是都市市場的奢侈品、精品產業。

第三則是戰爭消耗太多荷蘭的財富。英、法常以戰爭的手段搶奪荷蘭的貿易、殖民地與市場，連年的戰爭（如 1652～1654 年、1665～1667 年、1672～1674 年 、 1780～1784 年的英荷戰爭 ； 如 1672～1678 年的法荷戰爭）消耗了荷蘭的財富，可見英、法兩國以強大的國家組織向荷蘭的商業霸權挑戰，最終荷蘭不敵而敗。

第四則是荷蘭的過重稅負消耗民間太多的資本與財富。荷蘭對於消費品抽高額的間接稅，致使工資上揚，增加製造商的成本。

此外，其他國家科技進步，他們的造船技術更優於荷蘭，以致荷蘭的船業、載運量日減。最後，新興的東歐國家如普魯士、俄國、瑞典，開始與西方之英法建立直接的貿易管道，不再需要依賴荷蘭的中介。各國都發展出自己的貿易線、市場，從而奪去荷蘭的轉運市場。更糟的是，英、法等國也出現新的銀行組織，奪取荷蘭銀行業的優勢。

㈥資本化農業與「科學耕作」

近代早期歐洲農業的改變幅度與性質各地不一，大部分的地區仍是沿用祖先流傳的耕作方式、作物與工具，耕作的目的不過在維持自己或本地所需的物資，並不是為了更廣大或更遠的市場和利潤來生產。中古所盛行的無柵欄、共有、一條條的耕地及輪種的農作方式仍然是歐洲農業的一般情形，有些地區如北歐與東歐甚至還沿襲著原始的火耕粗放方式。然而，有些地區的鄉村出現了明顯的改變，大部分是在低地國的北邊與英國，歐洲最先進的農業技術就是在這裡開始出現。

1.低地國

低地國地區的農業一向就相當先進與精緻化、專業化。因為這塊地區的手工業「紡織業」非常發達，市場的觀念很早就滲透入農村。農民為了供應附近城市所需的大量糧食，也為了賺取更多的利潤以換取所需的製成品，於是開始專門種植糧食作物（不像其他地區農工兼營），然後拿到市場上換取貨幣或製成品。其次，這塊地區比起法國等地算是比較晚開發出來的地區，因此比較不受莊園制度、農奴制度的干擾，可以自由發展適當的農作模式。

荷蘭農民生產的對象並不全是當地之所需，他們也為更遠、更有前景的市場生產，例如荷蘭酪農生產的乳酪產品甚至遠銷到西班牙或義大利。除了糧食作物外，荷蘭農民還生產了許多消費性的經濟作物，甚至包括當作股票炒作的鬱金香，還有就是釀酒用的大麥、紡織用的亞麻和大麻、染料用的大青和菘藍、洋茜。荷蘭農民以非常精緻與專業化的精神耕種，然後再以賺來的錢到市場上購買自己所需的便宜食物、日用品與工藝品，例如來自波羅的海的廉價裸麥。荷蘭農民餐桌上的穀物大概有四分之一以上是來自進口的。

為了增加產量與利潤，荷蘭農民引進了苜蓿、蕪菁[4]等牧草，苜蓿、蕪菁大多是冬作，不會妨害正常的農作進行，同時能作為牲畜的飼料，使牲畜的數量得以穩定成長，牲畜的糞便又成為農田的最佳肥料。這時荷蘭甚至出現了專門蒐集城市居民糞便與鴿子鳥糞的行業，並以運河運送至各農村，以滿足農村所需的龐大肥料市場，對於荷蘭城市的衛生與整潔亦頗

---

4 十七世紀因為苜蓿、蕪菁等牧草的栽種，致使歐洲的牲畜量大為增加，進而改善歐洲人的營養與體質。相較於此時，十五、十六世紀的歐洲人吃的肉很少，顯示出牲畜產量不足，因為在牧草引進歐洲前，農民為了節省冬天的糧食和消耗，晚秋時就得宰殺牛羊。然而明年春天農作物又必須仰賴牲畜的糞便作為肥料，若無牲畜糞便，農民就只能靠輪種來恢復地力，可見牧草、牲畜、農作環環相扣的情形。

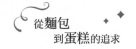
有貢獻。牲畜、肥料、經濟作物等專業與精緻農作對於農村經濟，乃至商業的發展都頗有貢獻。另一方面，為了增加耕地，荷蘭人民乃與海水爭地，大量的使用水壩、防波堤先阻擋水的灌進，然後再以先進的抽水技術以製造海埔新生地。

　　儘管荷蘭的農業技術、農業資本主義的精神非常發達，但對大部分的歐洲地區卻沒有發生火車頭的作用，僅有英國與法國北部等鄰近荷蘭的地區受到一點影響，例如英國從荷蘭那引進苜蓿，法國則引進荷蘭的農業資本方式（集資經營）。許多學者認為這是源於當時其他的歐洲地區並沒有類似荷蘭的需要或經濟誘因，以及類似荷蘭的環境。

2.英　國

　　英國農業也是靠土地管理成功的案例之一。中古的莊園土地以及無柵欄、開放式以及分散型的土地制度到了近代愈來愈顯得沒效率，而莊園制的共同經營與決策管理模式更阻礙農業進步。於是在羊毛利潤的誘因下，十五、十六世紀的英國莊園主人開始將公用土地以籬笆圈起來養羊，後來甚至將零散的耕地也圈起來，好使分散的土地完整化，這就是所謂的「圈地」。

　　圈地的方式從強佔、私下協商、購買，到透過法律流程都有。圈地雖然佔用了農民的公用資源，並剝奪了農民飼養牲畜的權利，致使農民損失慘重，但卻能使土地完整與有系統的使用，進而提升土地的生產量。1760～1780 年代時，英國的圈地運動達到高潮，許多小農被迫離鄉或是淪為雇農。到了十八世紀時，英國的圈地運動大抵完成，1801 年國會更是通過「圈地法案」(Enclosure Act)，將圈地運動合法化，大單位的耕作土地、租地耕種的佃農與無地雇農已經成為英國農業的特色。

　　在這一、二百年的圈地運動中，英國政府的態度曾經遲疑過，例如十七世紀初政府曾反對進一步的圈地運動，但是圈地制度畢竟在英國生根。許多歐洲大陸的國家也曾模仿過英國，卻未成功，主要原因即在英國的政

治制度與歐陸國家不同。英國貴族[5]很早就取得政治權力，並透過議會運作有效的操控立法。在貴族議會主導下，英國私有財產制的觀念遠勝過歐陸國家。歐陸國家在莊園制度下深受公有財產觀念的影響，許多英國的莊園主人就是在「私有財產」的藉口下將莊園裡的公用土地圈圍起來，強調土地的所有人有權自行決定如何處置土地、如何使用土地。

相對於法國，英國的農業掌握在貴族手中，出現「財團化」的經營模式，例如集中土地、資本大，這樣一來可以提升土地效益，有助增加產量，同時能進行耗時、耗錢的研發與實驗工程。例如英國貴族、鄉村士紳在圈地後即開始採用所謂的「科學耕作」，許多英國貴族還遠赴荷蘭取經，希望將先進的農業科技與作物引進到自己的農莊上實驗、生產，像是他們引進荷蘭的冬季牧草，這樣就能取代傳統的輪耕方式。在土地使用上，英國貴族除了規劃水利、倉儲、牲畜用地外，還設有專供實驗用的區域，新的品種與耕作技術在這裡實驗成功後就進入耕地正式生產。

除了羊毛誘因外，英國也有著刺激農業資本化的因素，一如荷蘭，英國地小、人多，尤其是倫敦地區人口增長迅速，以致糧食價格上揚，有利市場經濟的熱絡發展。其次，英國天然的水運交通遠比歐陸許多地區要便捷，因此農民不怕過剩生產無地銷售，而且對於遠地的市場行情也容易掌握，因此極易形成「為市場需要而生產」的資本主義。最後，當英國貴族努力增產時，勞力不足的問題浮現，以致地主不得不厚待雇農，因此不少英國農夫寧可當雇農，也不願當「自負盈虧」的中小自耕農。

---

5 英國貴族利用議會立法支持圈地，因為圈地有利於貴族利益。歐洲大陸的貴族就沒這麼幸運了，以法國為例，當貴族想要圈地時，法王就站在農民的一邊，因為法王唯恐圈地會增長貴族的權勢、財富，進而威脅王權，法王寧可將土地標售給農民以增加自耕農的力量，導致法國的農業中小企業化。特別是在貴族不用繳稅，或是齊頭式稅賦制度下（即有錢沒錢的稅負平等），法王當然瞭解自耕農才是支持政府稅收的主要集團。

3.法　國

　　至於流行中小農的法國，為了競爭與資本化，則採用集資經營的方式，稱之為農地承包制　(*fermage* ，英語的 "farming" 就是從這個字演變出來的)。農地承包制源自中古晚期的租佃制，當時許多莊園主人將土地租佃給農民耕種或者雇傭勞工耕作，從而由擁有行政、司法權的莊園主人成為坐收租金或專事生產的地主，許多農民因此成為獨立的自耕農。隨土地私有愈來愈普遍，一些無力購買土地的農民遂向地主與自耕農租佃土地耕作，簽訂的租約有 "copyholds"、"freeholds"、"life lease" 等不同的種類，通常是長期、終身型的契約，甚至有家族沿襲的情形（但每換手一次就必須重新訂約）。長期租約能使租佃雙方獲得保障，也比較有意願進行長程的投資計畫，有助於增加產量。

　　一般租約中，農民承擔固定的租金，租金有的全以貨幣計算，也有貨幣與實物並行計算。至於牲畜、器具、種子、規劃全由農民獨立自行負擔，相當接近自耕農型態（因為還保留了一些傳統公用土地與習俗的限制）。另一種比較流行的租佃形式則類似合股制 (sharecropping)，即地主提供工具、部分原料和種子，但與佃農共同決定土地管理與生產形式，還共同分擔風險，而佃農則將部分收成物交給地主。當然各地與村莊的情況不盡相同，其中不乏地主欺壓的情事。無論如何，一些小農為了承租更大片的土地，採取農地承包制，有時是整個莊園，有時則是幾片不同地主的土地。在這片土地上，承租戶自行規劃、耕作，也雇用雇農，一切盈虧由承租戶自行負擔，地主純粹只負責收租。由於利潤全數歸於自己，於是農民非常願意增加生產，以賺取利潤改善生活，或是轉投資土地再賺更多的利潤。

4.義大利

　　義大利地區集資租地與資本化經營的形式較歐洲其他地區開始的早與普遍。義大利的農作從糧食作物到經濟作物，甚至製造業原料通通都有，包括稻米、葡萄、橄欖、水果、番紅花（用作紅色染料）、糖、麻等。由於

義大利的製造業發達，所以當地的農業必須支撐這些非農業人口所需的糧食，因此義大利的農作很少銷售到國際市場，大多是在地消費。

　　早期當農業非常景氣的時候，義大利的農民也採取了集資租地的經營方式，他們向貴族或教會、修道院租地耕作。然而隨著城市的發達興起了一批中產階級的城市商人，這些人以鄉間的土地作為投資標的物，於是大部分的鄉間土地逐漸轉入城市商人之手，彼輩再將土地分割出租，致使鄉間土地再度分割而不利大單位的改良耕作，有時他們會抬高租金，造成農民無力租賃，無助農業往科學耕作發展。其次，這批城市商人將來自鄉間土地的租金再轉進城市消費，卻未再投資鄉間，以致鄉間的剩餘利潤不斷的單向流向城市，鄉間的農業部門終因缺乏資金而枯竭。

　　到了十七世紀中葉的時候，義大利鄉間的土地多被城市投機客擁有，以致自耕農數目急速下降，大部分的農民不是淪入永無止境的債務農奴，就是成為靠勞力換取工資的雇農。農業部門的勞力市場因之競爭激烈，導致工資微薄，農民更無力集資租地耕作或改良耕作，增產的意願隨之低迷，陷入惡性循環之中。

　　除了資金與土地的流失外，義大利的農業生產始終跟不上人口增加的速度，導致農業無法有足夠的剩餘送到市場賺取利潤。譬如，1500 年時義大利的人口為 1,050 萬人，到了十七世紀開始時則增加到 1,310 萬人次。人口多，不僅意味食口多，也意味勞力市場的競爭激烈，這對地主有利，卻對農民非常不利，因為勞力過剩遂給予地主壓榨農民的機會，農民所得大部分遭地主抽走，以致農民日窮，更加無力改良地力或耕作方式。再加上義大利的城邦多、關卡多，農民須負擔沉重的關稅，更是無法累積資本。因此到了十七、十八世紀以後，義大利的農業已由先進轉為落後 6。

6 不少學者認為，義大利的農業衰微與城邦政治有關，農業的衰微又轉而影響義大利城邦的衰微。在義大利的城邦政治下，政權的基礎是建立在城市的利益上，因此政府以照顧城市利益為第一考量，並為了城市利益而不斷犧牲鄉間農民的利益，

5.西班牙

西班牙在中古以及進入近代的前夕，一直是歐洲農業非常發達的地區之一，這得拜賜於摩爾人（Moors，阿拉伯人的一支）先進的灌溉術和生產技術，當西班牙王室成功取代摩爾人的統治地位後，就毀棄摩爾人留下的灌溉系統，沒了這套系統，多山、乾燥的西班牙難以發展精緻的農業，同時還趕走猶太資本家與摩爾的農業專家，使西班牙農業戰力大失血。不過，在摩爾人留下的先進技術與資本經營的餘蔭下，西班牙的農業仍然撐了很長一段期間。

西班牙的土地非常集中，美洲金銀的進口更加速了土地的集中化。擁有大片土地的貴族與修道院卻不親自經營土地，多是租佃給貧農耕種，租約的條件又多苛刻，致使佃農比中古的農奴好不到哪裡去，根本無法累積資本。另一方面，貴族或教士又將農業利潤拿到城市去購買官職、經營社會地位，卻沒有作改良農業的打算。一如義大利農業所面臨的問題，西班牙土地被視為投機的商品、農業利潤無法存留在鄉村繼續投資，終導致農業發展陷入枯竭的瓶頸中。

西班牙的農民不僅面臨貴族、教士的壓榨，還得面臨牧羊人的不公平競爭。西班牙政府為了大筆的羊毛稅而特別優惠牧羊人，西班牙的牧羊人不僅組織行會，政府還賜給他們自由使用公用土地的特權，於是他們將莊園的公用土地變更成牧羊地，以致農民可使用的資源大為縮水。

西班牙的農業部門原本可靠牧羊業繁榮，但是西班牙屢次對外的戰爭卻破壞此線生機。西班牙的羊毛主要是供應低地區的羊毛紡織業，西班牙

加上地主不斷移居城市，對於鄉間的農業更是缺乏照顧與長期經營的規劃，遂導致鄉間農業落後。農業部門的落後與萎縮，轉而造成城市製造業缺乏原料、資金，終至城市製造業與商業都無從突破而隨之衰微。造成這種惡性循環的主要原因乃是「在近代早期，無論製造業的原料或是商業的貨源多來自農村，因此一旦當農業部門萎縮，其他部門亦隨之遭殃」。

也相當滿足於這個市場以致未開發新的市場。當西班牙捲入歐洲長期的戰爭，特別是八十年戰爭，西班牙運送羊毛的船隻遂面臨法國的海上封鎖、海盜搶奪等等損失以致一蹶不振。在這段期間，歐洲的毛織業也發生重大改變。為了降低成本、搶攻中低價位的市場，法蘭德斯等歐洲毛織業中心遂改用廉價的羊毛，大部分都是本地產的低品質的羊毛。因此，當戰爭結束後，西班牙高級的美麗諾羊毛 (merino) 再度回到歐洲羊毛市場時，卻發現競爭不過低廉的羊毛，西班牙的傳統羊毛市場走向衰微。

從以上的幾個例子，我們可以看到近代早期農業的興衰基本上與政府政策關係密切，同時地主參與農業經營的程度多寡也是關鍵因素。在政府的態度方面，未必需要政府採取如英國那般積極的農業政策，只要政府不支持城市或貴族利益（如法國），貴族就無法兼併土地，鄉間的土地就不會全數淪為投機商品，鄉村的剩餘資本也就不會全數流向城市或其他經濟部門，地主或農民就會有意願長期投資或規劃農業的經營。法國與西班牙就是一個明顯的對比，這兩國同樣都經過長期戰爭的干擾，貴族勢力也都相當龐大，但是法國的政府在土地問題上採取中立，至少不是傾向貴族的利益，這就提供法國農民許多發展空間。因此，相較於西班牙農業的萎縮，法國農業不僅很快從戰爭中復興起來，還更往前一大步。

㈦製造業之突破

商業革命的前提必須是要有大量的剩餘物品可供市場運作，近代早期造成商業革命的剩餘物品不僅來自農村的作物，同時也來自製造業的剩餘產品，無論何者都必須符合為了利潤與市場需要而生產的資本化原則。

早期製造業無法生產夠多的剩餘產品以供市場需求，主要是源於製造業部門人手不足以及受行會限制，以致無法降低成本、大量生產。就在農業部門開始發生變化的時候，近代早期的歐洲製造業部門也同步發生變化，開始在資本化的影響下於經營管理與人手方面發生突破性的改變。

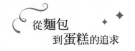

　　導致製造業部門突破的主要誘因也是人口爆炸、物價革命所帶來的市場膨脹。農業資本化不僅釋放部分勞力以支援製造業，更帶動了鄉村的強大消費需求。例如農業專業化、商業化後，許多原本農民自行生產的工具、日用品或製造品現都必須仰賴外來，農民利潤的增加又加強了他們的購買能力以及消費胃口，於是製造業開始有增產的意願與誘因。

　　除此而外，遠洋貿易、都市和交通的發展改變了近代歐洲人的消費習慣和市場型態，均有助於製造業長足進展。都市發展所需的硬體設施與公共建設成為製造業廣大的市場，特別是鐵與其他金屬工業。而各國的首善之區如倫敦、巴黎、維也納等地，所流行的風尚與品味靠著近代興起的出版業、印刷業及日漸便捷的交通，逐漸散播到各個角落。例如以廣告或撰文介紹等方式，在報章雜誌中刊登城市流行的餐具、家具、擺設、服飾等，然後由固定的郵遞事業運送到其他城市與偏遠地區，引發各地城市與鄉村競相模仿。為了滿足一般市民與小民的期望，製造業乃大量生產，商人也大量進口，遂導致原本屬於貴族的奢侈品成為一般商品，從而擴大該種商品與製成品的市場。當原來的真品太貴時，商人與製造商就想盡辦法另尋替代品、仿冒品以滿足中下階層的市場需求，刺激另類製造業的發展以及原料的開發。

　　例如糖、可可、咖啡等原由上層階級獨享，但隨著遠洋貿易的大量進口，糖不再是一粒、一粒在藥店賣的稀有品，反而成為家家必備的日用品；可可製成的巧克力也成為一般的消費品；城市中更是咖啡屋林立、處處咖啡香。不少原本從事遠洋貿易的商人，因為累積龐大的資本而轉型成企業家或銀行家。一度葡萄牙等國還將中南美洲的墾殖園的大規模種植形式引進歐洲，以就近生產蔗糖、咖啡等作物，然而不太成功，最終歐洲人還是將大規模的墾殖事業於亞洲與美洲殖民地發展，歐洲則專注成為製造業的天堂。

　　又如歐洲的商人與製造業者為了滿足城市中產階級對於絲綢的喜好，

遂從印度引進棉布開發成印花布以取代昂貴的絲綢。除了印花布，歐洲的製造商還嘗試各種紡織原料的組合與混紡，如棉與麻、棉與毛等不同種類的混紡，降低成本搶攻廉價市場，同時透過產品改良營造出華麗的貴族氣息以搶攻中間市場。除了搶攻中低市場外，歐洲的商人與企業家也致力開發上層市場。例如東印度公司將一些為中下階層開發的商品送給英王查理二世（Charles II，1660～1685 年在位），希望能得到國王的愛用，此項商品就有機會在貴族間流行，其中一項就是印花布。

當平價消費品項目日增，各層階級人士的胃口也愈大、慾望也日多，於是這些慾望就驅使他們賺更多的錢。以製造業的工匠為例，他們為了追求生活品質與品味乃自動延長工作時間、多接訂單，同時還全家積極投入生產行列。為了增加生產，許多工匠還想出各式節省勞力、動用天然能源的機器以取代純手工的生產。基本上，工匠或早期的企業家使用機器的目的並不在改良產品的品質，主要的目的還是在增加生產的速度與產量，這是因為早期刺激製造業增產的並非高級市場，而是下層的廉價市場[7]。

值得注意的是近代早期的製造業突破與資本化經營的過程中，鄉村扮演重要的推手角色，這是因為都市的限制多，並非早期小本企業家或資本家所能應付的。

首先都市裡的工匠受行會管制，必須遵守嚴格的製作章程，容易妨礙新技術與經營方式的進展，同時行會亦出手保障工資，使工資高居不下，不利成本下降。在許多城市，尤其是法國，政府仰賴行會幫忙收稅，因此政府多半支持行會，使行會受到相當的法律保障，致使企業家利益受損。加上城市提供的勞力有限，鄉村擁有廣大的農民而勞力充沛，於是許多企業家走出城市，到鄉村尋找便宜勞工、規避法規的限制。

---

7 即使到了工業革命的時候，歐洲人採用機器與工廠模式的主要目的仍不在改善品質，而在增加生產，以應付龐大的廉價市場需要，特別是海外殖民地的奴隸市場。

其次，居住在都市（尤其是大都會）的人，身分多以官員和貴族為主，他們主要的消費項目為進口的奢侈品。而當時的貴族或官員以投資土地、官職或政府的借貸業和公債為主，對於製造業的投資興趣缺缺，一些地區甚至禁止貴族轉投資製造業與商業。因此，企業家要在城市找到合夥的有錢人比較困難。新興的城市中的確有許多剛從農村轉進的無產階級、失業人口、遊民等「羅漢腳」，但企業家卻不能雇用，因為受限於行會。因此儘管城市中遊手好閒的人很多，製造業卻不能吸納，對於城市製造業的發展並無幫助。

1.農村手工業的發展

這種由城市出走到鄉村的製造業稱之為 「外移手工業」 (putting-out system)、或是「家庭副業」 (cottage industry) 或是「原始的工業」 (proto-industry)，是流行於近代早期的一種企業經營方式，亦即城鄉分工、產銷分離的生產方式。一般而言，來自城市的企業家在城市募得資金或信用，以及購買原料後，再將原料運送到鄉村，由鄉村的農民－勞工負責製造生產。待鄉村中的生產流程完畢後，企業家再到鄉村蒐集產品然後運回城市或其他市場銷售。採用此種經營方式的企業家，雖然被稱之為「商業資本家」或是「商人製造家」，但實際上多為工匠出身的商人，這批工匠商人因為成功的經營製造業而累積了不少的財富，從而產生更進一步的企圖心。值得注意的，當這些工匠商人轉行為企業商人或商人企業家後，他們就不再參與製造生產的流程，他們成為純粹的企業經理人，包括籌資、尋找原料與勞工、協調各生產流程以及尋找市場。

工匠商人對於製造業的原料、製作流程、工具都有一定程度的瞭解，對於市場也有相當的研究，然而他們的資本卻又不足以讓他們在城市設立大工廠或作坊，因此他們將生產的部分流程轉移到鄉村，利用當地廉價的勞力市場。相對於城市而言，鄉村勞力較不具技術，所以工匠商人將生產流程重新分割與組合，每個步驟往往只要一兩個動作、一具簡單的工具就

圖 21　農村中的家庭副業　多為不需高階技術的手工業,以紡織業為多。

能輕鬆完成,降低訓練勞工的成本,甚至未經訓練、無技術的農民也能立即站上生產線。當然,不是所有的流程都能予以簡化,特別是在設計與接近尾聲的完成階段,於是企業家依照步驟的難度與複雜度適時引進半技術的勞工與技術勞工。至於參與家庭手工業的半技術與技術勞工,其實多由鄉村中的工匠師傅、日工與學徒分別擔綱。就這樣的,無技術勞工、半技術勞工與熟練的工匠交互搭配,可以為企業家省下不少勞工的成本,還可以就近使用鄉村工匠原有的簡單工具。隨著資本的增加,企業家與鄉村工匠也會逐步改進工具,並隨時準備引進新工具和先進的生產技術,為的是賺更多的錢。

　　紡織業是最大宗的外移產業,但也不限於此,許多不需要太多技術或笨重與昂貴工具的產業,都有外移的現象,如首飾、玻璃、雕像與繪畫等,不過多是小規模的、因應中低價位的市場需求,而且參與流程的大半是鄉村的工匠師傅。

　　早期的紡織業對於技術、工具與資本的要求不高，因為它的市場對象主要是都市中的中下階層人士、鄉村的廣大農民，以及海外殖民地的殖民者與奴隸，所以早期紡織業所面臨的問題是如何增加產量以滿足龐大的需要，價格卻不能太貴，這就是早期的紡織業者不願意在都市立業的原因，因為他們不需要工匠的「高階技術」，更不需要工匠昂貴的工資。於是早期的紡織業者將產業移到鄉村，而對鄉村農民而言，紡織不僅熟悉，而且是傳統的副業，因此要價遠比城市的工匠便宜許多。同時農民不受行會與政府法規的保護，企業家比較可以壓榨剝削，不用擔心受到行會或政府的制裁。

　　以英國為例，當時已開始發展羊毛的紡織與染色的專門工業，但是由於城鎮的行會限制過多，特別是禁止非行會的人員從事紡織業。於是有些商人為了避過行會的限制，同時降低成本，乃往郊區發展，他們將工具如織布機、原料提供給願意代工的農家，讓他們在家裡生產，然後再由商人去收取產品。

　　這些商人資本家從英國地主那買羊毛，商人的經理人再將收集來的羊毛送到鄰近的鄉村，交給農民在自己的小屋中紡紗、織布與染色。大部分的農民其實都是圈地運動中的失業者或受害者，為了生計，他們願意接受任何低廉的工資。當農民完成工作後，經理人就會來收走半成品（有時是成品），然後運送到其他的地方製成衣服再送到市場。基本上，這種生產方式早在中古時期就出現了，只是到了近代早期變得更靈活、更普遍、更有效，規模也更大。這樣的變化也反映在英國進出口貿易的品項上，中古時，英國本是最大的羊毛輸出國。十六世紀時，英國主要輸出品從羊毛原料，轉換成毛紡織的半成品（如沒有染色的成衣、未織成衣服的羊毛布疋等），原料羊毛則仰賴進口。等到十七世紀時，英國不僅輸出半成品，還輸出成品，成為歐洲主要的紡織輸出口國之一。

　　而參與生產的農民，為了賺取更多的利潤，嘗試各種改良方式，例如添加日耳曼地區的大麻或亞麻進入棉中，以增加棉的硬度，改善歐洲棉較

為脆弱的缺點。為了增加生產量，農民也改革生產工具，利用簡單的機器原理、水和風等天然能源，增加工具運轉的速度，開啟十八世紀工業革命風潮的飛梭、機器織布機的原型都是源於這個時候的改良風氣。

使用水力的水車是最為常見的機器，但並不是所有地方皆有水力，只好使用木材，以木材燃燒產生的熱源推動機器。而產煤的英國最為得天獨厚，古早以來英國的農家就燒煤取暖，現在一些農家或企業家開始將便宜的煤當作機械的動力來源。可見機器與煤的使用並不始於工業革命，早在工業革命之前，農民就陸續將這些技術運用在製造業上，以增加生產和追逐利潤，只是工業革命後，機器與煤的使用更為密集與普遍。

這種資本主義經營方式的製造業不僅盛行於西歐，在中東歐也逐漸開展起來，但是他們經營的方式與西歐大不相同。在中東歐，出資的、組織生產線、尋找市場的是昔日莊園制度下的貴族或地主，或是由貴族委派經理行之。這些地主或貴族因為控制了天然資源、土地、水力、木材、礦產等，因此當這波資本主義風吹到當地時，他們很容易的就將這些資源圈佔起來建立自己的生產事業，還強迫莊園裡的農奴加入新興產業的勞工隊伍，成為最低廉的強制勞工。

儘管中東歐的貴族和地主有不少的優勢，但是這條資本主義之路還是走的非常艱辛。第一，就是這地區中古的傳統力量和包袱非常大，諸如封建的遺俗以及行會的力量，因此阻礙新技術、新產業的發展。其次，由於使用的是強制勞工，因此工作意願與效率都低。第三，由於保留農奴制，以致農民的消費能力有限，缺乏轉業意願。第四，東歐地區缺乏強而有力的政府組織，無法在政策上加以保護。例如，無法對外來的競爭品抽高稅以保護新興的本土產業，也沒辦法如英法等國般以強大的國家力量開發原料與產品市場，或約束貴族、地主與企業家的無限制剝削；這裡的國家反而對進口的原料與製成品抽高稅，以致民間無法累積資本。最後，中東歐的製造業終因市場萎縮、技術落伍、勞力缺乏而敗陣下來。許多曾風光一

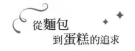
時的工業中心如西里西亞 (Silesia)、波希米亞等地都漸漸沒落。

　　無論哪一地區的農村手工業都有其缺點，最大的麻煩就是不固定。首先是得配合農業生長季，例如農忙時，在鄉村的紡織業就會因勞工不足而停頓。然而，隨著紡織業的利潤愈來愈多時，許多農村家庭不僅全家投入紡織行業，甚至愈來愈多的農家放棄耕地而專以紡織為業。其次，生產的產量與品質會因不同的地區、不同的工具而有落差，易導致產量與品質不好控制與估算。第三，鄉村紡織業的生產流程過於分散、耗時費力。從紡紗、織布到染色或製成成衣，可能分散成數個村莊，甚至不同的地區，工匠商人或經理人往往得先將棉花或羊毛送到某個地區的某個村莊，當該地的農民紡完紗後，商人蒐集完成再將紗送到另一個地區去織成布，完成後再送到下一個地區去染色或製衣。當然也有由農民將成品送到指定地點，路上時常車馬擁擠，又有盜匪盛行。無論哪一種狀況，都非常耗時，品管更是難以控制，糾紛也多。

　　因此，當紡織市場擴張到某一程度時，這種經營方式就不合時宜了，必須改弦更張，工作坊應運而生。工作坊是小型、原始的工廠，類似今日的工作室。剛開始時，一些企業家為了集中管理、控制品質、減少錯誤與浪費，乃將幾個生產的部分（生產線、生產隊伍）集中在一個鄉村中，或是緊臨的地區，亦即分成數個廠房管理經營。後來，有錢的企業家更是向地主租借土地建造大型廠房，好將所有的設備與人員都集中在一起工作。但是對於房子內的空間配置、生產線分配等都沒有精心規劃，只是讓大家一起工作而已，所以這種生產方式還不能稱之為「工廠制度」。這批建立工作坊的企業家開始親自參與生產線，而不再站在生產線之外，但是他們也逐漸退出市場銷售的部門，於是產銷分離的生產經營方式到此又發生進一步的轉折與分工。

　　工作坊雖說在組織與管理方面不及後來的工廠，但是規模也不算小，有許多工作坊的人員數甚至高達數千人，超過後來的工廠。工作坊中尚有

不少的女工與童工。有的產業如鐵業、印刷業的廠房更是複雜、規模也大，有逐漸朝工廠化的規模與制度前進的跡象。在這段「前工業時代」，除了私人的工作坊外，還有不少政府與都會的地方政府也設立工作坊，不過多是慈善性質，為一些孤兒、遊民、乞丐、寡婦等弱勢團體設立的，而且多是採取強制性的管理。

2.造紙業、印刷業

中古歐洲大學興起後，學者要著書、學生要看書，加上教會的布道要講稿、救贖需要赦罪狀，於是書商這行業日漸興起。早期的手抄本不僅錯誤多，且抄的速度也趕不上市場的需求，加上傳統的莎草紙、羊皮紙或小牛皮紙所費不貲，光是一本《聖經》就需要 300 張的羊皮才夠，足見書籍成本之高。為了滿足市場的需求，各式各樣的材料，如麻、棉、金屬等都曾經嘗試過製成紙，最後發現木皮製的紙最為合用。

除了紙張的改良外，歐洲人開始嘗試刻板活字，亦即在木章或金屬上雕鏤字母。然後再將一個個的字母印章編排、組合成句、段和書，印完一頁書後，還可以將字母印章重新使用再編成另一頁的書。據說在 1440 年代時，歐洲市面上已經出現活字版印刷的加註版畫、信件和書。後來被推為歐洲印刷術發明人的古騰堡（Johannes Gutenberg，約 1398～1468 年），其實僅是改良模子技術，他發明一種合金，將合金注入字母的模子中，能使模子在冷卻過程中仍能保持形狀而不會縮小或扭曲。

早期印刷業屬於金匠工會，因為印刷所需的模板與刻字技巧和金匠技術密切相關，而金屬模板與刻字耗資昂貴。至於紙業則與釀酒業合作，因為製造酒桶後剩下的木屑可製紙，這時紙的成本仍然很高。一家出版商必須投資印章、模板，然後買紙來印，大約花掉一棟房子的錢。而且早期的歐洲學者認為印出來的書，比不上手抄書，因為手抄書字體變化多，較為精美，所以印刷書銷路並不如想像中的好。如果選不對書，譬如選印一些文學作品，或是印古典書太多，這些書的市場有限，就保證賠本。於是書

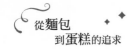

商大多以印宗教書，特別是《聖經》為主，因為別的書可以不買、不讀，但《聖經》不可不讀，因此必須買 [8]。

印刷術的傳播與風行也得利於文藝復興運動。先是古騰堡的弟子將活字版印刷術由神聖羅馬帝國的日耳曼地區傳入義大利，很快就受到當地知識分子的喜愛。不僅早期人文學者的著作都由手抄本翻印成印刷版，如人文學之父佩脫拉克（Francesco Petrarch，1304～1374年）等人，後起的人文學者更是大量印刷自己的作品和古典著作、彼此間的酬庸唱作、互相辯論更加刺激印刷業的興起。人文學者不僅依賴印刷廠 [9] 出版作品，許多失業的人文學者更是加入印刷的行業，擔任編輯或校稿的工作，以致印刷術的水準與準確度大為提升，更加受到時人的信任與愛用。因此大部分的出版商都位於義大利，威尼斯就是當時的出版業中心，而非古騰堡的故鄉美恩茲 (Mainz)。

---

8 自古騰堡刊印第一本《聖經》後（約 1455～1456 年），各式版本的，大的、小的、圖畫多的、字多的、花俏的、樸實的、英語的、德語的、捷克語的《聖經》充斥歐洲市場。早在馬丁路德將整本《聖經》譯成德意志語前（1522 年），《聖經》就已經被譯成各種語言了，只是不是整本翻譯，而是拆開來翻譯，如《舊約》、《新約》、《讚美詩》等。不過自從有了馬丁路德版後，該版《聖經》立刻成為歐洲最暢銷的書，而且歷久不衰，例如在 1522～1547 年間，該版《聖經》出了 430 版，銷售了一百多萬本。而據估計，當時的日耳曼人口約 1,500 萬人，其中 90% 的人不識字，因此幾乎識字的人是人手一本《聖經》，許多出版家就只靠出版《聖經》賺錢。

9 各地主要城市出現印刷廠的年代如下：羅馬於 1467 年、巴黎於 1468 年、低地國的魯汶、奧地利的克拉喀 (Cracow) 於 1473 年、英國倫敦附近的西敏市 (Westminster) 於 1476 年、波希米亞的布拉格則於 1477 年相繼出現印刷廠。到了 1500 年左右，歐洲約有 250 座城市擁有印刷廠，多是由日耳曼人設立，即古騰堡的後繼者設立，足見印刷業的興盛。

3.冶鐵業

　　近代早期正逢王權擴大時期，軍火的龐大需求刺激了冶鐵業的興起。這時的歐洲，無論在挖鐵、冶鐵、鍛鐵、鑄鐵方面都有長足的進步。許多簡單的機器與天然能源都逐漸引用到冶鐵業，例如用木材或煤燃燒的幫浦、汽缸、鼓風爐等，這些後來都成為工業革命後的常客。許多冶鐵、煉鋼的工廠還非常先進，不僅擁有機器，尚可容納數千人以上的勞工一起工作，頗有後來工業革命工廠制度的態勢。在軍器方面，一些先進的火槍更成為各國軍隊的必備品，這些都會刺激軍火市場的熱絡。事實上，軍事、軍隊的興起，不僅刺激鐵業、軍火工業的興盛，還刺激了紡織業的興起，因為軍人所需的制服、旗幟、肩章、帳篷、毛毯等都非常龐大，軍人穿著的靴子更刺激了鞋業的市場化。

4.造船業

　　至於遠洋貿易與漁業的興起，刺激造船業蓬勃發展。造船業最初多集中於荷蘭，由於當地缺乏造船原料，多自外地（波羅的海、北歐的木材與鐵以及東方的瀝青）進口廉價原料，運用本地先進的勞力和技術來製造一流的商船、軍艦，不僅滿足自身的需要，更銷售到歐洲各地，以賺取豐厚的利潤。這種生產與經營方式其實已經相當工業化，並符合資本主義的原則，亦即逐漸擺脫地理與天然環境的限制，而以市場考量來生產貨品。

　　大體而言，在近代早期資本化的製造業中，僅有紡織業屬於鄉村手工業，需要的成本與技術都不及其他製造業，其他的則多屬於都市製造業，而且採取高度集中化生產。為了解決都市的勞工問題，各國政府還相繼採取鼓勵措施，或者引進鄰近鄉村與外地的勞工。例如十七世紀時，普魯士為了將柏林建造成製造業中心，乃招徠一批在法國備受壓迫的新教徒，不少城市也加強對工匠的管理與組織，並加以改良工具以增加產量。於是各城市都出現了不同製造業的專業區。值得注意的，並非所有的發明與新工具、新技術都會受到歡迎，許多新工具與新技術往往過度取代勞力或效率

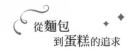

太高，因而遭到排擠與遺忘。新式企業家、商人資本家與傳統工匠間經常發生衝突與爭執，甚至到了工業革命之後，這種害怕失業與創新的心理和兩者間的衝突仍然普遍存在。

然而，並非所有的傳統行業與行會都是新時代、新經濟的受害者，不少傳統的行業或組織若能隨勢轉型成功，接受新的組織與經營方式，同樣也能獲利豐厚。例如，不少傳統的行會嘗試引用新式的經營方法、改變舊有的規矩、放寬限制，也有舊行會揮手歡迎新行業的加入，如釀酒業與紙業的結合、金飾業與模板業的結合等等。

從以上的例子可以發現近代早期的製造業經營上相當具有彈性，並會因應市場、成本，不斷調整經營。為了協助這些商人資本家，並從中賺取利潤，而有銀行與股份公司的出現。不論是借貸或投資，參與的人與公司都須有分擔風險、賺不到足夠利潤的心理準備。這就是資本主義的運作，追逐利潤的人必須先付出，為一個不確定的未來先付出。然而對於未來的期望以及龐大盈利的誘惑下，愈來愈多的人願意承擔風險，從而加入這場利潤追逐戰。在這場利潤的追逐戰中，資本主義與商業革命就悄悄的發生與生根了。

二、商業革命的情形

㈠資本主義的發展

資本主義是個非常複雜的經濟現象，各家的定義也不盡相同，有的從寬定義，有的則從嚴，不一而論。

從寬者認為只要合乎追求利潤、市場經濟、再投資與增加生產等條件即可，若以此理論資本主義並不限於近代才有，自古即有之。從嚴者的主張亦不一致，有的認為只要有競爭、市場與貨幣交易就可以了，但也有的堅持必須要有工廠、工業化的現象方可。無論如何，資本主義是商業革命

中最重要的一項內容。

　　大體而言，資本主義乃是一套有關生產、交換與分配的經濟系統。說到有關生產、交換與分配的經濟生活或經濟體系，自古有之，但近代的資本主義經濟卻與此前的經濟型態有大幅度的改變。早期的經濟型態實屬最低階的經濟體系，乃是指一般性的就地消費、自給自足式的經濟生活，所有的生產與消費均為本地生產，且是每日例行的進行，並沒有特殊的商品、動機與技術。第二層次的經濟體系則是區域性的經濟生活，例如必須將本地的產品拿到鄰近或可預知的市場去交換，或是為了賺取可預期的蠅頭小利。通常這種經濟的交換市場是可預期的、熟悉的，它的貨品來源與狀況，以及交易的路線大都是固定的，一如中古的香檳、波羅的海等大型的市集貿易與貿易路線。這種市集貿易雖然有風險，但大抵都在可控制範圍，或是可以估算的範圍，因此可能負擔的風險與盈虧也都可以減到最低範圍，故能投機的空間是有限的。例如，法國的酒與油一定可以在北歐找到市場，因為那個地區因太冷而不產葡萄與橄欖，如果想要賺錢，只要將法國的酒與油往北運銷，一定有市場，但是具有同樣念頭的人必定不少，以致利潤也不夠驚人，但至少不會慘賠。

　　然而，到了最高層級的資本主義經濟體系時，貿易的範圍非常廣大，往往超出個人的知識範圍；貨品多樣且繁雜（規格與種類都很精細）卻又獲利極富（如中南美洲的黃金、白銀、咖啡、可可以及東方的茶、絲與香料等）；路線既長且不可測，於是參與的人很難估算風險，也很難預估盈虧，這時投機的空間就非常寬廣了。儘管這種貿易需要的資金與技術都遠勝過昔日的貿易，但豐厚的利潤激起人們豪賭的野心。在這種市場的運作中，一切都非常不可測、不可知，人們無法確知商品的需要在哪裡，誰能夠搭上該商品的需要列車，有時當商品運送到目的地時，又不能確知是否已經有人搶先一步，以致自己辛苦運來的商品銷售不出去。因此，在這種經濟生活中，每一個步驟、每一個流程都是不確定，也都充滿了風險。更

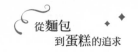

重要的是這種貿易的獲利期很長,甚至以年來算,從將近一年到十年以上都有可能,而且這種獲利豐厚的貿易行為不是天天有的,而是靠機會偶然才發生的。然而龐大與豐厚的利潤卻使許多人躍躍欲試,甘冒風險以等待不可知的「利潤」,這就是典型的資本主義經濟體系。

在這套經濟體系中,擁有資本的私人以累積財富、追逐利潤為生產和經營的目的。這批擁有貨幣、信用、土地、原料和生產工具等資本財的人,利用他們現有的資源雇用薪資工人,從事農業或製造業等商品的生產,然後再將成品送到市場上以換取利潤。資本家間的激烈競爭會引發更進一步的研發創新以提升生產力,或者是進一步的降低成本以增加或維持利潤。在資本經濟中,商品、金融、土地、勞力市場、長程貿易、理性的利潤算計就成了重要的內容。

在資本主義的經濟體系中,所有的經濟成員分為兩大類。一類是擁有資本並以理性計算得到利潤的企業家或資本家,只要合乎這項規定的人都是資本家,而不論他們的出身,因此資本家可以是出身農家或勞工階級的子弟,也可以是商人或畜牧業的人士。至於另外一類人士,無法靠資金得到利潤的人,而是必須靠自己的勞力取得固定酬勞的人,統稱為勞工階級。這些勞工雖然是領取薪資的,但勞工的薪資並不是以勞工所創造的財富來計算,而是以勞工是否願意與他人競爭工作為標準,亦即端視勞工要不要這份工作而定。這也就是說,在資本主義的經濟體系下,勞工的勞力被視為商品,勞工的薪資端視勞力市場的競爭而定,一如商品的價格得視市場的供需情形而定。

在資本主義中,利潤與盈利是無限的,與中古時代強調社會服務、合理利潤的心態大不相同。同時資本主義鼓勵商業與貿易的擴張,最好是超越地區貿易而提升到國際、洲際貿易,甚至到全球貿易。因此資本主義下的資本家活動舞臺非常廣泛,遠非中古的工匠和商人所能想像。當然這麼廣泛的活動需要龐大的資源、資金、經驗與知識,一位近代的企業家、資

本家必須要知道何處有市場、何處有利潤，他又如何能搭上市場列車，又如何能操作市場，使之為己用，這些都是中古人士所不能，也無法理解的。

近代的資本主義是如何發展出來的，一直是爭論不休的議題。不過，大家都同意資本主義的一些現象與內容，早在中古晚期就開始出現，只是到了近代早期變得更加明顯、密集與普遍，而且一直到十九世紀後，資本主義都還在盛行中。此外大家也同意，每個地區的資本主義無論在面貌或發展的過程都不一樣；有的地區的資本主義是持續發展，有的則斷斷續續，端視各地方的經濟關係、政經和社會制度以及地方人士與主政者的態度而定。

(二)銀行業

1.日耳曼傅格家族

銀行的作用在金融財務、資金調度與動員資金市場。近代早期最有名的金融家為麥迪奇家族，到了十六世紀，麥迪奇等義大利商人的風華不再，取而代之的則是傅格家族。

傅格家族源自於十四世紀日耳曼地區奧古斯堡 (Augsburg) 的一名織工約翰・傅格（Johann Jakob Fugger，1516～1575 年），這位織工為了改善產品，於是親自到東方批貨（埃及與印度的棉和麻）。到了東方，傅格發現香料非常賺錢，遂兼營香料買賣，因而累積了大筆的財富。十六世紀時，傅格家族不僅為羅馬教宗處理財政問題，例如貸款予教宗，或提供教會辦理轉款、借貸、匯兌、收稅和發薪等金融服務。傅格家族透過貸款業務，還取得一些特權作為擔保，從而涉入製造業、礦業的經營。例如在 1487 年，傅格家族貸款兩萬達克特（ducats，係奧地利金幣）給哈布斯堡王朝，要求以泰諾爾 (Tyrol) 地區的銀礦收入為擔保。翌年，更以 15 萬達克特貸款取得銀礦的完全經營權。透過貸款擔保，傅格家族取得許多貴重金屬如銀礦和銅礦的礦產經營權。為了要開採更多的礦產，傅格家族投入大筆資金研發改良開採、排水與去除雜質的技術，並以高薪雇用有技術的勞工，

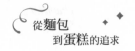

對於歐洲礦業的發展有很大的貢獻。他們還幫忙哈布斯堡家族鑄造金銀幣，從而獲取豐厚的利潤，投資礦產讓傅格家族成為歐洲最富有的商人。

在這些礦產中，尤以銅礦最為重要，因為它是軍事武器的重要原料。在十五世紀下半葉，大砲的使用讓歐洲軍事發生重大改變，而大砲主要是由青銅製成。歐洲的銅礦主要產在匈牙利，因而引起哈布斯堡與鄂圖曼土耳其間強烈的競爭，雙方都希望取得匈牙利銅礦的獨佔權，最後由傅格家族取得匈牙利銅礦的經營權。

在傅格家族的多角經營企業中，還包括賣書。他們幫人家尋找書籍、取得書籍，並以此賺取利潤。傅格家族自己也收藏書籍，無論是舊的手抄本，或是新的印刷書。在奧古斯堡的傅格家族圖書館中，就有一萬本以上的藏書，在當時是非常可觀的。這些書本中，有不少與亞洲、美洲新知識相關的，還有不少航海相關的書。除此而外，還有為商人設計的告解的宗教書，顯示那個時代是一個書籍、商業和知識結合的時代。

傅格家族也積極與王室密切合作，從中取得各式特權與優惠。例如在宗教戰爭前夕，以財力支持西班牙國王查理一世取得神聖羅馬帝國的皇帝寶座[10]，以及貸款資助他參加諸多戰爭，並負責各地軍隊發薪、轉帳、匯兌、存儲等事業，賺進大筆利潤，還取得各式優惠，成為當時最具影響力的金融銀行家。

---

10 1519 年，查理一世被選為神聖羅馬帝國的皇帝，成為哈布斯堡王朝的繼承人查理五世 （Charles V，1519～1556 年在位）。他統治的版圖包括西班牙及其海外殖民地、奧地利哈布斯堡帝國的領土、波希米亞、匈牙利、低地國、義大利南部之那不勒斯王國 (Naples)。這片領土上文化、人種與語言都相當複雜，正如查理五世所言：「我對上帝說西班牙文、對婦女說義大利語、對男人說法語、對我的馬則說德意志語。」查理五世希望能統一他的帝國，但卻面臨了無數強敵的挑戰，包括法國、教宗、鄂圖曼土耳其以及日耳曼地區內部的複雜情勢 （即宗教改革所造成的宗教分裂與戰爭）。

當然與王室間密切的關係，也不全然都是有利可圖，政權的改變或王室的破產往往會受到牽連，例如之後傅格家族繼續為西班牙王室服務，但新上任的國王，宣布破產，傅格家族借給王室的錢因而收不回來，後來甚至因而倒閉。

2. 荷蘭阿姆斯特丹銀行（1609 年成立）

到了十七世紀時，新型態的金融機構荷蘭阿姆斯特丹銀行出現，阿姆斯特丹銀行並沒有將自己的命運與王室連在一起，而是走純粹的商業路線。最初發展時該銀行還只是個貨幣兌換中心，協助荷蘭商人兌換各式的外幣。當時舊銀行正走向沒落（如傅格），而歐洲遠洋與內陸貿易的活絡卻使得貨幣兌換成為亟需的事業，於是阿姆斯特丹貨幣兌換中心適時的擠進空檔。

除了為商人公司辦理存儲、週轉、信用等金融服務外，阿姆斯特丹銀行又將這手拿到的存款儲金用另一手借貸出去，例如借貸給農業企業家改善土地、開發海埔新生地以繁榮城市和城市周圍的製造業，這些經濟活動的繁榮轉而刺激銀行的蓬勃成長。加上荷蘭實施宗教寬容，移居該地的猶太人、西班牙人又將荷蘭的遠程貿易線延長到地中海等地，隨貿易活動擴大轉而為銀行業務帶來無限的生機與市場。於是阿姆斯特丹銀行不僅成為歐洲最大的財務與商業的中心，更稱霸歐洲達一個世紀之久。

3. 英國英格蘭銀行（1694 年成立）

各國紛紛設立類似阿姆斯特丹銀行這類的國家銀行，這些早期的國家銀行對於製造業、企業界籌資的功能不大，因為它們主要的工作是為國家收稅、發行公債以籌措政府財源。最初這些國家銀行照顧的是貴族與富商的利益，但也逐漸發展出與地方與私人銀行間的密切互動，民間的經濟、金融與工業因而被帶動，最具代表性的是英國的英格蘭銀行。

由倫敦富商組成的英格蘭銀行採取寡頭操控，銀行代政府發行公債或借債，解決政府需錢孔急的情形。當時購買公債的多為貴族、富商，他們購買公債，再回收利息與紅利，遂造成債金旅行，即資金在貴族、富商圈

內旅遊。

另一方面，英格蘭銀行也發行銀行券（類似鈔票），並允許在市面上流通，具有鈔票、通貨之功能。商人將錢存入銀行換取銀行券，只要攜帶輕便的銀行券到各地做生意，加上當時的貨幣發行量不足，銀行券能稍稍舒緩這個問題。

銀行券的好處是當商人不想再用銀行券交易或需要現金時，只要將銀行券拿到指定地點兌現，使商業活動更有彈性。由於英格蘭銀行信用好，它的銀行券算是最為搶手的一種，能換取的幣值也比較高。除了中央級的銀行發行銀行券外，地方銀行、私人銀行也會發行，鄉村尤其喜歡用銀行券，因為便捷、安全，同時也略為解決鄉村貨幣短缺的情形。

此外不同地區、不同銀行間的銀行券也可相互兌換與流通，因為各地都設有可貼現、兌現的錢莊 (discount houses)。錢莊與銀行再將銀行券拿到英格蘭銀行兌現或換取該銀行的票券，地方銀行也會將收到的錢幣拿到倫敦的銀行或其他地區的銀行換取所需的票券，拿到現金的銀行再貸款給需要現金的工商業者。一般而言，農業業者賣農作物時，若收到太多的錢幣，反而不安全，因此喜歡將錢存入銀行，換取銀行券。工商業者則需要現金以購買機器、聘雇勞工，在這種情況下，農工商剛好互補。

銀行業的發達，有助於商人與業界籌集資金與調度資金的活動，不過商人與企業家除了仰賴銀行籌措資金外，更重要的管道則是自求多福、自行籌資，那就涉及到合夥、合股與公司的問題了。

㈢公司法人的興起

1.近代公司的發展

在這波商業革命的浪潮中出現了一種新的商業組織，那就是法人公司，即公司法人觀念的興起，目的在組織經營與分攤風險。在新的概念下，商業公司或商業組織被視為非人的個人實體，甚至比它的擁有者還要大的組

織。這種組織或機關擁有與其成員不同的身分、認同、法律地位、永續性以及利潤。總之，它是超越個人的，而且遠比個人更為重要的組織。

合夥做生意的形式早在羅馬時代就出現了，等到九、十世紀歐洲商業復興以後，合夥的形式更多了，例如稱之為「商行」(firms)，或「會社」(*societas*) 模式的組織，是採取資本與勞力分離的形式。在這種模式下，有一方人出資金，並留在陸地上工作或只等待結果，另一方則負責上船從事真正的海洋貿易，也就是出勞力、真正經商的人。這種合夥關係似乎必須經過公證人的公證，在義大利就出現了專門以公證為業的人，也保存了非常龐大的公證資料，不過這種合夥關係的風險亦高，根據一位當時人的警告可知：「千萬不要與一位沒有財產的人合夥，因為他很可能只會分享你的利潤，卻讓你負責所有的損失。」此外這種合夥方式所籌集的資金亦較有限，且多限一趟生意，每趟生意都得重新洽談、公證。

為了籌集更龐大的資金，也為了減少風險，於是出現具有規模與制度的合夥關係，即「公司行號」(*compagnia*，原意為「分享麵包」)，多半都是家族企業，後來也出現摻有外來成員與外來資金的公司行號。在「公司行號」的制度下，所有的參與人不僅分享資本、勞力、利潤，也分擔風險。這些大規模的公司行號不僅經營需要龐大資金與風險的遠洋貿易，也經營大規模的內陸貿易與製造業，甚至銀行業，傅格家族即屬此類。這種公司行號的資金多寡和公司的規模，通常不與成員數的多寡相關，有的公司資金雄厚，卻成員不多，端視成員出資的財力而定。然而這種組織亦不穩，往往有家族成員或公司夥伴將資金移出轉投資土地等其他部門，就會使公司行號因缺乏資金而消失；不少的家族企業因子孫不肖，被迫將大部分的公司資金移為救助家族成員或維持家族生存，以致無法大力經營企業。

當經濟活動愈來愈複雜、需要的資金愈來愈龐大時，一些公司遂走向更廣大的市場與人群募集資金，就有了「股份公司」(joint-stock companies，或稱「合股公司」) 的出現。確實的說，股份公司僅有資金的

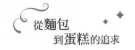

聚合關係，而與人或夥伴關係無關，是資金的會社而非關係人，或聚集人的會社。這些資金或股票不僅可以談判協商，還可以在市場上交換買賣，因而出現股票市場、資金市場。同時利潤與風險的分攤全視股票人所擁有的股票價值和持份而定。理論上，持有高額股份的大股東或投資人會直接參與公司的營運，至於小額股份的投資人則等著公司利潤的分紅，但不參與公司的實際營運。擁有公司小額股份的投資人還可以靠著轉賣股票賺取其間的差價，意即股票可以當作商品在股市上進行買賣的行為。

合股公司中又分有限責任、有限合夥的兩種形式，「有限合夥」是將商行主管的責任與其他只出資金、或願意分擔部分盈虧的人分開，也就是不是所有的人對於商行的盈虧、責任、債務，或是商行主管的責任都概括承認與負擔，通常是視投資人出的資金而定。由於責任歸屬與虧損分攤都有了明確的劃分，更多人願意將資金注入商行中，終使公司的夥伴人數更多，更容易籌到資本。「有限合夥」公司還有一項優點，就是出資的人不一定要全都列在公司的登記名簿中，因為根據當時的法律，合夥關係的登記僅限於商人與批發商，因此不實際參與作業的人可以選擇不列出姓名。這對於許多礙於規定不能從商的貴族非常有利，因此「有限合夥」公司在法國特別流行。

據說歐洲最早且具有規模的股份公司係 1553～1555 年出現在英國倫敦的莫斯科公司 (Muscovy Company)，當然在它之前仍有不少原始的前輩。事實上，「合股」集資的方式並非開始於商業部門，而是製造業，如冶金業、礦業等。因為這些行業需要的資金特別龐大，卻又不屬於一般有錢人喜歡的投資對象，於是他們只好走向公眾，利用發行股票的方式，以少積多的方式籌募龐大的資金。早在十三世紀的時候，中歐的一些礦業與鹽業就已經採取以發行股票募集資金的方式，他們所發行的股票不僅可以轉賣，還變成當時投機炒作的對象。例如，在宗教改革的時候，支持馬丁路德的薩克森選侯即曾表示願意將他手上擁有的一些礦產的股票送給馬丁路德，

讓他拿去市場投機買賣，但遭馬丁路德拒絕。

「股份公司」籌募資金的規模與管道更為寬廣，不受人脈、區域、階層、金額的限制。任何手上有點資金（熱錢），又想投資以賺取利潤的人都可以購買股票。合夥公司不僅對於一般小民有利，對於公司本身的運作亦有利。由於擺脫了人的關係（意即只認股份不認人），於是公司的壽命與運作更能長遠，不受人事重組、合夥人退出或撤資，以及老闆生死的影響。當然，在近代早期剛出現的股份公司並不如現在的公司這般有規模與具有資本主義的精神，也沒有確保公司永續經營的制度，亦即對於短利投資人的投機行為並無明確的規範。同時，在近代早期股份公司也不普遍，當時歐洲各地流行的還是傳統的小規模的合夥商行或家族企業。

以荷蘭東印度公司為例，當時投資人的心態主要是投機的，是因為眼見當時的機會與商機較有利才購買公司的股票，他們看上的是短期的利益，因此公司也投其所好，以十年為期。十年期間，公司營運良好、事業遍及全球，擁有無數的船隻、碼頭、貨品，資產龐大。於是當十年的期限到期時，投資人紛紛要求公司兌現股票以收回利潤（即股票的本金與分紅），結果公司因為數目過於龐大無法兌現，只好鼓勵投資人將股票拿到市場上去轉賣給其他有意的人。

早期的股票、期貨交易多在市民社交的場所，如咖啡館、俱樂部、酒館等地進行，八卦、小道消息、各式資訊在這裡流通，一些小型交易、非法交易、私人交易也在此進行。於是交易所漸漸往都市特定的街道集中，如英國出現交易街。此時的證券交易所非一般小民或小額股票進行的場所，都是大資本家、鉅額交易，菁英聚集的地方。這些證券交易所是為極少數的重量級商人服務。一直要到十九世紀末方才開放給一般公眾人士。早期的證券交易所進行的股票多是大型公共建設、交通建設的資金，如運河、鐵路、灌溉工程、保險和水壩業等。

在這個時候，設立公司、發行股票、販賣股票都是非常尋常的事，並

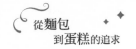
沒有何種法律的規範。因此出現了許多專為投機而設立的空頭公司,這種公司並沒有任何資產,也不作任何營業,純粹為投機股票而設立的。除了這種投機公司外,甚至還有許多商場上流行的物品也會被拿來當作股票般的炒作,如荷蘭的鬱金香球(最早的期貨炒作)。這類股票炒作可以飆到非常的高,毫無節制,然後再徹底的崩盤,導致無數受害人血本無歸。

由於發行股票容易、獲利又豐,於是不少正當的公司也有濫發股票的情事發生。最有名的例子就是法國東印度公司,該公司成功的藉兜售股票而將其他法國小公司的資金盡數吸進,然後創辦人蘇格蘭數學家約翰·羅(John Law,1671～1729 年)再以雄厚的資金成立銀行,取得協助政府處理財務的部分權限。成立銀行後,約翰·羅毫無顧忌的濫發股票,遠遠超過公司的資產所能支持的地步,三年內還讓該銀行的股票飆到 1,000 倍以上,最後該公司與銀行終於在 1719 年宣告破產,造成極大的金融風暴。同樣的情形也發生在英國的南海公司 (The South Sea Company)。這些情形終於迫使政府出手干涉,相繼立法規範,例如英國於 1720 年通過「泡沫法案」(*Bubble Act of 1720*),規定新公司的成立必須經過議會的審查同意。

股份公司不僅出現於工商業,法國的農業界也大量的利用股份籌資的方式,承租土地,種植糧食與經濟作物。有些地區因貨幣不足,或因其他因素而採取作物等實物股份的方式,亦即數位小農合股以承租土地,分攤工資、作物、種子、風險等,收成後再按股份分紅。此種營運方式即為集資租地、資本化經營。

2.特許狀公司

當時在歐洲各國,一些從事遠洋貿易的大型公司多與政府合作以取得各式優惠與特權,稱之為「特許狀公司」(chartered companies),或是「獨佔公司」,也有的學者稱之為「王室資本主義」(monarchical capitalism)。這種獨佔性的公司組織也不始於近代,早在十四世紀時,威尼斯的政府就積極的以強大的政府權力和財力支持遠洋貿易的進行。由於遠洋貿易是高度

密集資本、技術與組織的商業活動，往往非個人力量所及，於是威尼斯政府同意以政府的船艦與軍火力量以及龐大的財力支持個人的公司營業，公司則負責上繳鉅額稅金和供應王室奢侈品，後來葡萄牙、西班牙亦相繼採用此種官商合作的公司型態。

至於近代形式的「特許狀公司」，為完全由私人資本、私人公司經營遠洋貿易與殖民事業，另由政府頒予特許狀，政府不直接涉入經營，由英、法、荷首開其端。英、法、荷政府為了鼓勵私人公司發展海外貿易與殖民事業，政府給予諸多特權與保護，為的是希望能增加國家的財富。

特許狀公司的出現，除了基於民間私人的努力與主動運作外，也多出於政府的主動支持，特別是當政府出現財務危機或需要大筆稅金收入的時候，政府就會「標售」特許狀。因此，許多特許狀公司多出現於戰爭期間，十七世紀的長期戰爭造成各國政府龐大的財政壓力，於是特許狀公司也特別多。有的特許狀的期限也特別長，例如英國的英國皇家非洲公司 (The Royal African Company) 有效期長達一千年。特許狀的內容通常包括：保障公司在某一區的獨佔貿易及對當地人民的管理和調度之權，使公司在當地運作更為方便。

不少海外的特許狀公司就是假借特許狀所賦予的權力而對地方人民百般壓榨，儼然成為當地的統治者，如英國東印度公司 [11] 之於印度就是一個明顯的例子。隨著歐洲殖民事業的開展，許多特許狀公司對於殖民地的土

---

11 英國東印度公司成立於 1599 年，採取的是股份公司形式，1600 年取得王家特權狀而成為特權狀公司，1874 年結束。早期英國東印度公司的股票運作一如其他早期的股份公司沒有嚴格的規範。大部分投資者的資金僅維持一趟來回貿易，當船隻回航後，投資者即開始結算利潤、抽回資金，然後再重新開始發行股票尋找投資者，投資者也可以任意撤回資金。在這種投資方式下，公司的資金不穩，從而影響公司的長程規劃與運作。一直要到 1650 年代以後，公司的股票政策方才長久化，公司的資金也才穩定下來。

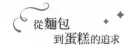
地擴張問題愈來愈有興趣，他們對於殖民地的政治事務的參與和興趣甚至
超過了對商業與貿易經營的興趣，意即他們變得愈來愈像當地的統治者與
封建諸侯。這時候就開始引起母國政府的覬覦與猜忌。於是到了十八世紀
末的時候，大部分「特狀公司」的殖民統治權與行政權都被收回，甚至特
許狀也遭到取消，改由政府親自指揮與參與殖民事業，特別是殖民地的政
治事務。另一方面，由於殖民地的行政責任與政治負擔隨著時間日益龐大，
遠非個人公司所能負擔，於是在成本的考量下，特許狀公司也很樂意繳回
殖民政治特權，特許狀公司因而開始走進歷史。

除了代為管理殖民地外，特許狀公司尚負有其他的義務與政府的期待，
包括每年運送多少奴隸到殖民地、每年開出多少的船隻到海外，或是保障
某地到某地間貨運的安全等。有的特許狀公司還被賦予科學探勘、科學研
究的重任，例如每一年得探勘多長的海岸線或是當地的風土人情等。歐洲
許多的地理知識與自然知識就是透過特許狀公司的研究累積出來的。

特許狀公司固然可以幫助遠洋公司在國際海洋與市場上贏得競爭，但
不是每一個國家的所有特許狀公司都會成功。法國許多特許狀公司因為政
府的嚴重介入，而成為官僚酬庸的對象，並嚴重的干涉到公司的正常與專
業運作，遂導致法國的特許狀公司成為腐敗與官僚的象徵，並為之倒閉。
特許狀公司多因其上層人士與王室、政府的關係密切而取得特權，這批上
層的人士往往腐敗且官僚化，常常成為公司進步的障礙，遂導致特許狀公
司因缺乏創新而無法經得起時間的考驗。因此，當外界籌資的管道日多，
遂興起不少幹練的獨立商人或公司，他們以亮麗的成績證明特許狀公司的
落伍與失敗，同時他們也施加壓力要求政府開放海外貿易，終導致特許狀
公司步入歷史。有的特許狀公司雖然能苦撐一段時間，最後卻仍不支倒地，
英國的東印度公司的下場即為一例。

㈣複式簿記

商業革命不僅導致新觀念、新組織的興起，還有不少技術性的突破，複式簿記即為一例。事實上，一如其他商業革命的內容，複式簿記法也不始於近代，早在十五世紀的義大利專門教導經商貿易的手冊中就已經出現了，到了十六、十七世紀商業革命時開始普遍化、標準化、專業化。

在複式簿記之前，歐洲商人使用的是「單式簿記」，即所謂的流水帳，就是每一筆交易都記錄一次，而且不分類，不分借方或貸方，就是收到一筆，記一筆，付出一筆也記一筆。根據十六世紀早期的一位觀察傅格企業簿記運作的人士稱：「他們將一筆筆的帳目記錄在小紙條上，貼在牆上，每次要查帳時，就在牆上的紙條堆中尋找。」當交易愈作愈多、範圍愈來愈複雜、出入的金額愈大時，這種簿記方式就顯得不夠用了，遂出現合乎科學與理性計算的複式簿記方式。

所謂的「複式簿記」指在記錄一筆交易，無論是現金支付、貨品買賣或服務項目時，會計人員會根據「有進有出、進出平衡、損益平衡、借貸平衡」、「有借必有貸、借貸平衡」的「平衡」概念同時分別記成兩筆，一筆是實際經手的帳目，另一筆則是根據理性理解出來的想像或虛擬的帳目。這兩筆帳分別為借方與貸方，在傳統的帳簿中分別為相對的兩頁。通常而言，「貸方」（credit，債權之意，即債權，實際的記載）記載的是財務的來源，如投資者從第三者得來的資金或股票等其他財源，或是因此筆交易而得到的資金。從另一面而言，公司的資產是來自投資人的資產，故相對於提供資產的投資人而言，公司的資產就成為債務的關係，因此，當記錄公司的資產時，除了於「貸方」欄中記下一筆外，另於「借方」（debit，債務之意，即公司的債務、投資人的債權，係虛擬的記載）中再記下同一筆。

當然，「借方」欄記的不僅是虛擬或想像出的帳務，也記載實際的支出與花費以及債務人的財務；當然這些帳目也將在「貸方」欄重複記一下。

這部分也是根據前述的「平衡」觀念：公司的進貨相當於另一方的出貨；公司的貸款相當於對方的借款；公司的損失或賠本則相當於對方的收益或賺錢。總之，收進的收入、財物登記在「貸方」欄下，如股票、資金、利潤、收益等，同樣的一筆交易則在帳簿登入的對面（即「借方」欄）再登記一次。至於出去的花費、還債、購款等則登記在「借方」欄下，同樣一筆的虛擬帳目也登錄在對面的「貸方」欄。由於每一筆在「借方」與「貸方」兩欄應該是相等的，因此在最後結帳的時候，所有的貸方欄的總計應與借方欄相等（即「平衡」balance），若有不符則表示過程有誤，就必須重新清查。複式簿記比較困難的就是屬於虛擬的那一筆，因為它存在於理性的理解中，其次就是借貸有時很難區分。

　　無論如何，在複式簿記的記帳方式下，每次交易都予以分類記錄兩次，這樣可以隨時讓商人或公司掌握自己的財政與資產的狀況，並隨時可以知道自己是否有債務在身。有些學者將複式簿記視為商業領域中的牛頓或伽利略發明，至少他們認為北方漢薩同盟和日耳曼商人的沒落，就是導因於他們沒有採用先進與科學化的複式簿記。但也有人持反對意見。例如，荷蘭東印度公司以及英國的許多大公司在早先時都沒有採用複式簿記，甚至當他們生意作到很大、公司營運非常複雜之時也沒有採用複式簿記。一直要到十九世紀的時候，複式簿記方才普遍起來，並成為會計必備的技巧。

三、商業革命的影響

㈠消費品的多樣化與大眾化

　　新航線的陸續開發與國際市場的拓展，使得歐洲人的消費內容更加多樣化。許多外國產品如米、糖、絲、茶、胡椒等香料在從前算是奢侈品，現在也逐漸變成一般的消耗品，有的如糖、香料與茶等甚至變成民生必需品。許多異國的圖案與印染技術（如印度的印花布）也輸入了歐洲，使得

歐洲的服飾更加豔麗與多采多姿。至於新引進的咖啡則成為高級人士的飲料，茶反倒成為大眾化的飲料了。

在許多新興的商品中，有一項特別值得注意的就是奴隸。主要的奴隸貿易國不外英國、荷蘭與法國。在十八世紀時，光是非洲西海岸從事奴隸貿易的「工廠」就有40餘家，其中10家屬於英國、3家法國、15家荷蘭，葡萄牙、西班牙和丹麥人各有4家。根據估計，自1600年起，每年有上百艘的西班牙與葡萄牙的船隻將非洲的奴隸運到美洲。在遺留下的資料中，我們發現在1771年中，就有192艘英國船到非洲載走了47,146名奴隸到西印度群島；1788年，則有98艘法國船載了29,000奴隸到法屬聖多明尼哥（Saint–Domingue，今海地）。此外根據估計：十六世紀時每年約有7,000奴隸被運到美洲、十七世紀每年約15,000名，十八世紀每年更高達30,000人，即使到了十九世紀的上半葉，每年仍有上萬的奴隸被運到美洲，1860年以後突然銳減到每年2,000名左右。

參與奴隸買賣的人也不限於歐洲的商人，許多非洲的部落酋長為了賺取高額利潤，也致力於搜捕奴隸。絕大部分的奴隸運往美洲從事墾殖業，如糖、菸草、米、靛青植物的生長，或是從事挖礦業，少部分的黑奴則輸往缺乏勞工的歐洲國家如法國，從事生產業。奴隸對於歐洲的經濟有很大的影響，例如美洲農作物的大量生產與輸入，降低了歐洲消費品的價格，有利於歐洲資本的累積；奴隸的勞力，也足以支持歐洲的產業發展，奴隸在美洲專營務農，然後自歐洲輸入其他貨品，也刺激了區域經濟的整合與國際經濟的分工化。

繁盛的奴隸貿易成為連結歐洲、非洲和美洲大陸三角貿易的一部分，並象徵一個新的大西洋經濟。歐洲的商船（主要是英格蘭、法國、西班牙、葡萄牙和荷蘭共和國的船隻）帶著歐洲製造的商品，例如槍械、琴酒和衣物去到非洲，以換取一船的奴隸，並運送至美洲去販賣。歐洲的商人們接著購買菸草、糖蜜、蔗糖、甜酒、咖啡和棉花，並載回到歐洲市場販售。

奴隸貿易也使得英國的北美殖民地建立起自己的三角貿易圈：由北美殖民地載運魚、麵粉、牲畜、木材等貨物到加勒比海；或是甜酒、鐵、槍枝、工具和衣服等貨品到非洲，再由非洲載運奴隸回加勒比海，部分奴隸在此出售，另留一部分的奴隸，加上糖、糖蜜等商品載回北美洲。

同時，北美殖民地也建立起愛爾蘭——加勒比海——北美的三角貿易[12]，不再依賴英國為他們尋找貿易夥伴以及貿易運作，進而成為殖民地獨立的資本。

在北美的愛爾蘭——加勒比海貿易圈中，北美殖民地將亞麻籽、木材、製桶的木材片、麵粉、蜜酒（又稱蘭姆酒、甘蔗酒）、糖蜜等貨品銷售到愛爾蘭[13]，後來甚至還包括了北美殖民地製造的船隻。愛爾蘭則將亞麻布和衣服，以及醃製的牛肉、牛油、豬肉、魚，以及鞋子等貨品銷售到北美和加勒比海殖民地。在愛爾蘭與北美殖民地的貿易途中，船隻經常會選擇停留加勒比海的殖民地（如牙買加）銷售部分的商品，或是採購當地的商品，如蔗糖、菸草等。這樣就形成了三角貿易的型態。除了裝運貨品外，回航北美的船隻還載運了許多的移民（多是到美洲殖民地擔任家庭傭僕）、契約

---

12 儘管有「航海法」的限制，北美殖民地與愛爾蘭之間不得有直接貿易，他們只能透過英格蘭進行的非直接貿易。但是在倫敦政府的「善意忽略」下，這兩地建立起繁忙的貿易航線。

13 愛爾蘭人相信北美的亞麻籽品質最佳，可以長出優質的亞麻，因此他們從北美殖民地進口亞麻籽，再分配給愛爾蘭農家，種植成亞麻。另一方面，愛爾蘭為了製造優質的亞麻布，通常在亞麻還未完全成熟時，就需採摘亞麻莖，因此愛爾蘭的亞麻無法生長出亞麻籽。對美洲殖民地而言，愛爾蘭的亞麻既便宜又耐穿，最適合給奴隸穿著。倫敦政府為了搶奪愛爾蘭的亞麻生意，也為了阻擾愛爾蘭與北美殖民地的直接貿易，於是頒布賞金以鼓勵愛爾蘭商人將亞麻先運到倫敦，然後再由倫敦運往北美殖民地，此種亞麻稱之為「賞金亞麻」（bounty linen）。由於賞金金額不小，可以降低亞麻的價格，使得北美殖民地容易買到便宜的亞麻布，反而阻礙自身紡織業的發展。

工到美洲殖民地。大體而言，北美殖民地與愛爾蘭的貿易的甚至超過與英格蘭間的貿易。

在這個經濟網絡的發展下，北美殖民地出現了幾個大都會如波士頓、費城 (Philadelphia) 和紐約等都市。這些都市不僅供應北美殖民地所需，也供應歐洲各大都市之所需，如巴黎、阿姆斯特丹等。

奴隸貿易促使新的經濟網絡形成，同時也對非洲造成巨大的影響。非洲奴隸被緊密地塞進商船中，每 300 到 450 名奴隸一艘船，並且被鎖鏈鎖在一起，沒有衛浴設備或是讓人站立的空間；他們在前往美洲大陸至少 100 天的航程都被維持在這種狀態中。平均死亡率是 10%；惡劣風暴或逆風航行，會造就更長的旅程並導致更高的死亡率。就算撐過旅程的非洲奴隸，到了美洲大陸，對該地的疾病沒有免疫力，死亡率也就更高了。

從取得奴隸的方式來看，奴隸商人最初尚能從非洲沿海獲得奴隸，但當奴隸需求增加時，他們深入內陸去搜捕，許多非洲聚落因奴隸貿易失去了年輕且強壯的男子與婦女，無數家庭因而陷入貧窮。

奴隸貿易也促使非洲部落間的戰爭更為頻繁，部落酋長從奴隸貿易中獲取槍枝，與奴隸商人站在同一線，大肆攻擊、掠奪敵對部落。

1770 年代，俗稱為貴格會 (Quakers) 的教友派 (Society of Friends) 開始批評奴隸制度。他們逐出教會內非法販售奴隸的成員，歐洲這才開始掀起廢除奴隸制度的風氣。即使如此，也一直要到 1790 年代法國大革命的激進時期，才廢除了奴隸制度，英國緊接在 1807 年跟上。雖然取消非洲奴隸來源，奴隸制在新成立的美國中仍然持續進行，直到 1860 年代。

糖與奴隸貿易俱屬殖民經濟的一部分，1650 年左右，西印度群島由亞洲引進甘蔗栽種，之後蔗糖就成為當地最重要的商品，為英、法等殖民國帶來無數的財富，十八世紀更是甘蔗栽種的黃金年代。以英國為例，1713～1792 年間由美洲進口的 1 億 6,200 萬英鎊的貨品中幾乎都是蔗糖；同一時期由印度進口英國的貨品僅值 1 億 400 萬英鎊，也遠勝過北美殖民地的貿

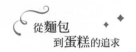

易。牙買加 (Jamaica) 是英國在西印度群島中最大的蔗糖產地，但仍不及法屬聖多明哥；法屬聖多明哥所產的糖不僅多、品質佳而且便宜，一直是歐洲與北美洲糖加工業的最愛，如釀酒和製糖等。即便是英國本土和北美殖民地的商人，也喜歡進口法屬聖多明哥的蔗糖以為加工的原料。這些糖運到英法加工後的成品，大部分是滿足這兩個帝國的內部需要，包括它們的殖民地，其餘的則轉銷到俄國和德意志地區；北美的則轉銷給印地安人。

此外，西印度群島的蔗糖墾殖業更帶動了周邊的經濟活動，特別是種植甘蔗所需的奴隸；歐洲殖民國家從奴隸貿易中更是獲利無數。奴隸價格也因為美洲的種植業需求而漲了三、四倍。這些龐大的奴隸隊伍又提供歐洲國家廉價製成品，如成衣和日用品的廣大市場與商機。無怪乎，英國在西印度群島從事蔗糖墾殖業的移民人數雖少，卻是倫敦國會和政治圈中最有力的利益團體，他們不僅聲音大、勢力大，也是力主不惜任何代價都要捍衛殖民帝國與殖民利益的一群人。在他們強力的宣傳與鼓吹下，不少英國人民開始認為西印度群島的殖民價值遠勝過北美洲，一些民眾甚至認為英國寧可犧牲北美殖民地也必須保住西印度群島。

譬如，七年戰爭（1756～1763 年）期間，英法兩國的戰場更是由歐洲延伸到非、亞、美三洲。英軍攻擊法國在非洲的殖民地，目的是阻擾當地的奴隸運往美洲，以協助法國種植蔗糖。在強勢的海軍運作下，英國得以封鎖法國前往加拿大的海上補給線，致使法人的移民社區陷入物資窘困，因而無法抵擋英人的進攻。最後，英國成功的拿下法國從密西西比河到俄亥俄河谷的大片殖民地，並拿下聖多明哥以外的中美洲蔗糖產區。

在 1763 年簽訂的《巴黎和約》中，法國為了取回中美洲的蔗糖小島，只得讓出所有的加拿大領土及在印度的大部分據點，英國因此一躍成為最大的殖民帝國。

既然糖是一筆好生意，為何英國會同意放棄加勒比海的法國殖民地呢？在七年戰爭期間，英軍也曾佔領中美洲的蔗糖小島聖多明哥，並由英商接

手經營，但英商發現生產過多的糖，會使英國的糖市場價格下降，利潤不如預期。因此英商遊說政府將聖多明哥歸還法國，並禁止英人與北美殖民地的人購買聖多明哥的糖。

於是在英商的遊說下，英政府同意將聖多明哥換回加拿大，這項決定引起北美殖民地的譁然。因為對北美殖民地而言，聖多明哥遠比加拿大更具經濟價值，除了關鍵的糖外，西印度的奴隸日常所吃的醃魚、馬鈴薯、糧食，所用的牲口、木材都是從北美殖民地進口，可見北美殖民地與殖民母國英國間的利益多有衝突。

總而言之，在英法殖民競爭中，這批奴隸販子、蔗糖墾殖業者以及從事遠洋貿易的商人，就成為英國境內的好戰分子。

最後，糖與奴隸貿易所帶來的財富，加強了法國、英國文化的發展。例如，法國的波爾多省 (Bordeaux) 因再出口糖與奴隸，而有錢蓋最大的歌劇院，內有大廳、樓梯間。波爾多人藉此歌劇院不僅讓人可以聆聽優美的歌劇，更在炫耀他們的財富。另如英國的利物浦 (Liverpool) 與布利斯托 (Bristol) 的繁盛也是建立在奴隸貿易的豐厚利潤上。

儘管殖民經濟為歐洲帶來繁榮，但是歐洲的貿易仍以內需為主，即以內陸貿易為主。譬如荷蘭的波羅的海與大西洋的貿易線，仍然十分活躍。東歐、波羅的海的農產品中，約有 80% 由荷蘭的船隻運出去，當地的裸麥主要是運往南歐，而非殖民地。在商業革命期間，荷蘭是一個最佳的資本主義案例，荷蘭的農民為了要多生產而發展出多輪耕。他們根據地質、氣候而生產不同的經濟作物。荷蘭農民還發展出經濟的畜產，如乳酪。荷蘭的漁民還將捕來的魚如鯡魚、鱈魚等，加以醃製；醃製所需的鹽則來自葡萄牙。這些魚製品是用來提供天主教教徒食用，因為他們每週五都必須吃魚。此外，荷蘭漁民捕獲的鯨魚，牠的脂肪還可以作為燈油與肥皂。荷蘭的商人還大作香料、絲、水果和酒的貿易。

在商業革命的經濟競爭中，不是所有的國家都成功，荷蘭與法國就是

明顯的案例。法國的商業體系雖有早期的柯柏爾與重商主義的成功,但還是敗陣下來。主要源於法國的商業體系不夠彈性,過度依賴殖民地;殖民地的經濟幾乎佔了法國貿易的三分之一,多屬再出口貿易。

法國的海權又不敵英國,以致喪失海上貿易的特權:法國的遠洋貿易多為英國所奪。法國的殖民地因為缺乏新血的加入而日貧,加上奴隸價格上揚,導致法國的殖民事業無利可圖。此外,法國的海外貿易還遭遇人民的不配合,1630年代以後,法國貴族積極參與貿易事業,但是一般百姓仍以土地利益為主,此與英國相反。在英國,貴族仍以土地利益為主,但人民卻以經商者為多。法國的首都巴黎,也沒有發揮組織、調度、動員全國資金、技術與勞力的功能。相對的,英國的倫敦不僅為全國的貿易港口,也是全國的財務中心。

㈡經商與生產方式的改變

在十六、十七世紀以前,城市及其周圍的地區合成一個經濟單位;城市裡居住的是工匠與商人,城外則是農民。城市裡的工匠各有所屬的行會,行會不只控制品質,還控制物價。當時的工廠廠主多為工匠師傅,他們不僅提供工作場地、生產工具、還負責原料的取得;他們所生產的多是供應當地之所需,或是訂單上要求的貨品,賺的錢不多、風險不大,但也欠缺創意與進步。

然而隨著市場、遠洋貿易的發展,這種中古型的生產方式已不敷所需。首先,貨品的量化與多元化下要求的是生產地的多元化與分工化。其次,遠距離外的市場與顧客的需求也不是傳統的工匠所能理解的,必須要有專門的知識。第三,大量的生產需要大筆的資金與人手,這也不是傳統的工匠師傅所能應付的。於是乃有新興的專業人士出現,稱之為「企業家」,又分為兩種,一是工業型的,另一則是金融型的。他們所採用的資金、生產、分配分工的生產方式,後來尚應用到其他產業部門,如絲織業、礦業等,

現代的資本主義型態於焉產生。不論是哪一類型，新興企業家或資本家的活動範圍往往不限於一個城鎮，而是全國性的，於是透過他們的活動而將全國各地連結成為一個經濟體，從前以城鎮或城邦為經濟單位的時代就一去不返了。

㈢資本與勞力的分離

新型的生產方式也改變了雇主與勞工的關係，進而引起社會關係的變動。在此之前，雇主（通常為工匠師傅）與勞工（即徒弟）彼此相知，現在卻是互為陌路人。就勞工方面而言，他們以勞力換取工資，只要作老闆交代的工作就好，對其他方面無需太多的知識。以紡織業而言，紡紗的工人並不需要知道如何取得棉紗，也無須知道如何染色、製成衣服，這是因為每一個部門都有不同的工人在負責。此外，無論是靠農業或手工業勞力賺錢的雇工，有工作的時候才需要他們的勞力，沒有工作時，他們不是失業，就是必須找塊地來耕種，因此生活很沒有保障。

另一邊則是出資金的資本家。他們必須對於國內外市場的需求，有相當程度的瞭解與評估，然後下訂單購買所需的原料，規劃勞力配置，並提供勞工適當的工具與設備，對於各個部門與生產地區間，還得負責協調與管理的工作。從前的工匠師傅現在則淪為資本家的經理，也是靠薪水過日子，他們的地位僅比出勞力的雇工高一級、薪水也多一些。總之，在新興的資本主義社會中，我們可以看到知道如何賣東西、如何開發市場的人，比知道如何製作或生產東西的人要地位高的多。

這批有錢的資本家或企業家，由於介於昔日貴族與農民之間，遂被稱為中間階級、中產階級或資產階級。我們現在所謂的資產階級"bourgeoisie"，本來是指居住於有特許狀的城市居民，他們享有某些自由，但是介於貴族與農民之間，因此後來引申為中間或中產階級。至於新興的勞工階級則仍歸屬於下層社會，或自成一「無產階級」，亦即家無恆產者。

　　從資金與勞力的分離，我們已經看到十七世紀資本主義的興起。當時，甚至還可以看到現在流行的量產現象。當然這還是得拜戰爭之所賜，戰爭不僅刺激金融業與紡織業的興起，軍隊所需的武器、軍營與軍事防禦設施等，由於需求量過於龐大而且急切，這就刺激資本家想出一套自動化的生產方式，雖然當時沒有機器，但是在周詳與細緻的分工下，也可以使勞工發揮類似機器的功能，同時在資本家的分工設計下，歐洲也逐漸發展出區域性分工的經濟型態。因此，有人一再強調十七世紀的戰爭與資本主義間的密切關係。

㈣重商主義

1. 興　起

　　商業革命除了造就強調個人利益的資本主義外，也產生另類的利潤觀，那就是強調集體或群體的重商主義[14]。

　　流行於十六世紀中葉到十七世紀末歐洲的重商主義，採取這項政策的經濟官僚認定「全球的財富與貨幣是固定不變的，因此一個國家的財富增加就意味另一國家的損失或犧牲」。

　　當一個國家擁有的重金屬貨幣愈多，表示該國愈有錢。為了要獲得更多的金銀，就必需努力發展製造業，以便讓出口多於進口，或是直接搶奪他國的財富。

　　最重要的是重商主義者強調國家經濟的重要性，主張以國家的力量介

---

14 根據重商主義的基本主張，為了加強群體的利潤與繁榮，國家就必須以其強大的政治權威涉入經濟事務。這種將個人利潤或福祉提升到群體層次，其實並不始於近代，早在中古的時候，不少城市或社群就強調成員間的共同利益與福祉。只是到了近代早期，正逢主權國家與王朝國家的興起，於是當時的君主與有識之士就將中古時代的地方與城市層級提升到國家的層級，強調國家的集體利益以及政府的權力與干涉。

入經濟事務以增加國家財富，「利潤與權力相結合」就成了重商主義的一大特徵。國家在制定任何財經政策，或與財經相關的殖民等政策時，都是將「權力與利潤」合併一起考量。基本上，這項特徵在西方史中亦不陌生，中古即有之。從這個角度而言，重商主義時代的國家只是將中古時代的地方經濟功能與權力收歸國有，例如中古領主可以設立關卡以開徵關稅；行會可以固定薪資、物價與工作條件等。近代的國家只是將這些地方經濟行為提升到國家的層級，也就是說當近代早期的國家開始厲行中央集權，立意政治統一國家的時候，同時也希望經濟統一國家。一如中古的地方與地方，常會為了經濟競爭而衝突，近代的重商主義國家在制定國家利潤的政策時，也會面臨到國家利益與人民利益的衝突，以及國與國間利益衝突的問題。

在重商主義所主張的「國家」單位中，不只包括各國在歐洲的本土部分，還包括遠在海外的殖民地，因為歐洲國家認為殖民地的存在目的就是為母國提供服務。事實上，這時正值歐洲各國建立版圖疆界的時候，因此往往會發生領土的爭奪戰，每個國家都希望能控制最大的版圖，當然包括海外的殖民地。於是，戰爭期間「不受制於人」就成為各國必須遵守的不二法則。在此一考量下，各國政府希望盡量將自己的國家建立成自給自足的經濟單位，其次則是擴張經濟以累積國家財富，因此他們希望能盡量擴張版圖，為自己開拓市場與貿易，以賺取更多的國家財富。當然這些都是在犧牲旁人或別國的利益下達成的。總而言之，重商主義盛行的十七世紀，經濟競爭使既有的宗教與王朝的競爭更加惡化與複雜。

2.基本原則

(1)自給自足 (autarky)

國家不僅是一個政治單位，也是一個自給自足的經濟單位。因此一個國家必須生產自己所需要的一切物資，以至於戰時當國際貿易遭到中斷時國家仍能生存。同時為了維持「自給自足」的目的，自產自銷也是重要的

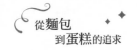

一項原則，意即國家、人民之所需都無須仰賴外貨進口，一方面也可以減少財富的流出。為了達到「自產自銷」，政府乃採取不鼓勵多消費的政策，特別是對於下層的勞工等人民。為達此一目的，許多國家都默許企業家的低薪與壓榨勞工的行為，認為只要讓勞工能維持生計即可，如果工資太高，反而助長了他們的消費行為，如此可能會導致國貨不敷供應，而必須靠進口外貨補充。

(2)金銀通貨主義

這項主張源於歐洲中古的貨幣政策以及貨幣的寶貴。在中古時代，所有政府的支出都是使用金銀貨幣；政府將金銀貨幣藏在大型的保險櫃，要用的時候再拿出來。等到近代，雖然政府也開始採用信用、股票等非金銀的貨幣，但仍以金銀貨幣為主。因此，金銀貨幣對於歐洲各國的國家財政都很重要，每個國家都致力收藏金銀貨幣，同時禁止輸出。

金銀錢幣對於外貿亦很重要。在當時外貿的交易單位就是金銀錢幣，沒有足夠金銀錢幣的國家就無法發展外貿；金銀錢幣約相當於十九世紀的金本位制，因此為了發展外貿，重商主義時代的歐洲國家也有必要多儲存與多進口金銀錢幣，一如十九世紀的歐洲國家努力的賺取外匯與黃金一般。

然而，由於歐洲大陸金銀產量極少，於是政府所需的金銀貴重金屬只能靠外來，特別是美洲等殖民地，因此海外貿易、海洋權力、殖民控制與殖民競爭就變得非常重要了。特別是荷蘭、英國與法國的海外殖民地也不太出產金銀金屬，因此只能靠貿易取得。由於貿易與金銀貴重金屬關係密切，因此商人在政策制定過程發揮了相當的影響力，貿易的理論以及商業的體系就流進了財政政策，即貿易平衡的觀念，這也是「重商主義」名稱的由來。

(3)刺激生產、鼓勵貿易

刺激生產，不僅為了達到自給自足的目的，也在增加貿易、賺取財富。生產與貿易不僅可以增加財富，還可以刺激貨幣的流通，貨幣的流通轉而

又刺激貿易的繁盛。更重要的，透過貨幣與商品的交流，國家還可以加強與友邦的政治關係。

為了鼓勵生產，政府要求所有健全的人都應該加入生產行列。所有在街上遊蕩的窮人、懶人、遊民、乞丐等都應該送進工廠工作，對於不想工作的人，政府有權強制他們進工廠工作，對於想做卻沒工作的人，政府亦有權強迫企業家、工廠主人接受他們、給他們一份工作。俄國政府更是將大批的農奴轉入工廠工作以解決勞工荒，這就造成了俄國的「工奴」。至於有病在身的病人或窮人，政府則應盡照顧之責，以減少國家財富或社會資源的浪費或耗盡。當然，一個國家窮人、懶人、病人、遊民、乞丐的多寡也被視為國家財富計算的負分，因此政府有責任盡量予以減少之。

為了要鼓勵生產，政府也開始注意到刺激勞工生產意願的政策，那就是營建一個比較安全穩定的工作環境，於是不少政府開始頒布限制工時、規範工作環境的法令。這樣就開始了近代國家的社會福利政策先河。同樣的，政府也規定多項生產的正確流程、品質、規格與價格以及專業訓練的年限和資格等相關的法令，用以維持品質與市場秩序。就這樣的昔日行會的功能現在全由政府接收與負責了。

此外，為了增加本國的競爭力，各國政府也陸續推出一些有利本國產業發展的措施，例如限制特殊技術的工人出國、對於洩漏商業機密者予以嚴懲、對於進口貨採取高關稅措施，並取消國內關卡，對於一些大公司更給予獨佔性的特許狀。

⑷貿易平衡

所謂「貿易平衡」[15]，就好像一位商人努力的使他的收入超過支出，

---

15 「貿易平衡」觀念早在重商主義盛行前即有，十四世紀的「禁奢令」就是一例。當時的商業繁榮表現在衣服的華麗上，許多賺了錢的商人都穿著華麗，他們也盡情的打扮家人，以致原本屬於貴族的穿著服飾，現在都到了平民身上。由於大多數的華服都是進口的，無論材料、布料也都是進口的，讓剛剛興起的國家組織擔

國家也應該如此,一個國家賣給外國人的應該超過他向國外買進來的東西,特別是金銀貴重金屬。在買進賣出方面,重商主義者主張盡量賣出(出口)製成品,而不是糧食等食物。這是由於為了預防天災,以及供應人民糧食等食物的需要,因此國家應該禁止賣出糧食。

由於重商主義非常擔憂國家財富會隨著進口貿易而流出,因此在製造業方面,政府鼓勵多生產商品以供出口賺取利潤,至少也要能達到自給自足,無須靠進口滿足國內需要,這是因為進口就可能導致貨幣或利潤流失。為了鼓勵生產,政府乃採取一連串的措施,從保護到津貼、獎勵等政策都有。禁止外國產品入侵以及提高關稅,為的就是保護國內產業,當然關稅也是政府的一大收入。至於本國的產業,則提供獨佔權、津貼等優惠以鼓勵生產與出口,至於本國所缺的原料則開放進口,有時還可以免稅進口。同時,政府還相繼通過「禁奢法案」以限制國民消費外國貨,並鼓勵愛用國貨。

為了保障海外貿易活動和商船、商人與貨品的安全(特別是金銀貴重金屬),各國相繼成立海軍,不少的海軍軍艦採軍民兩用的設計,平時提供人貨的運輸與服務功能,戰時則立即恢復軍艦功能。國家也訂立「航海法」,禁止或限制外國船隻運送進出本國的商品,保障本國海洋運輸業的優勢。同時為了讓殖民地生產的貨物由殖民母國獨佔,殖民地的產物(如糖、菸草等)、礦產,只能運銷母國,再由母國轉銷他國以賺取「母國財富」,不能任意運輸,避免被別的國家從中獲得利潤。為了發展海洋業,政府甚至連周邊的事業一併鼓勵,如漁業(訓練漁夫以應水手之需)、造船業等等。

各國對於海洋貿易的重視,加速國際貿易的繁盛。根據法國路易十四的財政首相柯柏爾的估計:「所有歐洲的貨品需要 20,000 艘船來載運,其

憂國家的財富流到別國去了,於是各國政府為了展現政府有權力控制人民的身體與服飾,以及阻止財富外流,遂紛紛頒布「禁奢令」。

中四分之三屬於荷蘭。……法國如果想要增加或分享海洋利潤的話，就必須靠減少荷蘭的那一份以增加自己的一份。」這個觀念完全反映重商主義的特點。

在重商主義下，由於政府的捲入，商業的繁榮與否被視為與國家的榮耀、主權攸關。於是，各國政府無不盡力偏袒自己的貿易公司、強調商業競爭即國家競爭，最後演變成零和競賽，商業競爭往往導致國與國間的戰爭，十七、十八世紀的商業戰爭就是如此產生的，法王路易十四更是其中的佼佼者，在他臨死前，路易十四終於承認所有的戰爭均肇因於他太熱愛法國的榮耀了。我們知道十七、十八世紀也是海盜流行的世紀，事實上這些海盜也都是在政府的資助或默許下進行的，為的是搶奪他國的財富，許多國家如英、法等，是以戰略或國防的眼光來看待商業競爭的。

3.政府之社會與教育功能的擴大

我們前面已經看到：各國政府為了擴大勞工隊伍，而採取立法的方式強迫一些民眾加入勞工階級。除了這種立法外，許多國家也開始了救濟立法，說是救濟，也就是由政府出面協助需要救濟的人尋找勞工機會。其次政府現在為了鼓勵商業，也開始介入社會階級的流程中，譬如政府將許多有功、有錢的商人分封為貴族，從此貴族不再專視血統而定，還必須視財力、君主的喜好而定。

在教育方面，政府干預的動機仍與發展商業有關。我們知道商業需要特殊、專門的知識，而且不限於一種知識，必須是多種知識的綜合。因此為了要培植商業長才、手工業的專門設計與技術人才，各國政府陸續設立各型、各級的學校，如普通高中、專科學院或大學等。當時有專門訓練記帳、管理檔案、書記等職業學校的出現。許多慈善機構也加入了教育的行列，為的是教育貧民，使其獲得一技之長。各型教育的蓬勃發展，終於導致下一個世紀的啟蒙運動，出現了許多的思想家，而啟蒙運動之強調教育，也是繼承十七世紀的教育傳統。

　　因此，每一個世紀都為下一世紀的亮麗成果種下了因，都不容忽略，而任何一種革命事實上也是長久歷史發展的結果。即是是十六、十七、十八世紀的連綿戰爭，其影響力也不容小覷。除了我們前面提過的宗教寬容、資本主義外，即使對於國際秩序的建立，也功不可沒。當大家都打累了，不想再打時，就會開始思索建立國際秩序、維持國際和平的方式。當時所想到的策略，就是維持各強國間的勢力均衡，不要讓某一國的實力太強，如果真的有一國的實力太強時，其他國家就聯合起來反對該國，使其知難而退。對於國際糾紛，也採取各國協商的方式解決，而不是以暴止暴的方式。這種國際協商的集體安全制，到了二十世紀後更進一步演變為國際聯盟、聯合國的組織。當然，在均勢外交與集體安全制下，要想再統一歐洲，或是建立歐洲帝國的理想，就難上加難了。我們以後會看到拿破崙如何希望統一歐洲，卻遭到失敗的命運，就是源於此，因為一有這種意圖出現時，其他國家立刻結盟反對一強獨大的統一夢想。

商業革命前後的比較

一、成　員

　　從事商業的人員數目快速膨脹、社會背景也開始多元化，導致商業性質之改變（量化導致質化）。早期商人多為行走商人、小販等，或是走遠程貿易的大商人，顯示商人隊伍兩極化，分為大商人與小商人。而我們一般稱之為 "merchants" 其實是指資本雄厚的大商人，他們採多元經營，除了與商業相關的事務如金融、借貸、買賣等，尚兼營製造業、農業，如礦業、採礦業、手工業、土地買賣、經營土地生產等。大商人幾乎是全方位的經營，目的在追求利潤，凡是有利可圖的行業都經營。

　　大商人之所以採取全方位經營的策略，其實與當時的時代背景有密切關係。當時商業顧客與市場有限，若光從商業部門累積資本、追求利潤，無法成其大。在自給自足的經濟體系下，商人無用武的空間，只能往上經營，服務頂級的顧客，即上層市場。因此，大商人經營的多為奢侈品。這種商業所需資本過於龐大，顧客也極為有限，因此必須從其他經濟部門賺取利潤、資本，以供應商業所需之資本，並賺取盈餘。此外就是借插手製造業、礦業、農業等經濟領域以確保貨源、開拓市場。

　　但是十七世紀商業革命的商人隊伍，比起以往人數大為增加，特別是中間商人人數大幅增加，終使商人之結構益形完整。此時加入商業之人員

圖 22　在港口交易的商人們
　　　　（十七世紀）

包羅萬象，各階層、族群之人都有，除原本之行走商外，尚有農民、士兵、盜匪、工匠，更有菁英階層中的知識分子、教士（如耶穌會修士、其他修士與修道院人士）、貴族、官員等。貴族、官員之加入，多為投資、提供資本與新興商業知識。大部分的貴族與官員因礙於規定而無法直接加入，或是親身公開參與商業活動，而是私底下或是以委託方式為之。菁英階級的大批投入，不僅擴充商業所需的資本、資金、技術、知識外，尚有助提升商業的社會觀感與地位，致使商業組織、運作更形成熟。商業從業人員的增加與多樣化，不僅有助商業活動之活絡與頻繁，更有助市場的擴張。

　　而盜匪、農民、士兵等底層人士的商人隊伍多從事走私（黑市經濟），滿足中下階層人士之所需，因為當時商業市場（正式的市場）尚無法擴及

歐洲各角落、各階層，只好靠走私活動來填補。此外政府稅過高、關稅過多，致使一般民眾買不起正品（或白貨），只好購買黑貨，遂給予走私發展的空間。不過走私活動使市場因而擴張，一些不在市場體制內、不知市場的偏遠地區或邊緣族群，均因走私而捲入市場。原本區隔、地域分隔的市場，有賴走私將點狀的市場分布連結成面狀、整體的市場。此外，當政府為了打擊走私，只好降低關稅或貨物稅等，有助稅制走向健全。

二、商業技術與知識進步

最有利商業革命的技術與知識發展為分攤風險與利潤的保險知識。一旦可以確保投資人的利益，就能吸引更多人投入資金。

中古以來，會計與簿記技術就不斷的進步。前面我們已經提到記帳用的貨幣單位與實際市場買賣的貨幣單位不同，實際的貨幣單位更為複雜，波動亦大，更沒有標準化、市場規則可言。但近代商業革命使簿記的貨幣單位固定、標準化，各地區以相同的記帳貨幣單位記帳，有利商業進行，不會受阻於地域或貨幣成色的限制，也更能掌握資金的流向與進展。

Chapter 10
工業革命

～～～～∞～～～～

一、工業革命之意涵與內容

工業革命源於十八世紀下半葉，歐洲地區生產工具與生產方式的改變，如利用天然能源來推動機器生產貨品。這種新興的經濟型態進一步引發人類生活、行為、思想與文化的全面改變，像是我們現在以工作表現為價值取向的道德觀，就是工業化的產物，同時我們也不再認為貧窮是時運不濟、上帝發怒的結果，或者應該由富人負責的罪過，而變成一種自找、自行負責的道德問題。

工業革命雖說是「革命」，但仍是逐漸發展演變出來的，以致我們很難找到啟動工業革命的那一個定點。當我們意識到或看到一些明顯的改變，而稱之為「工業革命」時，這種改變事實上已經悄悄的進行很久了。其次，工業革命並未讓人類的期望完全實現。最明顯的例子就是機器仍無法完全取代人力，以致工業革命後仍然是人與機器一起工作，或是有些生產的流程以機器生產為主，有些則是仍保留給傳統的工匠。此外工業革命雖然帶來了量產，但是並未提高經濟成長率與利潤，至少在發生工業革命的那幾年之中。這是因為工業化多需要密集的資本與投資，除了機器所費不貲，還必須花費在廠房與勞工的薪資上。就經濟成長率而言，現代的史家在重新檢討號稱「工業革命之母」的英國經濟成長率後，發現機器的量產與大

量勞力的投入並未造就高成長率。在工業革命的那幾年,英國不過維持 2%
的成長率,其他歐陸使用較多傳統生產方式的國家如法國、瑞典、瑞士等
國,其成長率反高於英國。

綜而言之,工業革命其實是一個非常複雜的現象,而且它所帶來的結
果也不比預期的高,甚至不比傳統的要高明多少。其次,工業革命雖然花
費了許多歲月方才實現人類的夢想,但是並沒有立即改變人類生活的面貌,
舊的東西以及舊的傳統仍然保留很長一段期間,方才逐漸淡出歷史舞臺。

既然工業革命意味生產工具與生產方式的改變,就宜先行探討這兩方
面的改變以及所造成的影響。

㈠生產工具的改變

工業化就是大規模的生產,包括生產流程所需要的資金、人員(如勞
工)、原料、機械與場地等,均以量取勝,再加上一些精密科技的輔佐,終
於達到工業化所要求的機械化與量化的境界。其實早在工業革命之前,類
似的狀況已在家庭作坊出現,只是規模沒有工業化後來得壯觀與普遍。這
種機械化與量化的情形,十八世紀下半葉時在英國、法國、荷蘭、波希米
亞(捷克地區)等地出現,到了十九世紀上半葉更為明顯普遍。

首先,過去單打獨鬥型的工作方式,轉而成為一群人聚在一起工作,
在共同工作人數愈來愈多的情況下,組織與分工的情形因而出現,形成工
廠制度。其次,以前必須用獸力、風力、水力才能動的工具,現在變成用
蒸氣來發動的機械工具,既省力又快捷,使得生產量大增。

㈡生產方式的改良

工業革命講求量化,但並未放棄「質的追求」,足見量與質應該是並行
且互相配合的。

在工業化的工廠制度中,勞工雖然集體工作,原料、工具(機器)也

由製造商人或企業家、工廠主人供應。但是為了控制品管與生產速度和產量，這些工具和勞工都做了精細、專業的規劃，包括機器動線的設計，以及勞工的組織與工作流程[1]。在此規劃下，勞工喪失了自由，反而必需嚴格遵守工廠的紀律與規範，以免破壞機器與工廠的運作。工廠制度強調的生產動線與勞工管理，就是工業化生產方式的改變，意即經營管理的改變。

這顯示要達到工業化的量產目的，光靠生產工具的改變仍是不夠的，尚須配之以經營、管理、生產流程的重組與改良。事實上，我們發現許多歐陸的國家並不是靠機械化的工具或工廠而達到工業化的目的，反是比較依賴人力與機械的搭配，達到製造業量與質的突破發展，那就是所謂的管理的巧思。這也顯示工業化的過程是非常複雜的，而且不是單一路線的，不同的國家可能各自發展出一套適應本土情形的工業化過程。

舉個例子來說，法國的紡織業素以設計與印染的彩繪著稱，當機器生產引進紡織業時，這兩部分還是必須靠獨具匠心的傳統工匠來完成，因此為了配合紡織半成品的量產，法國行會乃積極訓練更多的工匠與設計人才，並加緊專業分工與品管，企圖維持高階精品的形象，法國的紡織業就是靠這兩部分與英國競爭。儘管英國的紡織業機器化的程度較高、產量也較多，但利潤就是不及法國半機械化的紡織業。這是因為英國必須花大筆的成本在機器、工廠、勞工的投資上，而量產的品質也僅達普及化的程度而已，因此僅能奪得平價市場的天下，利潤不高。

但法國就不一樣了，他們投資在機器、廠房與勞力的成本沒那麼高，

---

1 以勞力的密集和量化為例，在美洲大部分地區，也出現大批勞工集體工作生產的情形，並使用機器，但卻不算工業化的生產方式，因為這些勞工缺乏分工與組織的現象，勞工沒有紀律的概念，工廠也沒有紀律的存在，只能算是一群非洲黑奴集體工作。昔日工匠或家庭手工業的工作坊中雖然有簡單的機器與勞工一起工作，但也不算是工業化的生產方式，因為他們的機器放置缺乏理性與高效率的動線設計，勞工的紀律與組織也不夠嚴謹。

但精美的設計與彩繪，卻使法國品牌獨佔高利潤的精品與奢侈品市場。

　　一般而言，歐陸比較重傳統，在傳統與保守的勢力下，多數的人民抗拒工業化的機器或工廠制度。有的地區如比利時、奧地利等國則因缺乏煤鐵等工業原料，而無法大規模的工業化，因此只好改變策略，利用人的智慧來補機器之短，即在管理、經營與品管上多所努力，以減少浪費、節省原料與人力、縮短生產流程、分工管理以收勞力自動化的功效，經過這些努力後，這些國家也能出現「量產」的趨勢，甚至個人的單位生產量亦有明顯提升的趨勢，且品質亦不比英國的機器產品差，終於達到「工業革命」的要求與境界。

㈢經濟與社會生活方式的改變

　　工業革命不僅意味生產工具與方式的改變，也是人類經濟與社會生活的改變。在工業革命發生前的幾千年間，人類一直是靠天與地吃飯，所有的經濟行為與生活都離不開天與地。所有住的、用的、穿的，都是取之於大自然、成之於巧手，最多再加上牲畜、一點水力、風力的幫忙。由於人手有限、能力有限，產出也有限。

　　然而工業革命卻改變了這種生產與生活的型態，例如以前人類用力的方向多半以「上下、上下」或是「左右、左右」的推拉方式使力，中間難免有停頓或疙疙瘩瘩，浪費力氣，也浪費材料。進入工業革命後，機械動力具有循環性，可以一氣呵成，這樣不僅省時、省力、還可以節省資源、減少浪費。其次，工業革命所產生的工廠制度不僅改變生產的方式，更改變人類行之已久的工作方式，例如過去人類看日升日落工作，現在則是看著鐘錶工作，時間未到時不能任意離開工作崗位，再加上由於勞工在工廠工作，領的是工廠主人的薪資，儘管勞工不需看天吃飯，但得看出資的工廠主人或資本家的臉色。

　　更重要的是自從有了機器與工廠後，人類就可以將原料出產地與貨品

的製造地分開處理。於是，以前必須遷就原料產地和能源來源（如水力），現在不僅擺脫了大自然的設限，還首度掌握空間配置的主動權，可以自行規劃工廠的地點，不受限於自然環境，人類的空間概念也開始有了轉變。

工業革命也改變了人類財富的分配。這是由於機械遠比人力要貴得多，不是一般人所能負擔的，它需要密集的資本、知識（包括管理與產銷知識）與空間，於是能投資於機械的必得是有頭腦的金主，非一般尋常人家的夢想。而且一旦擁有機器，就等於擁有一顆金雞蛋，從前財富分配的方式也就跟著改變了。從前「有土斯有財、有民斯有權」，現在則是知識、機器、金錢成為社會、政治地位的後盾。不僅擁有機械的人（資本家）被視為有錢、有地位的人物，能操縱機器的人，也沾了光而被視為高人一等，於是許多以前靠土地吃飯的人，紛紛往有機器的地方集中，當然其中有不少人是被迫更換跑道。總而言之，機器改變了歷史，改變了人類的生活形態。

二、工業革命的條件

㈠市場需求

工業革命的量產必須配之以量銷，因此需要一個廣大的市場。幸好自十五、十六世紀以來，歐洲透過殖民美洲建立了一個環繞地球的世界市場，這個市場具有龐大的需求 [2]，刺激歐洲國家以機器達到量產。

例如早期的歐洲人靠奴隸買賣致富與累積發展商業和工業所需的資本。接著歐洲的商人、銀行家又靠進口的咖啡、可可、香料、菸草、茶、瓷器、絲、糖等賺取大筆的利潤，致使他們有錢可以購買土地、蓋建廠房、架設機器與雇用勞工。又如當歐洲資本家將墾殖的農業移往美洲後，那邊

---

2 當然殖民地對於歐洲工業革命的貢獻不僅是提供市場而已，以殖民地作為據點和中國、印度等地區貿易，為歐洲資本累積大筆資金，使歐洲人有轉型為工業家的可能性。

的耕種人口所需的衣服等日用品就必須靠歐洲生產提供。由於需求量非常龐大，歐洲只好採取機器生產大量的廉價品供應美洲市場之所需。因此，當時英國採用機器生產並不是為了提升產品的品質，而是基於增加產品數量的考量，這也是為什麼英國的工業革命會首先發生在製造成衣的棉紡織部門。事實上，英國自十六、十七世紀歐洲宗教戰爭以來就成為歐陸廉價紡織品的大供應商，因而累積許多製造平價紡織品的經驗，也累積不少大量生產的經驗，故工業革命首先發生在英國一點也不稀奇。

㈡人口增加

工業革命的第二項條件就是要人多，以提供勞力與市場的來源。歐洲在十六、十七世紀時曾經經歷過一次人口革命，也就是人口爆炸的階段，然後到了十七世紀中葉以後，在人們有意識的控制下，人口成長逐漸趨緩。但是到了十八世紀下半葉後，在科技發展與殖民地的擴張下，人們開始產生自信心，相信人定勝天，一定可以養活眾多的人口，於是儘管有馬爾薩斯（Thomas Robert Malthus，1766～1834 年）《人口論》（*An Essay on the Principle of Population*，1798 年）的警告[3]，但節育的觀念仍不盛行，人口又開始直線上升。

1750～1850 年間（即工業革命的期間），歐洲人口幾乎增加了一倍，有的地方甚至增加了 3 倍，從 1 億 4,600 萬增加到 2 億 8,800 萬人，年成長

---

3 根據馬爾薩斯的《人口論》，人口增長的速度一定快於糧食成長的速度，而且其間的差距會愈來愈大，因為人口是依幾何級數 (geometric) 上升，而糧食是依等差級數 (arithmetic) 上升。譬如說：每 25 年人口就增加一倍，而糧食僅增加了一點。若以數學算式表示：第一年之糧食與人口若為 2，則經每 25 年的增長後為 4、8、16、32……；而糧食的增加結果則為 3、4、5、6 等。不過，馬爾薩斯一如許多理性主義者相信有個自然平衡律存在，例如當人口增加到糧食無法承擔時，自然就會有戰爭、飢餓等各式災害發生，以減少人口、維持人口與糧食間的供需平衡。

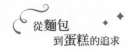

率約為 0.7%，比起 1600～1750 年間的 0.2% 年成長率，算是很可觀的。當然，每個地區或國家的成長情形不一樣，例如英國增加了一倍，而法國僅增加了三分之一；法國的人口成長率一直持平，但英國的成長率起伏就很大，1811～1821 年間成長率甚至高達 1.5%。到 1900 年時，歐洲人口已佔全球人口的 24%，到了 1914 年，歐洲人口則為 4 億 5,000 萬以上，尚不包括移民在外的歐洲人口，這都是十九世紀人口增長的成績。十九世紀時，不僅是歐洲人口急速增加，其他地區的人口也直線攀升，如中國增加了 40%，將近 4 億 7,500 萬人；日本增加 28%，約 4,500 萬人；印度更是增加 175%，約 3 億人左右。

造成人口膨脹的原因有很多，譬如結婚年齡提早而嬰兒的死亡率卻日益下降、平均壽命日長、沒有重大的疫疾發生等等。雖然十九世紀的政府受到馬爾薩斯學說的影響，一再鼓勵節育，並宣揚相關的知識，但整個十九世紀還是出現年輕人多、依賴與貧窮人口也多的局面。這種情形有好有壞：年輕人多，活力充沛、人手也多，因此整個十九世紀都顯得精力旺盛。相對的，依賴與貧窮人口的問題，就成為十九世紀晚期各國政府想盡辦法、動員各式資源，意欲解決的頭痛問題。

過去我們老認為工業革命所需的勞力，是農業革命後釋放出來的勞力，但現在的史家開始利用人口學重新檢討這個問題，發現農業革命一如工業革命，同樣需要人手，因此從農業釋出的勞力有限。幸好，十八、十九世紀的人口爆炸，不僅能滿足農業部門，還能支援工業部門所需之勞力。

許多史家將此時期能找到這麼多勞力投入工業歸功於馬鈴薯。馬鈴薯本生長於南美洲，十六世紀引進歐洲，擁有豐富的維他命、礦物質等各式營養成分。十七世紀時歐洲人認為是催情物，有傷風敗俗之嫌，多數國家乃禁止種植。然而到了十八世紀，歐洲人開始認為馬鈴薯是營養聖品，遂鼓勵大量種植，從愛爾蘭到俄國都以馬鈴薯為主食，愛爾蘭的農民甚至只種馬鈴薯，也只吃馬鈴薯。因為他們發現馬鈴薯非常容易種植，任何地方、

圖 23　普魯士腓特烈大帝鼓勵種植馬鈴薯　馬鈴薯耐寒、多產，能解決糧食不足問題，腓特烈大帝因而鼓勵種植，而有「馬鈴薯大帝」的稱號。

任何天氣都可以種，也不需要多費勞力去照顧它，還可以大量生產。一般來說，一英畝地所產的馬鈴薯，就夠四口之家吃一年，其餘的地還可以種植其他的經濟作物，而馬鈴薯削下來的皮還可以餵養牲畜。由於馬鈴薯不需要刻意照顧，許多人手、資金就可以騰出來從事家庭手工業，而家庭手工業則導致了工業革命。

　　有的史家認為馬鈴薯是造成十八、十九世紀人口快速成長的因素之一。因為在大量種植馬鈴薯之前，歐洲的農家子弟為了等分產而必須晚結婚(亦即等著接收父母遺留下來的土地好能立業成家)，現在由於馬鈴薯不需要很多的土地，而農家子弟又可以抽空賺錢（如從事家庭手工業），於是農家子弟開始早婚，早婚就意味早生子、多生子。

㈢勞工的素質

　　工業革命不僅需要大量的勞工，更需要素質優良的勞工，亦即工業化所講的勞力還包括識字率、技術、接受工廠紀律的意願，以及擺脫封建束

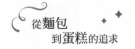
縛的意願等。十九世紀,工人的識字程度並不是很重要,因為機器並不複雜,操作亦不太難。就以教育程度、識字率最高的北歐斯堪的那維亞半島而言,當地就沒有發展出類似英國的工業革命,而其工業化的程度亦不高。不過大體上,發展出工業化的地區,識字率與文化水準都在平均之上。

勞工是否能接受工廠的紀律,也是工業化能否成功的一項重要因素。譬如法國某些地區的企業經理,當他們引進英國的機器、生產技術時,卻發現遭到當地工人的抵制。一方面是法國工人的優越感,他們一向看不起英國,因此不願採用英國的技術與機器;法國工人認為英國的焦炭技術不如法國的傳統技術,因此拒絕使用英國的技術與機器。

其次,每個地區的勞工技術亦各有所長,有所短,因此企業家必須適應地區的條件,以引進足以補充當地所短,而發揮當地所長的生產方式。例如,巴黎、蘇黎世等地的企業家逐漸發現,如果僅引進英國的紡紗或生鐵,再從事織布、鑄造等加工,所得的利潤反而更高。又如莫斯科的棉紡織業也是引進英國的紗,然後發包給鄉村的技術工人或廉價勞工來從事織布以後的製成步驟。不少地區都是採取這樣的策略,邊做邊學,從無到有,最後如莫斯科也發展出屬於自己的整套工業化製造流程,成為後起之秀。有的地區則繼續這種分工的情勢。

㈣貨幣經濟的暢通

發展工業化需要龐大的資金,其中包括購置廠房的資金以及支付勞工的薪資,這就涉及到貨幣的問題,因此貨幣流通就變成工業化的一項前提與必要條件。事實上,自四、五世紀羅馬衰亡後,中古歐洲經濟就陷入長期疲軟不振的困境中,其中一項的原因就是嚴重缺乏貨幣。造成歐洲貨幣匱乏的主因在於歐洲不產金銀貴重金屬,以致無法鑄造大量貨幣以供市場需求。

歷代歐洲各國的君主亦瞭解貨幣與商業、製造業的關係,無不努力鑄

造貨幣以刺激工商業。但在貴重金屬難以取得的狀況下，以及鑄幣知識和技術有限的狀況下，倍感艱辛。到了十四、十五世紀，葡萄牙從非洲、西班牙從美洲地區大量進口金銀礦後方才徹底解決貨幣問題。

　　無論如何，當歐洲市場的貨幣量激增後，商業即開始擴張，歐洲的資本亦得以快速的累積與膨脹。終於有足夠的貨幣與資金用以購買廠房、原料、機器，和聘雇勞工，最後導致工業革命的發展。

(五)企業經營與管理技術的改進

　　十八世紀下半葉，歐洲出現了一些特殊的人才，稱之為企業家，特別是在倫敦、阿姆斯特丹與安特衛普等幾個遠洋貿易盛行或靠殖民貿易起家的幾個港口都市。有些企業家在經營遠洋貿易或殖民經濟多年後累積了許多經營與管理的技術和知識，以致他們知道如何組織、管理大型投資事業。譬如這些企業家知道如何計算風險、分攤風險，並利用保險以降低風險；如何利用合股、發行股票、投機股票以籌措鉅額的資本；以及如何利用與確保信用，最後則是分攤利潤。這些企業家更是最早一批知道引用新的觀念與科技到投資上，進而確保豐厚的利潤。譬如，有些企業家利用各種知識分析各地市場的需求，進而去尋找適合的原料、機器與廉價的勞工，然後將散處四方的原料、機器與勞工組合起來，加以搭配與分工，等到成品完成後，他們再將製成品行銷到最佳利潤的市場。

　　早期的時候並沒有工廠，企業家將生產流程外包到鄉村，雇用農民代為生產。農村勞工或者自出工具，或者部分自出，部分由企業家供給。每個地方分到的生產流程也不一樣，有紡紗的、織布的，也有專門負責軟化布料或漂白布料；大部分的分工視當地的狀況，然後由企業家做最好的分工與安排。農民的製成品或半製成品都是按件計酬。這種家庭作坊的生產方式雖然可以大幅降低成本，還可以保護工業機密，但是仍有不少品管與浪費的情形，於是發展出工廠的生產方式，正式進入工業革命的階段。

㈥勤奮革命

最早提出 「勤奮革命」(industrious revolution) 理論的是日本學者速水融 (Hayami Akira，1929～2019 年)。他認為日本在德川幕府時代經歷過一場革命，只是這場革命與歐洲不同。在歐洲製造業的資本密集導致工業革命，但是在日本則是勞力密集使農業生產量大幅提升。速水融稱日本的這種靠勤奮的勞力密集達到生產量激增的現象為「勤奮革命」。一位美國經濟史學家偉瑞斯 (Jan de Vries) 發現歐洲在工業革命之前（1650～1850 年）也曾發生過「勤奮革命」，然後導致了工業革命。歐洲的勤奮革命原本是家庭為了求生活而採取努力工作的策略。後來則為了滿足消費需要而努力勤奮工作，轉而刺激工業發展，終導致工業革命的產生。

根據偉瑞斯的理論，歐洲在十七世紀發生了一場消費革命，尤其是歐洲西部和英國等地。當時的經濟目的在追求舒服與快樂，包括社會地位、名聲和舒適、 方便與快樂的生活 。 一些著名的啟蒙哲士如休姆 （David Hume，1711～1776 年）、孟德斯鳩（Baron Montesquieu，1689～1755 年）、亞當斯密都成為消費主義與消費經濟的代言人。這些學者肯定了從前被稱為「惡德」的貪婪、奢侈、浪費、妒忌、貪吃、虛榮等人性，認為他們會導致繁榮而不是脫序 。 除了這些人性外 ， 他們也認為自我利益 、 自愛 (*amour-propre*) 也會為社會帶來利益。休姆曾表示：「奢侈不會損害，反而會修養行為、改善知識和增加社交能力，因此工業、知識和人性是不可分割的鎖鍊。」

當時的家庭為了要購買糖、茶、咖啡、菸草、衣服、服飾配件、家具、畫作、鐘錶等等消費產品，於是大家努力工作，增加工作天數[4]。由於工

---

[4] 近代以來，由於宗教改革，取消許多宗教節慶休假，也使得每個人的休閒時間減少，工作時數開始增加，生產量也跟著增加。

資上漲空間不多，為了增加收入以購買消費品，家庭中的每一位成員都開始加入工作行列，並增加工作時數，減少休閒時間，以及採取到外面去賺取貨幣薪資的策略（因為消費品都是用貨幣交易）。例如，婦女、兒童到外面去幫忙縫製衣服的鈕釦、衣邊、繡花、撿棉絮等工作，男性則擔任清潔工、伐木工等。消費經濟改變家庭資源的重新配置，許多資源被移作消費用，賺取額外薪資的工作將大家拉向了市場，消費品的買賣更促進市場興起，從而導致供應鏈的活絡發展。為了生產消費品、滿足大眾需要，出現工廠（因為傳統的行會生產方式與家庭生產方式，都無法滿足如此龐大的需要），也促使工業革命的發生。

另一方面，當家庭成員不再像昔日一般一起工作（如農業社會），不同的工作導致家庭成員間開始出現異質性，意見與利益逐漸分歧。外出工作賺錢，經濟獨立，又讓家庭成員產生了獨立性，於是家庭組織逐漸解構。

三、農業經濟的變革

以上所敘述有關工業革命的內容與條件，事實上都是長期發展與累積的結果，並首先發生在農業部門，然後才援引到製造業的部門。因此，我們必須再來看看農業經濟的變革及其對工業革命的貢獻，這也是長期遭人忽略的一項議題。例如造成工業革命的研發精神、科技與管理技術的累積、資本的累積、勞力的供應、市場的擴張以及原料的供應，大部分都是先發生於農業部門，然後才轉進到工業部門。而且這兩個革命息息相關，相互依賴、相互支援，缺一不可。雖然農業革命發生的時間約與工業革命相當，大概都是 1750～1850 年或 1870 年間，不過農業革命前的準備期遠比工業革命要長，也就是農業革命需要累積較長的時間、較多的能量，方能爆發明顯的革命性突破。

㈠英　國

　　十五世紀中葉的歐洲，我們已經可以看到不少地區已經有農業擴張的
現象，至少許多在十四世紀遭到荒蕪的土地開始有了人煙，也開始有了蓬
勃的農業生產。在法蘭德斯甚至出現密集耕種的技術，還有排水系統的改
良，使得當地的牧草與牲畜大為增加，奠定該地成為羊毛的主要供應區。
在南邊的義大利也出現了不少的新作物，大部分是從亞洲引進的，例如波
河流域的米，後來又從美洲引進了馬鈴薯，但是兩個世紀後，馬鈴薯方成
為歐洲的主要作物。

　　十六世紀中葉，更多地區開始出現技術改良與生產力大增的情形，不
過仍以有效管理勞力、密集耕種為主。再過一個世紀，歐洲農業的進展就
更加明顯與普遍化了，技術的研發與市場的取向為當時主要的趨勢。在這
波農業改革中，英國雖不是先鋒部隊，卻成為最耀眼的明星，十七世紀時，
倫敦更成為穀物的主要出口港，許多歐洲的農業家都要到英國來取經、來
學習英國農夫如何耕種、養牧。在這過程中，我們看到了原始的科學精神，
包括實驗、觀察、記錄、再實驗等過程，並實現早期科學家的預言：「人類
是透過科學，而非習俗或常識來提升人類對於環境的控制。」

　　中古晚期的幾次大疫疾（如黑死病等）消耗了不少勞力，許多貴族為
加緊將農民束縛在土地上，乃實行圈地，霸佔一些公用土地與設施，迫使
農民因依賴地主而滯留於土地上。十六、十七世紀物價革命時，由於羊毛
市場價格良好，於是更多的地主圈地，將小佃農、小地主趕出莊園，好將
整片土地拿來牧羊，以致當時有「羊吃人」的諺語。這波圈地運動導致無
數農民流離失所，各處都發生農民暴動事件，因此支持伸張王權的主張出
現，企圖利用王權來節制貴族圈地的自肥行動。圈地法案後，許多小農或
受到擠壓，或因無法免費使用公共設施（如木材、水源等）而淪為無產農
民。他們或是往都市集中成為工業部門的後援隊伍，或者就是留在鄉間淪

為雇傭農業勞工。另一方面，圈地後的地主由於土地集中、廣大，於是在土地使用上可以做較有效的重新組合或管理，如闢出部分土地作為實驗區，部分土地作為排水、硬體設施用，同時雇用薪資勞工從事機械化耕種大片的土地。農業因而逐漸與市場經濟結合，土地商品化與市場、機械化的工業部門頗有異曲同工之效。更重要的是，經過科技化的農業，大量減少對自然條件的依賴，反倒是比較受到人為經濟力量的控制，亦即較受制於市場的景氣循環。

1750 年以後，英國許多地方都已經開始使用機械耕種，以增加糧食生產量。這個時候，英國同面積的糧食產量已是中古末期的 2.5 倍了。英國的「糧食革命」為該國賺取大量的財富，也累積了豐厚的資金，進而支援工業部門的研發與投資。

㈡法 國

法國缺乏強而有力的議會組織，所以並未通過有利市場經濟的圈地法案，封建時代的共有制要到法國大革命發生後才摧毀。對農民來說，藉由這場革命擺脫了長久以來的封建稅，地主也有收穫，公有土地的共有制因革命被打破，他們獲得自由運用的機會。就廢除封建制度而言，農民得到的僅是短期的利益，就長期而言，他們喪失了使用公有土地資源的權利。其次，在這波土地重新分配的過程中發生一件意想不到的結果，革命期間大量出售的教會土地，因有財力的貴族多流亡外國，故標到土地的買主大多是小地主，土地並未集中於大地主手中，所以法國仍未走向土地集中化，仍維持昔日小單位土地充斥的情形。法國因而無法像英國一般採行集中式的機械耕作，即使到了工業化時代，法國的鄉村人口仍多於都市人口。

㈢德意志與俄國

拿破崙軍隊所到之處，封建制度都遭到無情的剷除，因此到 1850 年代

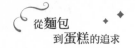
時，大部分的歐洲地區都看不到封建力役、農奴的情形。但是每個地區的反應不一，像普魯士的地主，他們僅願接受以市場規劃經營農莊的原則，卻不願放棄對於農民的封建關係。同時，普魯士地主的土地也無法達到集中化的理想，於是地主僅能努力將土地的效益發揮到最大，並盡量降低勞工成本（如限制農民的遷徙）。這種做法雖然使得農業利潤大增，卻使德意志的工業化因缺乏勞力而起步的較晚，直到 1880 年代方開始工業化。此外，俄國的情形也差不多。歐洲最後一批廢除封建之風，乃是 1860 年的俄國（解放農奴）。

㈣對工業革命之貢獻

1.觀念的改變

工業化講求的是「暢其流」，不僅貨要暢其流，勞力也要暢其流，包括地域的流動與轉業（職業）的流動。這種「暢其流」的觀念與傳統的農業生活不太相符；傳統的農業生活容易養成「安土重遷」的觀念。譬如中古的莊園制度反對遷移，也不鼓勵流變，甚至想出各式方式希望能將勞力與人民束縛在土地上，包括封建的人身關係、賦役與職業世襲等制度。這種「安土重遷」、「各有定位、各安本分」的觀念非常不利工商業的發展，以致中古歐洲的製造業因缺乏足夠的勞力而長期不振。

十五、十六世紀流行於歐洲各地的圈地運動，迫使農民離開世居的土地與世襲的農業，無數被迫離鄉背井的農民湧進城市加入了工商業的行列，致使以城市為活動中心的工商業，因得到大批的生力軍而有了突破性的發展。從此以後，人、貨均得以流通，工商業因流通而得以活絡。在這波流通中受益最多的就是製造部門的工業，它也是從前最為缺乏人手與勞力的一個經濟部門。

2.釋放勞力

農業部門長期以來都是最大的勞力市場，幾乎佔全部人口的 80～90%

以上，但卻也是最沒效率的部門。在中古半強制的農奴制度下，許多農民因為務農的意願低，或是缺乏經濟誘因、報酬率低而致工作效率低落，甚至有不少怠工的情況。在這種情形下，中古農業雖然擁有龐大的勞力隊伍，卻無法反映在生產量或生產技術上。當地主開始引進市場經營的觀念以及經濟作物後，就決定大力整頓過去勞力使用與管理的方式。首先就是強制裁減多餘的勞力，被裁減的農民，或無意願務農的農民被迫轉進工商部門以尋找新機會。

工商部門人手多了以後，就可以開始分工合作，採取專業化生產、經營與管理的企業革命。例如，紡織部門人多後，就可以將生產流程分為洗紗、搓紗、紡紗等不同的步驟，並由專門的勞工負責，如此一來就可以達到「組合生產」、「自動生產」的目的。此外，雖說工業化的目的在以機器取代人力，但是機器終究不能完全取代人力，反而需要更多的人手去操縱機器；機器的好處僅限於增加生產、減少浪費、維持品管，卻不一定能取代人力。因此，工業部門勞工多也有利機器化的發展；中古時候的製造業就因人手不足而無法發展機器化、機械化。

3.技術與經驗的累積

人類使用天然能源與機器的歷史並不始於工業化以後，上古的人已知使用驢、牛等獸力耕田、用火冶鐵。中古歐洲的農民因為缺乏人手更是大量的將獸力與簡單的機器運用到作物的生產、食品加工業以及工藝的製造上。最著名的例子就是水力與風力磨坊。許多中古的莊園主人在鄰近水邊的地方安裝簡單機器的磨坊以供農民磨麥、釀酒、紡紗用，當然不是免費的。早年的時候，莊園主人強迫農民放棄自有的手工磨坊以使用機器磨坊，尚因此發生多起農民暴動；破壞機器磨坊也被視為反抗莊園主人權威的象徵。然而到了十三世紀以後，農民發現機器磨坊的確好用、又有效，還可以增加生產，於是磨坊成為普遍的工具。在家庭作坊的時代，許多農家為了增加紡紗的收入，更是大量採用水力與風力磨坊，這也是歐洲人士最早

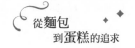

普遍使用的機器之一。

　　歐洲的農民一直都有研發與改良工具、使用獸力與天然資源的悠久傳統，為的是突破人力匱乏以及天然環境限制的困境，磨坊即為一例。即使號稱引發工業革命的鼓風爐、蒸汽機等，其實也都不是工業革命才開始有的。歐洲的農民很早就開始使用這些機器，甚至有百年的歷史，是為了製造先進、鋒利的工具以增加生產。許多工業革命的機器不僅首先出現在農村，並在農村中經過長期的改良與實驗的階段，最後才移轉到工業部門發揮更大的效益。不僅機器如此，許多工業革命早期的工程師、技師等都是出身於農村，由農業部門轉戰到製造業部門。

4.科學與生產製造業之結合

　　科學原本是一種解決問題的新方法與新精神，強調的是實驗、觀察、記錄以及合理的解釋等步驟。這套科學的實驗方法與研究精神首先是發生於農業部門。當農業經濟開始起飛時，許多地主為了增加生產量以及追求更高的利潤，乃引進新的作物品種、新的肥料和土地管理方法，在正式加入生產線前，地主們都先經過一段實驗、觀察、記錄與研究改進的過程，然後方才正式開始上線生產。在研發與實驗的過程中，許多農民、地主在碰到問題、思考如何改良生長條件時，還會用通訊或面晤的方式向專家討教、請益。除了經常與一些專家維持長期的合作關係，這些農民或地主對於新品種更是熱中，到處打探新品種，也勇於引進、實驗新的品種。

　　在地主或農民努力改進農業的過程中，我們看到農民尊重與重視的是專家的意見，而不是老祖母、民間傳說或教士等傳統知識的來源。專家的意見導致農業的專業化，並證明有效，於是這種「科學」的精神與方法後來又運用到工商業部門，使得專業知識、研究與生產緊密的結合在一起。綜而言之，工業化以後所講求的科學知識與生產和利潤相結合的情形，最早還是發生在農業部門，然後才援引進工業製造部門。

5.資金的累積

十七、十八世紀的蓬勃農業發展,累積了相當雄厚的資金,足以支持工商業部門的發展。事實上,不少地主、農業資本家在累積了大筆利潤後,就轉投資於工商製造業,況且許多工廠也都是蓋在農地上的。在工業化的早期,有不少昔日的莊園主人在轉業或轉投資工業部門時,不僅將自己的土地與資金移為工業用途,甚至還將自己手下的大批農民投入工廠的生產行列,由農民轉而為工業勞工。

四、英國與工業革命

在探討工業革命的議題中,「工業革命為何會首先發生在英國」是一個很有趣的問題。就目前所知的工業化條件中,英國均非特殊、獨特的。導致英國發生工業革命的各項條件,其他地區也有,特別是北歐,但最後工業革命卻首先出現在英國。近來的學者不再強調導致英國工業革命的獨特條件,而是強調各條件在英國的特殊組合,即各條件以不同比率所呈現的完美組合,此一完美組合終導致工業革命首先發生在英國。

其次,不少學者也認為:1750～1850 年期間的工業化趨勢、工業化現象在歐洲大陸各地區都相繼出現。甚至更早的時候,歐洲大陸就已經出現不少後來被歸類為「工業革命」的現象,但這些歐洲大陸的現象是零星的、不完整的,亦即各地區的條件均不完備。然而,英國卻將所有的現象、內容齊聚一堂:工業化的現象在英國完整的呈現,且以密集的方式發展;此即英國工業革命的真正意涵之一。

第三,當代學者重新檢視與定義工業化、工業革命時,也不再認為英國工業革命是獨特的、先進的現象。近來學者認為:「工業化是一種漸進式的發展,達成工業、製造業突破性發展的歷程也不一而定,工業化的效果與成果更是不一而足。」也就是說:「近代史家對工業革命採取較寬廣、多樣的解釋與標準。」

根據以上的說法，若以工業化、工業革命為製造業的突破性發展，則各地有之，且以漸進的方式向前進行。其次，若將工業化定義為「大量生產、合理化生產、集中化生產、專業化生產」時，各地亦有之，不限於英國一地。此外，要達成上述目的的工業化途徑不只限於機器化生產，也可以透過經營模式的躍進以達到目的，法國即為一例。

在法國的模式下，合理化切割生產流程予以專業生產，擴大工匠訓練，以增加技術勞工。當時法國的作坊或工匠工作室，動輒數百人，甚至近千人，勞資糾紛、生產關係均已開展。此種模式表示：傳統工匠的生產方式，若經內部重整，也可以達到工業化的目的，無須仰賴外力刺激。

無論如何，導致英國工業化亮麗表現、獨特表現的因素有多端。有經濟性的、物質性的，如天然環境、硬體設備（交通等）、市場因素、資金、生產技術、生產工具、勞力、都市化等，也有結構性的因素，如文化、社會結構、價值觀（如好利）、政治因素（如憲政體制、國會制度、貴族制度）、司法等項因素。這些導致工業化的因素，並不是在英國的條件最好，而是各條件在英國搭配的最好，以最佳、最適當的比例組合在一起。現分別敘述如下：

㈠資　金

英國的資金不比荷蘭、法國等歐陸國家雄厚。英國農業也不是最發達，因此為發展工業累積的資金有限，亦即英國農業支援工業的能力有限。其次，協助工業資金籌措與調配的機制在英國也不是最好：英國的股市不及荷蘭發達，英國的銀行系統也極為有限。英國的國家銀行照顧的是上層階級的利益。民間銀行則多為小銀行；1720 年的「泡沫法案」對銀行所有權與規模均有諸多的限制。因此，銀行在集中民間游資、組織資金、調度資金方面，實不及瑞典與荷蘭。但是當所有的條件組合在一起時，就發揮極大的效率與功能。

英國銀行規模雖小，但數量多、分布廣，尤其是鄉村郡級的地方銀行，能讓資金由點而面的集中，且這種集中方式最為徹底與快捷，終能讓民間的游資迅速流通，並流往製造業部門。此種地方小銀行的分布，尤其有助將農村的資金彙集後，迅速送往都市，以供企業界、製造業使用。也就是英國銀行雖小，卻能迅速、有效的匯集農業剩餘資金以及民間游資，然後迅速的運往都市，援助工商業發展。這種有效率與組織的能力，則非歐陸銀行所能比擬。

英國的股市雖一如歐陸國家，投機成分高於投資，不利生產與投資發展。但是英國政府出面立法，規範股市的投機現象，並以強大的公權力（政府的力量）來維持股市的運作與秩序。此外，政府更以其強大的信譽和行政資源作為股市的擔保（如「泡沫法案」的產生）。因此，英國股市對於資金的籌措、動員與組織，能發揮較大的功能，遠非歐陸國家所能比擬的。

英國以調度、籌措工業資金的兩大機制——股市與銀行而論，分開看均非最佳，但合起來卻能發揮相當的威力。其中的關鍵即在政府與民眾的態度和觀念，這實是政府與民間相互合作的結果[5]。

此外，英國大抽奢侈品稅，亦即抽富人的剩餘資金，有助資金的累積，再以此資金貸款給生產家，故稅制也有利工商業的發展。

㈡原料、勞力、工具、周邊設備

英國擁有良好的地理優勢（水運發達）與天然資源（煤、鐵、羊毛），並能與科技（交通）相結合。

在勞力方面，除了圈地運動後造成農業釋放出勞力以支援工業外，英

---

5 英國的政府與民間合作的歷史淵遠流長，不始於國會政治的建立。早在伊莉莎白女王的時代，雙方就展開分工合作的傳統：地方紳士分擔很多公共責任、公共建設與公共事務，諸如修路、濟貧、維持地方秩序等。民間不完全依賴政府，因此能收到較多的人力與智慧。

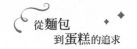
國長子繼承制,長子以外不能繼承家業,轉而從事其他行業,為工商業界提供了素質優良的勞力,以及經理和企業人才。

工具方面,農業部門累積了許多改良工具的經驗,以致出現省力、精準的機械工具。

另外,歐陸的戰爭多,以致生產訂單都跑到英國。英國在接了大批的歐洲以及殖民地的訂單後,為了因應產品的龐大需求量,故改變生產方式,亦即市場刺激工具與技術的改變。

㈢交 通

一般而言,英國河流適合建立有效的運河交通網。公路方面,比起歐陸國家的交通,英國的公路品質較為齊一,密度高,使用率亦高,維修與品質都較佳。道路交通的暢通實與英國的「國會、貴族制度」有一定程度的關聯。

英國國會以全國、公共 (public) 為名,以主權、最高權威的力量要求全國人民遵從, 遠比歐洲絕對主義 (absolutism) [6]下的君主制度要有效的多。在歐陸的絕對主義之下,不少人民質疑國王權威、合法性,而不予遵行,甚且挑戰權威。

此外英國國會議員多為貴族,包括鄉村紳士,經常得往來住家選區與倫敦間,因此體認到道路交通的重要性。他們除了利用國會立法權通過各式道路修建、擴建與維修法案,以及相關的徵稅法案。鄉村紳士即以此些法案為護身符,要求鄉民分工負責[7]。

鄉村紳士以公共法案為由,要求鄉民修築或維修道路,而使用這些道

---

6 此處用絕對主義 (absolutism),不能用專制。因為絕對主義與專制不同。絕對的君主並非專制的君主,因為還受到很多法律與民意的限制。專制君主則無須守法,完全以其意願治國。

7 在英國修橋補路是鄉村的重要任務之一,由紳士治安官 (justice of peace) 負責。

路的主要人物卻是紳士和貴族。由於修路費用過高，工作過重，於是英國國會又通過「私人修路收費法案」。根據此一法案，商人或一般人士都可以承包某些道路，或是某段道路的維修工程。然後將其承包負責之路段予以收費，建立柵道收費，稱之為收費公路 (turnpike)。承包商再以金錢雇工修路，因此工人修路、築路之意願高，且效率亦高。由是，英國之道路、公路品質最佳，速度快且便捷。

接著，這些道路吸引許多平民、市民、農民，他們均樂於使用公路，包括運送糧食和貨物以及旅遊等等。許多經濟、市場、貨物集中地都成為交通中心，全國交通網於焉完成。由於道路密集，使用率高，遂對於全國之經濟、社會之貢獻亦頗大。

總而言之，英國道路、公路均有助全國經濟體之發展、社會之凝聚，以及共識（民意）之交流、文化流通。例如倫敦之時尚，可以在極短的時間內傳播到全國各地，散播、傳播速度遠比歐陸國家快速許多。交通日益平民化後，全國之認同與共識均能迅速搏聚，以致英國也是最早開始出現定期交通的國家：定期客運、兩地通勤族，從而改變英國人民的時間觀與工作生活習慣，包括時間管理、分配與工作表。英國人時間之使用日益有效、工作效率隨之提高，這種有效的時間管理，對於工業化的發展極為有利。交通便捷後，許多周邊商機、工作機會開始繁榮，如馬車、馬車夫、照顧馬匹、路上保全人員、旅館等等。無怪乎，英國之政治、經濟、社會發展均超前歐陸，以致英國能由一邊緣國家一躍而為近代核心[8]。

---

8 以英國路況而言，平均一英里之路程需要一匹馬。倫敦到曼徹斯特 (Manchester) 共185 英里（30公里）需要 185 匹馬。一輛車約由 6 匹馬拉，因此每 6～12 英里（10～20公里）就必須換馬；由倫敦到曼徹斯特間設有 17 個驛站以供換馬用，每隔幾個驛站，不只要換馬，還要換馬車夫。隨著時間的發展，驛站的設備日形複雜、龐大，有備馬、養馬、服侍馬匹的人，還有替換的馬車夫和信差，更有提供住宿餐飲的人員，與生活必需品，有保鏢，還有警衛等。一個驛站即可創造廣大

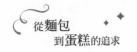
㈣社會流動性大

英國社會比起歐陸國家要多元些，社會流動性大，階級界線也不那麼嚴明。此由宗教即可窺知：英國各教派都存在，即便是單一的教派，如清教徒，派系也多，顯示社會多元化，以致活力充沛、創意強，有利市場、知識與技術的交流。英國與法國不同的地方即在：英國在宗教紛擾之後，並沒有將不同的教派人士完全驅趕出境，除非是自行外移的，故容易形成多元社會。

㈤文化價值觀

1.不輕商

英國早期在宗教影響下不重商，但亦不輕商，給予商人與商業價值、商業倫理有較大的發展空間。此外，英國商人也非常自重，強調尊嚴與回饋，以榮譽、勤奮、誠實、參與公共事務和慈善事業等行為規範贏得社會地位與尊重。英國商人很早就知道回饋社會也有利市場與生意之發展。譬如，當商人照顧弱勢團體、進行道路修築等公共事業時，不僅贏得社會尊重，還會有利自己的事業發展。英國商人也支持「貧窮法案」(*Poor Law*)，他們將私利與公利結合，不會只顧自己的利益。

2.重 利

英國的民族性喜好逐利，致賭風鼎盛。各式的博奕行為，如鬥雞、賽馬等（更不用說炒作股票）都很盛行。英國人為了贏得賭賽而進行雞、馬等牲畜、植物的基因改良，遂致科學知識普及化。國內流行實驗、研究、觀察等技術性的研發，甚至不在意錯誤的假設。後來英國商人、企業家、工廠主人即將此種精神、經驗運用到生產工具與技術的改良和研發上。英國盛行研

的商機與就業機會，並帶動地方經濟。

圖 24　倫敦的鬥雞場

發的風氣不只在上層社會，一般小民也喜好研發，希望能藉機賺錢。

　　此外，英國的科學的路徑與旨趣與歐洲大陸國家亦有所不同：英國強調經驗科學，歐陸如法國則偏好動腦的理論、抽象、演繹科學。事實上，英國科學研究自培根 （Francis Bacon， 1561～1626 年）、 洛克 （John Locke，1632～1704 年） 以來均強調觀察、實驗、假設與驗證等項目，因此應用科學在英國非常發達，有利工業的研發和產學合作。

㈥法　制

　　英國很早就具有完備的商業法，如財產法、專利法、銀行法、公司法，並以行政力量予以維持和執行，因而有利商業的進行。歐洲大陸雖有不少相關的商業規則，但並未經人民的立法程序，而是以君主的行政命令制訂與規範，以致在正統性、法律效益上略差一籌。當法律的正當性不足時，

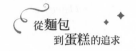

許多大商人就可堂而皇之的拒絕遵行，以致許多商業遊戲規則必須靠走後門進行。這進而導致市場秩序、商業倫理難以維持，更致交易成本增加，不利商業、工業的發展。

英國的財產權法最早將適用對象擴及不動產、動產、智慧以及技術層面，幾乎所有賴以生產、有利生產的工具與技術都予以保障，因此更形增加努力生產、提升生產力的誘因。不僅公司、團體、個人都致力創造發明，更有大企業以龐大的財力、資源投入贊助行列。英國的智慧財產與專利保護法，最大的功效不在發明本身，而是在贊助與組織創意和永續經營發明事業。

公司法將所有權與經營權分離。在所有權方面，股票、資金由政府協助驗明、保障與制度化，有助鼓勵集資。經營權的分離，能夠避免股東的干擾，得以放心、專業、合理的經營公司。此外，公司法也保障了有限責任，以致股東與股民的利益均有所保障。

㈦都市化

英國的倫敦在工業發展，資金籌措、調度與分配，資訊的接收與輸出，市場之帶動方面都有很大的貢獻。這是倫敦與巴黎非常不同的地方：倫敦的經濟效益與功能遠勝過巴黎。巴黎集中了地方貴族、奢侈品市場，但是這些資金、技術、貨品集中巴黎後就不再回饋地方，全部存留在中央。只因為貴族滯留中央，並用其智力、財力經營政治、文化。加上法國幅員較英國遼闊，交通便捷度不及英國，因此巴黎在經濟上的火車頭作用、流暢度都不及倫敦。

英國地方的資金、人力、貨品、技術都匯往倫敦集中，一如法國的巴黎。但是，英國的資金等項目會再回流到地方，促進並帶動地方的經濟發展。這是透過議會選舉、銀行網絡、市場等管道進行的，以致倫敦的進步能帶動整體的進步。倫敦更成為所有的資訊、技術、資金、發明、人才的

儲存庫，且開放給所有的有意人士，進而減少交易成本。總之，倫敦的經濟功能遠大於巴黎，終能成為工業革命的故鄉。

五、機器生產方式的興起

㈠機器生產

機器生產的目的在藉著改良的科技以降低產品的單位花費。這個動機並不始於近現代的人類夢想，歷代的工商業者均朝這個方向努力，只是近代的我們將這個希望放在機器身上。不過，即便在十八、十九世紀的歐洲人雖然已經知道機器可以達到降低單位成本的目的，但是機器的使用在當時仍不普遍，使用機器的行業並不多，還多屬於一些傳統的行業，如紡織、製鞋、伐木、磚石等建築材料，以及煤鐵等冶礦業方面，十八、十九世紀的機器並沒有創造或生產出什麼新產品。足見這兩個世紀機器的使用以及工業革命的目的，僅是在解決或突破傳統產業的困境，特別是在降低成本、增加生產以滿足日益膨脹的市場訂單。

工業革命、機器使用乃是人類窮則變、變則通的一個案例，最明顯的例子就是首先使用機器生產的乃是紡織品中的內衣褲。即使在使用機器生產後，歐洲內衣褲的製造業無論在式樣、材質或生產方式上都沒有發生任何改變，唯一的改變就是內衣褲的價格大幅下降。昔日內衣褲的材質不是亞麻就是棉，現在仍不脫這兩種材質，只是以前用手工採收、去籽、清潔、紡紗，然後再織成布，現在則是用機器去籽、清潔、紡紗，再用機器織布機織成布。在工廠中使用機器處理、生產的內衣褲，一次可以大量的出貨，因此很容易就找到經銷商或零售商。

在昔日的手工製造的時代，產量不僅少且不固定，以致經銷商很難從事行銷企劃，必須到處去找貨，而且如果接多了訂單卻要擔心不能如期交貨，如果接少了訂單，不僅成品的價格上揚且不敷行銷的成本。現在，經

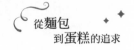

機器製造的內衣褲，不僅價格低（一件機器生產的內衣褲約為手工製的四分之一到五分之一），一次的出貨量還很大，這樣一來經銷商得以一次批足貨品，能確切掌握數量並壓低價格，也就容易脫手，或是找到願意幫他賣貨的零售商。透過零售商，經銷商就可以迅速建立起廣大的市場網絡，也可以很快的侵入昔日手工製品無法到達的偏遠市場，進而建立一個機器內衣褲的市場王國。機器生產的內衣褲因為容易產銷、價格低廉，許多昔日因無錢或無貨而不穿內衣褲的歐洲人士都開始穿起內衣褲了，這又轉而刺激內衣褲的機器生產，於是生產內衣褲的工廠一家接一家的出現。

總而言之，機器加入生產行列主要是解決傳統產業的問題，因此使用機器的多是傳統產業。這些傳統產業的企業家逐步的以機器取代手工或人力，有的產業採用機器的生產流程較多，有的則僅有人力不足的流程方交給機器去做，有的生產部門則是人與機器搭配合作。大約要再過五十年後，機器才開始生產新的東西。

㈡工廠制度的興起

工廠制度也是機器引進工業生產後出現的特殊制度。在十八世紀以前很少有一位企業家一次雇用數百位以上的工人，一起在固定的空間內工作，然後還一次發出數百張的薪資單。在此之前，包括前工業的家庭手工業時代，雖也有數十名甚至成百名的勞工一起工作，但是絕大部分卻是分散在自家內工作，工作的時間分配、方式、順序都由勞工自己作主，在這過程中並無人監督或管理，最後的成品則是專人、專點收集，然後再賣到其他地方去。在這種分散式的生產流程中，原料由企業家負責尋找、採購，風險與利潤亦均由企業家一人承擔，勞工只負責拿到部分成品（他自己負責的那部分）的薪資。

在工廠制度下，企業家或一群出資的資本家負責將所有的原料、機器、勞工全部聚在一起，在共同監視與管理下工作。這些勞工不僅在工作時接

受嚴格的紀律與訓練，工作的形式與動作反覆固定，他們的薪資計算也是依照固定、單一的衡量標準。這種工廠的工作模式頗似軍隊的生活，講求團體合作、嚴格且單一的紀律與訓練。一如軍隊管理，在工廠中，勞工沒有個人，也不再有任何主動權，他必須放棄自我的個性、過去的背景與技術，而完全聽任上面（工廠主人、企業經理）的意見，包括工作環境、工作酬勞與工作方式，勞工都沒有發言的餘地。勞工不僅不知道原料的來源，甚至不知道他所生產的成品長得什麼樣，也不知道將銷售到何處去，這些問題也都沒有勞工參與的份。在工廠制度下，勞工只負責做分配給他的那部分工作，其餘的都與他無關，也都完全由雇主決定；雇主、資本家、企業家方才是工廠的主人。

工廠制度的工作方式方才是工業化中革命、創新的部分。這種與過去人類工作習慣大相逕庭的方式在剛引進時，的確遭到不少的抗爭與反彈；經過了很長一段時間，人類才比較適應。

㈢勞力的量化與童工、女工問題

工業革命後，機器不僅不能取代人力，反而需要更密集的勞力。在密集勞力方面，還有一點值得注意，就是女工與童工投入工業生產行列。事實上，自古以來，婦女與兒童就沒有閒著，也一直有參與生產的流程，不過多是以輔助性質出場，例如農忙的時候，婦女與兒童必須下田幫忙收割。在農業社會中，放牧通常都是兒童的工作，不過這只是輕活，也不是整個勞力市場的主力。但是等到工業化以後，由於需要的勞工量過於龐大，男性勞工不敷使用，於是婦女與兒童在勞力市場中所佔的比例就有竄升的現象。

早期女工與童工進駐工廠的另一項主要原因在：在工業化的早期，由於男性勞工尚未習慣工廠紀律，很難管理，故不少工廠主人喜歡雇用較聽話、溫馴、工資低的女工與童工。然而，大量的女工、童工入駐工廠卻也相對的奪去男性勞工的就業機會，或降低男性勞工的市場價格，以致引起

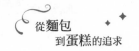
男性勞工的強烈不滿。因此,當婦女與兒童由幕後走向臺前,不再只扮演後勤或輔助性的角色,而是必須與男性勞工一同爭奪工作機會,並同受市場供需率之左右時,童工、女工的問題就開始產生了。於是男性勞工強烈要求婦女與兒童退出工廠,市面上也開始出現各式理由,包括無人理家等等,最後更是以立法方式,通過限制女工與童工的法案。

㈣機器與技術

其次說到工業革命中機器發明的原創性問題,一般都歸功於英國,實際上則很難斷定首功之人或國。因為在十八世紀末時,各國都流行互相「借」或「模仿」他人的生產技術或成功之機密。說是「借」,還不如說是工業間諜,因此各國、各製造家對於技術機密也極盡保護之責,國家也制定法律禁止某些「機密」的外洩。當時,英國就從歐洲大陸「借」了不少工業機密,包括新發明的某些機器,然後再加以改良,等到工業革命後,英國又成為歐洲工業間諜群集之所。

當時各國防止工業機密外流的方法包括:禁止某些技術的工匠移民外國、或是某些未取得執照的工具或機器運出國外等。但是這些法令都很難執行。工業間諜所採用的方法防不勝防,有的甚至假裝顧客。有的則是英國人本身,例如投資者在日耳曼、俄國等地區投資建廠,於是整批的技術得以轉移。有的則是因為戰爭淪為戰俘,而將工業機密外洩,例如在幾次與歐陸的戰爭中,不少英國人、愛爾蘭人淪為戰俘,他們在當地定居,並以新技術維生,英國的紡織機密因而得以輸入法國。

然而技術的轉移或「援引」並不意味歐陸國家全盤接收英國製的機器或技術。譬如不少的工業間諜,準備將英國的機器與技術全盤引用到自己的家鄉時,就會發現一些問題。因為英國的機器是為解決在地的問題而發展出來的,或是為了適應本土所產的原料而成的。於是,當歐陸的間諜帶著英國的模型或設計圖回家時,卻發現必須經過「創意的適應期」,方能在

當地使用。因為依照英國模式製造出來的東西，可能不合當地人的品味、天氣、社會習俗，以致窒礙難行。又如英國的焦炭煉鐵中的機器，當初設計的是使用英國當地所產的煤與鐵，然而歐陸所產的煤或鐵無論在性質或品質上，可能都與英國的煤鐵有別，於是英國機器就必須加以改良，以適應當地所產的煤或鐵。因此，我們雖然在歐陸和英國看到長得一模一樣，或非常相似的機器，或者使用類似的管理與流程，其實中間卻已發生諸多細微的改變，並非原物了。

六、工業革命成敗的條件

就像現在，不是所有的國家都能發展出先進的科技，十八、十九世紀時也不是所有的國家都會發生工業革命，在各國工業化的過程中，有的成功了，有的則沒落、失敗了。決定工業革命成敗的條件包括：

㈠經濟誘因與接受工業化之意願

機器、工廠制度、量產等都是新鮮的事物，如果當時的人仍然堅持傳統的生活與生產方式，沒有意願或動機接受工業產物，也就沒有人願意繼續研發機器、機器生產出來的東西賣不出去、沒有人願意到工廠做工，工業革命就無法發生，也不能持續下去。

試舉例說明：當各國政府眼見工業化可以增強國力、改善人民生活時，都相繼引進工業化，但是有的國家如法國、比利時、普魯士成功了，有的國家如奧地利、俄國等國卻無法成功轉型為工業化、現代化的國家，就是因為人民的接受意願低，仍然堅持傳統的生產方式，排斥機器與工廠制度。像位於今日捷克境內的波希米亞，也是工業革命期間的佼佼者，但後來卻敗陣下來，就是因為政府與人民的意願不高，不願持續支持工業化。

因此，「意願」是工業發展中一項很重要的因素，然而意願也可以分為被動與主動兩種。被動的，或是因為情勢需要、或是為解決問題、或是為

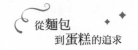
經濟壓力等動機而只好接受或嘗試新的事物。一般而言，工業革命或工業
化多發展於經濟體系不完整的地區，一個經濟不能自給自足的地區，譬如
說英國、比利時等必須要賺錢購買糧食、原料或其他貨品，或者因為當地
的資源太過於偏頗，必須以當地產物向外換取所需產物。於是基於需要，
只好努力生產某些產品以換取需要的物品。其次，由於「需要」，英國只好
盡力改善原本的生產工具與方式如家庭手工業等，以求賺取足夠的利潤滿
足己身之所需。最後，為了滿足廣大的殖民市場之所需，英國也必須努力
生產、增加生產，否則他們的海外市場就會被人搶走了。總而言之，環境
的需要與驅策就構成英國發展工業化的動力。

　　如果該地區原本就是一個完整的經濟單位，一個自給自足的經濟單位，
反倒不容易發展出工業革命，因為當地人並不需要接受新事物的刺激，如
德意志南部的巴伐利亞 (Bavaria) 就是一個有名的案例。巴伐利亞一直是歐
洲著名的經濟富庶區，農業與手工業都很發達，也都平衡發展，當地之所
需，當地皆有所產，均無須外求。因此當工業革命降臨時，該地的人民不
認為有引進機器量產的必要，因為他們生產的不僅足以供給當地所需，還
可以賺取鄰近地區的錢，這些錢也足夠維持舒適的生活，於是在滿足之餘
也就不求「進步」，最後在工業化洪流中敗下陣來。

㈡資　金

　　由於現代工業多是資本密集的產業，因此資本在工業化中佔有重要的
角色。蘇黎世與法蘭德斯的工業家所以能成功，得利於兩地離瑞士銀行系
統很近，資金容易籌集。至於波希米亞與俄國的工業家，一直為資金所苦，
故發展不易。

　　然而資金也不是唯一決定成敗的因素，有不少地區在資金不足，慘澹
經營下，仍能利用策略累積資金，而發展出工業化的結果。煤鐵業固然需
要龐大資金，然紡織等行業卻不需要龐大的資金，而且早期工業化國家所

使用的機器，看起來與舊日的家庭作坊所使用的簡單機器亦差距不大，所需要的廠房也不是很大。因此不少地區在傳統家庭作坊的基礎上逐漸改進，隨時以累積的資本購買新機器，即逐步機器化。有的則以銀行貸款解決短期所需，而以所賺的利潤累積起來做長期的投資，或者向私人如親朋好友、鄉親父老等籌集資金，以應機器化之所需。因此在沒有健全、龐大的銀行團的地區如法蘭德斯、諾曼第等地區，也發展出耀人的工業化成績。

㈢政府參與的利與弊

大凡做一件大事都有背後的誘因。以投資工業而言，市場需要產生的利潤就是一個誘因。除了利還有名，自十七世紀科學革命後，各國政府相繼成立學院，提供科學研發的環境，對於有重大發明或貢獻的人，還頒予爵位勳章以晉升貴族。各國政府對於有重大發明者，還予以專利權的保障。譬如 1775 年瓦特發明蒸汽機，其實是改良過去的技術與類似的機器而成，不管怎樣，他得到了專利權。一直到 1800 年專利終止後，其他的人才能將蒸汽機運用到其他機器方面，於是才有火車的發明。而斯蒂芬生（George Stephenson，1781～1848 年）就因為火車的專利而致富，並得以錢滾錢。

不過，每個政府在工業化過程中所扮演的角色不盡相同。一般而言，英國的工業化是由民間主動，政府扮演類似「警察」的角色，如規範私人企業、確保貨幣、維持秩序、制定法律、保衛市場等，但不會干預過多社會與經濟事務[9]。

至於歐陸國家，則政府往往扮演積極、鞭策的角色；歐陸政府雖不像英國政府以立法方式鼓勵工業化，但卻樂於投資在硬體設施如鐵路、運河、技術教育等方面。

---

9 不過愈來愈多的研究顯示，英國商人是在政府幫他們穩定國際市場地位後，才要求「自由貿易」，至少英國政府為該國工業家營造了一個適合發展企業的環境。

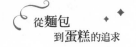

　　法國就是一個明顯的例子。法國大革命後的新政府，無論是激進的或保守的，都以強大的公權力介入，取消有害企業發展的封建制度，致使法國進入資本主義階段。法國大革命所採行的一些政策也頗利企業發展，如公制、自由化國內貿易、廢除行會、改革稅政、統一度量衡制度。然而另一方面，大革命的農業改革卻不利工業化發展，大革命取消封建領主制，將土地分給農民，以致土地分散、不適發展大規模的機器化耕種，以致資本無法累積。不少史家認為就工業化發展而言，法國大革命僅是一半的革命，並未將土地上的勞力釋放出來支援工業部門，而且是「財產重於利潤」、「儲蓄重於投資」，故對於工業化的幫助有限。

　　拿破崙戰爭的大陸政策，原本欲將英國屏除於歐陸市場之外，好使法國得以獨佔歐陸市場，藉以彌補海外市場的喪失。這段期間也使法國的工業發展得以喘口氣，而開始實驗、發展新的科技與工業化。法國的紡織業亦在此時大幅機器化，例如棉紡紗工廠由 1789 年的 6 家增加到 1815 年的 272 家，但是隨拿破崙帝國衰亡而逐漸回歸到原有水準，僅有在法國東部與北部保留工業化的成績。法國工業化的敗陣，主要是源於戰爭耗費太多，以致傷及工業化所需之資金，其次則是勞工與原料的缺乏、市場的淪喪（由於走私及其他國家或地區民族工業的興起）。

　　雖然法國已不再是大西洋海權國，但在歐陸上它仍與比利時、普魯士並駕齊驅，1830 年時法國仍是主要的貿易國與生產國。

　　很多史家也喜歡將法國工業化的模式與英國相比較。不少史家認為：法國的工業革命是沒有「革命」的工業化，主要指法國的工業化是在其傳統體系與價值中逐漸發展出來的，因此減少了不少社會成本與犧牲，而且法國的工業勞工並沒有完全取代傳統的農民與工匠，法國仍然維持了完整的社會結構，而英國的工業革命則是在農民的血淚中建立起來的（如圈地運動）。還有就是兩國工業發展的程序也不盡相同，英國的鐵路是工業化、市場化的結果，而法國的鐵路卻是在國家市場單位形成前引進的，鐵路為

法國創造市場，並帶動工業化。

拿破崙戰爭對於歐陸的工業化極有助力，拿破崙軍隊所到之地，也掀起一股工業化之風。首先，法國軍隊驅逐了傳統的貴族等統治階級與封建制度，為該地的工業化鋪陳良好的道路。接著法國市場的開放，使得許多地區為搶攻該市場而致力引進新技術、新機器以增加生產，許多地區如薩克森為搶佔法國的煤鐵市場，而引進煤礦業的工業化，最重要的是法國軍隊帶來的民族主義與民族競爭，刺激了當地的人民為求富、求強而加速工業化的腳步。

當然，法國大革命也為某些地區帶來負面的影響。一些東歐的國家如俄國、奧地利因對法國大革命、拿破崙戰爭的反感而遷怒「啟蒙」、「工業化」等新事物，轉而日趨保守，如俄國則加強不利工業化的農奴制度，奧地利亦轉而支持保守的土地貴族利益。中歐、東歐大概只有普魯士從失敗中學到了教訓，在被法國軍隊打敗後，普魯士進行政治、軍事與經濟的改革，經濟方面就是積極工業化以累積國力。例如，1807 年，普魯士解放農奴，希望能為工業界製造更多的勞力。然而由於當時沒有太多的工廠容納釋出的農業勞工，於是大部分的農村人口轉而依附大地主，這就發展出所謂的「普魯士式」工業化，意即農業機器化、市場化。1820 年代在易北河以東的地區，遂出現許多大規模的商業化農場，由大地主 (Junkers) 經營，並雇用許多半奴隸的勞工。

政府在工業化過程中，雖有重大貢獻，但也有負面的影響，例如對於投資者過於優厚，以致工廠浪費、不求進步，終至破產。又如以獨佔權等保護主義的方式確保國內工業優勢，亦會使其在全球工業界逐漸喪失競爭力。而官僚化也隨政府參與影響工業界，時有安插親信等情形發生，造成公司、工廠無謂的負擔，俄國烏拉山地區的鐵與銅礦業，就是政府安插過多親信的重要案例，使該地區的礦業技術與利潤遲遲無法提升。政府的政治或軍事考量，也是使工業資源配置錯誤的重要因素之一，例如 1780 年代

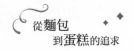

法國的焦煤業、1800 年普魯士的甜菜種植，均因政府干涉過度、操之過急而失敗。

但是，政府的參與亦有產生正面效果的時候，假設企業家因循守舊，不願改革或接受新事物時，政府可以行政力量強迫或驅策工業界前行。這在落後國家如俄國，尤其重要。

又像是普魯士的鋼鐵業，便是在政府的強大資金、強制手段下完成工業化的。1830 年左右，普魯士政府宣布給予欲出國學習機械的工匠以國家補助，並在國內廣設基礎與科技教育機構。它還利用政府的外交權力對外交涉關稅同盟 (Zollverein)，有助於擴大該國商人的對外貿易。因此普魯士的模式與法國、英國各有不同，在普魯士的例子中，政府對於工業化的提升與發展，均居極重要的角色。

七、工業革命之影響

㈠家庭經濟功能的改變

在工業革命之前，家庭既是消費單位，也是生產單位，尤其在家庭作坊時期，家庭往往也是生產製作的場所，一個人來人往，沒有什麼隱私權的場所。但自工業革命後，生產、製造退出家庭，轉到工廠，於是家庭不再是生產單位，而變成純屬個人的活動場所，家庭的經濟功能也由生產轉為消費與娛樂的功能，因此家庭的角色開始發生改變。我們可以分別從中產階級與勞工階級兩方面來看近代家庭的轉型。

就中產階級的家庭而言，自生產與家庭分離後，孩子與妻子既不再是生產力的來源，又非工作的夥伴。又由於他們的所得足以維持一般的生活，因此他們視家庭為精神天堂、堡壘，也就是工作後的避難所，於是他們希望妻兒能滿足精神上的情感需要，包括情感上的道義責任。當時的繪畫作品也的確反映出這種趨勢，在許多畫作中可以觀察到中產階級的家庭主婦

圖 25　雷諾瓦的「彈鋼琴的少女」展現當時中產階級美好的家庭生活。

或較長的女兒，穿著得體在客廳或起居室的一角彈琴、閱讀。我們也可以從當時的小說中，看到中產階級的父親如何重視孩子的教育與親子關係，以及妻子如何安撫取悅丈夫。當家庭變成純個人的生活天地，而非公共的生產地後，中產階級開始重視家庭的裝潢與擺設，希望能將家庭布置的更舒服、溫馨，這又連帶的刺激家飾業的興起，如通俗繪畫、壁紙、家具與地毯等行業。

　　相對的，勞工階級的家庭生活就沒有這麼安逸，他們必須非常努力的工作，才能維持家計。一般而言，勞工家庭中的成員都必須外出工作，方能維持一家的溫飽，面臨極大的經濟壓力。同時，勞工家庭也易受失業與工業傷殘等意外的影響。因此，許多勞工家庭仍保留經濟功能，但卻非昔日的生產中心地位，也不再是生產的場所，反而成為小型服務業的場所，如洗衣、托兒所等。

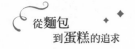

㈡婦女地位的淪落

從某種角度而言，婦女是工業革命的最大輸家。造成工業革命的紡織業機器化，首先奪走了婦女的工作機會與經濟機會，因為紡織本是婦女的傳統工作。接著，工廠的男性勞工為了競爭工作機會，又奪走婦女的工廠工作機會。雖然工廠中仍可看到不少的婦女勞工，但是比起傳統操持紡織工作的婦女，已經是少得可憐了，僅佔婦女人口中的極少數。

於是在工業革命後的生產行列中，婦女首先被排擠出局。婦女喪失生產工作後，只得退回家庭，從事無給職的家庭服務業（家管）或是成為依賴人口，中產階級的家庭主婦就是明顯的例子。勞工家庭的婦女也被迫另起爐灶，淪為家庭勞力的第二線，不再是先生的工作夥伴，也喪失平等的地位。

工業革命的早期，進入工廠工作的婦女多是年輕、未婚的少女，她們工作為的是貼補父家，或是賺取未來的嫁妝，因此等到結婚後就退出勞工隊伍。只有丈夫不行的，如酗酒、無工作能力，或傷殘病故的可憐婦女或寡婦，方才繼續留在工廠，賺錢養家，所以有工作的已婚婦女，被視為丈夫的恥辱、彰顯丈夫的無能。中產階級的丈夫尤其反對太太出外工作，勞工家庭的太太，也只能以低微的服務業賺錢貼補家用。總之，工業革命後的婦女不再從事生產製造業。

婦女退出職場，經濟地位迅速下滑。她們的經濟角色遂由半獨立的工作夥伴變成依賴的消費人口，就這樣兩性關係開始重新洗牌，重新分配工作與角色。

㈢家庭成員重新分工

從上面，我們已經可以看到近代家庭成員的重新分工。男主人負責維持家庭生計。女主人則管理家庭，中產家庭主婦有時還會有女傭、女管家

等人協助，共同經理家政、處理消費問題、提供家庭娛樂、參與社交以協助先生拓展關係，以及相夫教子。從這裡又發展出一個有趣的現象：在傳統社會中，家庭的社會關係向以男性的姻親或親屬關係為主，但自工業革命後，女性的姻親關係逐漸抬頭，這是因為工業革命後的家庭社交活動是由主婦來負責。

至於勞工太太就較辛苦多了，她們必須負責採購家庭所需，但同時還得注意維持家用平衡。她們除了要照顧先生的身體，還得擔負先生受氣包的重任，這些工作都是在沒有任何人幫助下獨自完成。

總而言之，工業革命後一位受人尊敬的婦女應該是不用工作，婦女又重新被塑造成弱不禁風、沒有理智的陶瓷娃娃，必須受到男性保護，使男性在家庭中更具權威地位，家庭暴力因而興起。

㈣兒童角色的轉變

一如婦女，工業革命後兒童也逐漸退出生產行列，由昔日的生產者轉變為消費者。

早期的工廠中還有許多兒童工作，因為當時普遍的認為：兒童價廉、容易管理，還可以從工作中學習，因此大量使用童工。不過使用童工的同時，也會帶來新的問題。首先，童工被當作機器使用，盡量壓榨的結果是多早夭、早衰。第二，童工在工廠中學習到的僅是操作某一部機器，對於日後工業化發展助益不大，未達到預期的學習效果。並且，將兒童從家庭學習的傳統中分離出來，交由陌生人（工頭）教導，學習效果往往非常差。許多有眼光的工業家和政府為此憂慮，他們開始擔心工業化後繼無人，下一代所學不足以支持工業化的持續發展。

當然，童工退出工廠尚有其他的理由，譬如童工搶奪了成年男工的工作機會，或使得成年男工的工資無法提升，還有就是新的、先進的機器，已超過童工所能操作的範圍之外。於是，童工問題就在大勢所趨，以及人

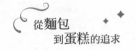

道、文化考量下自然消失,接著就是兒童的新地位與角色的問題。

1833 年,英國「童工法」正式確立兒童的工作與責任是在學習,為未來工業發展儲備人才、技術與勞力,自此兒童的學習與消費角色乃確定下來。

一般而言,中產階級的兒童大概在 17～18 歲以後方投入職場,勞工階級的兒童則在 12～14 歲左右進入生產行列,在進入職場前均是學習與消費的時間。由於學習成為兒童的社會義務,於是各國乃相繼立法,強制兒童接受教育,義務教育於焉興起。

另一方面,由於兒童不再從事生產,而是消費,反成為家庭的負擔,於是各家庭相繼減少兒童的數目,由昔日的 6～7 位逐漸減為 2～4 位。兒童人數的減少,使親子關係出現改善的可能,而每位兒童的學習重擔也與日俱增,這是因為重質不重量的結果。

綜而言之,工業革命對於傳統的家庭帶來相當大的衝擊與重組,這種趨勢一直到二十世紀初都大致不變: 1.加速男女分工、角色的區分,男性扮演供養者的角色,女性則是家管; 2.兒童教育期隨著工業發展、知識擴張而延長; 3.生產流程退出家庭,使家成為隱私的場所,家庭成員也愈來愈重視家的隱私角色,家乃退出公共範疇,成為個人的生活空間。

八、新的社會階級與觀念的產生

自古以來,人類的社會就因為各種不平等的現象而分化。在工業革命以前,人類社會的劃分主要是依據血統、服務的性質、特權與社會道德責任而區分。例如教士為上帝服務,貴族是為國王服務,平民則為貴族服務。貴族得到以土地、人民為主的特權,包括免稅、政治特權,但卻負有維持教士、平民溫飽的責任,平民即享有要求溫飽的權利。雖然各階級的生活方式有所不同,但都信奉基督教,也都屬於同一個種族或民族,因此文化與思想的差距並不是大到不可以溝通的地步。

自工業革命以後,新的社會劃分標準逐漸形成,就是生產方式、所得

多寡、生活方式、思想理念等。這就是我們現在所流行的社會階級，主要是資產階級與勞工階級。在各階級的民族成分中，新的階級成員遠比舊社會要複雜的多，因為工廠中各式人種、各地方人士都有；中產階級亦復如此，因此文化與種族背景不像傳統的社會那般整齊。就社會責任而言，新的社會階級間流行的是「各掃門前雪」，自己處理自己的問題，至於濟貧的責任則由政府負擔。

儘管資產階級（以中產階級居多數）、勞工階級間有許多歧異的地方，但卻分享了工業革命的某些經驗，譬如對於工業化急速變化而產生的焦慮、害怕以及挫折感等。又如資產階級或勞工階級，都視工業化為社會與個人升遷的重要管道，他們也接受工業革命後的工作倫理，就是努力工作，對於非關工作的事務，盡量少管。前面所提的家庭觀念的改變，資產階級與勞工階級基本上也都一樣，只是應對之道不同而已。

此外，工業化下的資產階級與勞工階級的關係也發生轉變。從前，師傅、工匠、學徒間的關係比較親密，除了工作的夥伴關係外，還有私人的情誼。但是新的資產階級與勞工階級，卻只剩下工作的夥伴關係，出了工廠，互不干涉；資產階級對於勞工階級的幫助，也僅限於與工作有關，至於其他的社會關係，則以工資來解決對於下屬的勞工責任關係。

不像從前的工匠、學徒，在工作之外，仍有私人的交往，新的中產階級對於勞工階級工作外的生活，鮮少親身接觸，多是霧裡看花，以致產生不少誤解。例如法國中產階級批評勞工階級，認為他們的貧窮乃是肇因於缺乏良好的工作習慣、酗酒、多子、沒有自律的精神等。這也是當時一般人對於勞工的認知，這種觀念也反映在一般坊間的小說上。這些小說經常描述一個人如何因努力工作而致富，一個人又如何因不努力工作、酗酒等惡習而致貧窮纏身；還有就是一位年輕的勞工，如何利用時間進修、接受教育而得到升遷。總之，一個窮人可以因努力工作、自制、節慾而致富。

但是，這種勞工的形象卻得不到勞工朋友的認可。勞工朋友發現，他

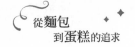
們努力工作卻不一定得到較高的工資，因為勞工的工資固定，所以多做的
工作利潤，往往得不到回報，還流入工廠的主人手中，因此多做多賠。其
次，規劃未來對勞工而言，意義亦不大，因為他們的工作保障遠低於中產
階級；工廠主人說趕人就趕人；如果遇到經濟不景氣時，倒楣的、被解雇
的仍舊是勞工。因此，對勞工而言，與其努力提升教育、求上進，還不如
多努力以經營屬於自己的家庭。對於勞工而言，最佳的工作倫理就是努力
完成份內工作，而非繼續進修或加班，因為他們升遷的希望相當渺茫。

　　就是這樣，傳統社會中師傅、工匠、學徒對於生活、工作的看法，多
少都有可以溝通的共同點、共同的感情與見解，但在工業化後的近代社會，
各階級對於工作、生活的觀點，鮮有共識，可著力的溝通點幾乎沒有。於
是近代社會的各階級乃愈行愈遠，關係也日趨緊張。

　　在傳統社會中，也存在差異大、關係緊張的情形，如貴族與農民，兩
者利益衝突很大且關係緊張，但是兩者沒有天天接觸，而是各有各的生活
圈，必要時方才短兵相接，以致於平日留有獨自生活與發展的空間，遇有
小衝突時，也有轉圜的空間。然而，工業革命後的勞工與其雇主，卻天天
相處，遇有衝突或不滿時，還沒等到氣消完畢，就又相見，然後又是新的
衝突，於是新愁添舊恨，衝突一發當然不可收拾。

　　工業化初期，勞工本身已有適應的問題，再加上勞資關係緊張，遂頻
頻發生勞工暴動。有時麵包價錢稍高一點，馬上就會引起勞工暴動。有時
不同種族的勞工因情緒問題或工作機會的競爭，也會發生慘烈的勞工衝突，
如美國的愛爾蘭與中國勞工爭奪工作就是一例。更多的時候，勞工暴動是
為了工資、工時問題，這種具有普遍性的訴求，容易形成全國性的罷工運
動，希望利用群體的力量爭取自身的利益。後來這類的抗爭運動演變成工
會組織，英國在 1820～1830 年代就出現全國性的紡織工會組織。實際上工
會運動也不是毫無章法可循，當經濟景氣低迷時，勞工也會與資方共體時
艱，但是當低迷期過去，資方又不願加薪時，工會就會出面討回公道。

　　1870 年代起，許多國家相繼同意工會的合法性，希望藉工會約束工人無理性的行動。然而，仍有許多勞工不願接受工會的約束，因此工會僅能約束部分的勞工，這些勞工通常被稱為「貴族勞工」，其實大部分是技術勞工，因此工會實際上有點類似中古的行會。

　　勞工除了抗爭、罷工外，還有就是破壞機器，向整個工業秩序挑戰。由於這涉及到社會秩序的問題，通常透過政治來解決，於是政黨政治興起。例如，1848 年革命，就有許多勞工加入革命陣營，一方面展示其力量與人氣，另一方面也是希望藉機討回社會公道。例如參加革命的德意志勞工多是工匠的遺緒，他們希望恢復中古的行會制度，以保障他們的工作權利。雖然 1848 年革命失敗了，不過許多政黨開始體認到勞工的新興力量及其強大的爆發性。於是政黨開始走向勞工，希望藉由政黨的力量改善工業社會的不平等秩序，亦即透過立法，增加並保障勞工的權益。

圖 26　勞工破壞機器

　　為了鎮壓勞工暴行、監視勞工領袖，各國政府也相繼成立警察。也就是當勞工行為危及公共秩序時，政府又被迫捲入經濟領域，於是政府的力量又重行進入經濟領域，只是這回政府所扮演的角色與重商主義時代不同，這回是維持工業秩序。

　　勞工與社會存在緊張關係，知識分子也希望盡一己之力，尋求解決之道。於是如何化解社會階級衝突，就成為知識分子所討論的新議題，即社會主義的興起。

　　大體而言，社會主義可以分為兩大派。一派主張恢復以往合作的互助關係，企圖建立較和諧的社會關係，這就是烏托邦主義[10]，其中的分枝也不少。

　　另一派則強調在現行的資本主義、工業化架構下，階級衝突是不可避免的，那就是馬克斯主義。馬克斯認為在現行制度下，一邊是坐收利潤的資本家，另一邊則是直接從事生產、創造利潤，卻又分不到利潤的勞工，因此雙方的衝突絕無倖免之理，而且當勞工人數日益擴大，勞工生活每況愈下，甚至到忍無可忍時，所有的勞工就會無分種族、地方，聯合起來發動革命，推翻資本家，那就是無產階級革命。革命成功後，無產階級將會沒收資產階級的財產，另行分配，並建立一套較合理、公平、合作的社會秩序。而無產階級革命絕不會摧毀工業化的成果，反而會繼續光大工業化，因為唯有機器方能大量的創造社會財富。因此是否接受工業化，就成為馬克斯與烏托邦主義的重要分野之一。

　　馬克斯主義一問世後，立即受到不少勞工與激進知識分子的支持，因為當時到處都發生勞工搶糧食、麵包的騷動，似乎證實了馬克斯所稱的勞資糾紛無解的狀況，亦即所有的利潤都流入了資方的荷包中，勞工非但沒

---

10 一般而言，烏托邦主義比較排斥工業化，希望能回復傳統社會中的生產與分配方式。

有分享到利潤，還窮到買不起糧食。不過，後來許多新興的政黨以及原有的溫和政黨，如自由黨、工黨等，積極立法，主動為勞工爭取福利，這又使得馬克斯的革命論發生了動搖。甚至馬克斯本人到了晚年，也承認無產階級不一定非得藉助激烈的革命手段，方能達成保障自身權益的目標。這些前前後後的發展與不同的主張，就造成社會主義陣營的分裂，即使是馬克斯陣營，也前後、裡外不一致，派系眾多。

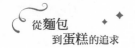

工業革命百年後──1848 年革命

一、1848 年革命的歷史意義

　　1750 年歐洲進入工業革命期，到了 1848 年，歐洲已經工業化近一百年，許多政治、經濟、社會、思想方面都應該產生一些相應的變化，因為經濟、社會、思想的轉型，大概需要百年的光陰方能反映出來。所以透過 1848 年革命，我們正好來檢視工業革命對於近代世界的影響。

　　愈來愈多的史家贊成 1848 年革命爆發的一項主要因素就是工業革命造成的經濟與社會脫序現象。這項說法的主要根據在於：1848 年革命的隊伍中以舊社會的農民與工匠居多，這些都是深受工業革命之害的人群。譬如，1848 年 2 月在巴黎街頭巷戰的群眾，以小商人、小店主、小工廠的技術工人居多，這些人絕不是像傳統保守分子所宣揚的失業或半犯罪分子，反而是代表中低階層的社會分子。根據重新檢驗的結果，在 1,538 位因革命死傷的「叛亂分子」中，300 位是屬於工業勞工與服務人員（如家庭傭僕等）、85 位專業分子（代表自由主義或憲政主義陣營）、54 位店主，以及 1,000 多位的工匠與技術勞工；技術勞工亦多由工匠轉化而來。由此可見，1848 年的革命似乎與沒落的傳統產業關係密切，而與自由民主政治的訴求關係不大，也就是經濟社會訴求大於政治訴求。

　　工業革命發展到 1848 年時，產生不少負面的現象，包括經濟與社會脫

序現象、都市化和商業化導致的農業困境等。儘管這些經濟與社會的問題在歐洲各地有不同程度的發展,但是各地不滿情緒與脫序情形卻是一致的。經濟與社會的脫序又加深對現行政治的不滿,尤其是工業革命導致傳統產業的沒落,以致那些受害的從業人員希望借革命推翻既有且不公平的建制,至少是恢復或維持自身過去的社會地位與經濟利益,這就使得革命沾上社會主義的色彩。

二、農業商業化

㈠生產專業化、商品化之後遺症

　　農業經濟商業化的主要後遺症是分配不均以及糧價居高不下。工業革命後的農業經濟強調新作物的引進,特別是經濟作物的栽種,並強調有效的經營與管理。經濟作物主要是作為工業原料用的,如棉花、亞麻、染料作物等。經濟作物的利潤較高,因此許多農民種植,從而犧牲了生產糧食作物的土地、資金與勞力,以致產生糧食不足與糧價居高不下的問題。

　　農業商業化、市場化後,使得農業經濟受到國際市場與經濟景氣循環的影響,這使得農業經濟更為脆弱。從前在「看天吃飯」的時代,農業經濟的景氣循環僅受天災的影響,而現在除了面臨天災的試煉外,還得接受工業化後帶來的人為景氣循環的影響。

　　工業化後的荒年甚至影響到了工業部門的原料來源,以致工廠或作坊因缺乏原料而關門,失業人口隨之暴漲,進而導致市場的萎縮、增加工業產品庫存與過產的壓力。許多政府為了因應缺糧的問題,於是將大筆的貨幣用來購買進口糧食,更使得國內的工業部門因缺乏資金調度而欲振乏力。同時,國內因通貨緊縮也影響了市場經濟的正常運作,終使整個經濟都面臨崩潰的命運。最後,經濟危機導致政治危機,許多失業、缺糧的人士乃走上街頭。

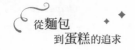
此外，在財力豐厚、地力肥沃、人力充足的地區，產量也相對的愈多、錢賺的愈多，當然也就愈富，這乃是根據資本主義「錢滾錢」的原則。不過值得注意的，這些肥沃、富有的地區所生產的農業作物多非糧食，而是以經濟作物為主，因為經濟作物的利潤較高。這就產生下列糧食不足與糧價居高不下的問題。

造成糧食不足的原因，並不是因為農業生產停滯或緊縮，而是因為人手不足，加上糧食生產受到排擠。首先是人手的問題，許多農業人口受到都市工業部門的吸引，紛紛轉業以支持製造業，並成為都市勞工，以致於農業部門出現勞力捉襟見肘的現象。另一方面，具有市場競爭力、工業所需的經濟作物（如棉花等）又奪去了糧食作物生長的空間。因此，儘管經濟作物大幅成長，無助於糧價下跌。其次，糧食生產亦不足以應付日漸龐大的市場所需，也就是不足以供養日益龐大的都市與鄉村人口。

在這種情況下，農業成長雖然造福了不少中小地主（如德意志的地主貴族），卻對一般的佃農、雇農、勞工等不利。因為這些人是靠工資過活，必須自行負擔糧食的花費。如果糧價貴了，他們就必須將收入的大部分拿來填飽肚子，然而工資卻沒有隨糧價而增加，於是相形之下，工資就縮水、變少了，這就是馬克斯所謂的「實質工資下降」。

這些受到糧價波及的社會人士其實不是只有勞工而已，所有靠固定薪資過活的人都受到了嚴重的影響，包括城市中知識分子（特別是失業的知識分子）、專業人士（如律師、銀行職員等）以及鄉村中的工匠、貧農等人士。當然受害最烈仍是失業的知識分子、小店主、勞工、工匠與貧農等，這些也是 1848 年革命隊伍中的主要成員。

㈡傳統公有土地制與現代私有土地制之衝突

農業資本化、商業化後的另一項影響就是土地制度的改變。由於農業有錢賺（經濟作物），於是許多地主相繼開始擴張土地與農場，幾經波折與

陣痛期後，近代私有土地制度和財產觀念終於形成。近代土地制度與前代最大的不同在於：近代私有土地講究確實與精細的劃分，一如國家的疆界，強調要有明確的疆界與確實的佔有權。這種觀念與中古的土地制度相當不一樣。

於是在近代土地制度興起後，地主首先要求瓜分或封閉公有土地，並強佔土地資源，譬如禁止小農放牧、伐樹、捕魚等。小農在資源強遭霸佔後，為了維生只得改採盜伐、盜採、走私等「非法」途徑，因此在這段期間經常發生林中盜、走私客的情事。地主為了杜絕小農的不法行為，乃借用國家的公權力強壓小農、小民，希望迫使他們就範，但是小農、小民在不滿積壓到臨界點的時候，不是選擇「聽天由命」，而是加入反政府的革命隊伍。不少農民呼籲，希望能恢復中古的公有土地、共用資源的制度，這也算是中古與近代之爭吧！

㈢農民與農業經濟地位的下降

對於農民的訴求，許多上層菁英分子並不採取同情的態度。這些工業革命後的近代社會菁英基於理念基礎，認為共有制是封建的、反近代的、不合時宜，也不利工業文明的發展，理應去之而後快。於是昔日為下層社會喉舌的菁英分子，這回不再為他們說話，認為農民的訴求是走回頭路，將破壞好不容易建立起來的工業文明與秩序。這就引起上層菁英與農民、工人、工匠間的衝突與冷漠關係。

在這種狀況下，要想發動一個包括各階層在內的全民革命，就變得非常困難了，而一個「非全民革命」的成功率也相對降低不少。以 1848 年革命而言，當失意的知識分子、工匠、農民發動經濟革命時，因為得不到都會菁英的同情而失敗（如法國），在另外一些以民族感情為號召的都會革命中，卻因為得不到農民與工匠的支持而致失敗（如日耳曼、義大利等地）。

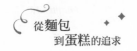

三、1848 年工業化的情形

在一般人的想像中，認為到 1848 年左右，工業革命既然已經進行近一百年的光陰了，歐洲各地，至少是西歐各主要工業化都市如巴黎等，應該是處處工廠、滿街勞工的景象，罷工、工會抗爭更是一般都市司空見慣的場面，勞工的訴求也不外是工資、工時、傷殘福利等項目。然而，當我們把鏡頭拉近一點看時，卻發現了全然不同的景象。

首先是參與 1848 年革命潮的勞工，與我們的想像大不相同。我們現在一提到「十九世紀的勞工」時，就想到工廠中成群結隊的無技術勞工，那也是馬克斯等社會主義所留存給我們的印象，其實那是十九世紀晚期的景象。在 1848 年時，在歐陸大部分地區的勞力隊伍中，居多數的仍是傳統的工匠 (artisan)，由師傅、日工、學徒組成，他們都屬於有技術的勞工，至於無技術的工廠勞工僅居次要的角色。何以致此？

第一，我們所謂的「工業革命」實係指機器與人力搭配工作的現象。在早期的工業化時期（即第一期的工業革命），人力與技術的比例實大於機器，一直要到第二期工業化（大約開始於 1870 年代以後，即重工業發展時期），機器的比重方才逐漸超過人力與技術。因此，在早期的工業化時代，粗糙、簡單的機器仍無法完全取代技術，遂給予中古遺留的技術工人（即工匠）以發展的空間。

第二，歐陸國家並未經歷過英國式的圈地運動，因此大部分的農業人口仍繼續本業，以致釋出的勞力有限，而工業製造部門所需要的大部分勞力則來自於鄉村中的傳統工匠。根據現代學者重新檢視的結果發現：直到 1848 年為止，歐陸從事工業的人口仍少於農業人口、都市人口也少於鄉村人口。這種結果與當時馬克斯等革命分子所見大相徑庭；當年的馬克斯就因為誤判「城市人口大於鄉村人口、無技術勞工（即馬克斯所謂的無產階級）大於技術勞工」，才會一再鼓吹「城市革命」、「無產階級革命」。

第三，十九世紀中葉以前的工廠勞工人數不多，不僅是因為機器的精密度不夠，不足以取代製造業所需的技術，也是因為擁有機器的工廠不夠普遍的緣故。在這裡新的發現又顛覆了我們的舊常識，那就是十九世紀中葉以前的工廠普及度並不如我們所想像的。當時大部分的製造業仍停留在手工作坊的模式，集中作業的工廠制度尚未普遍，即使在巴黎，改良式的手工作坊（即小型工廠，或以手工為主、機器為輔，甚至沒有機器的大小廠房）仍多於機械化的工廠。由於手工作坊較仰賴手工技術，因此工匠的成員也居多，當時稱之為「作坊工人」(outworkers)，也就是說工業化進展的情形並不如我們所想像的那麼快，轉變的速度也比較慢。

四、1848 年的經濟、社會、政治發展

當我們檢視工業革命後的經濟、社會、政治發展時，我們的注意力多會集中在工業革命後的新興社會分子，如中產階級與勞工階級。我們會注意到中產階級如何向上爭取政權，希望透過議會民主的管道，擴增自己的經濟機會，謀求改善生活。我們也注意到勞工階級對於工業文明所造成的不公、不正、貧窮等問題的憤懣，希望藉由罷工、工會、革命等集體的力量，或是向體制內爭取權益，或是根本就推翻現存的體制，另外建立一個能為他們權益服務的新政權——無產階級專政。

在這種情況下，我們通常認為革命是中產階級與勞工階級合作的結果。這也是馬克斯、列寧一再強調的。對於他們而言，革命的規劃、組織與領導能力來自低階的中產階級（資產階級或知識分子），而群眾則來自無產階級的勞工。馬克斯尤其看重革命，認為革命是神聖的，是高級分子、進步分子玩的遊戲；所謂高級分子就是與先進的工業文明相關的人士，如企業家、中產階級、勞工等都會菁英。至於與土地相關的人士如貴族、農民則不被馬克斯看重，認為是落後的封建殘餘勢力，甚且被排擠到高級的革命陣營之外。因此，在馬克斯理論中，農民抗爭稱為暴動、暴亂、反叛，而

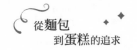
勞工抗爭則美其名為「革命」。

　　然而，我們若重新檢視 1848 年革命，會發現：不是只有先進人士、懂得使用科學機器、具有現代知識與思想的人會鬧革命，「落後」的人士也會鬧革命，也就是那些遭到工業文明擠壓的貴族、工匠、農民等人。在 1848 年革命中，我們明顯看到這些人有理想，他們也希望能透過新政權、新秩序，來實現他們的公平、正義、博愛的理想國。在鄉間或城市，我們看到農民與工匠透過傳統的組織與動員形式（如行會），展現了有計畫、有組織的革命行為，他們有激情，也有理性的訴求與自我節制的行動，這些都非常符合現代「革命」的定義。

五、勞工問題

㈠勞資糾紛

　　由於工作場所、工作形式、成員性質均與後期的工業化時代有所不同，因此早期的勞工訴求（即「作坊工人」）、勞資糾紛的情形也與後期的有所不同。不僅如此，1848 年的資方也不同於後來的資方。當時的資方並非工廠的主人、或負責籌資的金融界人士，而是負責出錢、出原料的企業家，他們的性質實為包商或承包商。因此，當時所謂的「勞資糾紛」實為包商與工匠間的糾紛。

　　由當時民間文學等文字資料記載，顯示：包商對勞工的不滿包括嫌工匠產品的短丈、不守交貨的時限、品質不佳、材料不對（通常是指偷工減料）、件數不符、樣式不對等，而工匠則埋怨包商苛扣工錢、抬高價格等。在 1830～1848 年間，歐陸各處都曾發生過工匠暴動的情形。當然，暴動屬於少數的激烈抗爭行為，大部分的抗議行為則是溫和的，如遊行示威或消極怠工等。總而言之，十九世紀中葉的勞資糾紛多與工時、工資（此處係指薪資或固定的酬勞，而非前述工匠的按件計酬）、傷殘福利無關。

㈡勞工內部紛爭

　　更重要的，在十九世紀中葉，勞資糾紛並非勞工問題的主要議題，當時最重要的議題乃是勞工內部的紛爭，例如師傅與日工為爭奪勞力市場、工作機會而產生的糾紛。事實上，師傅與日工間的糾紛並不始於工業革命之後，早在中古之時，雙方就因工作與生活文化不同、利益不同而紛爭不斷，譬如師傅不滿於日工的粗俗娛樂與飲酒文化。

　　工業革命僅是加深師傅與日工間的紛爭，這是因為機器不需要太多的技術，從而消泯師傅與日工間的界限，同時又使雙方共爭一個飯碗，於是雙方各盡所能的為保持飯碗而努力。例如，師傅利用各種機會與勢力（如固有的行會組織）限制日工的工作機會與升遷管道。從前日工僅需要三到五年就可以升遷到師傅的位置，現在則是十年，甚至更久的時間，當時就有不少日工工作了十年以上，還未升遷到師傅的地位。同時，行會又規定許多限制日工工作的項目，這些項目遠比中古時代還要多與嚴。

　　當然，日工也不是省油的燈，許多日工會聯合起來欺負師傅，有時老日工還會聯合起來限制鄉村的菜鳥日工移居都市，或轉換職場跑道。此外，即使在日工的族群中，也有層級與利益的分裂情形。於是在這一波的日工與師傅之爭中，我們往往會發現一些有趣的現象：1.都市的日工、上層的日工與師傅會與中產階級合作；2.鄉村的日工、工匠則與農民聯手。

㈢工匠的困境

　　十九世紀中葉以前的工業化轉型期間，傳統的工匠與手工作坊雖然仍有不少可以發展的空間，卻日益緊縮。最重要的問題就是資金的來源與籌措。這時，許多作坊在面臨工業化不可逆轉的趨勢時，也引進了不少簡單的機器，但是要進一步的大幅更新設備時，就面臨到資金不足的問題。

　　金融家對於傳統的作坊，以及新興的工業市場缺乏信心，因此多不願

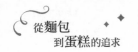
貸款與他們。另一方面，無論是現代的金融業，或是政客、知識分子都視作坊為「中古封建殘餘勢力」，是「落伍」、「理應淘汰」的行業，於是在輿論、政策制定方面，都無意伸出援手，任由作坊隱入歷史。這也是為何許多工匠決定加入革命隊伍，或利用現代的政治組織以鼓吹憲政改革，目的都是在希望能爭取到一點政權，好為自己的利益發言。

此外，十九世紀中葉的時候，礦場與鐵路工業算是具有現代工業形式的部門，因為這兩大行業的勞工多是無技術勞工，而且是為數眾多的勞工群聚在一起工作，因此具有工廠制度下的勞工組織雛形。在礦場的勞工抱怨方面，我們經常可以看到有關工資、工時與工作環境的問題。在勞工組織方面，鐵路勞工雖然人數眾多，卻因為工作地點不固定、勞工流動性大，且多屬政府相關企業（包括政府在內）的雇工，因此待遇較佳。礦場勞工的組織規模雖較鐵路勞工完備，但是卻因為得不到其他部門的勞工支援而無法發揮集體的力量。更重要的，這兩個部門的勞工都不聚集在都市，而是孤島式的散落鄉間。因此，在 1848 年的革命隊伍中，我們很少礦工與鐵路工人的影子。

六、失意的中產階級

㈠東西歐中產階級之不同

由於東西歐政治與社會結構不同，故雙方中產階級的特點也有所不同。

1.西歐的中產階級

西歐的中產階級多居住於都市，從事自由業（非政府職員），包括擁有不動產的有產階級，如商人、專業人士等。所謂專業人士，係指靠教育與專業服務以賺取生活之所需與社會地位者，如律師、醫師、小學教師等。

另一方面，由於十九世紀中葉正值專業社會、多元社會起步未久，故所需的專業知識人員有限，各行各業的工作機會亦有限，以致於高級失業

人口激增。歐洲自啟蒙運動以來強調知識與教育，以致知識分子膨脹、供過於求，失業人口因而大增。

此時，雖然各國均強調公共教育，並興建不少公共學校，但是能吸納的知識分子仍然有限，且多是屬於基本教育的小學，以致教師（多是中小學教師）的社會地位不高。在十九世紀中葉時，高成就、低就業的知識分子相當普遍，以致知識分子間瀰漫不滿的情緒也多，因此在 1848 年革命隊伍中，以中小學教師居多。

2.東歐的中產階級

東歐如奧地利、匈牙利的中產階級大多是由昔日的貴族、政府官員、教士轉化而來的，這是因為東歐社會的多元化現象並不發達，專業知識部門尚未興盛之故。在東歐，政府仍是中產階級的最大雇主。因此在東歐的中產階級中，會鬧革命的專業人士如律師、中小學教師實居少數，大多數的中產階級人士反而是體制內的人士，故都市革命無以發動，反倒是鄉村革命不少。

㈡中產階級之不滿與分裂

歐洲中產階級除了上述的東西歐之別外，卻也具有一些普遍性，諸如失業問題、社會地位上升管道不順暢，還有就是婚姻問題。婚姻問題與失業問題相糾葛，這是源於歐洲「先立業、後成家」的傳統觀念；失業者，無以立業，當然就無以成家，因此單身者多。

一般而言，歐洲的中產階級首先希望藉著擴大投票權或是參政權，以求擠進體制內進行改革。如果此種訴求無法得到回應，他們就會開始考慮以革命的形式推翻既有的建制，以求改善經濟與生活困境。不過值得注意的，此時的中產階級，無論是西歐的或東歐的，不僅力量分散，意見也不一致，以致無法發揮「階級」的整體力量，這也是 1848 年革命失敗的原因之一。

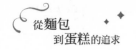
七、政府的負擔

工業革命為政府帶來了許多負擔,尤其是歐陸的國家,因為它們涉入工業革命的流程過深,招攬的工作過多,因而負擔愈重,最後則是力不從心,財政也不足以支持龐大的計畫。這些計畫包括:投資硬體建設、交通建設、解決貧窮與分配問題(即社會福利問題)、教育、安全與秩序等等問題。為了維持政權的合法性、合理性,也為了從中樹立國家的權威,各國政府雖明知負擔過重,卻也不得不為之。於是,財稅、貧窮與人口問題,就成為十九世紀各國政府的頭痛問題。

例如在財稅問題方面,各國政府在節流有限的情況下,乃相繼開源,於是出現了關稅、間接稅等稅賦的觀念與項目。在徵稅的過程中,政府又面臨了「是否與民爭利」的問題,例如政府為何有權抽酒稅、木材稅等。

茲以關稅問題為例,當政府要抽關稅時,就遭到自由主義者的反對,認為違反自由貿易的原則,但卻得到社會主義陣營的支持,認為可以節制資本主義的發展,並達到「分配」的原則。各方對於關稅的大原則無法達成共識,對於關稅的內容也各有不同的立場。以穀物、糧食進口稅為例,工人傾向反對,因為希望進口較多、較便宜的糧食,而農民卻持反對意見。總而言之,由於政府無法擺平各方角力,故關稅時徵、時廢、時重、時輕,以致關稅的收入不固定,政府還得另闢財源。

再以間接稅為例,在十九世紀中葉時「間接稅」的觀念尚屬創新的階段,一般民眾多持反對的立場。但是,政府仍然成功課徵了酒稅、菸稅,至於木材稅、林木稅則因農民的強烈反彈而作罷。儘管如此,許多人士仍然指責酒稅、菸稅乃是政府與民爭利的行為,同時民間走私盛行,政府真正能收到的稅入也不是很固定。以俄國為例,即使到了十九世紀末,人民對於政府的酒稅仍然反對的非常屬害,以致財政部長為此下臺,酒稅也是時徵、時廢。

　　以上問題，僅是 1848 年革命潮中諸多原因的一部分，從中我們也能觀察到工業革命後的情形，並非如我們想像的均衡發展、世界一片美好，更多的矛盾和紛爭逐漸顯現。我們只能確認，1848 年的革命絕不是單一性質的革命，絕不是單純的民主或民族革命，而是一個為理想奮鬥之「理想革命」。即使在爭取政權之際，也是為了爭取政權以實現人間的理想國，就這點性質而言，1848 年的革命實與 1789 年、1917 年的革命一脈相傳，皆是政治（民主）、經濟、社會，或自由、平等、博愛的三合一革命。

　　1848 年革命中可以看到舊勢力、舊秩序的崩潰，也可以看到新勢力的興起。無論新舊勢力中，都因為利益衝突，尚未形成共識，而無法合作。例如，農民雖深受工業革命後的經濟與社會發展之苦，而有共同的訴求，但卻因宗教問題而分裂，以致勢力無法整合。工匠與中產階級的內部，也因自身的經濟利益衝突而無法合作。

　　無論如何，1848 年革命代表受到工業文明擠壓的舊社會的最後抗議與反撲，但卻失敗了，不僅證明工業文明不可逆轉，也消除了工業文明前進道路上的最後障礙。在新勢力方面，民族主義雖然還不成氣候，卻已展現了它無限的潛力與誘惑力。

Chapter 11
第二次工業革命至戰間期

一、新產業的挑戰

㈠鋼鐵、機械業

　　十九世紀末歐洲的工業經濟發生突破性的改變，即所謂的「第二次工業革命」。第二次工業革命出現了不少新的產業，如電力、電機、汽車、合成化學為主，遠比第一期的煤鐵工業要乾淨、輕型、快速且分工更精細與專業。即便是屬於傳統產業的鋼鐵與機械類也發生不少質的改變。以鋼鐵業為例，新的鋼鐵業採用含碳量高的生鐵，並在鍛鐵的技術上有了長足的突破，以致能產生富有彈性和可塑性強的鋼鐵，不僅可以製造各式民生家用產品，還可以製造堅硬、複雜的機器與精密儀器、船艦、橋梁與建築。1889 年巴黎的艾菲爾鐵塔 (Eiffel Tower) 使用了約 7,000 噸的鋼鐵，高度達 300 公尺，象徵新的鋼鐵時代來臨，揭開第二次工業革命的序幕。更重要的，新的不鏽鋼產品不僅耐用，而且價格低廉，很快就成為產業界與市場的寵兒。不僅早期工業核心區的英、法、德、比等國鋼鐵產量增加了數倍，更產生了新的工業國如瑞典、奧地利、西班牙、義大利與俄國 [1]。

---

1 新鋼鐵國的表現相當驚人，如義、俄的鋼鐵產量超過英、法等國。

　　機械類的突破性發展出現了許多更有效的新工具、新機器與新儀器。不僅工廠用的機器開始改進了，家用和商用等類的機器均有新的機種出現，像是縫紉機、腳踏車、引擎動力車 (moto-cars)、收銀機、打字機，還有各式機械式農具，後者對於農業產量的增加頗有助益。到了一次大戰後，縫紉機與腳踏車 [2] 幾乎成為中產家庭與部分勞工家庭必備的機械產品，機器不僅由工廠進入公司商店，更進入尋常家庭。

㈡電　力

　　電力是第二次工業革命中出現的新能源 。 經過前輩的辛苦研究後，1890 年代的歐洲人已經知道選擇固定的地點建立發電廠，再透過電流將電力送到很遠的地區去 。 最早開始建立電廠輸送電流的乃是德國 。 德國於1891 年在法蘭克福建立發電廠，於是大部分的德國西部無論家用或工廠都可以使用便宜、穩定、安全和高效益的新能源。到了 1900 年代時，大部分的新工廠都使用以電力為能源的機器 （電機），主要的大都市均架設了街燈，居民在家裡裝設電燈，甚至街上跑的也是電車。這種「電力化」的情形到了第一次世界大戰後更是普遍，沒有電燈的城市被視為落伍，先進或現代化的都市和國家則一定要有電燈，以致蘇聯的國父列寧將「鄉村電力化」列為國家建設的首要之務，他甚至一度將「布爾什維克」或「蘇維埃」定義為「電力化」。

㈢汽　車

　　第二次工業革命最重要的發展就是將機械與電力相結合，從而衍生出更多影響甚巨的新產業。首先是內燃機和汽化機出現，導致交通革命的汽

---

2 因為縫紉機的出現，家庭主婦有了可以投注樂趣與創意的工作；腳踏車除了作為交通工具，亦能帶動群眾的休閒風氣。

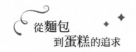
車與飛機業於焉出現。1890 年代開始,歐洲的汽車工業就嘗試用電來啟動與驅動汽車,以增加車子的安全性和速度。1895 年英國終於出現了現代化的汽車,但是現代的標準版汽車則是在 1901 年首先出廠於德國。之後歐洲的汽車業就蓬勃發展,年產量都以萬來計。

當第一次世界大戰爆發時,大多數歐洲國家被徵召的士兵是乘著馬車或火車去報到的,當時大街上跑的仍以馬車居多。戰爭初期的各國軍需品亦多以馬車或火車來運送。但是戰爭卻改變了這種場景,戰爭期間,各國為了爭取效率與勝利無不積極發展引擎車,包括大卡車、坦克、救護車等,以致戰爭後期的軍需品和彈藥、人員都是用以引擎發動,又無須仰賴鐵軌的卡車來載運,而不是軌道容易遭到破壞的火車 3。因此等到戰爭結束時,解甲的士兵多是搭乘動力車或引擎車返鄉,並發現穿梭於都市街道的不再是戰爭前的馬車而是汽車了。

第一次世界大戰歐陸雖加速汽車的使用,但整體汽車業的突破性發展卻發生於美國。1913 年,美國福特公司首度以量產的方式出產廉價的 T 型車,一年就生產近 20 萬臺。福特公司採行「自動化生產」,利用轉動順暢的機器化生產線(裝配線,assembly-line),將幾個不同的生產步驟緊密的連在一起,產品透過機器紐帶自動轉入下一個生產步驟,如此不僅可以增加生產的速度,還可以減少浪費與成本。這種組裝式的生產方式到了一次大戰後,立即成為各國爭相模仿的對象,德、法等國的汽車廠都相繼採用。如此一來,不僅都市有汽車,甚至鄉村也出現汽車,連接城市與鄉村的不

---

3 戰爭期間,由於鐵軌遭到嚴重的破壞,以致各國必須另籌辦法運送戰爭所需的人員、物資和彈藥,於是車子開始受到重視。馬恩河之役 (Battle of Marne) 是第一場因採用引擎車而獲勝的戰爭,當時法國利用速度快且無須仰賴軌道的卡車,將士兵從巴黎運送到附近的戰場上。另一場凡爾登之役 (Battle of Verdun) 亦是著名的一例,德軍將鐵軌炸毀後,聯軍立即採用數千輛卡車運送彈藥和軍需品,聯軍亦因而獲勝。

圖 27　1913 年福特公司的裝配線

只是鐵道、傳統的公路，更出現專門為汽車設計的快速、平穩、順暢的高速公路，來往的汽車除了運貨更載人，城鄉關係因而發生重大改變，更加密切。

　　大量生產的廉價汽車加上強力的廣告推銷，大大活絡了各國的汽車市場，甚至出現賽車聯誼會等。汽車工業的繁盛又刺激相關產業與企業的蓬勃發展，歐洲幾個大國如法、義、德等就是靠著這項新產業而渡過了經濟的蕭條期。從此歐洲工業國忙著建造的不再是鐵路，而是提供汽車奔馳的高速公路。不過，歐洲的汽車一直停留在奢侈品的範疇，並成為社會地位的表徵。最早將汽車平民化的是美國，美國的汽車連勞工都可以買得起，假日的時候，美國的勞工多喜歡駕車出城兜風[4]。同時，一次大戰後為汽

---

4 因此有學者認為美國的勞工因出城兜風，較不會集中在城裡搞群眾運動，使美國的街頭運動、勞工運動比起歐洲少了許多。

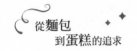
車痴迷的不只是一般的百姓，連各國的政府都不例外。例如，1920年代的德國就推出「摩托化德國」(motorization of Germany) 的口號，意即希望以更先進的「摩托汽車」取代過時的「軌道車」（尤其是火車）。希特勒上臺後更是大力鼓吹汽車工業，還製造了不少誘人的廣告詞，諸如「寓強於車」("Strength Through Joy car")、「屬於大家的車」("a car for everyone") 等，他在1939年的國際汽車展中親自引介新款的車子，並取名為「人民車」（Volkswagen，即後來著名的「金龜車」）。在希特勒推動的勞工儲蓄運動中，就以汽車作為誘餌：他鼓勵勞工朋友省下部分的薪資以購買屬於自己的車子。此外，他還為心愛的車子設計了一種可以讓車子順暢快速奔馳的公路，以及可以讓駕駛人享受開車與觀光旅遊樂趣的公路網，此即現代高速公路的前身。高速公路將駕駛人帶往全國各地的觀光勝地，不僅享受了大自然的綺麗風光，還有助瞭解自己的國家，從而營造民族感情與國家認同。當然，規模龐大的「人民車」工廠不僅有助於解決德國嚴重的失業問題，更造就納粹的「經濟奇蹟」。

㈣飛　機

1903年，美國萊特兄弟 (Orville and Wilbur Wrights) 首先發明了飛機，很快的歐洲就跟進了，甚至超越美國，特別是法國。飛機工業的精進亦拜賜於第一次世界大戰，不過戰爭期間的飛機主要是用來偵測敵情。

1919年，兩位英國的飛行員成功橫渡了大西洋，之後沒多久，歐洲的主要大都會間即發展出定期的空中航班，特別是各國的首都城市。例如1920年開始，荷蘭的阿姆斯特丹與英國的倫敦間就出現定期的航空服務。英國等殖民國更陸續推出飛往亞、非殖民地的交通線。相形之下，美國的民用飛機業就落後了許多；美國的飛機仍以軍用和郵遞為主。即便如此，到了二次大戰前夕，美、歐之間也開始以空中交通相聯絡。比起其他交通工具，飛機更是有效的加強了世界經濟與國際的整合。

㈤化工業

　　第二次工業革命的重頭戲還包括了化工業。化工業最早的產品應算是蘇打，接著就是醫藥類。到了十九世紀末的時候，各家醫院都配有各式化工合成品，從麻醉、消毒、防腐到醫藥用品都是化工合成的製品。不論是個人用的香水、家用的油品和紡織業用的染料都出現了化學合成的人工產品以取代珍貴的自然產品。接著化工業又朝能源業發展，即石油、石化工業。化工業中的人造纖維（醋酸纖維）對於傳統紡織業的衝擊最大，剛開始時，只有硬領部分使用它，後來人造纖維就逐漸的取代了天然纖維，製造出更便宜的衣服；人造纖維還做成攝影軟片，對於後來的電影事業有很大的貢獻。

　　化工業與其他工業一般，同樣都得利於第一次世界大戰。大戰末期，英國以強大的海軍封鎖德國，阻斷德國所需的工業原料與民生用品。於是，德國被迫致力發展合成工業，以人工生產的原料和產品取代天然的原料、用品乃至食品，有時則是半天然、半人工的合成物，從人造纖維到植物奶油都有。一次大戰後，德國在記取教訓下決定推行「經濟自立」的自給自足計畫 (autarky)，於是更積極的發展化工業，例如將煤氫化後以製成汽車和飛機所需的合成燃料，目的就在減少德國對進口石油的依賴。1936 年納粹政府推出的四年經濟計畫中，即將合成化工列為重點，包括合成燃料、合成橡膠、合成纖維以及化學肥料 5 。

　　一次大戰後，除了德國基於「經濟自立」的原則而積極發展化工業，其他歐洲國家亦復如此。一次大戰後，無論大小、新舊，幾乎所有的國家都積極發展工業，遂導致工業原料競爭激烈。加上戰後各國為保護本國經

---

5 德國最大的化工企業為「發爾本」，以致該計畫又有「發爾本計畫」(I. G. Farben Plan) 之稱。

濟而奉行經濟民族主義,並推行關稅保護政策,遂導致各國的天然原料和用品均不敷所需,於是相繼推動合成工業,冀求擺脫對外國原料與貨品的依賴。

㈥通訊、媒體與娛樂業

第二次工業革命中比較晚近的寵兒則是媒體與通訊事業,這些都是電機、電子科技進步的結果,且影響戰後的政治、經濟和社會發展甚巨。以通訊業為例,電子通訊產業中的電報、無線電、電話等在一次大戰中都曾發揮無比的威力,無論民間的新聞業者或政府機構都大量採用這種媒體工具與技術。美國報業首先將電力機器引用到新聞印刷,並利用照相、照片等技術大幅改變報紙的版面設計,例如頭版、頭條等均採用特效的字體與相片以吸引讀者的注意力。很快的,歐洲的報業與政府也都學會採用這種誘人的技術。一次大戰時,各國政府相繼採用這種新的印刷術將戰況與戰場消息傳遞給後方的民眾,企圖激勵後方的士氣與愛國心。不少新聞業與政府更進一步的為枯守壕溝的戰士設計新型的報紙,即在新聞報導中加上附有照片的娛樂訊息,好為他們解悶。

一次大戰結束後,幾乎各國的各大報紙沿用戰時的特效技術,甚至推陳出新,致使報紙銷售量大幅攀升、資訊日益普及化,流通量也更大、更快。這種新的報導、編排技術對於戰後政治與社會均構成一大挑戰,無論有錢、無錢或教育水準多寡,只要識點字的都可以接觸到新的資訊,得以知道時局發展的現況,然後再各自解讀信息並發表意見。好的方面來說,這種情形有助社會與文化民主化、普及化,但卻使得政府的決策日益困難,受到的挑戰與質疑也更多,愈難維持政府的威權和公信力。當政府的政策難以取得民眾的信任與共識,且批評聲多於掌聲時,不僅任何政策難以貫徹,更易使政府喪失自信心,終導致問題更加複雜與難解,政治如此,經濟亦復如此。

在媒體與娛樂事業方面，留聲機、收音機、照相機、傳聲筒、電影等亦是戰後新產業的佼佼者。1914 年以後就已經發展出收音機與電影事業，但是並不普遍，到了 1920 年代方才成為流行的娛樂產業，收音機更是普遍，無論城鄉，幾乎家家戶戶都有一臺收音機。這些娛樂產業的興起亦拜戰爭之賜，譬如一次大戰期間，各國政府為了鼓勵士氣，也為了幫助壕溝中的士兵打發無聊，或是增加工廠勞工的工作效率，於是大量使用留聲機播放愛國歌曲等各式音樂。當官兵休假回後方時，政府則安排他們欣賞電影，以免他們群聚街頭危害治安。戰後，無論士兵或勞工都將這項娛樂活動與習慣帶回家鄉，以致留聲機日益普及化。

1920 年代以後，這些娛樂工具更成為民眾生活不可或缺的一部分。例如電影取代了歌劇而成為中產階級的新歡，它不止成為上層菁英文化與藝術創作的新秀，也是新興大眾文化的一部分，窮人與富人、菁英與庶民同聚在一起欣賞電影，有助拉近階級距離。無論是統治者[6]或尋常百姓都瘋迷電影，特別是來自美國的迪士尼卡通影片[7]。其他如收音機、電影等產業的發展亦復如此，更成為政府和政治家用來宣傳或宣導的重要工具。

例如，希特勒政府深諳收音機廣播之重要性，遂成立「帝國收音部」(Reich Radio Chamber)，將所有涉及收音機事業的工廠、企業與人員全部

---

6 據說希特勒非常喜歡看電影，經常為了看電影而晚睡（他本來就是夜貓子），還有為了看電影而耽誤接待外國使節的例子，據說 1938 年英國首相張伯倫 （Arthur Neville Chamberlain，1937～1940 年任首相）親自飛到慕尼黑與希特勒談判捷克問題時，希特勒正在欣賞電影，於是一直等到電影結束後方才接見他。

7 1937 年，希特勒收到最珍貴的聖誕禮物就是來自戈培爾 （Paul Joseph Goebbels，1897～1945 年）的 18 支迪士尼的卡通影片。當時正逢迪士尼與德國談判進口影片續約的問題，德國堅持要提高外片進口關稅，並為阻止資金外流而要求以德片交換的方式締約，但迪士尼因德國影片不是太過藝術氣息就是政治宣傳意味過濃，兩者俱缺乏商業價值為由而拒絕，以致德國民眾無法繼續欣賞他們所熱愛的迪士尼卡通，但希特勒卻是例外。

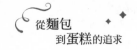
列入政府管轄範圍，舉凡播音員、製造工程師、銷售員等無一漏網。另一方面，為了動員全國的民意、士氣以及改造國民的精神與文化，納粹政府也廣為鼓吹收音機。一如人人要有一部「人民汽車」，納粹也號稱人人都應該有臺「人民接收器」(People's Receivers, or *Volksempfänger*)。於是德國政府與企業界合作大肆生產價格低廉的「人民收音機」，約相當苦力勞工的一週薪資。為了鼓勵與推廣收音機的使用量，納粹政府還要求業者除了播放政治宣傳外，必須製作「不要讓人無聊」的節目，甚至連鄉村都可以收聽到國家的宣傳新聞以及為他們製作的「不無聊」節目。1934 年時，德國的收音機已超過 600 萬臺，等到 1939 年時，德國有 70% 的家庭擁有收音機，是當時全世界比例最高的。除了收音機外，納粹政府更是廣為架設擴音器，有時每隔幾公尺就架設一架擴音器，大部分的納粹幹部更是肩上背著一臺喇叭。可以想像，這些收音機、擴音器和喇叭不只成為納粹的官方宣傳利器，更為德國經濟帶來多少生機與奇蹟。

綜而言之，新工業的興起不僅導致各國經濟結構的改變，也改變了舊的工業社會結構。舊的工業社會大致可分成兩個階級：一個是做粗活、在工廠做工、負責生產的勞工階級，另一邊則是擁有工廠與機器的所有人；後者管理前者並靠前者的成品賺錢。相對的，在新的工業社會中，兩者的社會差距因中間階層的經理與職員的興起而日益縮小。另一方面，新工業的快速與有效生產大幅降低產品的價格，從而改善勞工的生活，許多舊勞工無力消費與享受的產品和活動現在都已普及化了，使得社會生活更加平等和民主化。

新工業所帶來的民主與平等隨著一次大戰的群眾戰爭而更加快速發展。其次，戰爭加速精密與先進工業的發展速度，遠超出時人所能想像與忍受的程度，從而產生不少適應不良的後遺症。許多戰後的人士開始懷念從前那個階級分明、秩序井然、一切都可預測的世界。他們要求盡快回復到所熟悉的戰前世界，並將那個世界稱之為「正常社會」或「常態」

(normalcy)，反倒拒絕接受新事物、新社會的事實。一直要到二次大戰後，歐洲人方才接受新的改變。

二、合理化的生產與經營

第二次工業革命不僅表現在科技、生產工具與生產內容方面，也表現在生產與經營方式的突破性發展。由於所需資金過於龐大、機器與廠房配置過於複雜、生產流程需要更精細的規劃與協調、市場與風險結構的變數益多，因此需要更有效、更理性的生產方式與經營方式。「合理化」(rationalization) 便成為當時產業與企業界的流行口號，其實是追求統一與集中生產，以期降低成本和提升生產的效率，包括加強製造業者的獨立性和自主性，以減少風險如受到原料供應或價格波動的影響，或是下游廠商不穩定的影響，最終的目標則是控制市場以確定利潤。在合理化的經營方式下，各產業，尤其是上述新興的產業，相繼引進生產線或組裝式的生產方式、汰換機器、重組生產流程以期更合乎科學化的經營理念，以及將與自身產業相關的能源、原料、製造等一系列的資源和產業予以重新組合和合併，使之更具協調性和互補的功能。

合理化的生產方式在德國的手上發生重大的轉變。原本美國式的「合理化」生產是屬於垂直式的[8]，意即將同一產業的上游到下游生產聯合起來，進行統一生產與經營。以鋼鐵業為例，在美式的「合理化經營」或所謂的「壟斷」、「托拉斯」(trust) 下，是將冶鐵、煉鋼、不鏽鋼成品等一系列相關製造流程與產業聯合起來，成為一大串的生產線。然而，德國的大企業家更進一步的由垂直式的聯合發展成橫向的聯合與壟斷，意即多元化的經營與壟斷方式。例如德國的鋼鐵大王會將其剩餘的資金或經營觸角伸

---

8 美國係「合理化生產」風潮中的龍頭典範，尤以泰勒 (Frederick Winslow Taylor，1856～1915 年) 最著名，故又有「泰勒化」(Taylorization) 之稱。

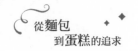

入其他有利可圖的產業，因此會收購或兼併化工、紡織、林業、造船業和航運業等事業，從而建立龐大且獨立的壟斷性聯合經營的事業網 (cartel)。

　　一次大戰後流行的合理化生產的確有助工業的復興與利潤的壟斷。譬如一家英荷合資的大企業經過兼併後甚至一躍而為世界級的大廠，透過控制原料與生產過程，轉而控制國際的肥皂與人造奶油的市場。然而，合理化經營過程中的一些策略卻對當時的經濟與社會帶來不少困擾，諸如大幅削減投資、大幅裁員，以及降低產量以維持高價格等。這種態度不僅激起一般民眾的不滿，更迫使政府出面制止管理，方才結束這股財閥政治、壟斷經濟的風潮。

　　合理化經營不僅犧牲消費者的利益，導致財閥興起，更有其他的後遺症。這主要是因為合理化的目的在不斷擴張產業版圖以求取最大的量產，但是量產不僅增加原料的負擔，更要不斷的開拓市場以求量銷，從而加劇市場競爭。這種後遺症在美國並不嚴重，這是因為美國有廣大的內需市場配合，但輪到歐洲國家就問題嚴重了。歐洲國家的版圖與幅員都有限，因此內需市場原本有限。戰後各國又厲行「經濟自主」或「經濟民族主義」政策，施行關稅保護政策，更限縮了外銷市場的發展。再加上各國都採合理化經營，對於原料的需求也日益急切，因此導致原料市場競爭日益白熱化。

　　儘管歐洲各工業國都面臨合理化的兩難困境，但卻以復興最快、版圖與資源又遭到縮水的德國至為嚴重。在資源緊縮下，德國積極推行「合理化」生產，以鋼鐵業為例，從 1924～1929 年由早先的 55 家減到 45 家，不過產量卻大幅增加：由每週 1,655 噸增加到 2,567 噸。1928 年時，德國的工業生產量即已居全球第二位，僅次於美國。等到希特勒上臺後，加緊推動「經濟自立」、壟斷性的聯合經營和軍事工業後，問題就日益浮現臺面。1936 年納粹政府開始推動四年經濟計畫，沒多久就發現了不斷擴張與壟斷的工業生產實有其極限。

　　首先是糧食的問題，當大部分的農業勞力被抽調到日益擴張的工業部

門，遂導致糧食供需嚴重失調；政府必須為日多的勞工人口尋找便宜的糧食。其次，戰後德國資源原已嚴重縮水，現更嫌不足，於是納粹開始加緊對民間資源的壓榨與控管，特別是身心有缺陷、不健全的德國人以及異族的猶太人的財產與物資。第三是勞工的缺乏。剛開始時，納粹極力開發婦女市場，將原本鼓勵回到廚房的婦女再拉回職場。接著就是大量引進外籍勞工，但仍嫌勞工不足，特別是缺乏有技術的熟練勞工，因此他就看上了原有工業基礎的捷克與波蘭勞工。第四則是原料取得跟不上工業消耗的嚴重問題。最後則是市場的問題。不過市場的問題並非特別嚴重，因為德國後來生產的多是供本國所用的國防產品，外銷問題尚輕。

這些問題到了 1939 年更是惡化，驅使希特勒積極開拓「生存空間」的政策，為的是追逐糧食與原料。納粹所看上的「生存空間」就是以農為主的東歐、素有工業基礎的捷克，以及農工兼具的波蘭，這就挑動了國際的緊張神經，終致第二次大戰的爆發。

三、戰間期的經濟困境

㈠景氣循環

造成工業經濟循環的問題是很複雜的，不像農業時代的天災一般很容易懂。其中一個因素就是生產過剩，以致價格下跌就會造成經濟下滑。根據供需律，當某項貨品因短缺而價格上漲的時候，就會吸引更多的投資者、投機客與生產家投入該項貨品的生產行列，終造成該項貨品生產過剩、價格大幅滑落，投資者血本無歸、銀行則因收不回貸款而呆帳過多，從而影響到其他生產與經濟部門，最後遂導致整體經濟的崩盤。最有名的例子就是 1920 年代後期發生於農業的泡沫化以及接下來的股市崩盤與經濟大恐慌（Great Depression，又稱經濟大蕭條）。

一次大戰後，農業經濟的異常發展實與戰爭有關。戰爭期間農業部門

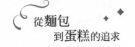

受到嚴重的擠壓，人手不是被調往戰場就是工廠，農具無法更新，資金更是一再流失，導致戰爭結束後各國糧食問題非常嚴重，天候的異常更是雪上加霜。各國政府乃相繼採取補貼、獎勵措施，包括將勞工的保險與失業給付擴大到鄉村。既然糧食市場看好，於是吸引了無數的人投入墾植業；一些穀物如麥，因為歐美各地收成與上市日期不同而成為期貨交易之對象。農業部門忽然成為搶手貨，生產也隨之旺盛，終致生產過剩。

另一方面，戰後農業經濟突然的活絡，也得利於當時政府的貨幣政策。戰後經濟蕭條，不少政治官員認為乃是工業經濟循環所致，因此相繼採取一些對應措施，包括維持平衡預算、降低利率、寬鬆貨幣等政策。在這種通貨膨脹的政策下，幣值無法反映市場的真實價值，於是給了許多投機客炒作的空間。這種人為操作的結果就是使得國內外幣值浮動不定，從而增加投機客賺取利潤的空間，如炒作股市、期貨或外幣等。此外，幣值不穩導致許多人不願長期投資，如一定要投資也多選擇可以短期收利的產品、產業，這時短生產期的農作物遂成為理想的對象之一。某些農產品（尤其是麥等糧食作物）更成為國際期貨市場的投機對象。戰後美國的糧食生產就吸引了許多這類的投機客，致使出現泡沫興盛的情形。在此一情形下，股市的波動固然會影響美國的農業，農業的發展情形也會影響股市的發展。

一次大戰後美國農業的興盛也源於政府的低利政策（即低利率、調降利息）。在此政策下，許多中產階級開始向銀行貸款購屋，許多農民與農業投資者也開始大舉向銀行貸款購買土地、整治土地、購買農具與種子等。除了向銀行貸款外，無論購屋者或是農業經營者又大量以信用交易滿足所需。無論貸款或信用交易都更加刺激了通貨膨脹。中產階級購屋刺激了1920 年代末、1930 年代初的經濟景氣回升，農夫貸款更是刺激農業經濟的復甦與大量的生產。結果很不幸的，當大家一窩蜂搶種農作物後，就產生生產過剩、血本無歸的現象。農業經濟的慘跌導致整體經濟的再度崩盤，因為當農民收不回成本時，他們的借貸與信用就成了呆帳，遂導致銀行因

呆帳過多而破產,股市跟著就崩盤了。基本上,這就是美國 1929 年股市崩盤的原委。

㈡結構轉型的陣痛

農產的問題很明顯的可以歸屬於循環、供需失調和投機短利操作的結果。其他的產業沒落的原因就沒那麼單純了,而是屬於結構性的問題,這類問題尤以英國的傳統產業較為嚴重,如煤、紡織、造船等產業為例。這些產業原本構成英國傳統經濟的主體,成為大部分人賴以維生的產業之一,因此它們的沒落就會帶來嚴重的經濟與社會問題。

在一次大戰前,英國的煤鐵、造船與紡織業多是靠出口刺激生產,接著戰爭中斷了這種「正常」的流程。等到戰後當英國的傳統產業業者再回到國際市場時,卻發現天地變色。許多國際市場在戰爭期間遭到新興國家如印度、日本、美國、澳大利亞、南美(礦業)等國奪去,以致英國的產品變成過剩了。另一方面,新興國家採用的是新技術、新機器以致產品的品質超過英國貨,價格又遠較英國貨便宜,因此英國當然不敵新興國家的競爭。這場英國與新興國家的競爭其實是很激烈的。這是因為更便宜的電力能源與人造纖維的介入,衝擊到傳統的煤鐵和自然纖維紡織業的市場需求,這種趨勢對於英國傳統產業界而言不啻雪上加霜。英國傳統的造船業也面臨了同樣的問題:戰後船隻的需求大為萎縮。

新能源、市場需求萎縮的衝擊對英國的煤礦業更是嚴重。在戰前的歲月裡,英國煤礦業的勞工佔英國勞工的最大宗,也是出口最多的貨品之一。然而,百年來英國礦場的設備並無多大的更新,即使當戰後政府要求煤礦工會機器更新亦遭到拒絕,以致礦場的老闆素有最頑固者的形象。事實上,英國煤礦業的沒落早在戰爭期間就已經顯露無遺了,例如,在戰爭期間,英國煤礦產量僅增加 14%,就已不及波蘭 (54%)、尼德蘭 (118%) 和魯爾 (81%)。

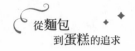

面對一次大戰後更嚴苛的挑戰，煤礦主人只想到增時（煤礦工人通常至少得工作七天）、減薪，而非再投資以更新設備。煤礦主人拒絕更新設備，導致煤礦業成為最危險的行業之一，例如在 1922～1924 年間，死於礦場的工人高達 3,603 人，受傷的更高達近 60 萬人次，即使未受傷的礦工，也因為平日透支體力過度而致 40 歲以後通常都不再適合工作，亦即礦工的工作壽命短。這就引起煤礦工人的不滿與走上街頭，因此在戰後的罷工潮中以煤礦工人的罷工最為頻繁。

英國煤礦的問題實源自於一次大戰期間政府的「國家化」政策。戰爭期間將煤礦收歸國有被視為戰時不得已的舉措，因此戰後再度引起討論，煤礦主人多反對將礦場收歸國有，但礦工為了得到較好的待遇而希望國有政策。於是英國政府成立委員會調查討論但無定論。1921 年戰後的第一波經濟景氣期結束，有近 200 萬的失業人口，煤礦輸出又銳減，於是煤礦主人再度決定減資，遂導致憤怒的礦工走上街頭抗議。同年，礦工醞釀首度的全國性大罷工運動，但得不到另外的鐵路與交通工人的支持（傳統上礦工、鐵路工人與大眾運輸工人號稱「三角聯盟」），礦工罷工運動遂告失敗。1925 年在金本位制下，煤礦的輸出更是不堪聞問（因為金本位制不利輸出：金本位價格高，不利英國煤的國際競爭），於是煤礦主人再度醞釀刪減 13% 的工資，並要求增加工時。全國工會聯合總會乃再度威脅大罷工，政府只得同意貼補礦工。

1926 年煤礦主人再度宣布再減 13% 的薪資，以及增加工作時間。在礦工的拒絕下，礦場主人乃於 4 月底解雇上百萬的煤礦工人。全國總工會遂與政府展開協商，但政府猶疑且接手的意願低，於是全國總工會遂呼籲發動全國性的大罷工。5 月 3 日，大約有 350 萬的工人拒絕工作以響應罷工，並聲援礦工。大罷工僅進行了九日，卻震驚了英國上下民眾，因為在這些天中，僅有少數的非工會的藍領勞工照常上班，以致交通、工廠、礦場全數癱瘓。

　　這場大罷工不僅顯示政府與工會間的衝突，也揭露了英國各社會階層間的衝突。不少中產人士害怕英國將被「布爾什維克化」或共產主義化，有的甚至指為英國的憲政危機，更有的認為大罷工的行為破壞了戰前講求順從的諸多美德，於是一致要求政府採取強硬的態度。廣播公司與媒體甚至拒絕播放較溫和或妥協性的言詞。為了對抗罷工，政府招募志工以協助交通運作，許多牛津劍橋的大學生相繼加入駕駛公車與鐵路的行列。最後在全國一致的壓力下，全國總工會終於宣布結束罷工。大罷工之後，煤礦工人雖然仍單獨持續的罷工了一陣子，但卻徹底的失敗，最後仍被強迫接收減資增時的苛刻條件而重返礦場工作。一直要到二次大戰之後，礦場始正式國有化。

　　此外，經濟景氣差，無論是循環或結構性問題，都易導致企業兼併，因為在經濟不景氣的衝擊下，許多中小企業因撐不住而欲脫手或關閉，這就成為大企業兼併的大好時機。1920～1930 年代的確看到不少企業聯合與擴併。當然也有同業間相互合作成立類似合作社的組織，以穩定市場和原料，尤其在農業部門更是常見。不少企業聯合或托拉斯的行為其實是得到政府的支持，特別是在資金與資源緊縮的東歐。基本上，戰間期的兼併之風從第一次大戰之前就開始，經過一次大戰的催化，到了戰後更是普遍。

㈢戰爭後遺症──通貨膨脹政策

　　戰爭留下來的龐大財政負擔與戰時經濟政策，一時間仍無法消化或立即改變。譬如，戰爭期間各國政府為了應付戰爭軍費而採取的通貨膨脹政策，以及政府干預政策，並無法隨著戰爭的結束而立即取消。在戰債（包括國內外的公債、借債與貸款以及國際借貸和賠款等）與重建經費的壓力下，政府被迫繼續維持通貨膨脹的政策，希望能藉著貶抑幣值減少債務負擔[9]。在重建經費的壓力下，各國也相繼大量印行紙鈔，特別是重建壓力大的法國與德國。戰後的法國滿目瘡痍，家園與工廠都等著重建，於是政

府提供大筆的補貼和低利息的貸款，銀行則發行大量的信用貸款以協助重建，同時為了刺激投資，政府也採取寬鬆貨幣的政策。英國政府面對大批的退役軍人和失業勞工的津貼與補助，還有其他的社會福利支出，也不得不採取通貨膨脹的政策以減輕政府的財政壓力。

最有名的例子就是德國的魯爾事件。1923 年當德國拒絕繼續支付賠款，法國與比利時乃進駐魯爾礦區，以迫使德國繼續支付賠款。這時，德國政府以愛國主義號召工人罷工、退出礦區。為了支付這些勞工以及他們家屬的津貼，德國政府乃大量印製鈔票。當時德國 30 家印鈔廠和 2,000 多家印刷廠一天 24 小時不斷的印製鈔票，結果導致馬克大跌，德國民眾甚至得駕車帶著一大袋的鈔票上市場，卻只能採購到一兩樣便宜用品。發薪的日子裡，勞工背著一大袋的鈔票回家，卻換不回一星期的食物或用品。市場的價格更是一天數變，鈔票的票面價值更是出現萬乃至百萬數字；美金與馬克的兌換甚至達到 4,000 多萬（一美金可兌換 4,000 多萬馬克）。這時人民都急著脫手鈔票，不少家庭甚至將馬克丟到壁爐中以作為取暖的燃料。德國政府為了穩定幣制，只好採取激烈的措施，就是維持平衡預算。為了維持預算的平衡，政府只好大量裁員，一時之間，約有 70 萬的政府官員遭到裁撤，這又轉而增加了失業率，這種高失業率更加刺激社會的動亂和極端化。

---

9 戰後各國政府的債務負擔都很大，特別是支付戰債的利息負擔更是沉重。1920 年代末期，英國的戰債利息幾乎就佔了政府財政支出的三分之一。為了減輕負擔，政府不得不採取低利政策，英國銀行大部分維持利率在 2% 左右。低利政策可以減輕政府的財政負擔，並有效鼓勵消費貸款以刺激中產階級的購買力。同時也降低投機客以炒作的錢存入銀行賺取利息，以致銀行中沒有太多的短期投機錢，從而可以有較穩定的金融體質。當然，低利也可以鼓勵企業貸款，對於刺激產業興起頗有助益。一些經濟史家認為：英國政府的低利政策有助 1930 年代中葉以後的經濟復興。

當然一次大戰後物價攀高的原因不限於通貨膨脹一因。戰爭期間大部分的工業移往軍火部門，以致一次大戰後市場上民生等貨品不足，在需要大過供應的情況下，物價當然會一揚再揚。當政府眼見物價過高，開始採取緊縮貨幣政策以其「穩定貨幣」的時候，卻又造成了投資停頓、就業機會緊縮，失業人口再度上升。1920～1921 年西歐、北歐國家都經歷了這種高失業率的陣痛，中歐、東歐的失業高峰則較晚，約當 1923～1924 年。

無論如何，戰後各國政府採取通貨膨脹政策，為的是減輕財政負擔以及刺激投資、振興產業。然而，通貨膨脹政策卻會使各國政府面臨另一項新困境，就是如何發展出口貿易以賺取外匯或加速國內景氣復甦。要發展出口貿易，就必須增加自己產品的國際市場競爭力。在此前提下，產品的價格不能太高；達到此一目的的方法不外降低產品的成本與價格。如何降低出口產品的價格就涉及到金本位與外匯市場的制度。

為了發展出口貿易，各國一再降低自身貨幣與黃金或外幣的兌換比率（即外匯兌換率，也就是貶值）以利出口以及國際市場的競爭。然而，有些國家基於政治考量如英國、義大利卻仍堅持維持一次大戰前的外匯幣值[10]，導致出口貿易困難。最終，英國政府基於出口貿易考量而放棄金本位制。除了貶低自己的幣值外，各國也得相繼降低自己產品的成本，尤其是勞工的薪資。為了降低勞工的薪資，政府就必須降低物價，為了降低物價，政府更得採取貨幣緊縮的政策，這又與有利財政與投資的通貨膨脹政策相違背。因此，我們可以看到戰間期的各國政府常在緊縮與膨脹間搖擺不定。

---

10 譬如戰後英國政府堅持回歸戰前的金本位，因此將英鎊與黃金的兌率定得很高，另外義大利基於國家榮耀的考量也將里拉的匯率定得非常高，均不足以反映實質的幣值。

㈣心理、社會因素

　　基本上，主導戰間期各國經濟政策的並非純經濟的考量，而是戰後的心理與社會因素。第一次世界大戰後到第二次世界大戰爆發前期，西方的世界瀰漫著兩種極端的心理與社會趨勢，對於當時的經濟卻都有著相當負面的影響，因為不同的心理與社會因素會影響到時人對於經濟問題的看法與態度。一種趨勢是希望能忘掉戰爭的經歷，盡快取消戰爭期間所有「戰時」、「臨時」、「暫時」措施，好讓一切的事情回復到戰前的狀態。這群人認為戰前的狀態才是「正常」的狀態，因此他們呼籲「回復正常」或「回歸正常」。

　　相對的，另有一群人則願意接受戰爭改變一切的事實，並希望能利用此一契機以創造新的「理想」制度，不過這群人在當時只佔少數而已。

　　呼籲「回歸正常」的陣營多屬政府官員、擁有資產的社經菁英，亦即多是戰前體制內的菁英或執政者。至於要求「創新」的人又多屬於社會上烏托邦的理想主義分子或知識分子，他們對於現狀相當不滿與失望，因此要求徹底改變既有的社會與經濟結構。這群知識分子可能是右派或保守派，也可能是左派或社會主義分子，無論左或右，均屬於兩派中的極端分子。隨著戰後經濟情況的日益惡化或起伏不定，這批理想與激進分子（無分左右）都希望奪權以實現自己的經濟主張，進而改善戰後的經濟與社會，他們也的確吸引了許多失業、失意的中低階層人士作為後盾。德國的納粹即屬激進的經濟主張者成功奪權的例子。

　　「回歸正常」與「創新變革」兩陣營間的歧見和衝突源自於第一次大戰前的爭論，只是戰後重建的問題更為加深彼此間的歧異，進而導致一般社會人士對於戰後世界的走向亦無共識，終至戰後的社會被撕裂成兩半。至於原本處於中間緩衝的中產階級、溫和分子則遭到擠壓而大幅縮小。總之，戰後世界無論在社會、政治、文化和經濟方面的分裂與紛擾，其實大

都源自於這兩派間的無共識。主張回歸正常的人士仍秉持英國維多利亞時代的菁英主張,他們認為必須激勵群眾支持他們制訂的政策,卻反對讓他們參與政治與決策的過程。然而,大戰期間,這批菁英給了群眾太多的幻象與期望,以致群眾認為戰後應立即進入另一個理想的世界。但事與願違,這些受挫與失望的群眾遂選擇站在呼籲「創新變革」的知識分子的背後。這些群眾除了昔日被排除在公共政治之外的農民與勞工外,還有戰敗國中看不見未來的群眾,以及突然遭到解甲的退役軍人等。

面臨嚴苛的經濟與社會挑戰,戰間期的各國政府官員束手無策。於是,各國人民紛紛要求政府成立「專家委員會」或「專業內閣」以解決問題,因此著名的財經專家、財閥相繼入閣推出各式的方案。在專家、財閥的策劃下,經濟似乎頗有起色,但是社會卻付出慘痛的代價。當財閥或企業大亨在為政府籌畫或推行經濟振興方案的時候也藉機為自己的事業牟取利益,而且經常超出法律與社會正義的底線。以一家美國火柴大亨克魯格(Krueger)公司為例,靠著兼併而成立一家國際火柴公司,但該公司實際做的業務卻是買空賣空的生意。該公司總裁先向銀行貸款,再借給亟需經援的國家以換取該公司在該地的獨佔權(包括生產與銷售)。他大部分的貸款流向東歐國家,儘管許多投資者都認為該項業務風險太大,但他仍然繼續此項借貸業務,後來更大筆的借貸給法國(7,500 萬美元)與德國(12,500萬美元)。很不幸的碰上經濟大恐慌,他借出去的錢收不回來,以致他的信用出現問題而貸不到款,而且還得清還舊債,最後他只好選擇自殺結束這項買空賣空的生意。為了他的不幸遭遇,瑞典的股市被迫停市一星期(克魯格本是瑞典人),瑞典政府還得出面為他清償部分的債務以防止瑞典經濟的崩潰,當然為他丟官的人更是無數,尚包括瑞典總理。

又如美國的哈定(Warren Harding,1921～1923 年任總統)政府,也是因為財閥、工商鉅子和專家的弄政,而有美國史上最腐敗政府之名聲,時人稱之為「巴比倫奢華」或「巴比倫宮廷」。貪汙、瀆職、公器私賣等黑

金政治盛行，他的一位閣員甚至將白宮的醫療器材以低價外賣從而賺取暴利。哈定的競選大將也因為財務不清、辦事不誠實而遭起訴坐監。

　　人民對於政府的不信任也導致政策窒礙難行、成效不彰。例如當 1929年經濟大恐慌時，美國總統胡佛（Herbert Hoover，1929～1933 年任總統）推行了不少振興方案卻遭國會杯葛，以致府會大唱反調，人民對於政府的不信任，更使得民間批評聲不斷而致政府政策難以落實。其實，後來羅斯福總統（Franklin D. Roosevelt，1933～1945 年任總統）所推行之「新政」(New Deal) 不僅繼續胡佛振興方案之精神，甚至連內容都接收了。只因為羅斯福利用爐邊談話恢復人民的信心，遂使新政得以落實而生效。

　　在以上諸項不同因素的交互作用下，以致當時的政府官員以及民間專家都無法確定目前面臨的經濟問題是否為景氣循環所導致，或是還有其他潛在問題。譬如 1920 年代末期，在新工業的帶動下，曾經創下短暫的經濟景氣，但很不幸的，突然間經濟又暴跌了。在 1928～1932 年間各國的投資忽然停止，然後一國接一國的陷入經濟恐慌中。在這一波的經濟打擊中，每一個國家或地區承受的能力與復原的能力不一，有的國家遲至 1935～1938 年方才回升。在這一波經濟恐慌剛開始的時候，各國認為又是景氣循環的問題，於是各國相繼採取緊縮貨幣政策（如限制信用發行等），反而加劇經濟的惡化，更導致社會的動亂。社會的動亂吸引左派與右派的極端分子，他們希望藉機奪權以建立自己心目中的理想國，一些地區就在這種背景下淪為暴力與極端的極權統治。

四、戰間期政府的經濟對策

　　大體而言，面對戰後的經濟困境，各國政府所採取的政策大致依循傳統保守的與激進改革兩條財經路線。有趣的是，剛開始的時候兩邊的政策各有不同的意識型態，作為背後的動機與合理化的藉口，但為了因應情勢的發展、政權的需要以及民意的要求，兩邊的政策開始有了重疊與相互融

合的現象。到了最後，無論是保守或激進，最後各國的財經政策又同歸一
流，例如擴大公共工程的措施，希望能減緩失業的壓力，並恢復和刺激部
分私有財產（即消費能力）的擴張；又或是將大部分的財政投入國防軍備，
最後雖導致經濟復甦與繁榮（不少地區與工業的生產量甚至超過第一次大
戰前的水準），卻也使得戰爭不可避免，重蹈戰前的教訓。

㈠保守與穩定的經濟政策

　　大體而言，保守派遵行自由主義的主張，將戰後的經濟危機視為經濟
景氣循環的結果。根據循環論，景氣循環也是企業重整的大好時機，因為
一些體質不良的產業與經濟行為（如股市投機）會因承受不住景氣的低迷
而自然淘汰，留下來的將是健全的產業與經濟行為。因此，經過景氣的自
然調適後，下一波的經濟將會更健全、強壯，從而導引新一波的景氣高峰。
因此，在這段期間，政府唯有耐心的看守，等待經濟的自然調適與復甦。
所有經濟不景氣中的現象（其實也是造成經濟不景氣的部分因素）如通貨
膨脹、工資過高、股價下跌（多是投機股而非優良股）、過高或過低的利
率、夕陽工業等現象，政府均不宜插手，任由其自動調節或淘汰。

　　在所有的保守派所主張的經濟策略中，最重要的就是平衡預算。保守
與傳統分子認為平衡預算不僅可以維持產業界與民間對於政府、政策的信
心，更可以節制在野的野心分子、激進分子亂開政治支票。他們認為激進
分子主張的「赤字預算」或「擴大預算」將會導致在野的政客為爭求選票
而亂開支票、在朝的政府也容易陷入多花錢與浪費的行為與政策中。然而，
要做到這些以維持基本面與人民的投資信心，還要避免社會騷動以穩住政
權，政府就不得不插手如平衡預算、裁員、大幅刪減財政預算與穩定貨幣
政策。保守人士對於政府為穩定局面而採取的政策，稱之為「穩定政策」、
「穩定主義」(stabilizationism)，而非「干預政策」(interventionism)。無論
哪一類稱謂，我們可以英國為例一窺究竟。

1.削減支出與失業津貼問題

　　戰間期各國政府財政最大的負擔除了戰債、各式債務外，就屬社會福利方面，其中失業津貼更是引人爭議。在勞合喬治（David Lloyd George，1916～1922年任英國首相）主政的時候，他將失業保險擴及到所有失業的人口，對於無法領取失業保險的人還另外給付特殊的津貼，而非援引有失身分的「貧窮法」，自此以後政府的失業津貼負擔就直線上升。為了要滿足失業給付，政府不但被迫加稅還得借貸，這不僅危及平衡預算的原則，還使產業界人士對大環境逐漸喪失信心，到了1931年政府更是因此而面臨破產的窘境。

　　失業津貼在當時的政黨間引起激烈的討論。勞合喬治的自由黨主張採取赤字預算，藉推行大規模的公共工程解決失業問題。保守黨當然主張大幅刪減，他們更堅持失業津貼只有鼓勵勞工不工作。工黨內部也是意見紛歧，許多激進的工黨分子認為失業津貼是社會主義的一環，社會主義則是黨魂之所在故不得廢。工黨黨魁，也是當時全國聯合政府（National Government，1929～1940年）的首相麥唐納（Ramsay MacDonald，1866～1937年）則相信：「社會主義必須建立在資本主義的繁榮基礎上，因此要實現社會主義必須先穩固自由、民主與資本主義。」[11] 為穩固資本主義政權，麥唐納決定大幅刪減失業津貼與其他社會福利支出以減輕政府的財政負擔。

　　在這一波重新調整中，英國大幅提高領取失業津貼的門檻，包括對財

---

11 1929年，麥唐納率領工黨首度贏得選舉勝利，得以組織工黨政府，當時他的口號即採取赤字預算、推行公共工程以減少失業問題。不過，麥唐納擔任首相後即改變主張，贊成大幅刪減失業津貼，從而導致工黨內部分裂，麥唐納政府垮臺。在英王要求下由各黨合組一個全國聯合政府。全國聯合政府的體制與傳統英國憲政體制不符，傳統上英國政府應由多數黨組閣，並由多數黨黨魁擔任首相。但是全國聯合政府卻是以少數黨的黨魁麥唐納擔任首相，該政府的多數黨則為保守黨。

產的清查以及若干資格的限定等。同時，失業津貼的數額不得超過最低工資。然而，政府仍然拒絕引用不受尊重、有失身分的「貧窮法」或「貧窮津貼」等字眼，以保住失業勞工的尊嚴，甚至使用「值得尊敬的勞工」。經過改革後的失業津貼終成為有效的經濟與社會策略。就經濟而言，它達到不鼓勵勞工失業，微薄的津貼促使許多勞工努力尋找工作，從而降低失業人口；產業界對於環境與政府的信心也逐漸回升。另一方面，津貼也有助維持基本的消費市場。更重要的，被保持住尊嚴的勞工沒有像德國等地的勞工般倒向激進的反政府陣營，成為反政府的部隊，社會秩序與政治因而穩定住。

2.新產業的勃興與衰落市鎮的照顧

造成 1930 年代英國經濟復甦的原因之一其實是新產業的蓬勃發展，特別是摩托車、收音機和人造纖維等產業。經濟的復甦還表現在這些新產業界的勞工不足上，當時這些產業到處在招募技術勞工。到了 1937 年時，英國的失業率已經降到 9% 以下（約 140 萬人左右）。不少經濟學者認為：前期的通貨膨脹、低廉幣值的政策有助於這些產業的投資意願增加。

除了新產業的蓬勃發展外，房屋建築業的興盛也帶動經濟的復甦，低利率政策使得許多中產階級人士可以輕鬆貸款購屋。此外，戰後歐洲開始流行小家庭社會，英國亦不例外，當家庭朝核心家庭發展時，房屋的需求就開始激增，這些有助於建築業及其周邊產業的興盛如建材、家具等。建築又是勞工密集的製造業，因而對於失業人口的減少有不少的幫助。

新產業的興起導致新工業區的興起，當然也促使舊工業的城鎮開始沒落。許多原本興盛的煤礦城、棉紡織城現在都迅速沒落。為了解決這些地區嚴重的失業問題，於是英國政府採取紓困的策略。除了協助它們產業轉型，或是發展其他服務業如觀光等，也希望創造更多的就業機會，不僅能解決當地的失業問題，更希望能吸引周遭外地的人來就業。若實在沒辦法，政府就開始鼓勵這些城市的人口回鄉務農。

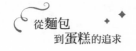

3.振興農業

　　戰爭與戰後的缺糧教訓讓英國政府體認到農業的重要，特別是英國糧食素來仰賴進口，在戰間期經濟緊困之時，英國仍得花大筆的經費向外購買糧食，形成英國龐大的經濟負擔，於是政府開始採取振興農業的政策。首先，英國政府開始大量補助農村，鼓勵人民回鄉務農。到了 1930 年代，眼見歐洲的局勢愈來愈動盪，戰爭似乎又將降臨，英國政府更是加緊農業振興的步伐。1931～1932 年間，英國政府開始採取農業的保護政策。對於大麥與甜菜的生產，政府不僅提供直接的補助，並鼓勵農民採取合作社的經營方式，同時允許各農產自設市場部門以進行產銷合作。

　　儘管英國政府盡力採取各項鼓勵措施，希望能達到糧食自給的地步，但是英國農業並未造成預期的繁榮景況。政府的農業政策甚至受到工業界的抨擊，不少工業界與經濟專家都認為，在資源緊縮的時候，政府更應該將所有的資源支援工業部門，而非「浪費」在農業補貼上。不管振興農業政策正確與否，起碼在英國種植大麥與甜菜的農民並沒有倒向激進反政府陣營。反觀德國與東歐各國，大部分的農民，尤其是麥農與甜菜農在不堪世界市場萎縮以及政府缺乏有效的保護與補貼下，紛紛倒向激進的極權主義陣營，若以此論英國的農業政策至少是成功的。

4.保護政策

　　在面臨新工業發展的時代，英國政府也開始放棄自由貿易主義，改採保護關稅政策，為的是保護新興的工業免受外貨的衝擊。在這轉變的過程，英國政府也一度猶疑，但是在民意與工商業的強烈要求下，例如全國工業聯合會 (Federation of British Industries) 聲稱約有 96% 的成員贊成施行關稅保護政策，英國政府終於 1931～1932 年正式採取關稅保護政策。即使是素來支持自由貿易、反對關稅的保守黨也支持這項政策。根據 1932 年的「進口稅法」，僅有大英國協的自治領可以享受部分的進口優惠，而且每項進口貨繳納的關稅不一，最高的可抽到 20% 以上的關稅，不過大約也有四

分之一的進口貨免稅。

　　儘管後來的一些學者或政論家認為：該項關稅政策並未達到刺激工業
發展的效果。然而，儘管關稅並未刺激產業興盛，卻阻止了產業的持續惡
化。同時，因為關稅政策是政府回應工商業者的普遍要求而採取的措施，
至少保住，甚至提升產業界對政府與政策的信心和支持。這對於後來官商
合作度過經濟大恐慌（1932～1935 年）頗有助益。

5.國際金融之操控與國際貿易

　　在發展國外貿易時，戰後各國政府均面臨如何突破重重關稅壁壘的問
題。其實，許多國家的政府如英、美都知道如要發展出口貿易和國際貿易，
就必須降低或取消進口關稅，然而面對國內強大的民意要求，以及基於保
護國內脆弱的新興產業或農業之需要，各國均無法降低關稅。如 1922 年、
1930 年美國國會均不顧總統的反對而通過增加關稅的法案，此即「斯姆特—
霍利法案」(*Smoot-Hawley Tariff Act*, 1930)，英國亦復如此。於是為了舒緩
國際不景氣的現象，幾個主要的國家，如英、美、法、德的國家銀行總裁
遂組織一國際性的金融寡頭會議，以操縱國際金融與通貨量的方式來刺激
國際貿易 。 這個組織的決定權實際上是操控在美國聯邦準備銀行 (Federal
Reserve Bank) 和英國倫敦銀行的總裁手中。

　　例如戰間期掌管美國聯邦準備銀行的總裁班傑明‧史壯 （Benjamin
Strong，1914～1928 年任總裁）可以說是美國財金政策的真正規劃人，他
採取高度集權與祕密作業的方式，將美國的金融世界和財金王國建築在他
個人的信用與能力上。以致當他在 1928 年去世後，無人能繼承他的事業與
金融政策，終致整個金融體系的崩解，而有隨之而來的全球經濟大恐慌。

　　差不多和班傑明‧史壯同時 ， 職掌英國中央銀行的是蒙塔古‧諾曼
（Montagu Norman，1920～1944 年任總裁）和班傑明‧史壯密切合作。他
們貸款給美、英的政治盟友，如比利時、波蘭、義大利等國家。班傑明‧
史壯利用與英國合作，並善用私人管道彌補美國未參與國際聯盟所造成的

國際損失。例如班傑明‧史壯常與英、法等中央銀行總裁以私人聚會的方式討論和運作國際金融的政策和體系。總而言之，為了避免受到民意的干擾（基本上這些金融家都不信任民眾），這批國際級的專家採取高度保密的方式籌帷運作。他們定期在紐約或倫敦私宅舉行私人聚會、討論解決國際金融與貿易的問題，以個人的金頭腦、絕頂的專業知識與能力來操控全球複雜的金融體系與國際政治體系，一旦當他們後繼無人時，整個金融體系就崩潰了。

這些國際銀行系統所採取的策略，主要是擴大國際通貨流量，即通貨膨脹。和德國政府靠印刷鈔票以增加通貨量不同的是，美國是以大幅度提供信用貸款[12]來執行通貨膨脹政策。此一政策事實上是與正常的利息操作相違背的。在正常狀態下，銀行提供借貸的利息應該與存戶所得到的利息相符的，意即借貸的利息應與存儲、存款的利息相符。然而，根據美國聯邦準備銀行的說法：「為了要刺激、保護與繁盛各式合法企業，有必要提供他們低利率的貸款。」於是在國會、銀行和財政部的操弄下，借貸的利息被人為的手段壓得非常低，遠低於存儲的利息。基本上，這也是屬於凱恩斯主義的「借貸不平衡」、「先借再還」的一種主張：先用低利貸款刺激經濟成長，然後再補足原先之所欠之款項或損失部分。

美國聯邦銀行將此種操控貨幣供應量與幣值的方式引進到國際市場和國際金融體系，並再加上國際政治的考量，意即提供信用貸款給想要扶植的政府或具有相同立場的國家政府，對於政治立場有問題之政府或政權則拒絕予以信用借貸。除了作為干預國內政治的工具外，國際金融組織也利用信用貸款的手段達到暢通國際貿易，意即在提供借貸時，國際金融組織會要求對方降低某些項目或某些國家（通常是美、英兩國）貨品的關稅。

---

12 1920 年代，美國國內的貨幣流通量並未增加太多，但是錢數的供應量卻大幅擴張，在 1921～1929 年間，通貨的供應量增加 61.8%，擴張的部分主要來自信用貸款等。

原則上，在這種操控方式下所建立的貿易係屬於雙邊貿易，與戰前的多邊貿易、自由的國際貿易的性質和精神相違背。此一種雙邊貿易基本上是靠人為操縱達成的，一如國際或國內講求人為規劃、人為操縱的計畫經濟。

此種擴張信用的金融手段曾遭到德國銀行家舒哈特（Hjalmar Schacht，1877～1970年）的反對，他主張恢復戰前的貨幣政策，意即以實質貨幣取代虛擬信用貨幣。他認為唯有藉發行實質貨幣方能節制通貨之無限制膨脹，並恢復存戶對貨幣與銀行的信心，自動的將游離資金存入銀行，從而以真正的貨幣資金（而非銀行信用）提供產業界所需的融資，不過此一主張未受到英、美銀行家青睞。英、美銀行家在面臨國際融資緊縮、經濟持續不振的困境下，這些國際金融寡頭因缺乏真正的實質通貨，而被迫一再地擴張信用資金與信用貨幣，這就導致國際信用與通貨，以及外匯面額無限制的膨脹與飆高（外匯面額飆漲意味實質幣值之貶值）。

當然，英、美銀行家堅持人為的金本位制、信用擴張政策均有利英、美的國家利益。誠如法國銀行家所批評的：「這種重建的歐洲金融體系與貨幣體系是層級化的。所有的國際貨幣將分為兩個階級：一個是以黃金為基礎的英鎊和美元；另一個則是以英鎊、美元為基礎的其他貨幣，此部分黃金準備金操控在倫敦與紐約的銀行，以致其他的貨幣喪失獨立自主性。」不過，英、美穩定主義者仍辯稱：此種金融操控有利穩定國內物價、防止實質工資持續下滑，更有助各國突破保護主義的關稅壁壘以發展出口貿易，從而恢復並刺激國際貿易的興盛。

的確，剛開始的時候（1920年代中葉左右），在此種「穩定」或「計畫」金融政策下，國際貿易開始復甦，到了1920年代末葉（1926～1929年）時，國際貿易成長率甚至超過戰前時期。許多財金專家與凱恩斯主義者興奮的宣稱此為「人為操作(managed)勝過自然景氣的勝利」。不過現在一些學者認為：「造成當時經濟景氣與國際貿易復甦的原因，其實有一部分應歸功於各國生產力的復甦與增加。」而且此輩學者認為：「不健全的人為

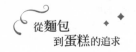
操縱不僅無法有助真正的經濟發展，反而刺激投機經濟的蓬勃發展。」

以美國為例，在一片信用經濟下，許多勞工或中產階級拿到的薪資中，也涵蓋了一大部分的錢幣替代品，如股票、分紅等。無論如何，總薪資額是增加了，亦等於鼓勵薪水階級以信用貸款方式大筆消費，購買汽車、房子和各式家用品。

當經濟景氣蓬勃之時，社會容易面臨財富分配嚴重不均的問題，例如戰間期的美國，前三分之一的高收入人口僅佔全國人口的 5%，於是薪水階級只好冀望透過炒作手上的股票、紅利來賺取額外的收入，還有人乾脆放棄領固定薪水的工作，改投入賺取非固定薪資。

總而言之，絕大部分的民間游資都投入股市投機事業。當股市愈炒愈熱時，許多人甚至借錢、貸款炒作股市[13]。一些空頭公司可炒到數百萬元（如原本投資額、資產額為 500 美元可炒到 700 萬美元左右）。當大家的手上都是股票、收入亦以股票為主時，股市一個騷動就會影響深遠，1929 年美國股市大崩盤及其後續的骨牌效應就是如此產生的。國際金融體系、國際貿易又將歐洲各國與美國緊緊的綁在一起，因此美國經濟恐慌很快的就蔓延到歐洲，全球性的經濟恐慌就產生了。

(二)激進的國家社會主義政策

不少學者認為一次大戰對德國經濟的破壞力其實不大，因為德國本土在戰爭期間並未淪為戰場，所以戰爭對工業硬體設備的破壞力是有限的。戰後德國工業所面臨的問題一如英國，是如何汰舊換新和轉型的問題。其次，戰後德國雖背負賠款的負擔，但是在美國的貸款和一再紓困下已大為減輕了；相對於德國的賠款負擔，戰勝的英國亦有龐大的戰債負擔。因此，

---

13 這也要歸功於當時的低利政策，當利息低、股利高之時，自然就有許多人利用貸款炒股票。

戰後的德國一如西方的英國，經濟很快就復興了（1922 年左右），失業率也不比他國高（德國失業率約 3%）。

　　和其他西方國家相同，德國政府在財閥與專家的領導和策劃下，對工業進行了大規模的重整，並朝併購、聯合等托拉斯壟斷性企業進行。同時，福特式的自動化生產、裝配線生產方式亦大量引進德國工廠。比起其他西方國家，德國政府內的財閥比例較高，幾乎從總理開始都是清一色的財經專家、金融與工業財團的領袖。因此在看管國家利益時，這些大企業家、金融家也不忘照顧一下自身的私人利益。例如早在戰爭期間，這些大企業家、財團就已經將自己的資產轉換成美元等外幣，因此輕忽德國馬克的貨幣政策，使馬克一再貶值、狂跌。有的財閥甚至趁馬克波動不已之時，利用操作匯市及股票，以及短期借貸等投機方式牟取暴利。又如，許多國內外的銀行借貸都被企業界移為他用，且多用在併購企業方面，而非長期的投資或研發上。

　　同時，威瑪政府（Weimar Republic，1919～1933 年）的財經與社會政策存在過度重視工業與都市的問題（重工輕農、重城輕鄉）。譬如，威瑪政府以低價收購農產品如糧食與染料等工業原料，以利都市的工業發展，如此低的糧價也有助降低工資。另一方面，工業產品（特別是民生日用品）因壟斷性經營使價格不斷攀升，農民得花高價購進民生用品、工具等。政府的財政與資源分配也多有利都市，如提升都市的公共藝術、生活品味、文化活動等，以致鄉村的貴族與農民抱怨不斷，特別是東歐部分。他們對於威瑪共和本就缺乏好感，現在更怨憤不已。

　　總之，威瑪晚期的繁榮景象，無論是文化建設或是經濟發展，其實都是屬於「鍍銀」的表面化現象。在這個燦爛的表象下，傳統企業的勞工、城鄉地區的工匠以及鄉村的農民、地主貴族的利益均受到漠視，因此威瑪的繁盛其實是禁不起任何一個國際經濟危機的打擊。當經濟危機發生時，威瑪政府甚至無錢推動公共工程以吸納失業人口。

　　1928 年，德國的投資開始迅速減緩，農業部門的投資甚至零成長。接著，美國調高利息的政策更加速德國經濟的不景氣，因為德國向美國借貸龐大的金額以償還賠款或重建計畫，遂導致德國企業的貸款與信用壓力大增。許多企業紛紛倒閉，再加上政府為了維持平衡預算而大幅瘦身，終使德國的失業人口驟然攀升：由 1929 年的 100 萬增至 1930 年的 200 萬，到了 1932 年更是增加到 600 萬 。 失業人口的激增轉而增加政府的財政負擔——社會福利支出與失業津貼。儘管政府一再發放失業津貼與社會福利津貼，但是大部分的津貼都流入失業的政府官員手中，一般平民所得甚少。於是，政府的美意與德政得不到平民和勞工的欣賞，反成為反政府的藉口。

　　儘管有專家建議威瑪政府採取較激進的擴大預算（即赤字預算）以推動大規模的公共建設 ，但傳統的官僚如總理布魯寧 （Heinrich Brüning，1930～1932 年任總理）等人堅持傳統的平衡預算政策。布魯寧拒絕採取通貨膨脹與擴大公共工程等建議，改採通貨緊縮，希望能藉降低工資、降低租金和產品價格以刺激出口貿易，他同時也希望能藉這波經濟不景氣完全取消賠款的負擔。此外，布魯寧一方面裁減政府支出、刪減社會福利支出，另一方面則要求增稅。這些政策遭到德國議會的拒絕，遂使經濟危機轉為政治危機，在經濟不見轉好的情況下，國會幾次的改選，納粹在國會議席一再增加 。 最後 ， 布魯寧與總統興登堡 （Paul von Hindenburg， 1925～1934 年任總統） 發生衝突 ， 布魯寧下臺， 當時全國的失業人口高達 600 萬，佔全國勞工的三分之一。

　　1932 年大選時，納粹獲得國會多數席 （230 席），當時共產黨也有 89 席，足見左右極端政黨都因經濟危機而得以趁勢發展，顯示社會因經濟危機而極端化，非常不利民主政治的施行。1932 年，希特勒成為總理，並得到四年專制的授權。同時他宣布施行第一個四年經濟計畫[14]。希特勒的政

---

14 1934 年興登堡去世，希特勒乃乘機宣布將總統與總理職位合一，並要求向他個人

府也網羅了不少傑出的財經專家,不過是屬於與傳統平衡預算不同的另一派主張。因此,希特勒的財經政策、振興經濟的計畫與傳統、保守的平衡預算反其道而行,應是屬於較先進的凱恩斯主義,即擴大預算或赤字預算的策略。

希特勒解決失業問題的策略也與英國大相徑庭。首先,希特勒解散工會組織,另外由政府組織勞工陣線,即將勞工由民間的工會照管改為由政府照顧、管理與控制,其目的是收回勞工的罷工與怠工權。其次,對於曾有務農經驗,或懂農事的勞工,則鼓勵他們返鄉耕地,期以減少都市的失業問題,從而增加鄉村的農業人手。接著,希特勒政府又鼓勵婦女退出職場,重返家庭從事家務,或是家庭服務業。對於剩下的失業勞工,希特勒又將較年輕的勞工組織起來,鼓勵他們去參與公共工程的建設工作,成為政府公共建設的主要勞力來源。最後,當大部分的勞工,無分男女、老中青,安排工作後,希特勒政府開始規定勞工不得轉業,且得強制工作。經過此番的消化與分散後,德國的失業人口迅速消減。在納粹執政的一年內,失業人口下降到 400 萬,等到 1937 年時,德國更是號稱無失業人口。

在振興經濟方面,希特勒一如羅斯福的新政也是從復興農業開始,他採取固定農產價格的策略,以協助農村復興。第二,希特勒利用公家的採購案,協助小型企業或零售業渡過難關。第三,政府出資補助工廠添購及更新設備,以增加產業的競爭力。第四,利用減稅與就業保險等政策,給予中產階級安全感。第五,則是發展建築業、捷運、高速公路等大型公共工程,一方面刺激經濟,一方面也在擴大就業機會。最後,則是鼓勵化工、礦冶、鋼鐵等產業朝自給自足的目標發展,並壓抑工會活動增加他們的利潤,藉以拉攏大企業家。

在拓展國際貿易方面,希特勒則首先採取嚴格的控制外匯市場的政策,

宣誓效忠,從此正式建立納粹的極權政權。

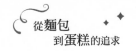

以穩定馬克的國際匯率。接著，他又與東南歐等國家簽訂雙邊貿易條約以打開並確定德國的國際市場。

1936 年，希特勒宣布第一期四年計畫成功結束，並展開第二期四年計畫。在第二個四年計畫中，希特勒強調國防軍事工業的發展，且大幅擴編公共建設的預算，許多與國防相關的公共設施如汽車、高速公路等均在此期大規模的推動。在前一期的計畫經濟中，希特勒即以對大財團、大企業、大金融家百般壓榨以為政府財政與公共建設經費的來源。其方法從強迫低利貸款、強迫樂捐、配銷低利公債到增加私人財產稅、公司與合作社營業稅等都有。到了第二期時，這種強制吸收民間資本、籌措政府經費的對象更是擴及到猶太人身上。 1933 年，希特勒政府首先杯葛猶太人的企業活動，1935 年又剝奪猶太人公民權、對猶太社區抽取特別的捐稅，且開始攻擊猶太人的財產。

為了振興經濟與軍事，德國境內所有的人民都付出了不少的代價，除了前述的企業家、金融家、猶太人外，一般的民眾也付出不少的代價。由於納粹政府著重發展軍事等重工業，遂導致民生工業萎縮，致一般小民，無論都市的勞工或鄉村的農民，消費利益都蒙受重大損失。此一發展實與納粹當初誓言作為小民代言人、保護者的承諾相違背。

五、1929 年的經濟大恐慌

1929 年的經濟大恐慌對於現代史的發展影響相當深遠。基本上，類似的經濟蕭條對西方人士而言並不陌生，但是 1929 年卻是規模最大、影響最深遠的一次，其原因可溯自第一次世界大戰所遺留下來的財經危機及一次戰後世界市場的生產與分配發生的嚴重危機。偏偏這兩項危機在 1929 年集合在一起了，造成史無前例的經濟大蕭條，於 1931～1932 年達到最高潮，在缺乏強有力且負責任感的經濟領袖下，經濟蕭條的情況日益惡化，影響的層面也日益深且廣，終導致某些地區的民主淪陷，代之以極權政治。

　　經濟大恐慌源於農業價格持續且大幅的跌落，這當然又可歸因於生產過剩，如大麥等農作物。1920 年代中期以後，農作物的價格就持續低迷。另一方面，此時又是工業急速發展與興盛的時代，這得拜賜媒體的鼓吹效果。在大西洋兩岸的英、美兩國正值大眾文化和媒體發達的時候，電影、收音機處處可見，一般百姓透過這些媒體塑造出一套標準的生活模式和配備，包括短裙、尺度較大的性行為、新式的舞蹈、夜總會生活、冰箱、汽車、房子等。於是，手頭有錢的人盡量採購這些物件，沒錢的則以半現金、半信用貸款，或全數信用貸款購買這些「標準」配備。

　　這種消費習慣雖然刺激工業的蓬勃發展，卻吸走了農業紓困所需要的資金。更糟的是工業部門的景氣帶動了勞工與中產階級薪資的上揚，也刺激工業產品的價格攀升，使得農民非但無法享受到「標準」的城市生活，更無法支付所需的工業器具。農民在雙重打擊下（價格下跌、成本與生活所需節節高升），更是無力償還貸款。總之，農工業的不平衡發展和利潤分配的嚴重不均，在在惡化了農村的經濟與農民的士氣，這種情形在美國尤其明顯與嚴重。

　　另一方面，當物質慾望一再擴大、「標準配備」的項目一再增加時，一般百姓就開始期望「一夜致富」，至少是可以短期獲利，投資股票市場就成為一般人的最愛。這時，許多仲介商、經紀人、地下錢莊等也開始活躍起來，為的是提供想短線操作人的資金，以及購買「標準配備」的貸款。銀行更是大量的放款，幾達毫無節制的地步。總之，這時大部分的股市和消費經濟都是建立在虛無不實的信用之上。1928 年時美國的股市就在這種情形下一再地狂飆。於是，美國銀行家將放給歐洲國家或企業的貸款收回，為的是轉投資於股市。這時，歐洲經濟已有復甦與起飛的跡象，但大部分是建立在美國的貸款上，包括美國放給德國的貸款。因此，美國銀行的抽銀根行為導致才見曙光的歐洲經濟再度面臨危機考驗。許多德國與中歐國家的銀行因為美資的退出而開始出現信用危機，例如奧地利向來最具信用

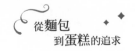

的國家銀行 (Credit-Anstalt) 就於 1931 年 5 月 31 日倒閉，被視為歐洲經濟大恐慌的前兆。

　　到了 1929 年中，美國一些精明的投資客忽然覺得股市的「泡沫」要炸掉了，因此開始拋售手上的股票，導致 1929 年 10 月紐約華爾街股市大崩盤。事實上，早在股市大崩盤以前，美國的國內經濟已經開始出現疲態。例如，1929 年的農業價格創下新低，僅及十年前的一半，工業生產也開始減緩。無論如何，當美國股市崩盤後，美國銀行加緊從歐洲撤資，或是逼迫歐洲銀行和政府還錢，使得美國的經濟大恐慌遠渡重洋到歐洲了，最後終於形成全球性的大恐慌。當然，一次戰後美國貸款、戰勝國的債款和德國賠款間的相互關係，也迫使歐洲國家深受美國經濟大恐慌的影響。

　　1930 年代初歐洲經濟的蕭條情形絕不亞於美國。在 1932 年經濟蕭條最嚴重的時候，有 25% 的英國人和 40% 的德國人失業，德國的工業生產量則下跌了 40%。這時從美國到歐洲的英、德等國，大街小巷都充塞著失業的人。當然，這波的失業潮對男子更是不利。許多公司、工廠在裁員後，會引進更廉價的婦女勞工，而男性失業人口卻經常只有乞討一途。於是，許多家庭開始重新分工：婦女出去做事，先生則留在家中當「家庭主夫」。這讓許多習慣了擔負賺錢養家角色的先生更是抱怨不已，遂成為乘經濟危機興起的政客最佳訴求對象。此外，青年失業的情形也非常嚴重，他們在無業之下只好加入幫派，成為公園、街頭械鬥和暴力的主要來源，更是街坊鄰居恐懼的散播者。

　　各個政府雖然無力解決問題，但卻仍使盡全身解數盡力化解問題。例如，英國於 1931 年宣布放棄金本位制，並實施關稅保護制。但是，這種策略基本上成效不大，因為國際貿易幾乎完全停擺。對內，英國則是遵守傳統的經濟穩定政策。德國的納粹則採取最簡單的策略，就是完全由國家主導的極權政策。美國的對策則介於兩者之間，但仍增加了政府對經濟的干預，強調政府與勞工等生產者一起打拼，即著名的羅斯福新政。

圖 28　救濟站前的人龍　股市崩盤後，美國失業人口激增。在救
濟站前面，長長的人龍等著喝一杯免費的熱湯。

　　無論如何，在這波經濟蕭條影響下，各國的社會開始激化。各地研究
馬克斯的人士開始急速增加，特別是知識分子和勞工人士。因為這波經濟
大恐慌似乎印證馬克斯的預言：「資本主義終將因生產過剩而自我毀滅。」
當然，二十世紀的經濟大師凱恩斯仍堅持這波的經濟大恐慌不是因為生產
過剩，而是消費市場和分配部門出現問題。然而真正相信他的主張之人並
不是很多。

　　早在 1929 年的經濟大恐慌之前就有馬克斯和列寧指出自由資本主義
的缺點，並預言該制度終將自我毀滅，現在 1929 年的發展似乎更是印證此
點。許多社會主義者包括英國首相麥唐納（他本身即為一社會主義者），甚
至公然將經濟大恐慌的罪魁禍首直指資本主義和自由經濟。因此，經過經
濟大恐慌後，雖然每個國家反應不一，但若不是放棄自由經濟，就是修正
自由經濟，從而開啟的現代計畫經濟、新資本主義的年代。

　　無論是計畫經濟或修正主義，也無論是有意識或無意識的，各國不約而同的走上凱恩斯主義之路，紛紛擷取不同的內容。早在 1920 年代，凱恩斯目睹當時英國勞工階級的貧困導致經濟的衰頹，就開始著手他的新理論的建立，其實是融合資本主義和社會主義而產生的新理論。1926 年，凱恩斯出版《自由經濟的結束》(*The End of Laissez-Faire*)，後來又於 1936 年出版著名的《就業、利潤與貨幣的大理論》(*The Great Theory of Employment, Interest and Money*) 闡明他的新說。

　　根據舊的自由經濟論，經濟的運作是靠自然供需律，無需人為的操作，只要讓經濟自然的運轉它自動會回復到價格、薪資與生產三者間的平衡狀態，也就是健康的經濟狀態。然而，目睹英國勞工長期的不振、失業率持續不下，凱恩斯相信原來的自由經濟論有瑕疵，經濟的運轉如果單靠供需自然律是無法圓滿運作的，必須靠政府的干預力量，方能使經濟運作回復到健康狀態。凱恩斯主張政府應該積極的介入經濟運作，靠控制利率、擴大通貨和公共計畫以修正資本主義的缺點。因此，當經濟失調時，政府應該透過擴大公共支出以擴大需求面，從而刺激生產和創造就業機會。

　　歐洲國家對於凱恩斯的建議頗有保留，但仍陸續、零星的採用他的某些主張，至於整套凱恩斯的方案則在美國得到熱烈的迴響和落實，實為源自美國的特殊背景。1920 年代美國徹底的施行自由經濟，政府完全放任私人企業發展，相信私人企業有成則國家經濟亦將隨之好轉（民富則國富）。結果卻是財閥政治、壟斷橫行、投機風盛行、農工失調、通貨膨脹（信用通貨）、價格飛漲等等，終於導致 1929 年股市大崩盤，證明自由經濟的徹底失敗。總之，世界上沒有一個國家曾像美國這般徹底的施行自由經濟，然後又徹底的崩潰。因此，在對傳統的自由經濟、資本主義徹底失望之餘，美國決定全新出發。

　　美國的新總統羅斯福相信凱恩斯的方案不僅能將美國帶出經濟恐慌，更能挽救資本主義的毀滅。因此，他召集一群凱恩斯專家組成經濟幕僚團，

推動大規模的政府干預措施。例如，羅斯福訂定一連串的法規以規範銀行和投資行為，同時又展開一連串大規模的公共工程以刺激經濟復甦。羅斯福更以政府的力量幫助窘困的農民、加強勞工的工會組織（以制衡資本家的強勢壟斷如任意解雇勞工或刪減工資等），並創造就業機會。此外，羅斯福政府還引進社會主義所強調的社會改革和社會福利政策，那就是社會安全和失業津貼等措施。

羅斯福的新政的確將美國帶出恐慌，儘管直到第二次世界大戰前夕就業率仍無法達到 1929 年以前的水準，但是新政畢竟成功了，因此羅斯福得以一再連任美國總統。不過，美國對於羅斯福的新政不是沒有異議的聲音，特別是當羅斯福施行新政時，還曾派遣特使團去德國和義大利，參考他們的合作經濟或納粹經濟的成效，以為新政的參考。美國境內的左右兩派都因此而批評羅斯福：左派譴責羅斯福納粹化，而右派則質疑羅斯福社會主義化。但畢竟凱恩斯的主張中兩者都有，因此讓羅斯福得以擋掉這些批評。美國的成功又帶動了歐洲國家的「凱恩斯化」，英國和法國等民主國家相繼採用美國模式，施行計畫經濟或是新資本主義，遂導致凱恩斯經濟的全球化。

凱恩斯方案和計畫經濟的成功，使得西方民主國家逃過激化、極端化的命運，不同於德國走上政治與社會極端化的納粹獨裁。

六、羅斯福的新政

㈠新政之傳統

黑色星期二發生以後，大部分的美國人開始對現行的資本主義失望，還有與其相關的政治制度與文化價值等都喪失信心。美國的共產主義因而興盛好一陣子，無論是非裔人士、勞工、工會領袖、知識分子、藝術家等都曾崇拜過蘇維埃，也有一些人士曾考慮過納粹的極權主義，但最後都還

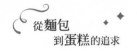

是決定留在資本主義的陣營中，作體制內的改革。

在全面檢討資本主義後，美國人發現其中的物質主義與個人主義乃是導致經濟大恐慌的最大元兇。那要如何修正呢？終於，美國人從他們的殖民傳統中找到了一項特質，那就是互相關懷、互相幫助的社區精神 (spirit of community)。在美國人民剛到新大陸殖民，以及後來往西拓荒時，人與人之間自然形成一種互助、睦鄰的社區意識以共度難關，這種社區意識是與資本主義的自私自利反其道而行。於是社區的互助、溫馨遂成為當時美國大部分電影、小說的題材。例如，在「史密斯先生進華盛頓」、「快樂時光」等電影，均描述一些鄉下佬到城裡後，如何靠著大家合作渡過難關，或者一些小人物如何從困難中學會放棄自我，同心協力的打敗金權政治、貪婪的富翁，進而改善全體的生活。此外傳統的社區意識也賦予新的意義，意即不僅是地域的社區，也不僅是同文化、同血統、同宗教的社區，也是精神上的社區，是一種人性光輝的表示。

這種社區互助的精神，正是羅斯福新政的泉源。事實上，美國人之所以會選上羅斯福，除了因為他不是共和黨員、他繼承老羅斯福的進步主義外，或許是因為他身患小兒麻痺仍保持樂觀，戰勝身體的殘疾而勇敢的站起來了（實際上，羅斯福下半身幾乎全部癱瘓，但是在選戰期間，他卻努力得使自己站在選民面前）。再加上羅斯福比較不受意識型態的束縛，使他的政策更具應變能力與彈性，例如維持預算平衡、節省政府開銷，一直是古典經濟學遵奉的圭臬，這也是羅斯福競選的諾言，但是他後來卻能彈性採用凱恩斯理論，實施赤字預算政策；又如羅斯福拋開意識型態而擷取社會主義中的社會福利政策與計畫經濟主張等。

新政不只光是為復興經濟而採取的經濟措施，它還涵蓋了社會福利政策，社會主義學家很早就指出兩者間的密切關係，經濟與社會的問題是分不開的。新政也繼承這種精神，希望藉社會立法提高大眾的消費能力，但是在社會立法之前，仍必須先穩定經濟。因此，新政分為兩個階段，第一

圖 29　美國經濟大恐慌最具代表性的照片　一位有七個孩子的移民母親，她平日以採摘豆子維生，現在只能無奈的看著遠方，不知該怎麼辦。

個階段在救濟與復興經濟（1933～1935 年），第二個階段則著重在社會立法（1935～1939 年）。

㈡新政內容

在救濟經濟政策方面，首要之務是解決金融市場的問題，諸如銀行倒閉、黃金儲量雖多卻相當分散、信用過度膨脹、熱錢轉進股市等問題。在羅斯福就任的前後，美國銀行界擠兌倒閉的情況更是嚴重，全國有 47 州已經宣布關閉銀行。因此，羅斯福上臺後立即召開國會特別會議，宣布關閉全國所有的銀行，並禁止私藏與買賣黃金。同時將市面上所有黃金收歸國有，並由政府另行發行新鈔以穩定通貨，以及由聯邦準備銀行負責地方與私人銀行的擔保工作，重新振作人民對於銀行的信心，使得銀行得以恢復吸收民間熱錢的任務，俾免游資再度流入股市。這就是著名的「緊急銀行救濟條例」(*Emergency Banking Relief Act*)，它之所以有名是因為違反傳統

的自由經濟理論，而改採計畫經濟，由政府出面干涉金融運作。

當然，為了穩定人心，讓人民能接受這種違背傳統的法案，羅斯福也費盡心力，選擇符合美國社區精神、重視家庭的策略，那就是著名的「爐邊談話」。他坐在壁爐旁，輕鬆愉快的介紹他的新政策與新理念，就像一家人晚上圍繞壁爐閒話家常一般的溫馨，而溫馨中又透露幾許家人互相關懷與自信的情誼。美國人很快接受這種宣達政策的方式，也跟著接受政府的新政策。以後在羅斯福十二年的任內，經常定期的舉行爐邊談話宣達政令，並增進人民對政府的向心力。

美國聯邦政府其次要解決的就是造成經濟衰退的農業問題。在這方面也充分反映出政府干涉經濟運作以及規劃經濟的決心。美國政府補助農民，並以高價收購農作物，同時限制農產品的過度生產，以免危及市場價格。另一方面，政府協助農民籌組合作社，以合作協調的方式進行調節、分配市場等工作。在解決中產階級的問題方面，政府則提供低率貸款，好讓他們再將失去的房子買回來。至於勞工方面，則是制定最低工資、最高工時的法令，其次則是給予勞工集體談判的權利，及承認工會有代表勞工談判的權利。至於解決失業問題，則是透過大興土木、興建大型的公共建設如水壩、飛機場、電力廠、港口、高速公路、造林等工程以吸納大量的失業人口。由於這些俱屬於公共建設，故理應由聯邦政府出資，而聯邦政府的原本預算當然不敷所用，於是羅斯福又採取另一項有名的措施，就是「赤字預算」。赤字預算的功用不僅在創造大量的就業機會，也在以政府的資金刺激工商業的繁榮，進而活絡金融市場、提高民間購買力等，也就是以政府的力量來主導經濟生活、穩定物價與金融。

在新政的公共建設中，有關田納西河谷的電力、灌溉等一連串的開發計畫，頗值得我們在此一提該項計畫背後之意義。經濟大恐慌不僅源於農業的崩潰，也源於美國過分強調孤立主義、自我利益，以致忽略拉拔其他歐洲、拉丁美洲等需要幫助的國家，以致自身終受他國之累。因此，在新

政中美國當局特別修正這種只顧自己的態度，對其他弱勢團體多所關懷。
田納西河谷計畫就是一例，美國與拉丁美洲諸國的「睦鄰」政策又是另一
個例子。田納西是美國最貧窮、落後的一個州，而羅斯福政府現在以強有
力的聯邦力量，協助開發該州，不僅顯示人道的關懷精神，也創造他州人
民的就業機會，而該項開發計畫完成後，受利的州卻又涵蓋鄰近的七個州。
類似的方案是傳統資本主義所沒想到的，傳統的資本主義強調利己，卻沒
想到利他後也會轉而利己。

在社會立法方面，除了前面所說的勞工立法外，政府亦有提供老年與
貧困津貼、失業保險等多項服務。值得注意的，美國的社會立法並非純粹
的社會福利，反倒像是社會保險制度。以 65 歲以上的老年津貼為例，其經
費來源除了從雇主那徵收來的稅款外，另一部分則從參加者（主要以勞工
為主）的平日薪資扣除累積來的。他者如失業、傷殘等救濟補助中，也有
一部分事實上是從勞工者本身的日常薪資扣除來的。因此，美國人自認為
自己並非是「社會福利國」，而是「社會安全」(social security)、「社會保險
(social insurance)」國。

㈢新政的精神

儘管歷代史家對於新政的功過評論不一，但是在推行新政的過程中所
透露出來的精神與意涵卻是值得肯定的。

第一項精神，就是實驗與求新、求變的精神。前面我們曾提過新政所
採用的計畫經濟、赤字預算、社會安全等政策，現在聽來都沒什麼新奇，
且其評論仍無定論，但在當時卻都是新的理念，有的甚至是全新的，而且
在當時也造成了若干成效。羅斯福總統與美國人民當時能夠大膽啟用這些
打破傳統的新理論，光是這份眼光與膽識就值得肯定。

第二項意涵，就是新政修正傳統資本主義與工業化中過分講求個人主
義、貪得無厭等項缺點，進而提出另類的選擇，我們今天稱之為「新資本

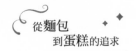
主義」(neo-capitalism)，也就是從傳統的資本主義與社會主義中各取所長融合而成的新主義。新資本主義所建立的新倫理與精神，包括互助合作、工作、公民精神（注重公共福祉與公共道德）、相互關懷與慈悲為懷的精神，意即在講求個人自由與最大發展空間的同時，也必須注意到群體的互動關係與群體利益。這也就是我們前面提過的美國傳統的社區精神，一種公私並重的精神。最能顯示這種新資本主義精神的就是美國新採取的「社會安全」制度。在社會福利制度下，福利的經費來自國家（其實是稅收），很容易形成浪費資源、喪失自尊的情形產生，但是在社會安全制度下，被保人也必須自掏腰包，而不是完全仰賴政府或納稅人的供養，如此不僅維持住了人性的尊嚴，也養成自尊、自律、互助的美德。這種美德與美國先民所講求的清教徒精神完全吻合。

新政的第三項涵義，乃是聯邦政府權責的擴大。在此之前，聯邦政府的權限雖然一直有擴大的趨勢，但終究是一個小規模的組織，對於一般民眾的生活仍是一個可有可無、可知可不知的組織，但經過新政後，政府的組織隨著新部門的陸續設立而日漸擴大，對於人民日常生活的干涉也愈來愈多，甚至成為平常生活中不可或缺的力量，舉凡中產階級的低率保險、勞工階級與老年人的社會安全制度、農民的生產生活、股友的股市交易等都可以看到無所不在的聯邦政府影子。

聯邦政府不僅透過立法程序而深入平民生活中，也透過動員的過程而與全國人民緊緊的結合在一起。在新政的宣達政令、動員支持、鼓勵民氣方面，羅斯福政府不僅利用媒體宣傳，也動員了所有的學者、作家、畫家、藝術家等。例如在農業安全行政部門所繪製的各式壁畫、繪畫、攝影、紀錄片等作品中，所呈現的美國平民都展現新鮮的朝氣，包括強而有力的勞工、強健剛毅的婦女。由聯邦作家協會資助的小說、劇本中，也一再宣揚新的互助、互賴的倫理，並透露徹底個人主義時代業已結束的訊息。聯邦與地方政府也資助成立各式青年營、夏令營等活動，以向青少年宣導新精

神與新時代的來臨，當然所謂的「田納西精神」更是其中少不了的教材。

在政府的帶動下，全國民間團體與個人也跟著活躍起來。許多通俗文學、通俗電影等影視作品也努力協助一般民眾渡過難關。許多懷舊的小說如《飄》等，在緬懷過去之餘，也一再肯定傳統的倫理道德，以安撫民眾在困境中的徬徨心理。一些輕鬆的喜劇、歌舞劇、卡通電影也在協助百姓在與逆境奮鬥中學習苦中作樂、放鬆自己，並帶給民眾對未來的希望。除此而外，許多教導人們如何相處、如何適應環境、如何肯定自我、如何贏得友情與推銷自我的書籍，也在此時興起，如卡內基 （Dale Carnegie，1888～1955 年）就是一個著名的例子。卡內基當時出了一本暢銷書，書名就是 《如何贏得友情與影響別人》（*How to Win Friends and Influence People*，1936 年）。

在這種全國上下一心一力、公民精神的努力下，美國渡過了歷史上最難過的一段期間，並為世界其他人類樹下值得學習的典範。

Chapter 12
二戰下的戰爭經濟

　　雖然 1939 年 9 月 1 日德國進攻波蘭，引爆第二次世界大戰，但是翌年 5 月 10 日德軍進攻比利時、荷蘭，大戰才正式開打。二次大戰無論在人力、物力的消耗上，都遠勝過第一次世界大戰，因此經濟在大戰中攸關著勝負，各參戰國無不重視戰爭經濟的規劃與運作。尤其是在這場總體戰中，每個國家都面臨物資與勞力的嚴重匱乏情形。如何組織、動員物力與人力以打贏戰爭，就成為各國首要工作，也是戰爭經濟的主要目標與內容。在人力資源方面不僅包括戰士，還包括大企業家、勞工、婦女等人士。在物力資源方面，則包括製造戰爭武器所需要的鋁、銅、鐵、鎢、橡膠和石油等貴重資源，也包括棉花、製造制服扣子的賽璐珞，以及食物和民生用品如衣服、鞋子，甚至肥皂等。

　　戰爭經濟的主要特徵是高度集中化，意即政府干預經濟，包括嚴格控管生產與消費規劃，以及調度與訓練勞工，更直接參與生產、分配流程。幾乎所有的經濟流程、運作與人民的經濟生活都在政府控管之下。在政府是否有效協調全國各部門這件事上，軸心國 (the Axis) 差了一點，以德國為例，各部門、各黨派間的競爭與內鬥使得協調困難，也抵銷中央參與的效率。在德國納粹黨的「精衛軍」(Schtzstaffel, SS) 與國家的國防軍 (Reichswehr) 間的競爭激烈，以致雙方協調困難，抵銷戰爭經濟的效率與成果。

　　在二次大戰的第一階段（1940～1942 年）中，為軸心國勝利階段，各國所動用的資源多半是先前累積下來的經濟底本。但是到了第二階段，戰前底本消耗殆盡而進入消耗戰的階段，經濟就開始扮演重要的角色，軸心國在這方面顯然不如同盟國 (the Allied)，終致失敗。這是由於軸心國的資源不及同盟國，再加上軸心國的經濟模式和生產方式也落後同盟國。軸心國的經濟模式以自給自足 (autarky) 為主，以致限制其資源取得的空間和質量，而同盟國採取開放式的經濟模式，可在以全球為目標的廣大市場上獲取、動員和組織資源，即全球化的發展模式。當然軸心國也有採取量產模式 (mass production)，但是規模仍嫌不足，其中仍摻雜不少傳統的工匠式 (craft) 生產方式。相對的，同盟國大量的採取量產模式，故可以更快速、更有效的生產大量武器與其他產品。

　　所謂量產的方式就是福特式的組裝生產方式 (Fordist assembly line)，也就是專業化、標準化，將武器（包括飛機、軍艦和大炮等）分解成無數標準化的零組件，可以在各個機器間交換使用。另外就是將生產流程分成無數個步驟，如此可以容納更多的中小工廠和無技術勞工加入生產，以大幅提升生產量。戰爭的勝敗證明量產勝過精緻的工匠式生產方式。儘管德國製造許多精緻的武器，品質與設計比起美國武器要好的多，但是畢竟美國以量取勝，量產武器勝過德國武器。這裡並不是說量產不需要科技研發，量產不僅需要長期與複雜的前置作業，還需要更高度的科技研發，也更講求經營管理。量產與全球化的生產方式在戰爭中證明有效，因此戰後開始持續大規模的量產和全球化，以至今日。

　　戰爭期間人民的經濟生活大受影響，因為大部分的資源與生產線移做軍事生產用。為了因應軍事需要，不僅生產多，進口多，還要減少消費，軍事需求擠壓民用工業的資本財花費以及家庭消費。在戰爭期間，三分之一到三分之二的財政支出都用在戰爭花費上，為了減少民間的消費以及市場的購買力，於是政府採取高稅額，並發行戰爭公債。除此而外，就是直

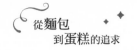
接控制消費，並用集體的行動控制消費，如配給食物、衣服、燃料、機器以及一些戰略物資。

戰爭期間的國際貿易也以滿足戰爭目的為主。儘管如此，由於大部分的勞工都被徵調去當兵，因此生產受到影響，貿易也隨之減少。但是各戰爭國仍努力的進口食物、燃料、軍需品以及重要的原料如橡膠、鋁等戰略原料。

總而言之，能夠將經濟與軍事資源整合在一起的國家，比較具有勝利的機會。

一、戰爭與糧食

第二次世界大戰中約有 2,000 萬人死於飢餓、營養不良，足見糧食對於戰爭的重要性。在戰爭期間，都市比較難取得食物，有時候並不是糧食生產不足，而是農民因為換不到工業製品而不願將食物送到市場。於是由政府出面控制糧食，透過動員將糧食送到都市，這些動員包括：固定糧價、徵收糧食、配給糧食或是政府獨佔糧食買賣。但是，糧食仍然缺乏，糧價仍然攀升，政府故而發展出一些替代品或以政策來解決糧食困境，像是推出「無肉日」，一個星期中有幾天不吃肉，將省下來的肉給戰場的戰士吃，肉的油脂還可以製造炸彈所需的甘油。

一次大戰後期，德國因為後方嚴重缺乏糧食而導致騷動不已，從而影響前線作戰，導致戰爭失利。為記取教訓，第二次世界大戰時德國尤其看重糧食的獲取和分配。為了取得糧食，德國乃攻擊波蘭和蘇聯，將當地的糧食引進國內。同時為減輕糧食負擔，納粹殺害大批的猶太人和身心障礙者，把他們視為「無用且浪費糧食的人」。但是德國在糧食的取得方面，仍然不及英國，這是因為德國的殖民地有限，而且採取自給自足的經濟模式，從而限制他們取得糧食的空間與能力。

事實上，戰爭剛開始時，德國為了餵養戰士和一般民眾，採取積極發

展農業，努力增加農業生產。但是他們所種植的大部分都是根莖類與工業需要的作物，反而犧牲糧食作物。1942 年以後，德國開始對征服地區大肆壓榨，將他們的糧食運給德國人民吃。除了運糧，德國的壓榨行為尚包括強行徵收、高稅、強佔等，使被征服地區的人民怠工，以致糧食的收成大幅減少。例如，法國在 1930 年代的生產量是每公頃 15.6 公石，現在則減少了 2 公石，捷克的小麥也從 17 公石減到 13.3 公石。為了盡量壓榨征服地區的糧食，德國利用配給限制當地民眾的食物量，禁止市場買賣，還大幅減少當地人民的收入，好讓他們不能購買太多的糧食。這些措施導致被征服地區人民的卡路里不及德國人民的一半。

　　儘管如此，愈到戰爭末期，德國缺糧的情況愈是厲害。為了取得糧食，德國甚至允許戰士在被佔領區掠奪食物。當德國士兵返鄉輪休時，他們可以從被佔領區掠奪一袋子的食物回家，包括火腿、胡蘿蔔、杏仁、梨子等。因為是希特勒領袖同意的，因此這個袋子稱為「領袖袋」(*Führerpakete*)。被掠奪之地的糧食所剩無幾，法國人只好捉兔子來吃；希臘更是悽慘，幾乎所有的橄欖油、水果、蔬菜等食物都被掠奪走了，甚至連黑市都缺貨可賣，導致無數的希臘人餓死。

　　戰爭期間，蘇聯從農民那搜刮了無數糧食，讓許多農民餓死。儘管如此，農民並沒有背叛政府，因為農民相信德國比蘇聯更殘酷。蘇聯又透過「租借法案」(*Lend-Lease*) 從美國那運了龐大的糧食。例如在 1941 年底時，美國輸出了 50 萬噸高卡路里的糧食給俄國 [1]。

　　比較富庶的國家如英國，在糧食動員上比較成功，英國的國民能夠吃得多，也較健康。為了講求吃的品質，而非量或味道，於是英國政府盡量進口高能量的食物，如肉和乳酪，而不是小麥。英國為滿足前線和後方的

---

1 各參戰國常從國外大量進口糧食，讓美國賺進不少錢財，例如從 1940～1944 年間美國的糧食出口成長 10 倍，賺進 16 億多美元。

糧食需求，在二次大戰期間努力發展農業，所有的荒地、菜園、花園都改種糧食作物，如馬鈴薯和蔬菜，這使得政府不必配給馬鈴薯和麵包。為了防止老鼠和兔子偷吃農作物，英國還發展出毒老鼠的藥和吃兔肉的菜單，各種補強措施使 1943 年的英國農民可以自己生產一半的麵包。

二、工廠戰爭

第二次世界大戰也被稱為「工廠戰爭」(war of factories)，因為工廠製造殺人武器的能力和創新足以影響戰爭的勝敗。這些創新與改進影響到戰後，對於戰後經濟的振興與發展有很大的貢獻。戰爭工具的需求龐大，且要求替換、銜接迅速，以致戰爭期間軍事生產量驚人。譬如，美國在大戰期間生產了 86,000 輛坦克、250 萬輛卡車、50 萬輛吉普車、286,000 架戰機、8,800 艘戰艦、5,600 艘商用船隻、4 億 3,400 萬噸鋼鐵、260 萬枝機關槍和 410 億的武器，還不包括 B2 戰機和原子彈。這些全賴大企業家與龐大的勞工隊伍的參與，這些大企業家不僅進入政府機構負責規劃、協調，也親自參與生產。

在第二次世界大戰爆發前，歐洲國家都已經歷強大的科技躍進(1920～1930 年代)，開始採取機械化、自動化生產，化學和電力（大部分的經濟部門都開始電力化）也有長足的進展，並出現大規模的交通建設、民用飛機，許多地方的公路也將城市與鄉村串連在一起。科技的進步，使開採能源成本降低、交通建設更為發達，當這些能源、基礎建設愈來愈充實，便會帶動勞工的生產力提高。

前述提及的福特組裝線生產方式，到了戰爭期間更是流行，以美國最為盛行，產量最高，英國也在激烈的戰況下，不得不升級成為此種量產的生產模式，但各國量產的生產方式仍有程度上的差異。例如德國還繼續以工匠的生產方式，雖然希特勒很欣賞亨利福特（Henry Ford，1863～1947年），不但將他的自傳翻成德文（成為當時的暢銷書），並頒授榮譽獎章給

他，但是德國要到 1943 年左右才大規模的採用量產，這是因為組裝式的量產需要大量的無技術勞工，對於擁有大批有技術、技藝的德國工匠而言，頗不受歡迎。

即便在英國，有技術的勞工也都不喜歡與無技術的勞工一起工作，因為有技術勞工的技術與技藝沒有用武之地，而且拿的薪水與無技術勞工一樣。至於蘇聯之所以採用量產，乃是因為其有為數眾多的無技術農民，但是蘇聯的量產也不如英、美兩國。

除了生產方式的改變外，各歐洲國家也致力於合成原料的研發，如合成橡膠，為的是因應天然原料的不足。這方面尤以德國做得最多，因為德國的天然原料最為缺乏，又沒有殖民地可以供應。至於英、美尚可依靠海外殖民地取得天然原料，就不需如此投入研發。

無論如何，早在戰爭之前各國在戰爭危機中就將科技發展的成果引進到軍事部門，大幅增加軍事武器的生產。以英國為例，英國在大戰前夕所生產的飛機數量為全球之冠，超過德國。這是首相張伯倫採取姑息主義策略的結果，讓英國爭取到時間進行軍備生產。自從犧牲捷克的「慕尼黑協議」（*Munich Agreement*，1938 年）後，英國就開始計畫徵兵、協調勞工與製造廠商間的合作關係，以利生產重振軍備，速度與數量都不亞於德國，到了 1940 年，英國飛機的生產量已經超過德國 30%，1941 年超過 60%。英國的飛機配有效能很好且較先進的雙引擎，科學獨步全球的英國，其飛機品質甚至超過美國。同時在參與飛機生產的勞工中，三分之二是無技術的婦女勞工，可見英國軍事生產已採量產的模式。1941 年，英國軍備生產佔國內生產總值 (GDP) 的比例甚至高於德國，英國絕不是如過去想像毫無準備、孤獨的進入戰場，早在戰前，英國就得到美國的協助，幫忙生產軍事用品。二次大戰期間，英國更將製造業，包括軍火製造，都移到殖民地如加拿大等地。據估計戰爭結束時，英國大約有一半的生產來自海外。

有關美國為聯軍生產的活動，其實早在正式宣戰前就已經開始了，甚

至自稱為「民主的兵工廠」(Arsenal of Democracy)。宣戰後又於 1942 年成立戰爭生產部 (War Production Board)，要求縮減民生產品的生產線，轉為軍事生產。為了鼓勵大企業加入軍事生產，美國政府採取「成本加成定價法」(cost-plus-a-fixed-fee)，由政府保障所有生產支出，並提供戰爭產品定額的利潤。這是由於戰爭產品（如飛機、艦艇）需要不斷改變設計與形式，也要求不斷的進步，企業成本將不斷增加，很難預估利潤以及風險，因此由政府吸收風險，保障企業利潤。

為了滿足聯軍的軍事需求，美國大企業家改良和擴大量產模式。許多民用工廠改為生產軍事產品，包括制服、槍砲等。例如，原本已經為飛機製造引擎的汽車廠，現在更改為生產飛機與坦克等武器。美國政府接受英、法的訂單（包括設計、工具、機器組件等），經過分類、分級後再下包給大企業，他們通常具有官商的良好關係。這些大企業取得政府訂單與契約後，再發包給次級公司或工廠，然後再由他們發包給小工廠。這使得大企業與各相關工廠間形成一個大網路或食物鏈。大企業網的形成也導致了新一波的管理革命 (managerial revolution)，包括改變政府與企業的關係，例如流行於戰後的 「政府所有、企業經營」 模式 (government-owned, contractor-operated)。這種生產方式會導致小零售商與小公司的歇業，相對的大公司卻愈來愈大[2]。

三、戰爭經濟的勞工管理

因為戰爭大多數的男性勞工與技術勞工都被徵調到戰場，但量產需要龐大的無技術勞工，因此各國都向婦女招手，希望能成為新的生力軍。例如，英國於 1941 年通過的 「國家服務法案」 (*National Service Act*) 規定所

---

2 據估計在戰爭期間約有 30 萬家的零售商與 50 萬家的小公司倒閉。又如 1943 年約有 100 家公司生產 70% 的國防需要，但在 1940 年時只有 30%。

圖 30　二次大戰期間，各國鼓勵婦女加入國家生產行列

有的男子與婦女都有為國服務的義務，只有要照顧 14 歲以下孩子的母親以及與丈夫分離的已婚婦女得以豁免。英國政府還與工會密切合作，將他們整合入政府部門。1939〜1943 年間，英國工業界的女性勞工所佔的比例由四分之一升到三分之一。美國的女性勞工也有大幅增加的現象，到 1942 年時，女性勞工所佔的比例約為 30％；人數則由 1941 年的 1,460 萬增加到 1944 年的 1,937 萬人，其中不乏已婚婦女。蘇聯的女性勞工更是增加迅速，由 1940 年的 40％ 增加到 1944 年的 60％。為了留住女性勞工，各國政府都設立育嬰房和幼稚園。

　　美國的情況比較特殊，因為涉及到非裔的種族問題。美國南方有龐大的非裔農業勞工，於是在這波需要勞工孔急的時候，聯邦政府準備將這些非裔勞工轉換到工廠工作。但是引起南方農場主人的反對，他們希望能維持非裔勞工的貧窮、無技術與人口眾多的狀態，好使自己的棉花田和農場能雇用到廉價的非裔勞工。他們反對聯邦政府為非裔人士設立的職業學校

或技術專班，並用各式方法阻擾非裔人士學習工業技術。於是聯邦政府首先於 1941 年成立 「公平勞工行為委員會」 (Committee on Fair Labor Practices)，以打擊種族、性別等歧視的行為。1942 年又成立戰爭人力委員會 (War Manpower Commission)，翌年成立戰爭動員處 (Office of War Mobilization)，堅持修正種族與性別的勞工歧視。努力開發勞工資源的結果，使得 1940～1943 年間美國的勞工人數達 1,125 萬人，超過德國所有的工業勞工人數。

事實上，許多非裔的婦女與男性勞工已經自行移往北方、西部等軍事工廠密集的地區，儘管自行移動算是違法行為，但非裔勞工已經用自己的腳選擇了自由。同時在聯邦政府的強力支持下，更多的非裔勞工前往工廠工作，原本工業化的北方、西部看到的非裔面孔稀少，如今為數眾多的非裔人士皆聚集於此。當非裔人數多到一個程度，為當地的生活增添不便之時，歧視的行為便開始出現。許多工廠將非裔勞工自編一組，成為與白人勞工隔離的生產隊伍，甚至連工具都分開使用，激起非裔人士不滿並展開民權運動，戰後這股民權運動更為熱烈。

除了女性與本國勞工外，各國政府也大量利用外國勞工，主要來自戰俘 [3] 和集中營的勞工。例如在 1944 年時，德國就用了 600 萬外籍勞工，以便抽調德國男性勞工到戰場作戰。德國的外籍勞工中有為數不少的女性勞工，多是來自征服地區，尤其是被佔領的蘇聯地區。早先她們是進入德國家庭工作 [4]，後來直接到工廠工作。1944 年底，約有超過 23 萬的集中營勞工為私人企業工作，這些大企業都與政府的國防工業有關。

為了取得更多的勞力，各國都有一套政策。例如，美國政府透過工會

---

[3] 美國、英國聯軍也大量使用戰俘的勞力，包括在農場生產、在製造船艦、飛機的工廠工作，有些戰俘還被分配到加拿大、澳洲等地工作。

[4] 當初讓蘇聯被征服地區（如烏克蘭）的婦女（多是年輕的少女）到德國家庭工作，為的是讓戰場上的士兵不用擔心家裡的妻子出外工作或太過勞累。

管理勞工，聯合汽車廠甚至規定只雇用工會勞工，工會的會費直接從勞工的薪資中扣除，政府並與工會簽署「不罷工、不停工」[5] 的保證。英國於1940 年立法禁止罷工、停工。德國則消滅有組織的勞工，如工會。

　　以下就德國、英國、美國和蘇聯等國家的一些特殊狀況說明戰爭經濟的運作與影響。

四、德國的戰爭經濟

　　為了避免重蹈一次大戰的消耗戰命運，希特勒將二次大戰設定為短期的工業戰。這也是他採用「閃電戰」(blitzkrieg) 的動機，一方面希望能避免干擾到德國後方居民的經濟生活與社會，另一方面希望能以「速戰速決」的方式盡快結束軍事行動，然後以戰利品和佔領區的資源重建歐洲「新秩序」(New Order)。閃電戰的優點是僅需要有限的軍事生產與後勤，至於不夠的部分可由佔領區的物資與人力填補，這樣一來在戰爭期間仍然可以施行控管最少的平時經濟。希特勒採取這種「速戰速決」、「控管最少」策略的主要原因，是因為他相信：第一次世界大戰的失敗在於後方民眾因犧牲過大而造成的騷動與「背叛」，因此這一次他希望盡量減少後方民眾的損失與犧牲，故希特勒並未為二次大戰作太多的動員準備，或是長期作戰的準備。同時，在戰爭的前兩年，德國人民仍能享受豐富的物資供應，特別是食物部分；國內幾乎沒有施行任何「戰時經濟」的跡象。即便到了後來，當戰爭吃緊無法引進東方糧食（源於征蘇戰爭）時，希特勒仍是以犧牲鄰近的征服地區為先[6]，然後才是總體動員，要求德國民眾為戰爭貢獻犧牲。

　　在希特勒的構想下，德國在戰爭前兩年所作的資源動員明顯落後英國；當時德國的民生產品僅比軍事產品略少 3％ ，而且大部分的德國工廠仍採

---

5 戰爭期間仍有不少罷工事件發生，尤其是工作環境差的煤礦場。不少非裔勞工、婦女勞工（多為非裔）為了抗議歧視、不公平，也會罷工，停止工作。

6 例如德國勞工的麵包配額是其他佔領區勞工配額的 2 倍、肉為 3 倍、油為 7 倍。

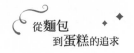
取每日一班制，而非讓生產線日夜運作的輪班生產制。然而到了 1942 年
初，戰場上的發展顯示希特勒的「短期戰」理想落空：二次大戰又回到長
期消耗戰的模式中。這時希特勒方才開始採取總體戰的戰時經濟政策，戰
爭也開始對德國民間生活產生重大影響。

　　造成納粹陷入消耗戰惡夢的主要原因，一是英國出乎意料的強硬抵抗，
二則希特勒進攻蘇聯（德軍於 1941 年 6 月 22 日入侵蘇聯，原本寄望在冬
天來臨時結束戰事），又很快的陷入膠著狀態，最後是美國的加入戰局。這
意味德國也必須一如其他參戰國般的啟動總體戰。1941 年底，納粹就發現
情況不妙：他們必須徵調更多的兵力以支援蘇聯的東戰場。1942 年初，德
國對於軍隊與軍火生產的需求日益吃緊，軍需部被迫採取集中工業機器，
調配更多的軍事生產與補給的緊急措施。

　　當時任軍火部長的史貝爾（Albert Speer，1905～1981 年）開始主導戰
時經濟，他徹底放棄傳統的工匠生產方式，改採量產模式，並將大部分的
民生工業移作軍火生產，其次則是重新配置戰爭物資的調度、武器標準化，
減少飛機的樣式，以節省物資的使用。在他的努力下，德國從 1942 年春到
1944 年 6 月間，軍火產品增加 3 倍，這對資源緊縮的德國而言幾乎已是極
限，更遑論聯軍開始對德轟炸和封鎖後所造成的災難。不僅這樣，德國軍
隊吸去太多的勞力，以致軍火工業出現嚴重問題。

　　為了避免過度壓榨國內，納粹只好將戰爭的負擔盡量轉嫁到佔領區的
人民身上。譬如，法國佔領區在戰爭期間要將其財政收入的 58% 支付給德
國以作為「佔領支出」（occupation costs），是所有佔領區中貢獻最多的地
區。德國甚至任意砍伐法國的森林，好讓他們的軍隊可以有取暖的木材。
各佔領區尚得繳交各類食物以滿足德軍的龐大糧食需求。德國更在佔領區
極力搜刮各種可供工業生產的原料，包括將教堂的鐘予以鎔鑄。最後，德
國大量徵召佔領區的人力以支援德國工業和農業生產。

　　至於如何分攤工作與負擔的標準則是依照納粹的種族主義。例如公共

工程、礦產、農場所需的粗活都由被視為「低等民族」的斯拉夫人負責，於是百萬以上的波蘭婦女、青少年和成年男性被送往德國履行「公共勞力義務」，或是送往德國工廠、礦場、農場從事各類粗活（波蘭移民所留下來的土地則交由德國農民耕種）。在德國工作的波蘭等低等勞工，不僅待遇極為低廉，僅及餬口，還得穿著制服、隔離居住，更得接受嚴格且不人道的管理。納粹還一再提醒德國雇主應以「優秀種族主人」的身分對待低等勞工，至於與德國婦女發生性關係的波蘭人一律以死刑伺候。

1941 年夏天以後，另一個「低等種族」俄羅斯人，開始大量供應德國勞力所需，成為德國粗重勞力的主要供應者之一。由於待遇極差，500 萬的蘇聯勞工僅 100 萬存活。當這些「低等種族」的勞工折損殆盡後，德國就開始引進西歐低地國和法國的「次等種族」勞工。早期時，這些「次等種族」勞工尚多留在本國從事生產，並採輪調的方式將部分的勞工徵調到德國工作，而且多從事地位與待遇較好的技術勞工。但到 1942 年、1943 年以後，當「低等種族」的勞工耗損殆盡且不敷所用後，德國便以這些「次等種族」的人民填補空缺。當大量的法國人被調往德國從事勞役後，法國境內的反抗運動更為蓬勃發展。

雖然有不少德國婦女擔任醫生以彌補被屠殺的猶太醫生位置，德國軍隊中也可以看到婦女的影子，但是比起英、美等同盟國，德國對於婦女勞力的利用相當不足。這是因為納粹一直派給婦女的角色是生兒育女、相夫教子的工作，散播此種觀念的宣傳活動直到戰時都沒有放棄。1943 年開始，由於大部分的勞動人口都陷入前線，德國後方出現嚴重的勞力短缺現象。這時候，德國政府才開始積極的動員老弱婦女。首先是青少年與退休的勞工，緊接著是婦女。為了全國的總動員，納粹政府將婦女除役的年齡上調，並將家庭的女傭等均調往工廠工作。另關閉劇院，將藝術家、知識分子，以及許多原本服務零售業、郵局、鐵路的人員也都調往前線，然後再將佔領區的人員調到德國擔任勞工。

五、英國的戰爭經濟

英國在戰前仰賴外來物資與原料的供應，因此開戰後政府首先接管進出口、生產、分配，包括配給原料、糧食、衣服、私人摩托車用油和家庭用品，這是英國有史以來最大規模的減少與規範消費。英國政府不僅控制消費、價格和津貼，還要讓不同階層的人都能盡量的公平得到配給品，以期所有的人民都能在共同犧牲的同時維持平等原則，這些管制措施有助防止通貨膨脹，並有效確保物資供應。

「食物經濟」(food economy) 對依賴外貿的英國來說極為重要，1939年二次大戰爆發後，英國政府成立食物部 (Ministry of Food)，負責食物的控管與調配。另外還有貿易部 (Board of Trade) 負責規劃生產，以及控管與分配物資，同時監控黑市活動。英政府實行公平配給制度，一方面可以節省民生用品的用量，以空出更多的生產線、勞力與運輸空間給予軍備物資。另一方面讓有限的物資更能公平的分配給所有的人，以減少紛爭。

配給券分為幾種，一種是零售商的配給券，就是顧客指定零售商，然後拿配給券到零售商店裡去換取食物 。這是一般性的均一配給券 (flat-rate)，意即每個人都可以得到一樣額度的物資，如糖、奶油、培根、肉類、食用油、茶。均一的配給制度，改善了不少戰前食物不平等的現象，健康的食物配給更改善英國人民的健康狀態，尤其是勞工階級人士。

另外一種配給券是附有點數的配給簿，顧客可以憑配給簿裡的優待點數或存根購買物品。這是為了補足前面一般的均一配給券所犧牲的差異性，如需要大量肉類的重型工作的粗活勞工和成長中的青少年。例如，有些大小孩需要更多的食物，就可以用優惠券補足均一配給所不能滿足的部分。有時候，顧客要買的衣服太貴，也可以使用點數配給簿。配給簿的點數還可以購買個人的不同需求，如水果乾、加工食品和罐頭食品等，以增加食物的多樣性。除了配給外，英國政府還施行福利制度，例如 1941 年供應的

維他命，以維持人民的健康需要。

實物配給制度對於婦女的影響最大，也最需要她們的配合，尤其是家庭主婦，因為家庭中多半由她們負責購買食物與生活用品。因此，英國政府大肆宣傳，呼籲婦女為戰爭盡一份力，甚至發明了「廚房戰線」(Kitchen Front) 的名詞，主張家庭主婦在廚房戰線的努力不亞於戰場上的士兵以及生產線上的勞工。食物部的小冊子宣稱：「手提籃子的婦女在國內的陣線中扮演著重要角色。」家庭主婦成為戰爭期間的重要關懷對象之一。

政府透過廣播、雜誌發起許多宣傳攻勢，教導婦女如何處理家務和照顧幼兒，希望她們將戰爭期間的國家經濟轉化成家庭習慣。除了宣傳外，政府與民間還提供了各式強調營養和美味的節約餐食譜，希望能節省一些食物如蛋、肉、糖、油、麵粉等，並鼓勵使用人工食品如人造奶油和蛋粉，以及透過美國「租借法案」過來的罐頭食品。對於幼兒和孕婦，政府更是提供牛奶等營養食物與醫療照顧。經過如此精心的關懷後，大戰結束時，英國男童、女童的身高和體重都增加了。

此外，政府還發起「湊合與修補」(Make do and Mend) 的運動，教導家庭主婦如何修補與再利用舊衣物等物資，以及如何將剩下的油製成市面上非常匱乏的肥皂。但是成長迅速的幼兒所需要的衣服與鞋子仍困擾著家庭主婦，她們甚至覺得這個問題「比空中轟炸更令人頭疼」。到了戰爭末期，婦女對於可以美化外貌的化妝品和衣服也表現出日益增加的關切，雖然貿易部一再禁止，但是化妝品仍是黑市的寵兒。總有人可以得到華麗、品質佳的衣服，這是讓英國婦女最抱怨的「不公平」項目。她們認為衣服的不公平足以顯示戰爭犧牲的分配不均，中產階級和收入較好的勞工階級在這方面犧牲最多。

透過配給制度，英國於 1942 年減少了 15% 的消費支出，食物的花費也減少 15%。食物配給制度得到大約 60% 的英國人民支持，成為戰爭期間「最大的成就」。其中婦女、白領中產階級是比較支持配給制度的，但有三

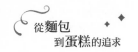

分之一的重工業勞工表示不滿，因為他們所需要的食物量較大，不能透過配給制度得到滿足，特別是肉類的配給。

雖然有配給制度，但是物資仍舊缺乏，例如有些配給物資不足，有些物資價格過高，或是非配給物資的不公平分配等問題。婦女得排上長龍才能買到番茄[7] 等非配給的食物。尤其是工作中的婦女更是忿忿不平，認為物資取得不公平，而且總有人有錢或有管道，以黑市渠道獲得物資。

在稅務方面，英國政府採取了凱恩斯的建議，抽取額外的戰爭稅，意即強迫人民儲蓄。這一方面可以防止戰爭期間的通貨膨脹，還可以增加戰後的購買力，以備戰後經濟不景氣時可以刺激買氣，更可以作為戰後重建的資金。為了防止市面上因通貨過多而產生通貨膨脹，政府還提供優惠，鼓勵人民儲蓄，使得個人儲蓄增加到 2 億至 3 億英鎊。政府又透過徵稅，吸收民間 2 億 5,000 萬英鎊。這些原本希望能成為戰後的信用，但是發揮的效力並不如預期理想，因為都被退役津貼和其他重建的特殊用途吃掉了，同時被戰後的貶值所抵銷。

在記取一次大戰的通貨膨脹教訓後，英國政府在處理戰爭的赤字預算時，不再採取印鈔、貶抑幣值等增加通貨的政策，而是採取發行公債的借貸方式，如國防債券、國家儲蓄券等，並鼓勵個人購買以為長期投資。此外，英政府也希望靠外銷賺取戰爭資金，但是難以達成。幸好 1941 年 5 月美國施行「租借法案」，減緩了不少壓力。

德國在 1940 年冬至 1941 年春大量轟炸英國，造成數千人喪失生命，更多的人無家可歸，於是許多家庭將小孩送往鄉下，政府還發給留在城市的成人防毒面具，他們還被迫在地鐵躲避炸彈。在遭到德軍轟炸之最糟的日子裡，英國政府不斷鼓勵人民。邱吉爾更是加強宣傳他與人民感同身受的共同經驗與希望，進而要求人民為戰爭做出犧牲，包括減少交通班次，

---

7 番茄因為容易腐爛因此未列入配給清單。

將煤省下來用做燃料和工廠能源。在汽油的嚴格管制下，私人汽車幾乎絕跡。所有的空地都拿來耕種，以生產糧食，致增加 400 萬英畝的耕地。

　　隨著戰事的好轉，英國人民的生活改善許多，人民的健康狀況也有所改善，足見英國政府對於經濟與人民生活的規劃遠勝於德國。英國人民戰時的經驗讓他們在戰後的選舉（1945 年）中投票給工黨，因為他們害怕如果是保守黨繼續當政，將回到 1930 年代的經濟不景氣時代（1930 年代係保守黨當政的年代）。

六、美國的戰爭經濟

　　1941 年 12 月 7 日，日本偷襲珍珠港，激發美國人團結，勞工不僅停止罷工，更加努力投入生產。早在美國參戰前，美國就已借用各種名目幫助英國，例如「現購自運」政策，即外國以現金購買軍事產品，而且用自己的船隻運走，這非常不利於缺乏外匯和船隻的德國，因此希特勒稱此為「猶太人的陰謀」。後來英國首相邱吉爾向美國總統羅斯福表明沒錢支付武器時，美國更在 1941 年春天通過「租借法案」[8]，可以將軍事武器租借給「對美國國防有重大關係的國家」，顯然將德國排除在外。同年 10 月租借對象又擴及蘇聯；直到戰爭結束，蘇聯總共接受了 113 億 3,000 萬美金。

　　在利用婦女勞力方面，美國招募數百萬婦女勞工。美國婦女進入勞力市場並不稀奇，早在 1930 年代經濟大恐慌時，經濟壓力就迫使許多美國婦女突破「好女不做工」的心理障礙，加入勞工隊伍。不過這些女工多半來自貧窮家庭，從事工作以貼補家計，或是維持自己的生計。但大部分的婦女仍被家事重擔以及社會歧視職業婦女的心態所影響，選擇待在家裡。美國參戰改變這種觀念，軍火設備的龐大需求，讓許多婦女進入新成立的工

---

[8] 「租借法案」的經費來源多為銀行儲蓄以及保險基金。至於美國的戰爭經費則大部分由徵稅、借貸（如發行公債）和擴大通貨而來。

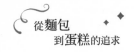

廠工作，戰爭的需要終於打破對職業婦女的歧見。

接著，美國政府要求全民節省物資，尤其是寶貴的物資。許多美國人民將家裡的鋁鍋、錫罐都奉獻出來，供給戰爭生產使用，動物油也被省下來以製造炸彈需要的甘油。政府不僅鼓勵購買戰爭公債、戰爭借貸，還鼓勵使用住家附近的空地種植自己所需的蔬菜，稱之為「勝利菜園」(victory gardens)，全國出現約 2,000 萬這種菜園，提供三分之二全國所需的蔬菜量，並帶動新的蔬菜品種栽種，如瑞士萵苣和大頭菜等。

為了害怕縮減的物資會導致通貨膨脹，美國政府開始採取配給，包括糖、咖啡、肉類、奶油、輪胎和汽油。一如英國，美國政府也發行配給簿、配給票等。一樣配給的額度對某些人而言是不夠的，尤其是有錢人，他們遂透過黑市滿足自己的需要。黑市雖然違法，但卻可以解決部分國人的生活不便。到了戰爭結束的那一年，黑市買賣更是達到高峰。黑市的生產並沒有包含在官方的統計數字裡。大致而言，美國政府對於戰爭期間的通貨情形控制得很好，民生物資的價格並沒有飛騰起來。

戰爭經濟為美國的生活帶來許多影響，大企業公司造就一些大都市的出現如底特律 (Detroit)、西雅圖 (Seattle)、洛杉磯，吸引無數來自各地的勞工到此工作，尤其是許多南部的非裔美國人，還包括非裔婦女。不過短時間湧進這些地區的大批勞工，造成當地不少經濟與社會問題。首先是房舍嚴重缺乏，房子無法在短時間建設，許多人居住在帳棚、大卡車、拖車裡。許多孩子的父母皆投入工廠，孩子們因而無人管教，四處遊走，而有「鑰匙兒童」(latchkey kid) 的出現。

戰爭期間，美國南方的非裔勞工大量移往西部和北部的工廠工作，使得南方棉花田等農場勞力大量流失。農業勞力的大量流失促使南方農業發生劇烈的變化，在政府鼓勵下，農場主人開始採取大規模的機械化生產，因此這段期間被稱為美國的第二次農業革命。此外，南方農場「種族勞工」的版圖也開始發生變化：政府引進成千上萬的墨西哥勞工[9]取代非裔勞工

的位子。

　　戰爭期間，美國的經濟好轉，年輕人擺脫經濟大恐慌的失業問題，有了不錯的薪水，因而選擇提早結婚，開啟戰後的嬰兒潮先鋒。由於大部分的民生用品的生產線移為軍事生產，市面上的民生物資頗為缺乏，人民乃將錢存入銀行，使得銀行的儲蓄達到歷年來的新高點。

　　人民的收入增加後，因市面上能購買的民生用品少，大家所賺的錢就被花在其他方面，例如出版業的銷售情況變好。儘管為了省紙，書籍變小，但是看書的人不減反增，尤其是漫畫類。1942 年間，美國每月賣出的漫畫約達 1,200 萬本，《超人》(Superman) 更暢銷到海外。除了出版業外，電影、運動俱樂部、酒店、賽車、賽馬、夜總會都成為戰爭期間人民花費的娛樂項目，而且非常興盛。這些娛樂經濟的繁盛，讓一些史家認為大戰期間美國陷入「消費的嘉年華」(carnival of consumption) 中。

　　服飾也受到戰爭的影響，這是因為縫製衣服的拉鍊被省去做槍枝，腰帶需要的橡膠被拿去製造坦克或大卡車，衣服需要的布料也要省去做制服。政府甚至規定毛料要省下來給軍事用，因此夾克、背心都要省，絲的來源也因與日本開戰而減少。在這些規定與愛國心的作用下，婦女服裝的樣式變簡約了，裙子也變短、變窄，沒有皺褶、裙褶，這種簡約的樣式稱之為「愛國裝」(patriotic chic)。

　　包括糖、咖啡都需優先運給戰場上的士兵使用，所以後方的美國人民減少食物中糖的使用，市面上開始出現少糖的食譜，咖啡多沖幾次，達到物盡其用的效果。此外，肉類的供應在戰爭時也有所減少，餐館因而改採野牛和羚羊肉。

　　發戰爭財的企業也不是沒有。例如，可口可樂公司以可口可樂是所有的士兵和船員的最重要飲料，能滿足他們的需要，從而得到生產物資如瓶

9　尚有引進德國戰俘。

子等，儘管當時美國國內非常缺糖，但可口可樂公司可以優先獲得糖漿作為原料，可口可樂更隨著美軍的調駐而銷售到世界各地。又如口香糖也有類似的發展，理由是可以讓士兵放鬆和感覺良好。

七、蘇聯的戰爭經濟

在所有的參戰國中，俄國受到的損傷可能是最重的，大約有 1,600 萬人死亡，還有數百萬的軍隊淪為俘虜，成百的城市夷為平地[10]。德國將蘇聯的俘虜送往德國工廠強制工作，同時將蘇聯的大批糧食、石油、礦藏運往自己的國家。

在史達林統治下的蘇聯，戰時經濟與社會管理遠比他國要集中與極權。早在戰爭爆發之前，史達林就透過計畫經濟、集體農場與整肅將全國的經濟與資源完全掌控在他手下。因此雖然有數百萬的公民進入軍隊，但軍隊卻無法影響黨與國的政策。

蘇聯解決戰時勞力問題的方法，也是採用徵調。所有 16～55 歲的男子、16～45 歲的女子都被動員起來。在所有國家中，蘇聯的動員範圍最為廣大，這是因為蘇聯在戰爭初期受損的人口最多，大約喪失了 250 萬的男子勞力。蘇聯損失的軍火與工業資源也最慘重：大部分的工業區都陷入德國的佔領下，戰前生產的物資也掉了 90%。況且，蘇聯還需要大量的人力將工廠搬遷到烏拉山以東的地區。戰爭期間，蘇聯的勞動力中約有 50% 是婦女，她們的表現非比尋常：到 1943 年時每月約可生產 2,000 輛坦克、3,000 架飛機。

---

10 蘇聯最慘重的傷亡發生在德蘇戰爭開始的前半年：紅軍損失了約 400 萬人、8,000 架飛機、17,000 輛坦克。

附　錄
參考文獻 & 圖片來源

一、參考文獻

序　篇

1. Backhouse, Roger E., *The Ordinary Business of Life: A History of Economics from the Ancient World to the Twenty-First Century*, Princeton: Princeton University Press, 2004.

2. Backhouse, Roger E., *The Penguin History of Economics*, London: Penguin Books, 2002.

3. Gregory Clark, *A Farewell to Alms: A Brief Economic History of the World*, Princeton: Princeton University Press, 2007.

4. Graeber, David, *Debt: The First 5,000 Years*, New York: Melville House, 2011.

5. Hann, Chris, and Keith Hart, *Economic Anthropology: History, Ethnography, Critique*, Cambridge: Polity Press, 2011.

6. North, Douglass, *Understanding the Process of Economic Change*, rev. ed. Princeton: Princeton University Press, 2005.

7. Persson, Karl Gunnar, *An Economic History of Europe: Knowledge, Institutions and Growth, 600 to the Present*, Cambridge: Cambridge University Press, 2010.

8. Polanyi, Karl, *The Great Transformation: The Political and Economic Origins of Our Time*, Boston: Beacon Press, 2001.

9. Rothbard, Murray N., *Economic Thought before Adam Smith: An Austrian Perspective on the History of Economic Thought*, Auburn, Alabama: Ludwig von Mises Institute, 2006.

10. Tuma, Elias H., *European Economic History: Tenth Century to the Present*, Palo Alto, California: Pacific Books, 1971.

11. Wallerstein, Immanuel, *The Essential Wallerstein*, New York: New Press Essential, 2000.

12. Weber, Max, trans. by Frank H. Knight, *General Economic History*, Mineola, New York: Dover Publication, Inc., 2003.

13. 米可斯維特、伍爾得禮奇 (John Micklethwait and Adrian Wooldridge)，夏荷立譯，《公司的歷史》，臺北：左岸，2005。

14. 李維特 (Steven D. Levitt) 著，李明譯，《蘋果橘子經濟學》，臺北：大塊，2010。

15. 李維特 (Steven D. Levitt) 著，李芳齡譯，《超爆蘋果橘子經濟學》，臺北：時報，2010。

16. 林鐘雄，《歐洲經濟發展史》，臺北：三民，2009。

17. 契波拉 (Carlo M. Cipolla)，胡正光譯，《金錢的冒險：歐洲經濟生活中三個誇張而令人不敢置信的故事》，臺北：左岸，2006。

18. 馬克‧克倫斯基 (Mark Kurlansky)，石芳瑜譯，《鹽》，臺北：藍鯨，2002。

19. 斯威德伯格 (Richard Swedberg)，周長城等譯，《經濟社會學原理》，臺北：巨流，2007。

20. 賴建誠，《西洋經濟史的趣味》，臺北：允晨文化，2008。

21. 賴建誠，《經濟史的趣味》，臺北：允晨文化，2010。

22. 賴建誠，《經濟思想史的趣味》，臺北：允晨文化，2011。

古代篇

（一）近東部分

1. Aubert, Maria Eugenia, trans. by Mary Turton, *Commerce and Colonization in the Ancient Near East*, Cambridge: Cambridge University Press, 2013.

2. Averbeck, Richard E., Mark W. Chavalas, and David B. Weisberg, ed., *Life and Culture in the Ancient Near East*, Bethesda, Maryland.: CDL Press, 2003.

3. Bertman, Stephen, *Hand book to Life in Ancient Mesopotamia*, Oxford: Oxford University Press, 2003.

4. Bottéro, Jean, *Everyday Life in Ancient Mesopotamia*, trans. by Antonia Nevill, Baltimore, Maryland: Johns Hopkins University Press, 2001.

5. Hudson, Michael and Marc Van De Mieroop, ed., *Debt and Economic Renewal in the Ancient Near East*, Bethesda, Maryland: CDL Press, 2002.

6. Jastrow, Morris, Jr., *The Civilization of Babylonia and Assyrian: Its Remains, Language, History, Religion, Commerce, Law, Art, and Literature*, rep. ed. Long Beach, CA: Lost Arts Media, 2003.

7. Kuhrt, Amélie, *The Ancient Near East, c. 3000-330 BC*, rep. ed., New York: Routledge, 2000.

8. Larse, Mogens Trolle, *Ancient Kanesh: A Merchant Colony in Bronze Age Anatolia*, Cambridge: Cambridge University Press, 2015.

9. Leik, Gwendolyn, ed., *The Babylonian World*, London: Routledge, 2007.

（二）埃及部分

1. Bingen, Jean, ed., *Hellenistic Egypt: Monarchy, Society, Economy, Culture*, Berkeley: University of California Press, 2007

2. Casson, Lionel, *Everyday Life in Ancient Egypt*, rev. ed., Baltimore, Maryland: John Hopkins University Press, 2001.

3. Shaw, Ian, ed. *The Oxford History of Ancient Egypt*, Oxford: Oxford University Press, 2000.

4. Szpakowska, Kasia, *Daily Life in Ancient Egypt: Recreating Lahun*, Oxford: Blackwell, 2008.

5. Van de Mieroop, Marc, *A History of Ancient Egypt*, Oxford: Wiley-Blackwell, 2011.

6. Van Heel, Koenraad Donker, *Mrs. Tsenhor: A Female Entrepreneur in Ancient Egypt*, Cairo: The American University in Cairo Press, 2014.

7. Weigall, Arthur, *The Life and Times of Akhnaton: Pharaoh of Egypt*, New York: Cooper Square Press, 2000.

8. Wilkinson, Toby, *The Rise and Fall of Ancient Egypt*, New York: Random House, 2010.

9. 萊斯利、羅伊‧亞京斯 (Lesley & Roy Adkins) 合著，黃中興譯，《破解古埃及》，臺北：貓頭鷹，2002。

10. 蒲慕州，《法老的國度：古埃及文化史》，臺北：麥田，2017。

（三）希臘部分

1. Amemiya, Takeshi, *Economy and Economics of Ancient Greece*, London: Routledge, 2007.

2. Castleden, Rodney, *Minoans: Life in Bronze Age Crete*, rep. ed., London: Routledge, 2002.

3. Doukakis, Vassilis, *Money and Banking in Greek Antiquity*, Champaign, Ilinois: Common Ground Publishing, 2003.

4. Engen, Darel Tai, *Honor and Profit: Athenian Trade Policy and Economy and*

Society of Greece, 415～307 B.C.E., Ann Arbor: University of Michigan Press, 2010.

5. Harris, W. V., ed., *The Monetary Systems of the Greeks and Romans*, Oxford: Oxford University Press, 2008.

6. Meikle, Scott, *Aristotle's Economic Thought*, rep. ed., Oxford: Clarendon Press, 2002.

7. Migeotte, Léopold, trans. by Janet Lloyd, *The Economy of the Greek Cities: From the Archaic Period to the Early Roman Empire*, Berkeley: University of California Press, 2009.

8. Nagle, D. Brendan, *The Household as The Foundation of Aristotle's Polis*, Cambridge: Cambridge University Press, 2011.

9. Von Reden, Sitta, *Exchange in Ancient Greece*, London: Duckworth, 2003.

10. Von Reden, Sitta, *Money in Classical Antiquity*, Cambridge: Cambridge University Press, 2010.

（四）羅馬部分

1. Alcock, Joan P., *Life in Ancient Rome*, Gloucestershire, GB.: The History Press, 2010.

2. Carcopino, Jerome, *Daily Life in Ancient Rome*, New Haven: Yale University Press, 2003.

3. Erdkamp, Paul, *The Grain Market in the Roman Empire: A Social, Political and Economic Study*, Cambridge: Cambridge University Press, 2005.

4. Garnsey, Peter, and Richard Saller, *The Roman Empire: Economy, Society and Culture*, Berkeley: The University of California Press, 2015.

5. Kehoe, Dennis P., *Law and the Rural Economy in the Roman Empire*, Ann Arbor, Michigan: The University of Michigan Press, 2007.

6. Scheidel, Walter, ed., *Roman Economy*, Cambridge: Cambridge University Press, 2013.

7. Temin, Peter, *The Roman Market Economy*, Princeton: Princeton University Press, 2013.

8. Weber, Max, trans. by Richard I. Frank, *Roman Agrarian History*, Claremont, California: Regina Books, 2008.

9. Wolfram, Herwig, *The Roman Empire and Its Germanic Peoples*, Berkeley University of California Press, 2005.

中古篇

1. Armstrong, Lawrin, Ivana Elbl, and Martin M. Elbl, ed. *Money, Markets and Trade in Late Medieval Europe: Essays in Honour of John H. A. Munro*, Leiden: Brill, 2006.

2. Barber, Malcolm, *The New Knighthood: A History of the Order of the Temple*, Cambridge: Cambridge University Press, 2000.

3. Barber, Malcolm, *The Trial of the Templars*, Cambridge: Cambridge University Press, 2000.

4. Chafuen, Alejandro A., *Faith and Liberty: The Economic Thought of the Late Scholastics*, London: Lexington Books, 2003.

5. Diana Wood, *Medieval Economic Thought*, Cambridge: Cambridge University Press, 2002.

6. Epstein, Steven A., *An Economic and Social History of Later Medieval Europe, 1000−1500*, Cambridge: Cambridge University Press, 2009.

7. Fernández-Armesto, Felipe, and James Muldoon, *Internal Colonization in Medieval Europe*, Farnham, England: Ashgate, 2008.

8. Frances Gies and Joseph Gies, *Life in a Medieval Village*, New York: Harper

Perennial, 1991.

9. Franks, Christioher A., *He Became Poor: The Poverty of Chris and Aquinas's Economic Teachings*, Grand Rapids, Michigan: William B. Eerdmans Publishing Co., 2009.

10. Ghazanfar, S. M., ed. *Medieval Islamic Economic Thought: Filling the "Great Gap" in European Economics*, London: Routledge, 2003.

11. Hawkes, David, *The Culture of Usury in Renaissance England*, New York: Palgrave Macmillan, 2010.

12. Hilton, Rodney, *Class Conflict and the Crisis of Feudalism: Essays in Medieval Social History*, rev. ed. London: Verso, 1990.

13. Hodgett, Gerald A. J., *A Social and Economic History of Medieval Europe*, London: Methuen & CO LTD, 2006.

14. Langholm, Odd, *The Legacy of Scholasticism in Economic Thought: Antecedents of Choice and Power*, Cambridge: Cambridge University Press, 1998.

15. Langholm, Odd, *The Merchant in the Confessional: Trade and Price in the Pre-Reformation Penitential Handbooks*, Leiden: Rill, 2003.

16. Lopez, Robert S., *The Commercial Revolution of the Middle Age, 950–1350*, rep. ed. Cambridge: Cambridge University Press, 1998.

17. Lowry, S. Todd, and Barry Gordon, *Ancient and Medieval Economic Ideas and Concepts of Social Justice*, Leiden, the Netherlands: Brill, 1998.

18. Sarris Peter, *Economy and Society in the Age of Justinian*, Cambridge: Cambridge University Press, 2006.

19. Singman, Jeffery L., *Daily Life in Medieval Europe*, Westport, Connecticut: Greenwood Press, 1999.

20. Todeschini, Giacomo, *Franciscan Wealth: From Voluntary Poverty to Market Society*, Saint Bonaventure, New York: The Franciscan Institute, 2009.

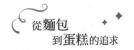
21.費爾南·布勞岱爾 (Fernand Braudel)，施康強、顧良譯，《15 至 18 世紀的物質文明、經濟和資本主義》，臺北：廣場，2018。

22.諾伯特·歐勒（Nobert Ohler）著，謝沁霓譯，周惠民導讀，《中世紀的旅人》，臺北：麥田，2005。

23.戴維斯（Natalie Zemon Davis），江政寬譯，《馬丹蓋赫返鄉記》，臺北：聯經，2000。

近現代篇

1. Allen, Robert C., *The British Industrial Revolution in Global Perspective*, Cambridge: Cambridge University Press, 2009.

2. Armitage, David, and Michael J. Braddick, *The British Atlantic World, 1500–1800*, New York: Palgrave Macmillan, 2002.

3. Bailyn, Bernard, *Atlantic History: Concept and Contours*, Cambridge: Harvard University Press, 2005.

4. Berend, Ivan T., *An Economic History of Twentieth-Century Europe: Economic Regimes from Laissez-Faire to Globalization*, Cambridge: Cambridge University Press, 2006.

5. Berghahn, Volker Rolf, *Imperial Germany, 1871–1914: Economy, Society, Culture, and Politics*, New York: Berghahn Books, 2005.

6. Billstein Reinhold, Karola Fings, Anita Kugler, and Nicholas Levis, *Working for the Enemy: Ford, General Motors and Forced Labor in Germany during the Second World War*, New York: Berghahn Books, 2004.

7. Breen, T. H., *The Marketplace of Revolution: How Consumer Politics Shaped American Independence*, New York: Oxford University Press, 2004.

8. Broadberry, Stephen, and Kevin H. O'Rourke, *The Cambridge Economic History of Modern Europe*, Cambridge: Cambridge University Press, 2010.

9. Chamberlain, Charles D., *Victory at Home: Manpower and Race in the American South during World War II*, Athens, Georgia: University of Georgia Press, 2003.

10. De Vries, Jan, *The Industrious Revolution: Consumer Behavior and the Household Economy, 1650 to the Present*, Cambridge: Cambridge University Press, 2008.

11. Epstein, S. R. and Maarten Prak, ed., *Guilds, Innovation and the European Economy, 1400–1800*, Cambridge: Cambridge University Press, 2008.

12. Evans, Richard J., *The Third Reich at War*, New York: Penguin Press, 2009.

13. Evans, Richard J., *The Third Reich in Power, 1933–1939*, New York: Penguin Press, 2005.

14. Fontaine, Laurence, *The Moral Economy: Poverty, Credit, and Trust in Early Modern Europe*, Cambridge: Cambridge University Press, 2008.

15. Geyer, Michael, and Adam Tooze, ed., *The Cambridge History of the Second World War*, vol. 3: *Total War: Economy, Society and Culture*, Cambridge: Cambridge University Press, 2015

16. Goldthwaite, Richard A., *Banks, Palaces and Entrepreneurs in Renaissance Florence*, Aldershot, Hampshire, Great Britain: Variorum, 1995.

17. Goldthwaite, Richard A., *The Economy of Renaissance Florence*, Baltimore, Maryland: Johns Hopkins University Press, 2009.

18. Greif, Avner, *Institutions and the Path to the Modern Economy: Lessons from Medieval Trade*, Cambridge: Cambridge University Press, 2006.

19. Griffin, Emma, *Liberty's Dawn: A People's History of the Industrial Revolution*, New Haven: Yale University Press, 2013.

20. Harrison, Mark, ed., *The Economics of World War II: Six Great Powers in International Comparison*, Cambridge: Cambridge University Press, 1998.

21. Herman, Arthur, *Freedom Forge: How American Business Produced Victory in

World War II, New York: Random House , 2013.

22. Jardine, Lisa, *Worldly Goods: A New History of the Renaissance*, New York: W. W. Norton & Company, 1996.

23. Johnson, Paul, *The Birth of the Modern: World Society, 1815–1830*, New York: Harper Collins Pub., 1991.

24. Judt, Tony, *Postwar: A History of Europe since 1945*, London: Penguin Press HC, 2005.

25. Kynaston, David, *Austerity Britain, 1945–1951*, New York: Walker & Company, 2008.

26. Mandelbaum, Michael, *The Ideas that Conquered the World: Peace, Democracy, and Free Markets in the Twenty-first Century*, New York: Public Affairs, 2002.

27. Morgan, Kenneth, *Slavery, Atlantic Trade and the British Economy, 1660–1800*, Cambridge: Cambridge University Press, 2001.

28. Muldrew, Craig, *The Economy of Obligation: The Culture of Credit and Social Relations in Early Modern England*, New York: Palgrave, 1998.

29. Ogikvie, Sheilagh, *Institutions and European Trade: Merchant Guilds, 1000–1800*, Cambridge: Cambridge University Press, 2011.

30. O'Shaughnessy, Andrew Jackson, *An Empire Divided: The American Revolution and the British Caribbean*, Philadelphia: University of Pennsylvania Press, 2000.

31. Prak, Maarten, ed. *Early Modern Capitalism: Economic and Social Change in Europe, 1400–1800*, New York: Routledge, 2001.

32. Reagan, Patrick D., *Designing a New America: The Origins of New Deal Planning, 1890–1943*, Amherst: University of Massachusetts Press, 2000.

33. Stuard, Susan Mosher, *Gilding the Market: Luxury and Fashion in the Fourteenth-Century*, Philadelphia: University of Pennsylvania Press, 2006.

34. Truxes, Thomas M., *Irish-American Trade, 1660–1783*, paperback ed.,

Cambridge: Cambridge University Press, 2014.

35. Welch, Evelyn, *Shopping in the Renaissance*, New Haven: Yale University, 2009.

36. Winkler, Allan M., *Home Front U.S.A.: America during World War II*, Wheeling, Illinois: Harlan Davidson, Inc., 2012

37. Zweiniger-Bargielowska, Ina, *Austerity in Britain: Rationing, Controls, and Consumption, 1939–1955*, Oxford: Oxford University Press, 2000.

38. 卜正民（Timothy Brook），黃中憲譯，《維梅爾的帽子：揭開十七世紀全球貿易的序幕》，臺北：遠流，2017。

39. 狄克遜・韋克特（Dixon Wecter），秦傳安譯，《經濟大蕭條時代：1929–1941年的經濟大恐慌》，臺北：德威，2008。

40. 彼得・里森（Peter T. Leeson），傅西西譯，《海盜船上的經濟學家：為何四百年前的海盜能建立最好的經濟制度》，臺北：行人文化實驗室，2011。

41. 彼得・馬丁、布魯諾・霍納格（Peter N. Martin, Bruno Hollnagel），《歷史上的投機事業》，臺北：左岸，2004。

42. 拉里・佐克曼（Larry Zuckerman），李以卿譯，《馬鈴薯：拯救人類、改變歷史的貧民美饌》，臺北：藍鯨，2000。

43. 林・亨特（Lynn Hunt），鄭明萱、陳瑛譯，《法國大革命時期的家庭羅曼史》，臺北：麥田，2002。

44. 芭芭拉・芙瑞絲（Barbara Freese），黃煜文譯，《煤礦：一段人類歷史》，臺北：麥田，2003。

45. 韋伯（Max Weber），康樂、簡惠美譯，《基督新教倫理與資本主義精神》，臺北：遠流，2007。

46. 麥克・戴許 (Mike Dash)，李芬芳譯，《鬱金香熱》，臺北：時報文化，2000。

二、圖片來源

圖2、圖5、圖8、圖9、圖11、圖12：The Metropolitan Museum of Art (Public

世界通史（增訂二版）

王曾才　著

　　本書作者以科際整合的手法及宏觀的史學視野，用流暢可讀的文字，以深入淺出的方式，敘述並分析自遠古以迄近代的世界歷史發展。內容包括史前文化、埃及和兩河流域的創獲、希臘羅馬的輝煌，以及經過中古時期以後，向外擴張並打通東西航路，其後歐洲及西方歷經自我轉型而累積更大的動能，同時亞非和其他地域歷經漸變，到後來在西方衝擊下發生劇變的過程。最後整個地球終於形成「一個世界」。

西洋上古文化：探索與反思

蒲慕州　著

　　本書主要涵蓋的時間範圍包括了古代近東兩河文明、古代埃及、波斯、以色列，以及希臘、羅馬，全書以年代順序介紹這些不同的古代文明。除了政治和社會的基本架構之外，本書也設法多談一些文學、藝術、宗教、思想等主題，希望能對這些古文明提供多角度的了解，以及其歷史發展和文明的特色，並且不時提出一些有關其興衰關鍵的討論，提供相關史料，讓讀者能深入探索古代文明。

國家圖書館出版品預行編目資料

從麵包到蛋糕的追求：歐洲經濟社會史／何萍著.－
－初版一刷.－－臺北市：三民，2020
面；　公分.－－(世界史)

ISBN 978-957-14-6774-0 （平裝）
1.經濟史 2.社會史 3.歐洲

552.409　　　　　　　　　　　　108021821

從麵包到蛋糕的追求──歐洲經濟社會史

作　者	何萍
責任編輯	呂孟欣
美術編輯	許瀞文

發行人	劉振強
出版者	三民書局股份有限公司
地　址	臺北市復興北路 386 號 (復北門市)
	臺北市重慶南路一段 61 號 (重南門市)
電　話	(02)25006600
網　址	三民網路書店 https://www.sanmin.com.tw

出版日期	初版一刷 2020 年 4 月
書籍編號	S740670
ISBN	978-957-14-6774-0

三民書局